HEYNE
BÜCHER

Hannelore Gude Hohensinner

DIE GENOVESES

Eine Mafia-Familie, die Angst zu Geld gemacht hat

Mit einem Vorwort von Dagobert Lindlau

WILHELM HEYNE VERLAG
MÜNCHEN

HEYNE SACHBUCH
19/750

Umwelthinweis:
Dieses Buch wurde auf chlor- und säurefreiem Papier gedruckt.

Taschenbucherstausgabe 03/2001

Wilhelm Heyne Verlag GmbH & Co. KG, München
http://www.heyne.de
Printed in Germany 2001
Umschlagillustration: LOOK/Hauke Dressler, München
Umschlaggestaltung: Hauptmann und Kampa Werbeagentur, CH-Zug
Innenbilder: Die Polizeifotos stammen aus den Beständen des New York City Municipal Archives, die Abbildungen des Falschgeldes aus den Beständen der National Archives for the North-Eastern Regions. Die Fotos auf Seite 72 und 414 hat John Martino zur Verfügung gestellt.
Lektorat: Afra Margaretha
Druck und Bindung: Bercker, Kevelaer

ISBN 3-453-18102-6

For B., who inspired me to do things I never would have done, and for all who developed a dark romance with the questionable honor of wiseguys.

Inhaltsverzeichnis

Vorwort

Am Vormittag des 15. April 1931 spielt der 35jährige Lucky Luciano mit dem Boss der sizilianischen Unterwelt New Yorks, Joseph Masseria, in dessen »hang out« in der Second Avenue von Manhattan Gin-Rummy. Gegen Mittag schlägt Lucky vor, zum Essen in Scarpatos Restaurant Nuova Villa Tammaro nach Coney Island hinauszufahren. Wenn Masseria jemandem vertraut, dann ist es Lucky Luciano. Er hält das für eine gute Idee. Scarpatos Laden ist ziemlich voll, aber für Mr. Joe wird Platz gemacht. Gegen halb drei sind sie mit dem Essen fertig. Die letzten Gäste und fast das gesamte Personal sind gegangen. Lucky und »Joe the Boss« lassen sich neue Karten geben, um weiterzuzocken. Wie aus den Notizen auf dem Papiertischtuch hervorgeht, gewinnt Masseria die erste Partie. Luciano ist im Brand. Er steht auf, faßt sich in den Schritt und dreht seinen Stuhl um, was unter Zockern als sicheres Mittel gilt, eine Pechsträhne zu beenden. Dann geht er hinaus, um seine Blase zu erleichtern. Sowie er draußen ist, fliegt die Tür auf und vier Killer pumpen Joseph Masseria mit Blei voll. Nachdem sie Leine gezogen haben, kommt Lucky Luciano wieder herein, wirft einen Blick auf Masseria, der ausgestreckt neben dem Tisch in seinem Blut liegt, und wartet auf die Polizei. Soweit die Legende.

Lucky Luciano übernimmt die Führung der kriminellen Familie und wird später seinerseits von Vito Genovese abgelöst. Die vier Killer sind, wie sich später herausstellt, Joe Adonis, Albert Anastasia, Benjamin (Bugsy) Siegel und Vito Genovese.

Hannelore Gude Hohensinner zeigt am konkreten Beispiel der kriminellen Familie der Genoveses, wie das organisierte

Verbrechen Angst zu Geld macht und Gewalt zur Politik. Mit einer gründlichen und von ideologischen Verzerrungen freien Recherche schildert sie, wie eine Gesellschaft korrumpiert wird. Die kriminellen Strategien haben sich seit den Genoveses kaum geändert, aber die Bedrohung ist gewachsen.

Kaum ein anderer Aspekt menschlichen Verhaltens ist durch die Publizistik ähnlich entstellt worden wie das organisierte Verbrechen. Film und Fernsehen haben es glorifiziert, die Presse hat es unterschiedlichsten politischen Vorurteilen dienstbar gemacht. Die einen haben es als legitime Auflehnung gegen den Staat gefeiert, die anderen für ein irrationales Strafbedürfnis in Anspruch genommen. Abwechselnd wurde es von den politisch Verantwortlichen benutzt oder verdrängt.

Als Senator John Kerry am 20. April 1994 in Washington mit drei Schlägen seines Hammers das Hearing des Unterausschusses für Drogen, Terrorismus und internationale Einsätze eröffnete, wurde die Vorstellung von einer zwar gewalttätigen, aber doch pittoresken und den eigenen Gesetzen treuen Unterwelt durch die Lagebilder des FBI, der CIA und des US-Justizministeriums für immer aus dem Verkehr gezogen: »Seit das international organisierte Verbrechen die Stabilität ganzer Regionen und die Lebensfähigkeit von Ländern bedroht, ist die Bekämpfung nicht nur Sache der Polizei, sondern zu einer Frage der nationalen Sicherheit geworden.« (CIA-Direktor James Wolsey).

Das organisierte Verbrechen verfügte sowohl über die finanziellen Mittel wie über die Logistik, um nukleare Massenvernichtungswaffen zu beschaffen und zu verkaufen.

Selbst in den eisigsten Phasen des kalten Kriegs, in denen jede Kooperation zwischen den Blöcken undenkbar gewesen sei, habe es immer Kommunikation gegeben, sagt Senator Kerry: »Ich bin während des kalten Kriegs oft den Sowjets am Verhandlungstisch gegenübergesessen. Hinsichtlich des organisierten Verbrechens gibt es keinen solchen Verhandlungstisch.«

Allein in einem der kleineren Verstecke für kriminelle Profite, den Cayman Islands, seien 400 Milliarden Dollar gebunkert.

»Es ist leicht möglich,« sekundierte Robert Gelbard, Assistant Secretary of State im US-Außenministerium, »daß das organisierte Verbrechen die Welt stärker verändern wird, als das der Kommunismus je konnte.«

Die Phase einer Romantisierung, die sich nie auf Realität berufen konnte, war endgültig vorbei. Aber auch das andere, ebenso fiktive Bild vom organisierten Verbrechen als einer monolithischen Identität, als einem internationalen Syndikat, wurde als publizistische Versimpelung enttarnt. Ralph Salerno, einer der zahllosen sachkundigen Informanten der Autorin, hat daher stets von einer »kriminellen Konföderation« gesprochen, also von Gruppen, die bei Übereinstimmung der Interessen kooperieren und sich bei Konflikten gegenseitig umbringen. »Nirgends«, hat die Cosa-Nostra-Figur Joe Valachi einmal gesagt, »gibt es so viel Verrat, Betrug und Perfidie wie im Mob.« Das organisierte Verbrechen, gleich welcher Herkunft, ist gefährlich, eben weil es nicht nach dem Muster bürgerlicher Hierarchien »organisiert« ist. Organisiert ist allerdings eine mit allen Mitteln fabrizierte Beweisnot, die nicht nur die Verfolgung, sondern auch journalistische Recherchen erschwert.

»Organisierte Kriminalität (OK) ohne politische Patronage wäre nicht lebensfähig«, schreibt Hannelore Gude Hohensinner. Das heißt, kein organisiertes Verbrechen ohne Kollusion mit der Politik, ohne Korrumpierung von Politikern. Korruption ist der Humus, auf dem es gedeiht. In Deutschland wird nach Meinung eines BKA-Ermittlers so gut wie kein öffentlicher Auftrag mehr ohne Schmiergeld oder parteipolitische Kumpanei vergeben. »Wir (La Cosa Nostra) leben von der Geldgier braver Bürger«, hat Joseph Valachi erklärt, nachdem er zum Informanten des FBI geworden war.

Gewiß, bei uns sitzt die Mafia nicht mit am Kabinettstisch, wie in Italien. Vermutlich nimmt kein hochrangiger Politiker diesseits der Alpen von der organisierten Unterwelt Geld. Die Korrumpierung der Politik sieht in unseren Breiten anders aus. Es gibt eine ebenso ahnungslose wie hoch motivierte Lobby des organisierten Verbrechens, Justizminister von atemberaubender Arglosigkeit und anwaltschaftliche Komplizen unter den Strafverteidigern. Es gibt Geldwäscher mit besten politischen Beziehungen und Polizeiführer, die in Bordells freigehalten werden. Und wehe dem Journalisten, der Roß und Reiter nennt. Gefahr droht ihm nicht von der organisierten Unterwelt. Der Datenschutz sorgt dafür, daß er den Mund hält, und eine außer Rand und Band geratene Justiz bestraft selbst den, der einen rechtskräftig wegen Beihilfe zum Mord verurteilten Täter einen Mordkomplizen nennt.

Man setzt der Bedrohung nicht Widerstand entgegen, sondern Heilslehren, je realitätsferner, desto besser, weil sie sich nicht am Erfolg messen lassen müssen. Ursachen müsse man ergründen und beseitigen, nicht Täter bekämpfen, heißt es. Eine weltweite Abschaffung von Armut und Geldgier wird damit ebenso nahegelegt, wie die Entkriminalisierung von Delikten gefordert, derer man nicht Herr wird. Manche Argumente in den Parlamenten erinnern an eine Feuerwehr, die sich weigert zu löschen, solange die Brandursache nicht klar ist.

Es gibt eine Kumpanei der besten Gesellschaft mit Leuten, die schmutzige Hände haben. Die Presse hofiert Unterweltfiguren, Prominente aus Kunst und Politik reiben geschmeichelt am Tresen ihre Ellbogen mit Ganoven, honorige Bürger und Mitglieder des Hochadels laden sich zur Unterhaltung Kriminelle zu Familienfeiern ein und untermauern so den Status des Mobs innerhalb und außerhalb der Unterwelt.

Die Zahlen von Hinrichtungen durch die Zigarettenmafia, durch chinesische Triaden und andere einheimische oder ausländische Gruppen haben die Zahlen der zwanziger Jahre in den USA und der gegenwärtigen in Sizilien erreicht. Trotzdem, so beteuern die für unsere Sicherheit Verantwortlichen, haben wir »keine amerikanischen oder italienischen Verhältnisse«, weil sich das organisierte Verbrechen bei uns im Dekorum, in seinen Sprachregelungen und von der Kleiderordnung her völlig anders darstellt. Aber die Methoden sind denen der Genoveses ähnlich, die Mechanismen der Gewalt und der Korruption, die Strategien der Angst und der gesellschaftlichen Infiltration sind dieselben.

Dagobert Lindlau

Einleitung

»Organisierte Kriminalität (OK) ohne politische Patronage wäre nicht lebensfähig. Spüre die vielen Verflechtungen von Politik und Organisierter Kriminalität auf, mache das zum zentralen Gegenstand deiner Untersuchungen. Nur dieser Weg führt zu einem realen Bild jenseits der trivialen Medienvereinnahmung. In puncto *family* achte auf die 3 M's – *Moxie – Muscles – Money* (Verstand, Muskeln, Geld) – nur wo alle drei Hand in Hand gehen, hast du eine prosperierende Unterwelt vor dir.«

Sergeant Ralph Salerno, seit den späten fünfziger Jahren penibler Chronist der US-amerikanischen OK-Szene (vom US-Senat bestellter Experte während der McClellan-Senatshearings von 1963), gab mir diesen Ratschlag mit auf den Weg.

Der Reduktionsprozeß des Planeten Erde zum Global Village ist an der Schwelle zum nächsten Jahrtausend beinahe abgeschlossen. Ein Nebenprodukt dieser Schrumpfung ist eine hemmungslose Expansion des Phänomens organisierte Kriminalität.

Der Informationsstand über Hintergrund, Entwicklung und Konsequenz der noch immer primär strafrechtlich erfaßten Erscheinung scheint zufriedenstellend. Die Massenmedien geben sich den Anschein, kompetent über das äußere Erscheinungsbild zu informieren, während Hollywood die originären Innenansichten liefert: Mario Puzos Pate, in der Personifikation von Marlon Brando und Al Pacino, ist im Bewußtsein vieler noch immer das konkreteste Bild eines Capomafia. Die Heroisierung der »Godfather-Figur« hatte aber auch eine starke Anziehungskraft auf die realen Mafiosi, die durch Übernahme des medialen Verhaltensschemas aus der häßlichen Realität der Straße in eine »heile Subkultur« emporsteigen wollten. Flankiert wurde diese hollywoodeske Himmelfahrt mit Parolen wie: »Organisierte Kriminalität ist besser als unorganisierte. Mobkontrollierte Wohngegenden sind die sichersten der Stadt.« Doch trotz aller Übertreibung läßt sich die cineastische Unterwelt durchaus mit der realen messen. Denn entblößt man die Fiktion von jeglicher Theatralik, erhält man ein Derivat aus Verbrechen und Politik.

Wenn Don Vito Corleone seinen Anwalt beauftragt, eine ihm wichtige Angelegenheit durch einen jüdischen Kongreßabgeordneten erledigen zu lassen, scheint der Wahrheitsgehalt dieser Szene auf den ersten Blick unwirklich, die Handlung konstruiert. 1941 wurde in einem Gerichtssaal in Brooklyn der demokratische Bürgermeisterkandidat William O'Dwyer, zuvor Staatsanwalt von Kings County, der Willfährigkeit gegenüber stadtbekannten Kriminellen beschuldigt: »Mr. O'Dwyer (Ire) weiß nur zu gut, daß Murder, Inc. (jüdisch-italienisch) sich 1930 nicht hätte formieren und zehn Jahre lang ungestört morden können ohne den Schutz führender Politiker der Stadt.« Hier bestätigen sich Kunstprodukt und Tatsache in ihrer Intention, eine Komplizenschaft zwischen dem bürgerlichen Machtapparat und der kriminellen Subkultur aufzuzeigen. Die genaue Analyse würde belegen, daß die Wirklichkeit das Inszenierte um vieles übertrifft.

Organisierte Kriminalität wird beharrlich zum Synonym für eine Organisation hochstilisiert, die allmächtig gesetzwidrige Aktionen aus der Grauzone der Illegalität steuert. Die Ursache für diese Gleichsetzung mag der Unkenntnis oder dem Wunsch nach einfachen Erklärungen entspringen. Organisierte Kriminalität ist jedoch eine substanzlose Konzeption, der erst durch die Zusammenrottung von Menschen mit mafioser Attitüde Leben eingehaucht wird. Die Namen für diese kriminellen Assoziationen sind so vielfältig wie die Länder und Landstriche ihres Auftretens. Auf Sizilien kennt man sie unter der Bezeichnung »Cosca«, in Japan nennt man sie »Yakuza« und in den Vereinigten Staaten »Crime Family«, wobei diese Definition eine Wortschöpfung der konsternierten Außenwelt ist. Die interne Bezeichnung für die kollektive Schattenwelt italo-amerikanischer Kriminalität ist »La Cosa Nostra«, ein Ausdruck, der bewußt ethno-soziale Barrieren errichtet. Die einzelne Gruppierung heißt »Borgata«.

In New York City etablierten sich während der Zeitspanne von einem Jahrhundert fünf Crime Families (Borgatas), die die urbane Unterwelt mit all ihren Pfründen untereinander aufteilten. Prinzipiell gilt, das jede »Familie« in ihrem Territorium die Souveränität über alle illegalen Aktivitäten besitzt, die sie wie in einem feudalen Lehensverhältnis gegen *Tributo e Onore* weitergeben kann. Einbrüche in diese Hoheit treten bei unfähiger Führung (was stets Territorialfragen aufwirft und daher immer einen Waffengang nach sich zieht) oder Nichtbewältigung des kriminellen Schemas auf. Für das Beispiel einer solch friedlichen Infiltration kann das Finanzzentrum Wall Street stehen, anerkanntes Genovese-Hoheitsgebiet. In Ermangelung eines eigenen Spezialisten kontrollierte Carmine Lambardozzi, ein Caporegima der Gambino-Familie, in den Jahren zwischen 1960 und 1980 die komplexen illegalen Transaktionen rund um die Tatbestände Aktienfälschung und Aktiendiebstahl.

Das Verhältnis legale Welt – organisierte Kriminalität muß so lange diffus bleiben, solange die öffentliche Diskussion ausschließlich um die kriminelle Methode kreist und eine Analyse der handelnden Organisationen verabsäumt. Der Ruf nach Stärkung staatlicher Rechtspositionen wird ins Leere gehen, solange diese eindimensionale Betrachtungsweise vorherrscht.

Rudolph Giuliani, seit 1994 Bürgermeister von New York City und davor Staatsanwalt in Manhattan, schilderte in einem

Interview die Betroffenheit, die ihn nach der Lektüre des Buches *A Man of Honor* überkam. Geschrieben hatte dieses Machwerk, eine Art Lebensbeichte, Joseph Bonanno, emeritierter Boss der New Yorker Bonanno Family, der im hohen Alter von 78 Jahren den Drang nach literarischen Ehren verspürte. Nie zuvor seien ihm Struktur und Gedankenwelt mafioser Gruppierungen so exakt beschrieben worden wie in diesem Sammelsurium grotesker Rechtfertigungen; aber auch zu keinem anderen Zeitpunkt habe er potentielle Bekämpfungsmöglichkeiten so deutlich erkannt. Basierend auf der Auswertung dieser Bekenntnisse des eitlen Bonanno konnte er fünf Gerichtsverfahren einleiten.

Giuliani hatte begriffen, daß die Konzeption »organisierte Kriminalität« nur über das Vehikel Organisation – sprich Crime Family – einzudämmen ist.

Die Namen der Gründerväter der Crime Families lesen sich wie das *Who is Who* krimineller US-Erfolgsgeschichten: Giuseppe Morello, Joe Masseria, Lucky Luciano, Frank Costello und Vito Genovese. Sie konnten von sich behaupten, sie hätten amerikanische (Unterwelt-)Geschichte geschrieben und Politiker um ihre Gunst buhlen lassen.

Doch das ist vorbei. Seit La Cosa Nostra für die dritte und vierte Einwanderungsgeneration kein unvermeidbarer Arbeitgeber mehr ist, da außerhalb der Subkultur wirtschaftliche Prosperität erlangt werden kann, hat sich eines der 3 Ms verabschiedet: Moxie, der Verstand. Die Muskeln haben übernommen.

Die gegenwärtige Schaltzentrale der Genoveses befindet sich in einem unscheinbaren Lokal Bleecker Ecke Sullivan Street im Greenwich Village. Die Zahl der »Made men« (Männer, die den Bluteid geschworen haben), wird von den Untersuchungsbehörden auf 200 geschätzt. Trotz der vergleichsweise geringen Mitgliederzahl (im Vergleich zu den 350 der Gambino Family; laut New York City Police Department gab es 1996 nur noch 750 »Made men« in New York –, gelang es dieser kriminellen Gruppierung, sich gegenüber ihren Mitbewerbern in den lukrativsten Rackets der Stadt zu behaupten und in semilegale und legale Geschäftsbereiche einzusickern. Gegen verstärkte staatliche Ermittlungen, die die vier anderen stadtansässigen Familien vernichteten, zeigte sich die Genovese Family vergleichsweise immun. Am politischen Schutzwall, sorgfältig Stein für Stein in früheren Jahrzehnten aufgebaut, prallten lange Zeit allzu neugierige Blicke ab.

Denn während John Gotti, Boss der Gambinos, nach Verlust seines spektakulären Prozesses 1992 als Häftling Nr. 18261-053 Quartier im amerikanischen Gulag Marion, Illinois, bezog, schlurfte Vincent Gigante, alias »The Chin«, Boss der Genoveses, im Bademantel und Pantoffel, als Idiot von eigenen Gnaden durch die Straßen des New Yorker Village. Die Presse wurde nicht müde, diese bizarren Auftritte und die mögliche Zukunft der Genoveses zu kommentieren. Doch auch für die Genoveses begann die Uhr zu ticken. Trotz seiner offen zur Schau gestellter Zeichen von Debilität fand sich »The Chin« Ende Juni 1997 vor dem energischen Richter Jack Weinstein im Brooklyn Federal Court unter RICO-Anklage wieder. Und obwohl die Anklagevertretung sich auf sehr dünnem Eis bewegte, sprach die Jury »Chin« Gigante schuldig. Es sieht so aus, als hätten die New Yorker einfach genug von drittklassigen Gaunern.

1943 machte Thomas E. Dewey, ehemaliger Staatsanwalt von New York County, mit Zuschüssen des genialen Unterwelt-Dreigestirns Luciano/Costello/Lansky steile politische Karriere. Luciano, damals inhaftierter Boss der heute als Genoveses bekannten Familie, sagte in seinen Memoiren über Dewey: »Ich traute Dewey nicht. Er wollte unter allen Umständen Präsident werden. Wenn er geglaubt hätte, eine Mordanklage gegen mich würde seiner Sache die nötige Medienbeachtung geben, er hätte eine gegen mich konstruiert.

Darum ließ ich von meinen Freunden draußen ein dickes fettes Buch über Dewey anlegen, beginnend mit dem Geld, das sie ihm zur Finanzierung seiner Gouverneurskampagne zugesteckt haben.«

Vielleicht haben die Genoveses noch »dicke fette Bücher« über ambitionierte US-Politiker im Keller liegen, wer weiß, und können sie nur nicht verwenden.

Hannelore Gude Hohensinner

Die Freiheitsstatue vor Ellis Island

I. KONSTELLATIONEN

Einleitung

»Wenn dein Name mit einem Vokal endet, bekommst du mehr, als dir lieb ist.«

(Steven Barucci vor dem Brooklyn Court House nach der Verkündung der lebenslangen Haftstrafe ohne Recht auf Begnadigung für John Gotti, *Washington Post*, 24. Juni 1992.)

Italiener haben organisierte Kriminalität nicht erfunden, noch haben sie sie als eine Art ruchlosen Erbes aus der alten Heimat in die USA gebracht.

Organisierte Kriminalität spiegelt exemplarisch den alten Streit über Kausalität oder Korrelation als Ursache eines gesellschaftlichen Phänomens wider. Fällt eine exakte Schuldzuweisung bereits im Falle des Mezzogiorno und Siziliens schwer, scheint eine definitive Aussage für die Vereinigten Staaten unmöglich. Denn die Kernfrage lautet: Existiert organisierte Kriminalität in den USA als Nebenprodukt der Immigration von süditalienischen Kriminellen, oder verwandelte das US-amerikanische Gesellschaftssystem tendenzielle Straftäter in professionelle Gangster und im weiteren Verlauf in Begründer einer kriminellen Organisation? Verfechter der Kausalität verweisen stets auf das (unbestrittene) Faktum einer Abwanderung von Mafiosi und Camorristi im Windschatten Tausender gesetzestreuer süditalienischer Auswanderer, die zur Beibehaltung ihres mafiosen Lebensstils in den USA analoge Strukturen von Abhängigkeit und Schutz errichteten wie in der alten Heimat. Doch diese Beziehungsketten wären bald zerfallen, wäre nicht vom Zustand der amerikanischen Gesellschaft ein starker Druck ausgegangen. Erst das Kollidieren zweier diametraler Lebenskonzepte und das Ausgrenzen des

Unterlegenen durch das Establishment setzten eine Entwicklung in Gang, die aus einer Handvoll Krimineller einen Staat im Staate werden ließ.

Die amerikanische Ostküstengesellschaft der beiden letzten Dekaden des 19. Jahrhunderts war gefangen in Reflexionen über die eigene Identität. Die allmähliche Distanzierung von der Geisteshaltung des gewaltimmanenten Pioniertums sollte den Weg frei machen für eine neoaristokratische Philantropie, die das zwielichtige Vermögen aus Bürgerkrieg und erster Industrialisierungswelle gesellschaftsfähig machte. Irische Einwanderer, von Herkunft und Sprache leicht absorbierbar, waren willkommene Objekte dieses neuen Lebensgefühls. Man überließ ihnen kurzerhand das vulgäre kommunalpolitische Parkett und beobachtete amüsiert das Hauen und Stechen der Parteikontrahenten.

In dieses emotionale Chaos der Identitätssuche gerieten Hunderttausende ahnungsloser Süditaliener, die, dem biblischen Exodus vergleichbar, ihrer Heimat den Rücken kehrten. Bald finden sich allenthalben Zeichen einer systematischen Diskriminierung.

Der Wunsch der irischen Aufsteiger, es der WASP(weißen, angelsächsischen, protestantischen)-Aristokratie gleichzutun, setzte eine irisch-prädominierte Korruptionsmaschinerie in Gang, die das Gros der rechtskonformen Italo-Amerikaner noch stärker in die Rolle der Opfer drängte. Durch die italienischen Einwanderer machten Spekulanten und Vermieter riesige Vermögen. Gleichzeitig werden ganze Nachbarschaften in menschliche Müllhalden verwandelt wo Leid, Kriminalität, Unwissenheit und Schmutz die dominierenden Lebenselemente sind.[1]

Periodisch eingesetzte Untersuchungsausschüsse zerrten zwar stets unerträgliche Mißstände ans Tageslicht, ein Umschwung konnte jedoch immer von einer parteiübergreifenden Korruptionsgewinnlerschaft vereitelt werden.

Die 1894 in New York County tätige Lexow Commission to Investigate Corruption and Vice kam zu dem Schluß, daß in erster Linie Abkömmlinge irischer Einwanderer Hauptakteure im Betreiben und Bereitstellen gewerblicher Unsitte waren. Wie dominant der irische Einfluß war, belegt die Namensänderung des ersten italienischen Bandenchefs der Lower East Side: Aus Paolo Antonio Vaccarelli; wurde des leichteren Geschäftsgang wegen kurzerhand Paul Kelly.[2] Eine direkte Verflechtung mit den regierenden Tammany Democrats, der einflußreichsten demokratischen Gruppierung von New York County[3], trat überdeutlich zutage. Mittels Parteigängern in den Reihen der Polizei wurden Bordell- und Spielhöllenbetreiber gegen Zusicherung eines reibungslosen Betriebs zu Zahlungen in die Parteikasse erpreßt. Der Kommissionsbericht urteilte hinsichtlich der Verflechtung von Tammany Hall und den Rotlichtbezirken: »Tammany ist eine für beide Seiten lohnende Partnerschaft mit Verbrechen und Laster eingegangen.«[4]

Der Anfang 1899 veröffentlichte Bericht der Mazet Commission to Investigate Corruption and Vice kam zu einem ähnlichen Ergebnis wie die Lexow Commission fünf Jahre zuvor: Trotz republikanischer Stadtverwaltung war es nicht gelungen, Laster und Korruption einzudämmen.

In einem offenen Brief an Bürgermeister Van Wyck schrieb Bischof Potter über die Zustände in der Stadt:

»Das ist kein Aufruf zur Ausrottung von Laster und Unzucht, denn das würde eine himmlische und keine menschliche Gesellschaft voraussetzen. Tatsache aber ist, daß Laster und Unzucht in dieser Stadt nicht nur stillschweigend geduldet, sondern beschützt und begünstigt werden von denjenigen, deren Pflicht es wäre, dagegen vorzugehen. Laster und Unzucht existieren in einem solchen Ausmaß, weil der Schutz dafür teuer erkauft wird. Ohne Zweifel existierte diese Art der Korruption schon vor 1894. Sie nahm unter Bürgermeister

Strong und mit Mr. Roosevelt an der Spitze der Police Commission zu und wurde von der augenblicklichen Stadtverwaltung nahtlos übernommen.«[5]

Nur einen Monat zuvor war es zu einem politischen Eklat gekommen, als bekannt wurde, daß Tammany Boss Croker und seine Marionette im Rathaus, Van Wyck, in einen Skandal verwickelt waren, der zur Verdoppelung des Preises für Industrieeis führte, einer essentiellen Komponente für die Nahrungsmittelversorgung einer Stadt dieser Größe.[6]

Die daraufhin eingesetzte Kommission enthüllte ein Erpresserkonsortium in höchsten Parteikreisen, das Schmiergelder von Bordellbetreibern, Barbesitzern und Großhändlern einstrich. Im Vorgriff auf den Kommissionsbericht sprach die *New York Times* von 3 Millionen Dollar, die in New York alljährlich an Schutzgeldern von einschlägigen Etablissements an Polizei und Politiker beider Parteien gezahlt würden.[7]

Die Weichen waren somit um 1900 schon längst in Richtung organisierte Kriminalität gestellt, als das Heer süditalienischer Einwanderer an die Küste New Yorks gespült wurde. Italienische Immigranten haben im Laufe der Zeit die von den gesellschaftlich aufsteigenden irischen Einwanderern preisgegebenen Geschäftsbereiche übernommen, vorerst jedoch nicht deren politische Stellung. Erst das Ende des Vietnam-Krieges erlöste Italo-Amerikaner vom Makel der Zuletztgekommenen und ermöglichte eine Vollintegration in die politische Parteienlandschaft. (Die Amtszeit des New Yorker Bürgermeisters Fiorello LaGuardia Anfang der dreißiger Jahre war die Ausnahme von der Regel.) Eigenständige wirtschaftliche Bedeutung, verbunden mit einem Ausbrechen aus der beengenden Ghettoexistenz durch Expansion der legalen, semilegalen und illegalen Aktivitäten über die Grenzen der eigenen ethnischen Gruppe hinaus, wurde schon im Jahrzehnt der Prohibition zur Realität.

Hatten irische Einwanderer das Konzept »Organisierte Kriminalität« abgesteckt, hatten jüdische Einwanderer durch Kommerzialisierung der Subkultur den Grundriß geliefert, so war der Beitrag der italienischen Einwanderer die Grundfeste, auf der sich Illegalität großen Stils aufbauen ließ: die Mystifizierung und Absegnung der kriminellen Aktion und ihrer Akteure. Die Rechtswidrigkeit wird gerechtfertigt durch die eigene Geschichte, woraus sich eine Negation jeglicher Kooperation mit dem als fremd empfundenen staatlichen Rechtssystem manifestiert, von Opfern, Zeugen und Tätern gleichermaßen.

Immigration

»Die Vereinigten Staaten wurden zur Müllhalde für alle Kriminellen und banditi von Italien, Sizilien, Sardinien und Kalabrien.«
(Joseph Petrosino, Leiter der Sonderabteilung Italian Squad beim New York Police Department, 1908)

9. April 1903: An diesem Tag erreichte die Einwanderungs-Tagesstatistik mit 12.668 Immigranten einen neuen Höhepunkt. Neun Schiffe brachten die menschliche Fracht aus Europa an die Küste New Yorks. Italiener stellten mit vier Booten aus Neapel das größte Kontingent. Die Einwanderungsbehörde auf Ellis Island geriet unter enormen Druck, da man nur für die Abfertigung von maximal 6000 Menschen pro Tag ausgerüstet war.[8]

Zu Tausenden überrannten Auswanderer aus dem Mezzogiorno und Sizilien Greater New York. Sie mußten die inhumanen Auswahlverfahren einer überforderten und abweisenden Einwanderungsbürokratie über sich ergehen lassen, die einem Beamten genau sechs Sekunden für die Beurteilung eines erschöpften Menschen ließ, sechs Sekunden, die über ein Schicksal entschieden. Man untersuchte ihre Augen mit den gefürchteten *buttonhooks*, perfide zweckentfremdeten Schuhbandeinziehern, und ließ sie verschiedene Holzklötzchen in die dazu passenden ausgestanzten Formen sortieren, bis am Ende der Prozedur Kreidemale auf dem Rücken über den weiteren Lebensweg entschieden.

Wer zu den Auserwählten gehörte, mußte schmerzlich erfahren, daß diese fremde Stadt, der Brennpunkt all ihrer

Hoffnungen, nur Ablehnung, Armut und Elend bereithielt, in einem Ausmaß, nie gekannt in der zurückgelassenen Welt. Das weitere Leben würde für die meisten unter menschenunwürdigen Bedingungen verrinnen, ohne Hoffnung auf Erlösung. Zusammengedrängt in Ghettos, kaserniert in stickigen Mietsbaracken, wo die Tuberkulose grassierte und die Sterblichkeit um vieles höher war als in der alten Heimat, vegetierten Menschen dahin, die gewohnt waren, in gesunder Luft auf den Feldern zu arbeiten. Die herrschende Klasse der WASPs und die aus den Niederungen der Einwanderung emporgestiegenen katholischen Iren begegneten diesen seltsamen Menschen, deren Psyche durch Jahrhunderte geprägt wurde vom Fatalismus als dem Erbe der arabischen Eroberer und einem tief verwurzelten Wissen um den Tod, *la vita come preludio a la morte*, als dem Vermächtnis der spanischen Herren, mit blankem Rassismus. Falls sie sie überhaupt wahrnahmen. Das gemeinsame Bekenntnis zum Katholizismus als Basis für eine Wahlverwandtschaft mit den irisch-stämmigen Neuamerikanern der davorliegenden Einwanderungswelle war eher trennend als verbindend. Die Naivität der Riten, die diese ungebildeten Süditaliener praktizierten, gepaart mit dem Verdacht sexueller Ausschweifungen, ließ eine unüberwindliche Kluft zwischen den Glaubensbrüdern entstehen.

Eine Publikation aus dem Jahre 1912 über die Kriminalität in New York zwischen 1900 und 1910, verfaßt von Arthur Train (irischer Abstammung), einem von Amts wegen zur Objektivität verpflichteten Staatsanwalt von New York County, gibt die schier ausweglose Situation dieser Gefangenen zwischen Vorurteil und Elend wieder:

»Anderthalb Millionen Italiener leben in den Vereinigten Staaten, davon fast 600.000 in New York City – mehr als in Rom. Die Norditaliener sind dem amerikanischen Charakter *molto simpatici*, da viele ihrer Eigenschaften den unseren ähnlich sind, denn sie sind ehrlich, sparsam, fleißig, gesetzestreu und gutartig. Die Süditaliener besitzen weniger günstige Eigenschaften, denn sie tendieren zu Ignoranz, Faulheit, Mittellosigkeit und Aberglauben. Ein nicht unerheblicher Anteil, besonders aus den Städten, ist kriminell. Selbst viele Jahre nach ihrer Landung zeigen Kalabrier und Sizilianer häufig noch Charakterzüge, die bezeichnender für das Mittelalter als für das zwanzigste Jahrhundert sind.

Zu Hause vegetierten sie in halbverfallenen Hütten. In einer Ecke schlief die gesamte Familie als promisker Haufen auf einem Bett aus Stroh, in der anderen hielten sie sich einen Zoo mit einem halben Dutzend Hühnern, einem Hahn, einer Ziege und einem Affen. Weder lasen oder dachten sie, noch tauschten sie Ideen aus. Das Auftauchen einer Uniform war immer mit Unheil verbunden, denn es bedeutete entweder Steuereintreibung, Zwangsrekrutierung zur Armee oder Arretierung. In dieser Situation machte sich der Mann aus dem Staub, während Frau und Kinder zu Stein erstarrten. Sie sind stur und mißtrauisch, so, als wären die letzten tausend Jahre spurlos an ihnen vorbeigegangen.«[9]

Viele süditalienische Familien hatten bereits ein Mitglied in New York, als sie ihrer Heimat für immer den Rücken kehrten, denn es kam selten vor, daß sich eine Sippe aufmachte, ohne zuvor einen Pionier vorausgesandt zu haben. Die Familien Morello/Terranova, Masseria, Lucania und Genovese können als Beispiel dieser gelebten Gesetzmäßigkeit gelten:

1891 landete Giuseppe Morello als erster des Morello/Terranova-Clans in New York. Sechs Monate später kam sein Stiefbruder Ciro Terranova und im Verlauf eines weiteren halben Jahres der Rest, so daß Mitte 1892 der zehnköpfige Kern der Familie wieder vereint war.[10] Giuseppe Morello wird nach Verbüßung einer zehnjährigen Gefängnisstrafe ab 1920 als Peter »the Clutch« Morello weiter für Furore im Gangland sorgen. Die Tatsache, daß der 1910 verurteilte Geldfälscher

Giuseppe Morello und das Hirn des Masseria-Clans Peter Morello identisch sind, fällt niemandem auf.[11]

1898 gab Giuseppe Masseria, Vater des in den zwanziger Jahren notorischen Joe »the Boss« Masseria, bei seiner Ankunft auf Ellis Island an, seinen Bruder Calogero aufsuchen zu wollen, der seit drei Jahren in der Stadt lebte. Im Abstand von jeweils einem Jahr folgten weitere Familienmitglieder, bis sich 1903 die ganze Sippe wieder zusammengefunden hatte. Joe Masseria machte 1902 als 15jähriger die Überfahrt auf der *S.S. Liguria.*[12]

1907 kam Salvatore Lucania (nach 1929 Charles »Lucky« Luciano) im Alter von neun Jahren mit seiner Mutter Rosalia und der Schwester Francesca nach New York City. Der Vater Antonio befand sich bereits seit 1903, sein Bruder Giuseppe seit 1905 in der Stadt.[13]

1912 landete Vito Genovese im Alter von 16 Jahren mit seinem Cousin Raffaele Petilli, 18 Jahre, auf der *S.S. Duca D'Aosta* in New York. Die permanente Fortschreibung seiner Ankunft im Jahre 1913 auf dem Schiff *S.S. Taormina* ist pure Legende. Diese Falschdatierung in Genoveses Einbürgerungsunterlagen ist jedoch aufschlußreiches Indiz dafür, daß er durch Bestechung die Möglichkeit hatte, seine persönlichen Daten nach Belieben zu manipulieren. Die beiden Jugendlichen erklärten, bei Genoveses Schwager Nicola Gatta, 238 Mott Street, Aufnahme zu finden.[14]

Diese strategische Vorhut, zumeist der Ehemann, älteste Sohn, älteste Bruder oder Schwager, lebte in der Regel ohne jegliche emotionale Einbindung. Als Untermieter in einem der vielen überfüllten Elendsquartiere der Stadt mußte er erst den Kulturschock überwinden, der als unentrinnbarer Schicksalsschlag über ihn hereingebrochen war durch seinen abrupten Wechsel vom Mitglied einer Klassengesellschaft zum entwurzelten Individuum in einer Massengesellschaft. Aus Scham und

Sprachlosigkeit, sich den Daheimgebliebenen mitzuteilen – wie hätte er auch gegen ihre Träume von einem verheißungsvolleren Leben jenseits des großen Meeres anreden können –, blieb die Wirklichkeit seines erbärmlichen Dahinvegetierens unausgesprochen. Des Lesens und Schreibens meist unkundig, ohne eine Berufsausbildung, durch die ein menschenwürdiges Leben in urbaner Umwelt hätte finanziert werden können, wurde dieser Wegbereiter zum Prototyp eines zur kriminellen Tat verführbaren Individuums, das diese Lebensweise an die nachkommenden Familienmitglieder weitergab.

Um der bedrückenden Existenz und persönlichen Isolation zu entfliehen, wurden Saloon und Spielhölle zur Ersatzheimat, das Bordell die Instanz für sexuelle Erleichterung. Die verzerrte Realität dieses engen Erlebnisradius schuf durch Annahme der dort vorgelebten Verhaltensnormen einen neuen Wertemaßstab, dessen Primärelement die Wahrnehmung der amerikanischen Self-made-Gesellschaft als einer Korruptions- und Illegalitätsgemeinschaft war.

Die illegalen Handlungen als Resultat dieser neugewonnenen Lebenseinstellung waren in der Einstiegsphase Verbrechen vom Typus der minderen Beschaffungskriminalität. Von Einzeltätern bis hin zu einer maximalen Bandenstärke von drei Mitgliedern wurden zunächst Straftaten im Bereich der primitiven Eigentumsdeliktik und des Schlepperwesens begangen, der neu ausnahmslos Neueinwanderer der eigenen Ethno-Gruppe zum Opfern fielen. Dubiose Pensionsbetreiber heuerten diese Schwellenkriminellen an, um eben angekommene Landsleute in ihre Pensionen zu schleusen, wo sie zu weit überhöhten Preisen Kost und Logis fanden und ihrer bescheidenen Habe verlustig gingen. Diese als *»runner«* bezeichneten Kleinkriminellen nahmen so überhand, daß sich im März 1901 die »Society for the Protection of Italian Immigrants« konstituierte, da die Behörden keinerlei Interesse an der Verfolgung dieser Bagatellvergehen zeigten.

Um der allgegenwärtigen Gewalt des urbanen Lebens besser begegnen zu können, deren Opfer und Täter sie gleichermaßen waren, formierten sich Gruppen von Männern aus denselben Dörfern und Gegenden der verlassenen Heimat. Man trachtete danach, auch eine räumliche Nähe zu erreichen, was zur Folge hatte, daß ganze Straßenzüge von Einwanderern einer Region bevölkert wurden. Die Männer von Carini etwa, unter ihnen Tomasso Petto, Giuseppe Fenaro, Benedetto Madonia, bevor er nach Buffalo zog, und Vito Laduca, wohnten 1903 nur ein paar Häuserblocks voneinander entfernt im Little Italy der Lower East Side.

Die Hoffnungs- und Orientierungslosigkeit dieser Entwurzelten wurde das Startkapital derjenigen, die bereits vor ihrer Landung in den Vereinigten Staaten den Lebensstil eines Mafioso gewählt hatten. Sie rekrutierten aus der Masse der Klein- und Gelegenheitstäter diejenigen, die besonders gewitzt oder gewaltbereit schienen. Es entstanden Zusammenschlüsse von Abkömmlingen desselben Dorfes oder Landstrichs mit pseudofamiliären Strukturen, die Heimat und Sicherheit vortäuschten und die Keimzellen für ein rasch wucherndes Bandensystem bildeten.

Am 20. Juli 1907 trat Polizeichef Theodore Bingham vor die versammelte Presse und verkündete für das erste Halbjahr eine nie gekannte Verbrechenswelle. Er machte Einwanderer für die Zunahme von Kriminalität verantwortlich und forderte die Verschärfung der bestehenden Einwanderungsgesetze:

»Straftaten werden in erster Linie von Ausländern und nicht von amerikanischen Staatsbürgern begangen, von Ganoven, die unsere Sprache nicht beherrschen. Es ist die Einwanderungswelle, die unser Land mit Hunderten und Tausenden von Kriminellen überschwemmt. Weder wissen sie, was Freiheit bedeutet, noch geben sie einen Deut darauf. Sie ignorieren unsere Ordnung und sind der Abschaum Europas. Die Lösung dieses Problems ist eine Einwanderungssperre, denn unter den bestehenden Gesetzen ist es fast unmöglich, einen Straftäter zu deportieren.«[15]

Der Versuch, die Kriminalitätsrate mittels Einwanderungsgesetzen zu regulieren, war keine neue Forderung, doch noch nie war diese so scharf formuliert worden. Bis 1890 lag die Verabschiedung von Immigrationsbestimmungen bei den Einzelstaaten, in diesem Fall beim Staat New York, mit dem Gouverneur als höchster Entscheidungsinstanz. Der große Ansturm von Einwanderungswilligen nach 1880 ließ eine Zuständigkeitsübertragung auf die Bundesebene sinnvoll erscheinen. Bereits 1891 wurde im Kongreß ein Gesetz verabschiedet, das Personen mit sichtbaren Krankheitsmerkmalen den Zuzug untersagte. 1893 wurden die Reedereien verpflichtet, in den Ausreiseländern über die geltenden Einreisebestimmungen zu informieren und keine Passagen an Personen zu verkaufen, die nach geltendem Recht zurückgewiesen würden. 1903, als Süd- und Osteuropäer das Gros der Neuzugänge ausmachten, wurden Anarchisten *(those who oppose all forms of government)* und unmoralische Personen (in erster Linie alleinstehende Frauen ohne Anhang) ausgeschlossen.

Aus Angst vor einer Eskalation des sozialen Elends wurde 1909 das 25-Dollar-Gebot eingeführt. Jeder Immigrant mußte bei seiner Einreise über eine Mindestbarschaft von 25 Dollar verfügen. Diese Verordnung wurde unter dem Druck gemeinnütziger Einwanderungsvereine wieder gekippt, in der Realität von Ellis Island aber weiter stillschweigend praktiziert. Doch bereits vor 1909 spielte die wirtschaftliche Situation des Einwanderungswilligen eine gewisse Rolle. Die Emigrationslisten der Behörden auf Ellis Island hatten schon vor der Jahrhundertwende eine Rubrik für die Erfassung des Vermögensstandes jedes Neuankömmlings. Giuseppe Masseria gab 1898 seine Barschaft mit 26 Dollar an, sein 15jähriger Sohn Joe 1902 mit 10 Dollar.[16]

1917 verabschiedete der Kongreß gegen das Veto von Präsident Woodrow Wilson den Illiteracy Act, der allen Lese- und Schreibunkundigen die Einwanderung verwehrte. Dieses Gesetz war hart umkämpft und zuvor bereits von zwei Präsidenten vereitelt worden: 1897 begründete Präsident Cleveland sein Veto mit dem Argument, »daß Analphabetismus eher eine Sache der Möglichkeiten als der Intelligenz oder anderer wünschenswerter Qualifikationen sei«. Auf dieser Basis lehnte auch Präsident Taft 1913 einen erneuten Vorstoß des Kongresses ab.

Die Abwehr des Zuzugs von bereits in ihrem Heimatland als kriminell aufgefallenen Personen stellte die US-Legislative vor eine kaum zu lösende Aufgabe. Keines der bestehenden Gesetze konnte dieser Problematik gerecht werden, denn dazu hätte es der engen Kooperation mit den italienischen Behörden bedurft. Immer wieder wurden Vermutungen laut, daß die italienische Regierung eine Abwanderung ihrer Straftäter in die Vereinigten Staaten begrüße, wenn nicht gar fördere. Diese Anschuldigungen wies der Polizeipräsident von Neapel in einem Interview mit der *New York Times* entschieden zurück. Die verantwortlichen Dienststellen von Neapel, der Hafenstadt mit den höchsten Auswanderungsraten, seien sich ihrer Aufgabe als Selektionsstandort durchaus bewußt und würden die Ausgabe der erforderlichen Papiere mit der notwendigen Sorgfalt handhaben.

»Im Zeitraum vom 1. Juli 1904 bis einschließlich 30. Juni 1905 verließen 173.413 Auswanderungswillige Neapel in Richtung Amerika, 13.597 waren es von Palermo und 2.467 von Messina. Die hiesige Polizei räumt ein, daß auch Italiener zweifelhaften Charakters den Weg in die Vereinigten Staaten antreten, aber nicht von italienischem Boden aus, sondern nach Überschreiten der Grenzen nach Frankreich oder Deutschland.«[17]

Hielten sich notorische Straftäter einmal im Lande auf, bedurfte es in erster Linie politischen Willens zur Durchsetzung von Deportationen. Das 1907 verabschiedete Abschiebungsgesetz, das die Ausweisung von illegalen Einwanderern und die Zwangsdeportation von Kriminellen innerhalb der ersten drei Jahre nach Ankunft in den USA vorsah, sollte diesen Willen demonstrieren. Die zeitliche Einschränkung dieses neuen Gesetzes veranlaßte die *New York Times* zu der bissigen Frage, »ob drei Jahre krimineller Betätigung unter amerikanischer Flagge ihn zu einem willkommenen Ausländer machen?«[18] Wie nachlässig dieses Gesetz in der Regel von den lokalen Behörden gehandhabt wurde und wie tief politische Vereinigungen in deren Behinderung verstrickt waren, bezeugen die stetigen Klagen zu diesem leidigen Thema.

Der Bericht der Einwanderungskommission, eines vom Kongreß einberufenen interdisziplinären Gremiums zur Analyse der Emigrationssituation in den Ballungszentren, forderte neben einer engeren Zusammenarbeit mit den italienischen Behörden die lokalen Stellen auf, das Abschiebungsgesetz von 1907 strikter zur Anwendung zu bringen und die Durchforstung der politischen Klubs nach Straftätern einzuleiten:

»Viele der ruchlosesten italienischen Kriminellen assoziieren sich kurz nach ihrer Landung mit politischen Organisationen, für die sie in Wahlkampfzeiten als Eintreiber agieren im Gegenzug für Schutz vor polizeilichen Nachstellungen. Wie oft war in der letzten Zeit von Polizeiseite zu hören, man könne nicht gegen einen bekannten notorischen Gesetzesbrecher vorgehen, weil er ein Tammany-Mann ist. Paul Kelly, die berüchtigte italienische Unterweltgröße der Lower East Side, ist ein Paradebeispiel dafür.«[19]

Im Juni 1909 veröffentlichte die Gefängnisverwaltung des Staates New York eine Statistik, wonach 319 Gefangene, der weitaus größte Teil davon Italiener (187), für eine Deportation aufgrund der Gesetzesregelung von 1907 in Frage kämen. Eine

Untersuchung der *New York Times* belegte, daß mindestens 40 Prozent der Inhaftierten aller New Yorker Gefängnisse Ausländer waren, bei denen das Gesetz zur Anwendung kommen müßte. Polizeichef Bingham beklagte in diesem Zusammenhang, »daß es viel zu viele Winkeladvokaten gibt, die ihr Geld durch systematische Gesetzesmanipulation verdienen.«[20]

Die Zahl der italienischstämmigen Einwohner New Yorks wurde 1909 mit 500.000 angegeben, die der italienischen Kriminellen auf 5000 beziffert, im gesamten Land auf 50.000. Zu einer Eskalation war es um die Jahreswende 1907/08 gekommen, als die französischen Behörden mit harter Hand eine Säuberungswelle in Tunis durchführten. Der Leiter des Italian Squad, Petrosino, sagte in einem Interview mit der *New York Times:*

»Vor etwas mehr als einem Jahr begann die tunesische Stadtverwaltung aufgrund der hohen Kriminalitätsrate das italienische Viertel zu säubern. Das harte Durchgreifen der französischen Administration führte dazu, daß 10.000 Männer deportiert wurden. Und wo gingen sie hin? Uncle Sam nahm sie mit offenen Armen auf. Fast jeder dieser Deportierten kam in die Vereinigten Staaten und lebt hier von Erpressungen und anderen Straftaten.«[21]

Sah das Establishment auch mit Verachtung auf die armen italienischen Einwanderer herab, ihr Nutzen als Wohlstandsmehrer wurde gleichwohl erkannt. Bei einer Tagung der National Liberal Immigration League im Jahre 1908, der auch der Präsident der Harvard-Universität angehörte, wurde jeglicher Gesetzesentwurf zur Verschärfung der Einwanderungsbestimmungen strikt abgelehnt, besonders im Hinblick auf Analphabeten.

»Der Ausschluß von Analphabeten hätte unabsehbare wirtschaftliche Folgen, da es in der Regel die Bildunglosen unter den Einwanderern sind, die die niedrigen Arbeit verrichten, wie etwa Ausschachtungsarbeiten für den U-Bahn-, Kanal- und Wasserleitungsbau oder Erntearbeit. Mit Zunahme ihrer Fähigkeiten suchen sie nach anderen Beschäftigungen, und ihre Plätze werden wiederum von Neuzugängen der untersten Klasse aufgefüllt.«[22]

Wenn die Zahlen von 1909 korrekt sind, dann betrug der kriminelle Durchsatz der italo-amerikanischen Population ein Prozent. Geht man davon aus, daß von diesen 5000 mindestens zwei Drittel in die Kategorie der Marginal- und Gelegenheitskriminellen gehörten, läßt dies die Schlußfolgerung zu, daß diese Bevölkerungsgruppe gezielt diffamiert wurde mit der Intention einer Ausbeutung ihrer physischen Arbeitskraft. Im Konkurrenzkampf mit den Alteingesessenen und den willkommenen Immigranten (Deutsche, Skandinavier, Engländer) hatten die Einwanderer aus dem Süden Italiens schlechte Startbedingungen: Sie kamen aus einer Agrargesellschaft, sie sprachen die Landessprache nicht, ihre Lebensausrichtung war familiär geprägt, ihre Haut zu dunkel und ihr Beitrag zum allgemeinen Wohlstand wenig geachtete, harte körperliche Arbeit.

Italo-Amerikaner stellten 1909 10 Prozent der New Yorker Bevölkerung. 1885 betrug ihre Zahl 25.000, und ihr Anteil am Besitztum in der Kommune war unerheblich. 25 Jahre später besaß diese Ethno-Gruppe 120.000.000 Dollar an Werten in den Ghettos, 100.000.000 Dollar waren von Italienern in nichtethnischen Unternehmen investiert, 50.000.000 Dollar steckten in Immobilienbesitz, und 20.000.000 Dollar lagen auf Bankkonten. Es ist fraglich, ob es jemals eine andere Einwanderergruppe gegeben hat, die in nur 25 Jahren eine ähnlich positive Bilanz erzielen konnte. Gleichwohl blieb die aktive politische Rolle in dieser Zeit irrelevant, die Darstellung in den Medien der nichtitalienischen Öffentlichkeit fixiert auf das Bild des verschlagenen, mordsüchtigen Kriminellen mit unbezähmbarem Temperament und unstillbarem Rachedurst.[23]

Erlangten Italo-Amerikaner politisches Gewicht, so war dieses über viele Jahre hinweg fast ausschließlich auf semilegale oder illegale Zusammenhänge reduziert, wie etwa um die Jahrhundertwende als marodierende und terrorisierende Stimmeneintreiber für Tammany Hall oder von der Zeit der Prohibition an in der Rolle der nötigenden Geldeintreiber. Berufungen in politische Ämter oder kommunale Ausschüsse blieben lange die Ausnahme.

In der Amtszeit von Robert Van Wyck (1898-1901) stellten Amerikaner englischer und irischer Abstammung jeweils 35 Prozent der Amtsträger, Juden 3,5 Prozent, andere ethnische Gruppen 8 Prozent und Italiener 1,5 Prozent.

Sein Nachfolger Seth Low (1902-1903) berief 55 Prozent Englischstämmige in seinen Mitarbeiterstab, 12 Prozent Iren, 7 Prozent Juden, 3 Prozent andere und 1,5 Prozent Italiener.

Als Fiorello LaGuardia 1932 ins Rathaus einzog, schien auch er dem politischen Instinkt seiner Landsleute zu mißtrauen, denn auch seine Ernennungsrate stieg nicht über 3 Prozent.

Erst unter der Vincent R. Impellitteri-Administration (1951-1953) erreichten Italo-Amerikaner eine Beteiligung von 10 Prozent.[24]

Bereits 1908 ebbte die Einwanderungswelle aus dem italienischen Süden merklich ab. General Frank P. Sargent vom Einwanderungsbüro gab in Washington die Zahlen für die ersten fünf Monate des Jahres mit einem Minus von 80 Prozent zum vergleichbaren Zeitraum des Vorjahres bekannt. Die schwere Wirtschaftskrise von 1907 hatte die Immigrantenströme an den nordamerikanischen Küsten vorbei zu Zielen auf dem südlichen Teil des amerikanischen Kontinents umgeleitet. Argentinien und Brasilien wurden zu Fluchtpunkten italienischer Auswanderung.[25]

Mit Ende des ersten Weltkrieges schnellten die Zahlen italienischen Zuzugs in den Vereinigten Staaten noch einmal in die Höhe, danach sanken sie jedes Jahr. Im Zeitraum von 1971-1979 hofften nur noch 110.000 Italiener, ihr Glück in den USA zu finden. Mit dem wirtschaftlichen Aufstieg vieler europäischer Nationen erstarb der Wunsch nach Auswanderung fast völlig.[26]

Die Little Italys als sichtbare Zeichen italienischer Präsenz, vor 50 Jahren noch lärmend überfüllt, sterben eines nach dem anderen den Tod der Assimilation. In ethnischer Sukzession gingen etliche Einwanderungswellen und Sozialumschichtungen über sie hinweg: Aus dem Little Italy von East Harlem wurde Spanish Harlem, Frog Hallow, das Little Italy der Bronx, wurde zu einem schwarzen Viertel. Das letzte noch verbliebene, das Little Italy an der Lower East Side, heute kaum noch Wohngegend, sondern bestaunte Touristenattraktion und hart bedrängt vom sich beständig ausbreitenden Chinatown, wird in spätestens zehn Jahren nur noch Legende sein.

New York von 1900–1910: Das Boss-System

»Ehrliche Männer nennt man nicht Bosse.«

General Theodore Bingham, Polizeichef von New York von 1906-1909
in einem Interview mit der *New York Times*, 1909

Kriminelle Verhaltensweisen folgen stets einem Leitbild. Asoziale Verhaltensweisen, vorgelebt vom Establishment in weiten Bereichen des öffentlichen Lebens, von Korruption und Gesetzesbeugung bis hin zu erpresserischer Vorteilsverschaffung, finden in allen Gesellschaftsschichten Nachahmer. Das Ausmaß illegaler Handlungen ist in erheblichem Maße von der Anfälligkeit des Täters oder Täterkreises abhängig. In Fällen, wo für ein bereits etabliertes System zur Erlangung von Vorteilen die bloße Existenz des Systems ausreicht, sind Neueinsteiger gezwungen, reale Härte zu zeigen. Ziel und Zielerlangung stehen in der Einstiegsphase in die Kriminalität in direktem Kontext zu gesellschaftlicher Stellung und sozialer Erfahrung.

Das New Yorker Polit-Establishement, infiziert von den egomanischen Attitüden von Tammany Hall, der korruptionsdurchdrungenen demokratischen Partei-Maschinerie, hatte sich in der ersten Dekade des 20. Jahrhunderts bereits von jeglicher moralischen Ambition verabschiedet. Von diesem allgemeinen Zustand der kommerzialisierten Eigensucht ging eine Sogwirkung aus, der sich Tausende italienischer Neueinwanderer nicht entziehen konnten. Die entstehende kriminelle Ghettosubkultur muß, unter Berücksichtigung der bereits bestehenden sozio-kulturellen Vorbelastungen, als Abbild der etablierten Verhältnisse gesehen werden.

Am 1.1.1898 trat die Fusion der bis zu diesem Stichtag weitestgehend unabhängigen fünf Counties New York, Kings, Richmond, Queens und Bronx zur Metropole Greater New York in Kraft, an deren Spitze sich eine mächtige Verwaltung festsetzte.

Diese neugeschaffene kommunale Autorität hatte die Ernennungsgewalt über die zentralen Führungspositionen in diesem urbanen Moloch inne, der durch einen Federstrich mit 3,3 Millionen Menschen seine Einwohnerzahl fast verdoppelt hatte. Das bedeutete die völlige Entmachtung des bis dahin mitberufenden überparteilichen Gremiums, das die Kandidaten vorschlagen sollte und Allmächtigkeit für jeweils die Partei, die den Bürgermeister stellen würde.

Basis dieser Reform war die Ratifizierung der Greater New York Bill; im ersten Halbjahr 1897, als letzter Amtshandlung der republikanischen Strong-Administration vor dem Gang zu den Urnen. Die anstehenden Kommunalwahlen waren vor diesem Hintergrund von allen Parteien als Mega-Ereignis bewertet worden. Dem Sieger winkte *the whole apple*, zum alleinigen Genuß. Diese Perspektive trieb die absonderlichsten Konstellationen ins Rennen um die fette Beute.

Tammany Hall, New York Citys mächtige demokratische Gruppierung, hatte nach den Enthüllungen der *Lexow Commission* von 1894 über die tiefen Verstrickungen einflußreicher Parteifunktionäre in Schutzgelderpressung und Ämterverkauf den bereits erblich geglaubten Bürgermeisterstuhl räumen müssen. Mit dem Plebiszit von 1895 hatten die Wähler der allzu selbstherrlich regierenden Partei und ihrem feudal agierenden Vorsitzenden »Boss« Richard Croker eine Lektion erteilt. Nach Auszählung aller Stimmen zog der Republikaner William L. Strong ins Rathaus ein.

Strong erwies sich als effizienter Administrator, der sich jedoch unter dem Einfluß der ländlichen Upstate-Republikaner zu einer politisch riskanten Maßnahme hinreißen ließ:

Er verordnete die strikte Einhaltung der bestehenden Gesetze, was die Schließung aller Saloons und Poolrooms am Sonntag zur Folge hatte. Diese Maßnahme rief eine Opposition ins Leben, deren tatsächlicher Einfluß an den Wahlurnen nur schwer auszuloten war. Viele derjenigen, die diese Verfügung ablehnten, waren keine Lanzenbrecher für die Rotlichtbezirke, sondern begehrten nur gegen die »Tyrannei der Hinterwäldler« auf. Um die Partei aus der Schußlinie zu bringen, wurde Strong als Spitzenkandidat kurzerhand durch Benjamin F. Tracy ersetzt. Die regierenden Republikaner gingen also unter ungünstigen Bedingungen in diesen außergewöhnlichsten Wahlkampf in der Geschichte der Stadt.

Vier Parteien wetteiferten um den Sieg. Für die *Citizens Union* kandidierte Seth Low, vormals Bürgermeister von Kings County und nun Präsident der Columbia-Universität. Für die obskure Gruppierung der radikalisierten *Jefferson Democracy* trat der Demagoge Henry George an, der auf dem Höhepunkt der Wahlschlacht jedoch jäh starb, worauf die Partei in Bedeutungslosigkeit versank.

Tammany Hall führte diesen Wahlkampf mit dem Rücken zur Wand. Der Verlust einer weiteren Legislaturperiode hätte dem komplexen Netz von Abhängigkeiten und Verpflichtungen in den finanzstarken Rotlichtdistrikten der Lower East Side gravierenden Schaden zugefügt, da die Machtpositionen unweigerlich an den siegreichen Gegner gefallen wären. Um die Bedeutung des Urnengangs zu unterstreichen, war Boss Croker zur Überwachung der Kampagne aus seinem selbstgewählten dreijährigen englischen Exil nach New York gekommen. Er gab die Losung aus, »wenn nötig, keinen Stein in der Stadt auf dem anderen zu belassen«,[27] um den eigenen Kandidaten ins Rathaus zu bringen.

Croker hatte sich für Robert A. Van Wyck als seinen Kandidaten entschieden, einen Richter, der einer einflußreichen protestantisch-niederländischen Familie entstammte. Als Van Wyck nach einem erbittert geführten Wahlkampf als erstes Stadtoberhaupt der Metropole New York ins Amt eingeführt wurde, war er nur der nominelle Inhaber dieses Amtes, ein Bürgermeister von Crokers Gnaden. Die Stränge der Macht liefen beim »Boss« zusammen.

Tammany Hall war in den 1860ern zur Partei der Extreme geworden: wählbar für den wahlberechtigten Einwanderer, der »sein Brot durch ehrliche Arbeit im Schweiße seines Angesichts verdiente«, aber auch zur Partei der Rotlichtbezirke, des zwielichtigen Unternehmertums, der Bandenlandschaft und der korrupten Amtsinhaber. Croker, der charismatische Parteiführer und Nachfolger von »Honest John« Kelly war von 1886 bis 1902 in der Lage, diese polaren Gegensätze unter einen Hut zu bringen.

Die korrupte Durchdringung der Stadt hatte um die Jahrhundertwende ein derartiges Ausmaß erreicht, daß Ernennungen neuer Amtsinhaber nicht im Rathaus, sondern in der Tammany-Parteizentrale erfolgten. Das Vorschlagsrecht für die unteren Chargen lag bei den Tammany-Distriktsvorsitzenden, das Bürgermeisteramt und die Polizeichefs wurden vom Tammany-Boss bestimmt.

Neben dem Bürgermeisterstuhl war die Position des Vorsitzenden des Vierergremiums der Polizeibehörde und die Besetzung der Staatsanwaltschaft für einen reibungslosen Geschäftsgang im Rotlichtmilieu von fundamentaler Bedeutung. Gegen die Widerstände der republikanischen Gremiumsmitglieder, die von Bürgermeister Van Wyck auf Crokers Wunsch kurzerhand entlassen wurden, konnte Tammanys Favorit William S. Devery zum Polizeichef ernannt werden. Diese Berufung sollte signalisieren, daß von nun an New York wieder eine »offene Stadt« sei. Devery war ein Protegé und Spielhöllenpartner des zweitmächtigsten Mannes in der Tammany-Hierarchie, Timothy D. Sullivan, auch bekannt als »Big

Tim«: »Berüchtigt für seine Allianzen mit kriminellen Banden des Bowery Districts – die seine politische Karriere eher beflügelte, als behinderte –, hatte es Sullivan im Laufe der Jahre bis zur Position eines State Senators gebracht. Während der dreijährigen Abwesenheit von Croker hatte er das Tammany-Ruder an sich gerissen und war nur unter Zusicherung einer besonderen Berücksichtigung seiner Interessen am Glücksspielstandort Second Assembly District bereit, wieder ins zweite Glied zurückzutreten. Vor diesem Hintergrund mußten die Ereignisse der Jahre 1900 und 1901 für ihn zur Existenzbedrohung werden.

Die Enthüllungen rund um den »Ice-Trust« Skandal hatten besonders unter den Armen zu erheblichen Irritationen geführt. Hintergrund dieser Affäre war der Versuch der American Ice Company, die Preise für Industrieeis zu diktieren. Für ihr Entgegenkommen hatten die Verantwortlichen im Rathaus Aktienpakete der Gesellschaft erhalten. Die Liste der Nutznießer reichte von Boss Croker über Bürgermeister Van Wyck und seinen Bruder Augustus bis zum Hafenchef Charles F. Murphy. Um nicht völlig im Korruptionssumpf unterzugehen, sah sich Richard Croker veranlaßt, im Hinblick auf die Wahlen des kommenden Jahres offiziell gegen Amtsmißbrauch und Duldung von Lastern vorzugehen. Unter Vorsitz von Lewis Nixon wurde das parteiinterne »Committee of Five« berufen. Gegenstand der Untersuchungen waren die von Sullivan kontrollierten Sektoren der Lower East Side und die Waterfront. Croker wollte durch diesen Schachzug eine vorzeitige Entscheidung des Machtkampfes zwischen ihm und Sullivan zu seinen Gunsten und die Diffamierung des parteiunabhängigen »Committee of Fifteen« erreichen, das sich ebenfalls der Aufspürung von Glücksspiel und Korruption verschrieben hatte.

In den letzten Monaten des Jahres 1900 sickerten bereits Ermittlungsergebnisse des Nixon-Komitees an die Öffentlichkeit. Indizien über die Existenz eines Erpresser-Konsortiums, das systematisch Amüsierbetriebe zu Schutzgeldzahlungen nötigte, verdichteten sich zu Fakten.

Am 8. Januar 1901 stellte sich Nixon dann der Presse: »Es verdichten sich Anzeichen, daß Männer in hohen Parteipositionen, aber nicht so hoch wie Mr. Croker, Gelder von illegalen Glücksspielbetreibern erhalten haben.«[28] Gleichzeitig warnte er vor einer Gleichsetzung der Partei mit ihren Repräsentanten. Er bekräftigte, Tammany Hall werde gegen jedes Mitglied vorgehen, dem Verbindungen zum Glücksspiel-Ring nachgewiesen würden. Im Hinblick auf Senator Sullivan äußerte Nixon, man werde auch bei ihm keine Ausnahme machen, falls Beweise für seine Verwicklung in illegale Aktionen erkennbar würden.

Die *New York Times* veröffentlichte einen ihr zugespielten Taxierungsschlüssel, nach dem die Schutzgelder für die unterschiedlichen Glücksspielbetriebe erhoben wurden: 400 Poolrooms zu je 300 Dollar pro Monat macht 1.440.000 Dollar im Jahr; 500 Würfelspiele zu je 150 Dollar pro Monat macht 900.000 im Jahr; 200 Spielhöllen je 150 Dollar pro Monat macht 360.000 Dollar; 20 große Spielhöllen zu 1000 Dollar im Monat macht 240.000 Dollar; Zahlenlotto jährlich 125.000 Dollar, es ergibt sich eine Gesamtsumme von mehr als 3 Millionen Dollar im Jahr.

Die Beteiligung der Polizeibehörde an diesen flächendeckenden Erpressungen wurde dem empörenden Amtsstil des Polizeichefs Devery angelastet. Am 9. Januar wurde ein Gesetzentwurf zur Neuregelung der Polizeiverwaltung vorgestellt, der die Auflösung des Vierergremiums zugunsten der Position eines Polizeichefs mit zwei Stellvertretern vorsah. Die Befugnis zur Verleihung dieses Amtes sollte bei Bürgermeister und Gouverneur liegen. Anfang Februar wurde der Gesetzentwurf ratifiziert, was den erzwungenen Rücktritt von Devery zur Folge hatte.[29] Croker hatte sich für den Augenblick gegenüber Sullivan als der mächtigere Mann durchgesetzt, einen völligen Bruch durfte er aus Gründen der Parteiraison nicht riskieren. Croker befahl Bürgermeister Van Wyck, Devery zum stellvertretenden Polizeichef zu berufen.[30]

Zur entscheidenden Machtprobe kam es im September 1901, als die Frage der Nominierung eines Spitzenkandidaten für die Bezirkswahlen im lastergeschüttelten Second Assembly District anstand.

Im Karree zwischen Broadway und East River, Houston und Canal Street drängten sich seit jeher Bordelle, Saloons, Poolrooms und Spielhöllen auf engstem Raum, nun waren noch die Elendsquartiere italienischer und jüdischer Einwanderer hinzugekommen. Die Schutzfunktion in diesem Amüsier- und Armutsviertel teilten sich die beiden rivalisierenden Banden von Monk Eastman und Paul Kelly, die ihre Mitglieder aus dem Heer der mittel- und chancenlosen Einwanderer rekrutierten.

Paul Kelly (vormals Paolo Antonio Vaccarelli) war ein Mann mit passablen Manieren und verblüffender Redegewandtheit. Er stand an der Spitze der Five Pointers, jener traditionsreichen multi-ethnischen Gang des Mulberry Bend, deren Anfänge weit in das 19. Jahrhundert zurückreichen und die zu diesem Zeitpunkt das Gebiet zwischen 14th Street und China Town kontrollierte. Der ehemalige Boxer hatte politischen Instinkt und Sinn für einfache ökonomische Zusammenhänge, die da besagen, daß man die Kuh nicht schlachtet, die man zu melken gedenkt. Also hielt er sich an die Methode der langfristigen moderaten Erpressung. Sein jüdischer Konkurrent Eastman bevorzugte hingegen das schnelle Geld der bewaffneten Raubüberfälle, was jedoch den unangenehmen Nebeneffekt hatte, daß spätestens nach der zweiten Heimsuchung die Opfer zur Geschäftsaufgabe gezwungen waren. Beide Gangs standen jahrelang unter dem Schutz von Big Tim Sullivan und Tammany Hall, für die sie in Wahlkampfzeiten als Marodeure von einem Wahllokal zum anderen zogen, um Wähler der

Opposition zu terrorisieren. In der angespannten Situation der Untersuchungsausschüsse von 1900-1901 ließ Sullivan den hochgradig kompromittierten Eastman fallen und stützte sich bei den anstehenden Bezirkswahlen auf Paul Kelly.

Sullivan wollte sein ortsansässiges Sprachrohr Big Tom Foley, einen ehemaligen Ratsherrn des Distrikts, in die Position des Bezirksvorsitzenden hieven, Boss Croker seinen langjährigen Weggefährten Paddy Divver. Aktive Wahlhilfe erhielt Sullivan durch die Mitglieder der »Paul A. Kelly Association«. Die Association mobilisierte die italienischstämmige Bevölkerung, die im Bezirk das Gros des Stimmvolkes stellte. Der Ruf von Kelly und seiner Bande ließ die Frage nach dem Wahlverhalten seiner Landsleute erst gar nicht aufkommen. Durch Mehrfachwähler und massive Einschüchterung von Divver-Anhängern, die in vielen Fällen am Betreten der Wahllokale gehindert wurden, war die Wahl bereits am Vormittag des 17. September zugunsten von Foley entschieden.

Der Sturz von Boss Croker warf seinen Schatten also bereits voraus, als die Bürgermeisterwahl Ende 1901 für Tammany erneut in einem Desaster endete. Croker hatte Edward M. Shepard, einen angesehenen Anwalt, zum Tammany-Kandidaten gekürt, doch mit Devery nach wie vor in einflußreicher Position vermochte niemand aus dem Kreis des achtbaren New York auch nur an eine gemäßigte Abkehr von Korruption und Laster glauben.

Seth Low, 1897 unterlegener Kandidat der Citizens Union, zog am 1.1.1902 als Kandidat der Koalition aus Republikanern und Liberalen ins Rathaus ein. In die Position des Polizeichefs berief er Francis V. Green, als Bezirksstaatsanwalt von New York County verpflichtete er William Travers Jerome, einen selbsternannten Kämpfer gegen Bestechlichkeit und Amtsmißbrauch. Kaum war Low als Bürgermeister bestätigt worden, verkündete Croker seinen permanenten Rückzug aus dem politischen Geschehen der Stadt. Als seinen Nachfolger designierte er Lewis Nixon. Bereits vier Monate später, im Mai 1902, gab ein entnervter Nixon auf: »Ich konnte nicht die Führung von Tammany Hall und meine Selbstachtung behalten.«[31]

Im Herbst 1902 setzte sich Charles F. Murphy als neuer Boss und wahrer Nachfolger von Croker durch. Der Tammany-Veteran betrieb vor seiner Berufung zum Hafenchef durch Van Wyck vier prosperierende Saloons im irisch dominierten Gas House District, dem Gebiet zwischen East River und Avenue C, Houston und 15th Street. Als Mann der Straße, dem Attribute wie »gerissen« und »brutal« anhafteten, mußte er sich 1903 als Wahlstratege bewähren. Mehr als alle gegnerischen Anschuldigungen über Amtsmißbrauch oder Protektion einer tributverpflichteten Unterwelt hatten interne Machtkämpfe Tammany Hall immer wieder den Verbleib im Rathaus gekostet. Murphy mußte es gelingen, den politisch autarken Sullivan und seine Verbündeten vor den Parteikarren zu spannen.

Murphy hatte den Anwalt George B. McClellan zu Tammany Halls Kandidaten erwählt, einen waschechten protestantischen Amerikaner, Sohn des nicht unumstrittenen Bürgerkriegsgenerals, der im Präsidentschaftswahlkampf von 1864 gegen Lincoln kandidiert hatte. McClellan hatte als Kongreßabgeordneter dem New York State Parlament angehört.

Im Herbst 1903 eröffnete Bürgermeister Low den Wahlkampf mit einer donnernden Anklage gegen Tammany Hall:

»Tammany hat sich nicht geändert, nur weil Mr. Croker jetzt von seinen Einkünften in England lebt oder Mr. Murphy seine Aktivitäten vom Hafen in die vierzehnte Straße verlagert hat. Hinter Murphy steht Sullivan, der immer wieder bewiesen hat, daß wirtschaftliche Interessen und Politik nicht unvereinbar sind. Es ist nach wie vor die selbe mächtige, eigennützige Organisation die sich auf Kosten der Allgemeinheit bereichert.«[32]

Low warnte vor einer »Tammanysierung« Brooklyns, der Distrikt solle nicht dasselbe lasterdominierte Schicksal wie Manhattan und die Bronx erleiden.

McClellan gewann die Wahl trotz aller Unkenrufe mit einem respektablen Stimmenvorsprung, wie auch fast alle übrigen Tammany-Kandidaten in den Bezirken. Den Grund für die Niederlage Lows sah Staatsanwalt Jerome, der 1901 gemeinsam mit ihm die Liste der Fusionsgruppe angeführt hatte, in der Persönlichkeit des scheidenden Bürgermeisters: »Egoismus, Selbstzufriedenheit und politische Unentschlossenheit sind nicht die Eigenschaften, die einen erfolgreichen Politiker ausmachen.«[33]

Zu seinem Polizeichef ernannte McClellan William McAdoo, ebenfalls Jurist und zuvor stellvertretender Staatssekretär der Marine im Kabinett von Präsident Grover Cleveland. Die *New York Times* beschrieb McAdoo folgendermaßen: »Er ist ein Mann von persönlichem Mut, Redlichkeit und einnehmendem Charakter.«[34] McAdoo erkannte als erster die potentielle Sprengkraft krimineller Ausbrüche in den italienischen Ghettos. Als Sofortmaßnahme forderte er die Aufstockung der Truppe italienischsprechender Polizeidetektive, um ein Minimum an Kommunikation zu gewährleisten und die proportionale Schieflage zwischen italo-amerikanischer Bevölkerung und Gesetzeshütern zu mindern. Eine kleine Einheit von Spezialisten, unter der Führung von Detective Sergeant Petrosino, wurde unter dem Namen »Italian Squad« mit der Akkumulation von Informationen über illegale Aktivitäten in den italienischen Ghettos von New York City betraut, denn die Verweigerung jeglicher Kooperation von Opfern und Zeugen von Straftaten stellte die Polizei vor ein beinahe unlösbares Problem.
Vor diesem Hintergrund rief McAdoo in einem Zeitungsinterview zur Zusammenarbeit auf:

»Das Problem ist, daß italienische Straftäter sofort Zuflucht hinter ethnischer Zugehörigkeit und Nationalstolz suchen, und viele ansonsten gesetzestreuer Landsleute es als ihre patriotische Pflicht ansehen, diese Kriminellen vor dem Gesetz zu schützen. Polizeiarbeit in den italienischen Quartieren wird so lange unbefriedigend bleiben, solange es kein moralisches Umdenken bei den gesetzestreuen Italienern und der italienischsprachigen Presse gibt. Dem ehrlichen Italiener muß klarwerden, daß die Polizei nicht sein Feind, sondern sein Beschützer ist, und daß es seine Pflicht als Bürger ist, dem Gesetz zur Geltung zu verhelfen, auch gegen die eigenen Landsleute. Achtbare, ehrliche und hart arbeitende Italiener sollen Männer ihrer Nationalität ächten, die gewohnheitsmäßig Pistolen oder Messer bei sich tragen. Kein ehrlicher Italiener braucht ein Messer oder eine Pistole in New York.«[35]

Als vertrauensbildende Maßnahme war diese schulmeisterliche Beschwörung moralischer Werte, zumal vorgebracht mit dem Unterton der selbstgerechten Überlegenheit des vollwertigen Bürgers gegenüber dem unmündigen Bürgeraspiranten, völlig ungeeignet. Dieser Fehler in der Kommunikation, mehr noch als in der Interpretation der Problematik, konnte die italienischstämmige Bevölkerung schwerlich davon überzeugen, Polizisten und Polizeifahnder künftig als Freunde anzusehen. Mit derartiger Attitüde Kooperation von Menschen einzufordern, die auf Tuchfühlung mit der Realität eines Amüsierviertels lebten, wo Razzien von Polizisten angekündigt oder als Repressalien gegen zahlungsunwillige Saloonbesitzer gehandhabt wurden, mußte nicht nur scheitern, sondern für lange Zeit eine Barriere des Mißtrauens aufbauen. Viele waren vor diesen Verhältnissen aus ihrer Heimat geflohen und begegneten ihnen nun in einem fremden Land, in unverständlicher Sprache wieder.

Der notorische Polizeiinspektor Max F. Schmittberger,

Tammany-Parteimitglied und im Bowery District zuständig für die Durchführung von polizeilichen Säuberungsaktionen, war dafür ein Beispiel. Bereits 1894 mußte er vor dem Lexow-Untersuchungsausschuß über seine Rolle beim Verkauf von Beförderungen aussagen, 1902 leitete er die Razzien gegen die Banden von Monk Eastman und Paul Kelly. Trotz vieler Festnahmen gelang es nie, einen der Bandenführer zu ergreifen. Die Hinweise mußten direkt aus dem Polizeirevier gekommen sein. 1903 sollte er die Auflösung der Paul A. Kelly Association betreiben, eine Aktion, die im Sande verlief. Anfang 1907 wurde er angeklagt, seiner Dienstaufsicht bei der Schließung von Bordellen und Spielhöllen nicht adäquat nachgekommen zu sein, und wurde vom Dienst suspendiert. Im April legte ihm Polizeichef Bingham nahe, freiwillig aus dem Polizeidienst auszuscheiden, um einer Degradierung zu entgehen. Doch Schmittberger hatte einflußreiche Freunde in der Parteispitze, die ihn nicht fallen ließen. Nachdem Gras über die Angelegenheit gewachsen war, wurde er, gegen heftigsten Widerstand von Bingham, zum Chefinspektor ernannt.[36]

Die Kommunalwahlen von 1905 endeten mit einem erneuten Wahlsieg von George B. McClellan, der seine zweite Amtsperiode am 1. Januar 1906 begann. Sein Gegner in der zurückliegenden Kampagne war William Randolph Hearst gewesen, Kandidat der Citizen Ownership League, der mit hauchdünnen 3500 Stimmen den Urnengang verloren hatte.

McClellan trennte sich von William McAdoo als seinem Polizeichef und berief abermals einen Mann aus Washington: den Ex-General Theodore A. Bingham, der den Dienst bei der Armee quittierte, nachdem er bei einem Unfall ein Bein verloren hatte.

Bei seinem Abschied äußerte sich McAdoo verbittert über seine Erfahrungen als Polizeichef: »Vom Tage seines Amtsantritts bis zum Tage seines Ausscheidens kämpft ein Polizeichef ständig gegen Intrigen, die sich gegen seine Person und den Erfolg seiner Amtsführung richten.«[37]

McClellan wollte seine zweite Amtszeit ohne die direkte Einflußnahme Murphys auf personelle Entscheidungen führen. Er erklärte, »nur die geeignetsten Männer für die zur Disposition stehenden Ämter berufen zu wollen, ohne Ansehen der Person oder Parteizugehörigkeit«, machte aber sofort einen Rückzieher mit dem Nachsatz, »daß jedoch niemand berufen würde, von dem bekannt sei, daß er die Organisation oder ihre Führer ablehne.« Diese Aussage kommentierte die *New York Times* in einem Leitartikel: »Langjährige Erfahrung hat gezeigt, daß es meistens, wenn nicht gar immer, die Eigenart guter Männer ist, gegen die Organisation, sprich gegen Tammany Hall, zu sein.«[38]

Polizeichef Bingham begann die Umstrukturierung des Polizeiapparates mit der Auflösung des Vice Squad, einer Truppe, die sich als höchst ineffektiv erwiesen hatte. Weiter folgten Degradierungen und Versetzungen von unfähigen Männern, die nur aufgrund ihrer Parteizugehörigkeit in den Rängen hochgestiegen waren. Für die Leitung des Detektiv-Büros verhandelte Bingham mit William J. Flynn, dem erfolgreichen Leiter der lokalen Abteilung des Federal Secret Service. Flynn lehnte ab mit der Begründung, nicht in die unsteten politischen Verhältnisse der Stadt hineingezogen werden zu wollen.

Um der desolaten Personalsituation in den Polizeirevieren Herr zu werden, brachte Bingham einen Gesetzentwurf zur Neuregelung des polizeiinternen Aufstiegverfahrens im New York State Parlament ein. Die als Bingham Police Bill vorgestellte Gesetzesänderung sah die Beförderung zum Police Captain nur noch aufgrund von Leistung und nicht durch Ernennung vor. Der Entwurf wurde mit einem deutlichen Abstimmungsergebnis von 92:47 angenommen. Tammany-Parteigänger stellten das Gros der Nein-Stimmen.

Den De-facto-Machtverhältnissen in einer Tammany-kontrollierten Stadtverwaltung mußte auch Bingham Tribut zollen: Im Februar 1908 ernannte er Patrick J. Cary, den Schwager von Boss Murphy, zum Captain des Eldrige Reviers, einem der wichtigsten Stützpunkte im Bowery-Rotlichtdistrikt.

Und die Skandale um die Polizeibehörde rissen nicht ab. Eine Seilschaft innerhalb der Polizeitruppe wurde enttarnt, die Polizeimarken zum Stückpreis von 20 Dollar an Interessenten verkaufte, die diese dann für zwielichtige Zwecke mißbrauchten, und Streifenpolizisten wurden mit den Rangabzeichen eines Detective Sergeant aufgegriffen, mit denen sie kleine Geschäftsleute auf der Lower East Side terrorisierten.

Staatsanwalt Jerome, der bei den Wahlen von 1905 als unabhängiger Kandidat angetreten und abermals in diesem Amt bestätigt worden war, deckte im März 1907 eine weitverzweigte Erpressergruppe von Polizisten auf, die Saloonbesitzer nötigten, Karten für die Wohltätigkeitsvereine der Polizei zu Preisen zwischen 20 Dollar und 100 Dollar zu kaufen.[39]

Am 15. März 1908 nahm ein illegaler Spielsaloon im Haus 429 Sixth Avenue, im Herzen des Tenderloin im Third Assembly District, seinen (ungesetzlichen) Betrieb auf. Zwei Tage später betraten drei Polizisten das Etablissement und boten an, gegen Zahlung eines monatlichen Betrages die Existenz der rechtswidrigen Spielhölle zu vergessen. Die drei waren im umliegenden Spielermilieu als Eintreiber der Reviervorsteher der Tenderloin-Stationen bekannt. Nach Zusicherung eines künftig reibungslosen Geschäftsganges, verbürgt von höchster Stelle, bezahlte der Saloonbetreiber die geforderte Summe, worauf die drei Ordnungshüter, ohne ihrer gesetzlichen Handlungspflicht nachgekommen zu sein, die Lokalität verließen. Die Falle war zugeschnappt.

Ausgangspunkt dieser Ereignisse waren Informationen, die Reporter der Zeitschrift *The World* Polizeichef Bingham einige

Wochen zuvor zugespielt hatten. Sie belegten die Existenz eines Erpresserringes innerhalb der Polizeibehörde. Die Hinweise waren eindeutig, die faktische Beweislage für ein strafrechtliches oder disziplinarisches Vorgehen jedoch nicht relevant. Bingham informierte Staatsanwalt Jerome von seiner Absicht, zusammen mit Reportern von *The World* eine Falle zu errichten. William Rose, ein Geheimagent, schlüpfte in die Rolle des Saloonbetreibers, Alexander Ward, eine stadtbekannte Schmiere, sorgte als sein Partner für die nötige Authentizität.

Bilanz dieser nicht unumstrittenen Agent-Provocateur-Aktion war ein Disziplinarverfahren gegen zwölf Beteiligte, das die Degradierung eines Inspektors in den Rang eines Captains und die Versetzung von elf Polizisten ins ländliche Brooklyn zur Folge hatte. Auf diese Maßnahme angesprochen, äußerte Bingham, er befürchte, die Falle sei zu früh zugeschnappt, die Drahtzieher in den hohen Positionen des Polizeiapparates wären auch diesmal wieder ungeschoren davongekommen.[40]

Die stillschweigende Tolerierung illegaler Vorgänge von Bewohnern des betreffenden Viertels gewährleistet stets den besten Schutz vor strafrechtlicher Verfolgung. Im besonders kalten Winter des Jahres 1908 etwa ließ Tim Sullivan durch seine politische Organisation, die »Timothy D. Sullivan Association«, 5000 Paar Schuhe und Strümpfe an Bedürftige der Lower East Side verteilen. Am 6. Februar 1908 reichten die Warteschlangen vor den Klubräumen im Haus 207 Bowery bis zur Grand, Rivington und Chrystie Street. Eine Armee von nahezu barfüßigen Männern und Knaben, die nackten Füße nur notdürftig gegen den Frost geschützt, verharrte Stunde um Stunde in der klirrenden Kälte, um eines der ersehnten Paare zu ergattern. Die ausschließliche Konzentration dieser Mildtätigkeit auf das männliche Geschlecht trug deren Bedeutung als Wähler Rechnung, aber auch einer potentiellen Nutzbarmachung als zukünftige Zeugen oder mögliche Straftäter.

Nicht immer war Sullivan in der Lage, alle Eventualitäten seiner weitverzweigten Geschäftsinteressen genau zu kalkulieren. Am 16. Dezember 1908 erlitt seine Organisation einen schweren Schlag, als unter dem Hotel Puritan ein Lager mit 1000 Glücksspielautomaten von der Polizei beschlagnahmt wurde. Alle Automaten trugen das Eigentümeretikett der C. J. Sullivan Advertising Company mit dem Hon. Timothy D. Sullivan als Vize-Präsidenten. Aus Polizeikreisen verlautete, jeder, der Eigentumsrechte an diesen Groschengräbern geltend mache, würde sofort verhaftet.[41]

Die Stimmung zwischen Bürgermeister McClellan und Boss Murphy war zu diesem Zeitpunkt bereits auf dem Nullpunkt angelangt. McClellan unterstützte State Senator McCarren, den Tammany-Vorsitzenden von Kings County, bei seinen Bemühungen, Murphy von der Parteispitze zu stürzen. Vor der Kommunalwahl von 1909 wollte die Allianz McCarren/McClellan die alte Führung von Tammany Hall ausgeschaltet haben. Auch das Verhältnis des Bürgermeisters zu seinem Polizeichef war heillos zerrüttet, so daß es Mitte 1909 zum Rücktritt von Bingham kam. McClellan warf Bingham mangelnde Loyalität vor, der scheidende Polizeichef habe versucht, über den Kopf des Bürgermeisters hinweg eigenständige Politik zu betreiben.

Bingham war seit Monaten bemüht gewesen, den Stadtrat davon zu überzeugen, daß die Unterdrückung italienischer Ghettokriminalität, die bereits eine unübersehbare Größe erreicht hatte, ohne den Einsatz einer geheimen Polizeitruppe scheitern müsse. Die Bewilligung der notwendigen Gelder war gleichwohl stets abgelehnt worden. Dennoch verkündete Bingham am 29. Januar 1909 die Existenz einer derartigen

Truppe. Auf die Frage nach der Finanzierung antwortete er: »Die Beamten bekommen ihr Geld, mehr möchte ich dazu nicht sagen.« Drei Wochen später wurden Vermutungen laut, daß private Interessensvertreter die Geldmittel flüssiggemacht hätten. Namen wie John D. Rockefeller und Andrew Carnegie wurden genannt, aber auch ein Interessensverband aufstrebender italienischer Geschäftsleute. Auch zu diesem Zeitpunkt ließ sich Bingham keine detaillierteren Informationen entlocken. »Ich habe ausreichende Finanzmittel, und sie kommen nicht von der Stadt.« Lieutenant Petrosino vom Italian Squad wurde als Kopf der neuen Einheit gehandelt, die weder einer Berichterstattungspflicht gegenüber der Polizeibehörde unterlag, noch den obligatorischen Dienstweg einhalten mußte, sondern nur dem Polizeichef persönlich verantwortlich war. Neben den lokalen Aufgaben sollte der Auf- und Ausbau einer engen Zusammenarbeit mit Polizei- und Gerichtsbehörden in Süditalien Hauptschwerpunkt der neuen Formation sein.[42]

Nachfolger des abservierten Bingham wurde einer seiner Stellvertreter, William F. Baker, ein persönlicher Freund von Senator McCarren. Baker, zuvor verantwortlich für Kings County, war Ende 1908 von Bingham aufgefordert worden, seinen Rücktritt wegen Überforderung im Amt einzureichen, und wurde nur weiter geduldet, da er sich bereit fand, das Polizeihauptquartier Brooklyn zu räumen und ins polizeiliche Versorgungsamt überzuwechseln.

Bingham hatte sich durch sein Vorgehen gegen Tammany-Parteimitglieder innerhalb der Polizeitruppe viele Feinde gemacht. Nach seinem unfreiwilligen Rücktritt, dem sich viele seiner engsten Mitarbeiter anschlossen, wurde er von den Oppositionsparteien bestürmt, gegen den Tammany-Kandidaten William J. Gaynor im anstehenden Wahlkampf um das Bürgermeisteramt anzutreten. Gaynor, der die Popularität Binghams kannte, trat in einem Interview zum Rundumschlag gegen den Kontrahenten an: »Einige der gerade aus ihren

Ämtern entfernten sind die größten Taugenichtse, die jemals Macht über ehrliche Bürger hatten. Würden alle Einzelheiten aufgedeckt, wäre das Staunen groß, daß einige von ihnen jemals in solch verantwortlichen Positionen geduldet wurden.«[43]

McClellan hatte unvorsichtigerweise seine ganze weitere Karriere mit dem politischen Geschick von Senator McCarren verknüpft. Seine Ambitionen richteten sich auf das Gouverneursamt und auf die Präsidentschaft von 1912. Als McCarren im Oktober 1909 jäh verschied, bedeutete dies auch das abrupte Ende von McClellans politischen Träumen. Er folgte dem Trauerzug als einer der wenigen wirklich Berührten: »Bestimmt gab es in der Kirche keinen an diesem Tag, der mehr Grund als ich hatte, um einen guten und loyalen Freund zu trauern.«[44]

In der Endphase des Wahlkampfs veröffentlichte *McClure's Magazine* einen Artikel, der die Begünstigung des Mädchenhandels durch Tammany-Mitglieder belegen sollte, unter Mißachtung des 1903 erlassenen Einwanderungsverbots für unmoralische Personen. Die rasante Ausbreitung der Prostitution in den Bezirken der Lower East Side wurde der engen Verflechtung von Bordellbetreibern und Tammany Hall zugeschrieben. Eine entscheidende Rolle in diesem Handel spielten dabei die Haftrichter. Ex-Polizeichef Bingham, auf diese heikle Thematik angesprochen, äußerte sich folgendermaßen: »Die Anzahl von Spielhöllen und Häusern mit zweifelhaftem Ruf nimmt deswegen weiter zu, weil es keine noch so eindeutigen Beweise gibt, die nicht von gewissen Haftrichtern als nicht beweiskräftig zurückgewiesen würden, und sie tun dies, weil sie Teil des Tammany-Systems sind.«[45]

William J. Gaynor, seit 1894 Richter am New York Supreme Court, nahm sein Amt als Bürgermeister der Stadt am 1.1.1910 auf. Nach dem jähen Ende der McCarren/McClellan-Konstellation war der weitere Wahlkampf für Tammanys Kandidaten zum Spaziergang ins Rathaus geworden. Aber dort erwartete Gaynor eine übermächtige Opposition. Fusionisten stellten die Vorsitzenden der wichtigsten Regierungsausschüsse und die fünf Bezirkspräsidenten. Um seine Administration in die Gänge zu bringen, war Gaynor gezwungen, von einer einseitigen Ernennungspolitik zugunsten von Tammany Hall-Kandidaten Abstand zu nehmen: Nur noch 40 Prozent der Bestallten waren Parteimitglieder.[46]

Seine erste Wahl für das Amt des Polizeichefs fiel auf James C. Cropsey, einen parteiunabhängigen Mann mit beträchtlichen Qualitäten. Doch Gaynor, bekannt für sein mangelndes Taktgefühl und seine Herrschsucht, konnte auf Dauer mit einem Mann wie Cropsey nicht kooperieren, von dem man sagte, er sei unfähig, seine Ideen anderen unterzuordnen oder Befehle unwidersprochen hinzunehmen. Gaynor zwang Cropsey zum Rücktritt und ernannte seinen Feuerwehrkommandanten Rhinlander Waldo zum neuen Polizeichef.

Waldo, ein Dilettant auf dem Stuhl des Polizeichefs, ordnete als erste Amtshandlung die Auflösung des Italian Squad an, was heftige Proteste in der italienischen Gemeinde auslöste. Damit war der Weg frei für eine Neuordnung und Konsolidierung des kriminellen italo-amerikanischen Potentials.

Die Schwarze Hand

»Wir haben dir genügend Zeit gelassen. Wenn wir das Geld nicht bekommen oder du zur Polizei gehst, werden wir dich töten. Wir werden dein Geschäft übermorgen in die Luft sprengen. Es ist töricht von dir, das Geld über das Leben zu stellen.«

Erpresserbrief einer Mano-Nera-Bande, unterzeichnet mit einem Totenkopf, einem Dolch und einem Sarg, geschrieben am 24. Januar 1907 an den Kaufmann Georgio Lagattuta, *New York Times*, 25.1.1907

Am 3. August 1903 erhielt der aufstrebende Bauunternehmer Nicolo Cappiello, wohnhaft 107 Second Place, Brooklyn, einen Brief mit der Unterschrift »La Mano Nera«, in dem er aufgefordert wurde, eine nicht näher identifizierte Person an einer bestimmten Straßenkreuzung zu treffen. Bei Mißachtung würde sein Haus in die Luft gesprengt und er und seine Familie getötet. Die Schwarze Hand war in New York angelangt.[47]

La Mano Nera, Synonym für die erste italo-amerikanische Verbrechenswelle, war keine italienische Schöpfung, sondern die Übernahme eines bereits existierenden Verhaltensmusters. Der Ursprung dieser zerstörerischen Banden lag im Süden Spaniens, wo sich in den Jahrzehnten zwischen 1860 und 1880 Gruppen von Bewaffneten in den Dienst der Feudalherren stellten im Kampf gegen anarchistische Aufwiegler der lokalen Bauernschaft. Die Wahl des Symbols der schwarzen Hand als Warnung vor Terrormethoden war eher zufällig, der euphonische Klang des Terminus erwies sich als ungleich kontinuierlicher, denn im weiteren Verlauf wechselte häufig das Symbol, doch der Name blieb.

Wann genau der Funke der geheimen Bewegung von Spanien nach Süditalien übergesprungen ist, läßt sich nicht mehr bestimmen, eine intensive Interaktion zwischen den Königreichen Spanien und Beider Sizilien kann indes nicht geleugnet werden, da beide Länder unter Bourbonenherrschaft standen, und in der fraglichen Periode zu beiden Seiten des Mittelmeeres analoge feudal-reaktionäre Machtkonsolidierungsprozesse eingeleitet wurden. Als imaginäres Gepäck reiste die Schwarze Hand schließlich auf einem der unzähligen Immigrantenschiffe nach New York.

Kontakte zu anarchistischen Organisationen und ihren Ideologien in der frühen Entstehungsphase lassen sich selbst noch beim amerikanischen Ableger an Hand der Täterstruktur und des benutzten Terrorinstrumentariums wie Bombe oder Dynamit belegen. Im Gegensatz zu den vor 1904 als Mafia und Camorra apostrophierten italienischen Gesetzesbrechern New Yorks, die allesamt einen beinahe gutbürgerlichen Hintergrund hatten, gehörten die Mitglieder der Schwarzen Hand fast ausnahmslos zur Klasse der nicht-alphabetisierten Tagelöhner und ungelernten Arbeiter, die zu irgendeinem Zeitpunkt auf den Großbaustellen der Stadt und des Umlandes mit Sprengstoff Ausschachtungsarbeiten ausgeführt hatten.

»Sie verbünden sich mit jemandem, der etwas mehr Bildung als sie selbst besitzt, und terrorisieren nur Landsleute, und von diesen wiederum nur diejenigen, die unfähig sind zu erkennen, daß sie in Amerika sind und nicht im Italien von gestern oder vorgestern.«[48]

Das zutiefst humane Bestreben, unbekannte, unverständliche und in höchstem Grade irritierende Vorgänge sofort zu etikettieren, hat die Spuren der Genese des organisierten Verbrechens fast völlig verwischt. Sah das Establishment vor 1904 bei allen eigentums- oder lebensgefährdenden kriminellen Auswüchsen in den italienischen Ghettos eine Täterschaft von Mafia oder Camorra, so beginnt nach 1904 das Zeitalter der Mano Nera. Ob Sprengstoffattentat, Erpressung, Entführung

Italienische Geschäftsstraße in New York

oder Mord – »Schwarzhänder« waren die Täter. La Mano Nera wurde zum Zauberwort aller Deutungsversuche der etablierten Gesellschaft für Verbrechensschemata, hinter denen ethnisch bedingte Deformationen vermutet wurden.

Kriminelle, denen vor 1904 der Ruf des Mafioso oder Camorrista anhaftete, wurden per definitionem kurzerhand zu Schwarzhändern, der »verabscheuungswürdigsten Täterkategorie«, um sich während der Prohibition in Alkoholschmuggler und anschließend in Made men zu verwandeln, so als könne der Lebenslauf eines italo-amerikanischen Kriminellen mit dem eines Schmetterlings verglichen werden, der verschiedene Existenzformen durchlaufen muß, um sein genetisch vorprogrammiertes Endziel zu erreichen. La Mano Nera war in den 15 Jahren ihrer Virulenz kein Glied in einer stringenten Entwicklungskette oder der Ableger einer übergeordneten kriminellen Vereinigung. Sie muß als eigenständige Gattung

Ein Opfer der Schwarzen Hand

verbrecherischer Willensäußerung verstanden werden, die sich weder die Mitglieder in einer Art Jobsharing mit anderen Organisationen teilte, noch die Zuchtstätte des Ganglands war oder gar eine mildere Form von Mafia oder Camorra, wie ein Mitglied der »Italian Vigilance Protective Association« erklärte. Diese militante Bürgerwehrbewegung war unter Federführung des *Bolletino della Sera*, einer in italienischer Sprache erscheinenden Tageszeitung, gegen die Schwarze Hand gegründet worden.[49]

Mit Sicherheit gab es zwischen den als Mafia und Camorra bezeichneten Zusammenschlüssen und der Schwarzen Hand Berührungspunkte. Wahrscheinlich ist, daß sich die erstgenannten der Mano Nera als gelegentlicher Handlanger bedienten im Gegenzug für die Ausweitung polizeilicher Immunität auf deren Mitglieder. Anhaltspunkte dafür liefert die Mano-Nera-Aufklärungsquote des Jahres 1908: Bei 424 gemeldeten Mano-Nera-Fällen kam es lediglich zu 36 Verurteilungen, 44 Bombenexplosionen zogen nur neun Schuldsprüche nach sich, es gab 58 Freisprüche.[50]

Ferner dürfen die kriminellen Banden der Mano Nera nicht als Crime Families in einem frühen Evolutionsstadium gesehen werden, da trotz einer partiellen Adaption mafioser Handlungsweisen die Unternehmensstruktur unterentwickelt blieb, der Aktionsrahmen eingleisig, die Tatausführung dilettantisch. Schwarzhänder waren nie mehr als Trittbrettfahrer der mitimmigrierten Furcht vor den geheimen Gesellschaften der alten Heimat.

Englischsprachige Publizisten der Zeit waren mit der Abgrenzung der einzelnen kriminellen Bewegungen in den italienischen Ghettos hoffnungslos überfordert. Der bereits zitierte Arthur Train warf Mafia und Camorra in einen Topf, rührte kräftig darin um und erhielt als Ergebnis »den wahren Schwarzhänder (den wahren Camorrista oder Mafioso), der entweder alleine oder mit zwei oder drei Landsleuten in Aktion tritt«, um sieben Seiten später weiterzufolgern, »jedoch würde der wahre Camorrista oder Mafioso heftigst protestieren, mit Schwarzhändern in einen Topf geworfen zu werden, denn er ist Repräsentant einer alten und ehrbaren Zunft. Er ist kein gewöhnlicher Krimineller, sondern ein Mann mit ausgeprägtem Ehrgefühl, der für ein angemessenes Entgelt darauf achtet, daß auch andere ihren Ehrverpflichtungen nachkommen.«[51]

La Mano Nera konnte im Mezzogiorno und auf Sizilien nie Wurzeln schlagen. Dies verhinderte die Bildung einer Mano-Nera-Elite, die einen Kodex mit eigenen Attributen erschaffen konnte und deren Prestigeträger die politische Einflußnahme suchten, um die zersetzende Ideologie in der legalen Gesellschaft zu verankern.

Der in New York aktive Schwarzhänder, meist im Verbund mit drei bis fünf Komplizen, war folglich nicht Teil eines destruktiven Weltbildes, sondern eigenmotivierter heimtückischer Straftäter aus Habgier, der sporadisch seine kriminelle Lebenseinstellung vermarktete. Ohne die minimalste Form von Ethik war er zur Erlangung seines Zieles bereit, Unbeteiligte zu gefährden. In den 15 Jahren der dokumentierbaren Existenz erfuhr die Grundkonzeption der Schwarzen Hand nur unwesentliche Veränderungen, eine Korrektur der erfolglosen Praktiken scheiterte an der mangelnden Lernfähigkeit der Beteiligten.

Die New Yorker Öffentlichkeit stand dem Phänomen Mano Nera von Anfang an fassungslos gegenüber. Obwohl der Geist der Pionierzeit auch in dieser Metropole noch nicht gänzlich tot war, wo es am einzelnen lag, seine Chancen wahrzunehmen und sein Glück zu machen, sei es mit halblegalen Mitteln oder notfalls auch mit Gewalt, war die Realität von beinahe täglichen Detonationen inmitten starkbevölkerter Wohngebiete für die Aussicht auf minimalen Gewinn schockierend.

Was das Establishment am meisten irritierte, war die Höhe der geforderten Beträge, auf deren Verweigerung extreme Strafen folgten: Die Forderungen der Erpresser bewegten sich fast immer in Bereichen zwischen 50 bis 500 Dollar.

Detective Sergeant Giuseppe Petrosino war 1906 von Polizeichef McAdoo an die Spitze des Italian Squad gestellt worden, um die kriminellen Auswüchse in den italienischen Ghettos zu unterdrücken, die außerhalb der Ghettos das Bild des süditalienischen Einwanderers nachteilig festzuschreiben drohten. Die italienischsprachige Presse und weite Teile der wohlhabenden Italo-Amerikaner sahen sich in zunehmendem Maße einer verallgemeinernden Diskreditierung ausgesetzt, die zu einem Integrationsstillstand führen mußte, nachdem selbst seriöse anglo-amerikanische Tageszeitungen ihre Leser vor Exkursen in die italienischen Ghettos warnten:

»Das Land der Mano-Nera-Gangs liegt gleich hinter

Goosetown, zwischen der 106th und 116th Straße. Im Osten wird es begrenzt vom East River, im Westen von der Third Avenue. Wagen Sie sich nicht alleine in diese Gegend, besonders nicht nach Einbruch der Dunkelheit.«[52]

Agostino de Biasi, Chefredakteur von *Il Progresso Italo-Americano*, der größten italienischsprachigen Tageszeitung New Yorks, warnte vor dieser Verallgemeinerung und verneinte die Existenz von Mano-Nera-Gangs in Italien. Erst die bestürzende Lebenssituation vieler seiner Landsleute in dieser Stadt sei der Auslöser für das Hochschnellen der Kriminalitätsraten, was Detective Sergeant Petrosino veranlaßte, ein Gesetz zu fordern, das das Bewohnen eines Apartments von mehr als einer Familie untersagte.[53]

Wie ungünstig die Aussichten für eine strafrechtliche Lösung des Problems waren, verdeutlicht die Mano-Nera-Statistik des Jahres 1907: 13 mehrstöckige Mietshäuser mit Ladenfronten waren durch Explosionen völlig zerstört worden, zwei Männer getötet. Für Januar 1908 sah die Bilanz sogar noch erschreckender aus: In diesem einen Monat verwüsteten Detonationen bereits fünf Anwesen.

Die Vorgehensweise der Täter folgte stets einem Grundschema. Es wurde gezielt ein Opfer gewählt, »ein Landsmann der es in der Stadt zu einem gewissen Wohlstand gebracht hat, mit dem man aber noch alte Rechnungen aus der verlassenen Heimat offen hatte.« Dieses Opfer erhielt ein Schreiben mit der Aufforderung, sich mit dem geforderten Betrag an einer bestimmten Örtlichkeit einzufinden. Dort werde das Geld von einem Vertrauensmann in Empfang genommen. Bei Mißachtung drohten Verwüstung von Geschäft und Behausung und Tod dem Ignoranten und seiner Familie.

Am 29. Mai 1904 wurde das Haus des aufstrebenden Gemüsehändlers Antonio Bartolatta, 679 Fourth Avenue, Brooklyn, durch eine ohrenbetäubende Detonation beinahe dem Erdboden gleichgemacht. Bartolatta hatte in den vorangegangenen

Wochen zwei Erpresserbriefe mit der Forderung nach 500 Dollar erhalten und sie als üblen Streich abgetan. Am Tag vor der Explosion war der dritte Brief eingegangen, der ihn vor die Wahl stellte, noch heute zu bezahlen oder »aus dem Weg geräumt zu werden«. Das erneute Ignorieren des erpresserischen Ansinnens führte zur Zerstörung seines Eigentums. Als Tatverdächtiger wurde Salvatore Decanna festgenommen, der einige Häuser weiter wohnte. Am 30. Mai erhielt Bartolatta die vierte Nachricht, abgefaßt in derselben Handschrift und unterzeichnet mit einem Kreuz. Ihm wurde bei weiteren Kontakten zur Polizei mit sofortiger Erschießung gedroht. Diesen Brief brachte er zum zuständigen Revier, wo er lautstark die Unfähigkeit der Beamten beklagte, »die, anstelle die Untersuchungen voranzutreiben, einen Mann ohne stichhaltige Verdachtsmomente verhaftet hätten.« Der Gemüsehändler stellte die Kaution für den Untersuchungshäftling und erklärte, keinerlei Feinde zu haben.

Am 24. Februar 1907 wurde das Gebäude 164-166 Elizabeth Street, das den Gemischtwarenladen und den Saloon von Michael Angelo Alonge beherbergte, durch Dynamit verwüstet. Der Geschädigte bewohnte überdies die oberen Stockwerke des Hauses mit seiner Familie. Nach Polizeiangaben hatte er seit längerer Zeit erpresserische Mitteilungen in ungeübter Schreibweise mit der Forderung nach 600 Dollar Schutzprämie für sein Leben und das seiner Angehörigen bekommen, diesen jedoch keine Bedeutung beigemessen. Im letzten Schreiben wurde er aufgefordert, am darauffolgenden Morgen einen U-Bahnzug zu nehmen, dort würde ihn jemand nach einem Streichholz ansprechen, dem er das Geld zu übergeben habe. Dies sei die letzte Warnung, danach würde sein Haus in Schutt und Asche gelegt und er und seine Familie getötet. Wieder schwor das Opfer, keinerlei Feinde zu haben.[54]

Hauptgeschädigte dieser Erpressungsform waren, in dieser Reihenfolge, Gemischtwarenhändler, Friseure, Fleischer und

Bauunternehmer. Aktionsbereich waren die Straßenzüge zwischen Lafayette und Christie Street an der Lower East Side, die 11th bis 14th Street East zwischen Avenue A und Second Avenue, die 106th bis 116th Street zwischen First und Third Avenue, East Harlem und die 4th und 5th Avenue in Brooklyn. Aktionstag war fast ausnahmslos der Sonntag, was bestimmte Rückschlüsse auf einen geregelten Arbeitsrhythmus der Täter zuläßt, aber auch die Nutzbarmachung der wochenendbedingten Reduzierung der Mannschaften in den Polizeirevieren.

Zuweilen geschah es, daß die Mano Nera in Verkennung der Lage versuchte, *connected criminals* zu erpressen. Dieser Irrtum endete für Erstgenannte in der Regel tödlich. Am 12. Mai 1906 erschoß Vincent Morello, alias Vincent Terranova, Statthalter der Morello/Terranova-Sippe in Brooklyn, Frederick W. Schneider, den er für den Urheber eines Erpressungskomplotts hielt. Morello wurde verhaftet, aber sogleich wieder auf freien Fuß gesetzt, worauf er zu seinem Bruder Giuseppe nach East Harlem zog.

Am 23. März 1905 erschoß Andrea Gambino, Frisiersalonbesitzer und durch Familienbande mit dem Lupo/Morello-Clan verbunden, Michael Savona mit einer doppelläufigen Schrotflinte, da dieser versucht hatte, ihn zu erpressen. Gambino wurde festgenommen, aber nach kurzer Zeit wieder entlassen. Einige Jahre später wurde er bei einer wilden Verfolgungsjagd durch die Straßen Brooklyns tödlich verwundet. Als Tathintergrund wurden Territorialstreitigkeiten vermutet.[55]

Die Geldübergabe, dieser Moment des direkten Kontakts zwischen Erpresser und Opfer, war immer der gefährlichste Moment für den Schwarzhänder, da Täter und Betroffener, anders als im Falle von Mafia- oder Camorra-Forderungen, außer durch die ethnische Komponente, durch keinerlei subkulturelle Beziehungsketten verbunden waren, die ein devotes Akzeptieren der Opferrolle eingefordert hätte. Findige Schwarzhänder versuchten diesen Augenblick zu umgehen, indem sie sich das Chiffre-Angebot einer italienischsprachigen Zeitung zunutze machten: »Das Geld muß in 50-Dollar-Noten sein. Der Umschlag gut verschlossen unter der Chiffre Al Sig. Am. an den *L'Araldo Italiano* geschickt.«[56] In einem Fall wurde der ahnungslose Österreicher Johann Duncovitch als Abholer mißbraucht, der durch sein unitalienisches Aussehen unverdächtig erscheinen sollte. Die Polizei folgte ihm dennoch und ergriff den eigentlichen Drahtzieher der Intrige, Nicola Abati. Duncovitch wurde freigesprochen, Abati nach Hinterlegung einer Kaution von 2000 Dollar bis zum Prozeß auf freien Fuß gesetzt, worauf er untertauchte.

Um die eigene Gefährlichkeit und Skrupellosigkeit zu unterstreichen, die es dem Opfer ratsam erscheinen lassen mußte, den kriminellen Forderungen nachzugeben, brüstete sich eine Bande mit ihren bisherigen Taten: »Wir stehen zu unseren Taten. Wir waren es, die Palladina in der 116th Straße und Ciro, den Gemischtwarenhändler in der Elizabeth Street, heimgesucht haben. Wir warten nicht mehr länger. Entweder du bezahlst, oder es ergeht dir wie ihnen.«[57]

Kriminelle Cliquen waren nicht immer alleinige Urheber von Mano-Nera-Briefen, sondern praktizierten diese Methode sporadisch im Zusammenspiel mit Geschäftsleuten, die zuvor auf ihre Geschäftslokale hohe Versicherungssummen abgeschlossen hatten. Der Frisiersalon von Pellegrino Stravello, 331 East Thirty-fourth Street, war gesprengt worden, nachdem Stravello nach eigenen Angaben etliche Erpresserbriefe erhalten und nicht beachtet hatte. Wie sich herausstellte, war die Bande von Benedetto und Salvatore Mule für diesen Anschlag verantwortlich, im Einvernehmen und mit tatkräftiger Unterstützung von Dallegro Traffizante, dem Neffen des Besitzers, der unter massivem Polizeidruck ein Geständnis ablegte.

Pasquale Garafola, ein in Polizeikreisen bekannter Schwarzhänder, machte Frank Amazzo, einem unbescholtenen, aber mittellosen Landsmann, das Angebot, unter seinem Namen einen Saloon zu eröffnen, zwei Versicherungen auf das Lokal abzuschließen und es nach angemessener Zeit durch eine Explosion zu zerstören. Amazzo weigerte sich mit dem Hinweis auf die Menschen, die in den darüberliegenden Stockwerken wohnten und Schaden nehmen könnten. Kurze Zeit danach wurde Amazzo aufgrund eines anonymen Hinweises als der Schreiber eines Erpresserbriefes von der Polizei gefaßt. In Todesangst begann Amazzo, seine Geschichte zu erzählen, und benannte Garafola als den Auftraggeber des Mordes an Richter Cortese von Paterson, New Jersey, der durch seine intensiven Nachforschungen den vitalen Geschäftsinteressen der Garafola-Gang zu nahe gekommen war. Paterson war zu diesem Zeitpunkt auch Hauptstützpunkt der East-Coast-Anarchisten, und Polizeichef Bingham fürchtete eine Allianz zwischen diesen und den Schwarzhändern auf arbeitsteiliger Basis.[58]

Die enorme Medienbeachtung der Mano-Nera-Gewalttaten beeinträchtigte nicht nur das Ansehen der italo-amerikanischen Gemeinde, sondern wirkte sich mit zunehmender Dauer extrem hemmend auf den Entstehungsprozeß der Cosa Nostra aus, die bereits im Begriff war, sich vom Evolutionsstrang der sizilianischen Mafia als eine autarke Linie abzuspalten und in neuer Erde Wurzeln zu schlagen. Zu diesem Zeitpunkt wäre keiner der italo-amerikanischen Berufsverbrecher in der Lage gewesen, den Begriff La Cosa Nostra mit Inhalten auszufüllen oder sich bereits als einen Teil davon zu definieren, dennoch war die Saat auf fruchtbaren Boden gefallen.

Am 13. Juni 1908 war Rafaele Palizzolo, »ein fülliger, freundlich aussehender Herr mit grauem Haar und Bart«, auf dem austro-amerikanischen Schiff *Martha Washington* in New York angekommen. Logis nahm er im Hause eines Freundes imausgewiesenes Territorium des Morello/Terranova-Clans, wo auch Paul Kelly in einem Morello-Haus residierte. Der Besucher aus der alten Heimat wurde in einigen Vierteln der italienischen Kolonie als »Mafiakönig« hofiert. Palizzolo, ehemals Abgeordneter und Direktor der Bank von Sizilien, war 1899 Angeklagter in einem spektakulären Mordprozeß, der den Tod von Emmanuele Notarbartolo aufklären sollte. Dieser war bereits 1893 ermordet worden, aber sechs Jahre lang hatten sich Polizei und Staatsanwaltschaft von Palermo außerstande gesehen, genügend Beweismittel für eine Anklageerhebung zusammenzutragen. 1899 schließlich übergab der Sohn von Notarbartolo der Anklagebehörde Unterlagen, die Palizzolo als den Anstifter des Mordes überführen sollten. Um einer Untersuchung zu entgehen, ließ Palizzolo den gefährlichen Mitwisser (höchstwahrscheinlich) durch Giuseppe Fontana und Nicolo Trapani ermorden. Der Prozeß war kaum angelaufen, als das Justizministerium die Verlegung nach Bologna anordnete. Nach einer Prozeßdauer von elf Monaten und der Anhörung von 1000 Zeugen fällte das Gericht einen Schuldspruch und verurteilte die Angeklagten zu jeweils 30 Jahren Freiheitsentzug. Einem Wiederaufnahmeantrag wurde vom Obersten Gerichtshof in Rom stattgegeben, und 1903 hob ein Gericht in Florenz das Urteil auf und setzte die Angeklagten in Freiheit. Die Hälfte von Palizzolos Prozeßkosten hatten damals Spenden von Sizilianern aus New York gedeckt.

Palizzolo, dem in der Tat engste Verbindungen zur Mafia nachgewiesen wurden, wobei nie eindeutig geklärt werden konnte, welche Position innerhalb der Hierarchie er tatsächlich innehatte, war nach New York gekommen, um Geld für seine durch Prozeß und Haft ins Stocken geratene politische Karriere aufzutun und um seine süditalienischen Landsleute zu ermahnen, eine energischere Position gegen die Mano-Nera-Exzesse einzunehmen:

»Mir wurde gesagt, daß viele in dieser Stadt begangenen Straftaten meinen Landsleuten angelastet werden und auch, daß die Behörden eine weitere Zuwanderung von Sizilianern unterbinden wollen. Ich möchte meine Landsleute ermahnen, sich nicht mit diesen Kriminellen zu solidarisieren, sondern sie, wo immer sich eine Gelegenheit bietet, der Polizei zu übergeben.« In diesem Interview mit der *New York Times* bezeichnete er sich als Justizopfer, vergleichbar dem Fall Dreyfus in Frankreich. Die Frage nach der Mafia beantwortete er mit Nonchalance:

»Alle größen Städte haben geheime Vereinigungen, Sizilien hat eben auch eine.« Den Ursprung der geheimen Gesellschaft führte er auf die Sizilianische Vesper zurück, ihre eigentliche Bedeutung erlangte sie jedoch in der Zeit der Bourbonenherrschaft, »als Reaktion auf den Polizeiterror des Bourbonenregimes ... Als Deutscher hätten sie sich bestimmt mit den Aufständischen von 1848 solidarisiert, als Amerikaner 1776 der Unabhängigkeitsbewegung angeschlossen, als Sizilianer würden sie in der Tradition der Sizilianer handeln.«[59]

Palizzolo führte Empfehlungsschreiben hochrangiger italienischer Politiker und Geschäftsleute mit sich, die ihm in der ersten Phase seines Aufenthalts die Türen der New Yorker Gesellschaft öffneten und die gesamte Presse um Interviews buhlen ließ. Die Akzeptanz schlug um, als nähere Einzelheiten seines bisherigen Lebenslaufes bekannt wurden. Gerüchte wurden laut, daß neben Geldbeschaffung sein Aufenthalt in der Stadt zum Ziele habe, die vielen dilettantischen Mano-Nera-Gangs in einer mafiaanalogen Struktur zu bündeln, mit einer starken Führungspersönlichkeit an der Spitze. Diese Person wäre zweifellos Paul Kelly gewesen. Eine Großveranstaltung mit allen italienischen Organisationen war in Tammany Hall geplant. Als Detective Sergeant Petrosino davon Wind bekam, ließ er Palizzolo beschatten. In seiner Bewegungsfreiheit extrem eingeschränkt, verließ Palizzolo die Stadt lange vor dem planmäßigen Zeitpunkt und ohne das erhoffte Ergebnis. Zum Abschied drohte er Petrosino: »Solltest du jemals nach Palermo kommen, möge Gott dir beistehen.«[60]

Bis 1918 läßt sich die explosive Spur der Mano Nera dokumentieren, dann wurde sie von verheißungsvolleren Verbrechensvarianten hinweggefegt. Auf den ökonomischen Prüfstand gestellt, würde sich der Wirtschaftszweig La Mano Nera als unternehmerisches Debakel erweisen, da er den wirtschaftlichen Ruin der Opfer in Kauf nahm, parallel zum eigenen Scheitern. Enorme volkswirtschaftliche Schäden standen marginalen Gewinnen gegenüber. Eine Kontrolle der Handlungsstrukturen hätte ein ungeschicktes Geschäftsgebaren offenbart, eine »von der Hand in den Mund«-Kriminalität, wo illegale Aktionen nur der täglichen Lebenssicherung, nicht aber der Kapitalbeschaffung dienten und letztendlich nicht mehr waren als bloße Konsumbefriedigung. In Ermangelung einer eigenständigen Elite mit ausgeprägtem Bewußtsein für die Relevanz von politischem Schutz als unentbehrlicher Basis für florierende Illegalität wurde die Komponente des »Schutzes« vollständig negiert. Blackhander waren Wirtschaftstäter ohne Sinn für kommerzielle Effizienz, ohne Kreativität und unternehmerisches Denken, denen es nicht gelang, eine Branche ohne limitierende gesetzliche Restriktionen zum Erfolg zu führen, und die ihre einmal zurückgewiesenen Forderungen nicht anders als durch Zerstörung des Besitzes und häufiger Verstümmelung der Opfer zu beantworten wußten.

Die Gruft der Familie Masseria. Calvary Cementery, New York

Begriffs- und Gegenstandsdefinition

»Es gäbe keinen Mob, würde er nicht Bedürfnisse der legalen Gesellschaft befriedigen. Er bedient alle möglichen Bevölkerungsschichten. Der Mob arbeitet. Erst durch ihn funktionieren bestimmte Institutionen und Geschäftszweige, allerdings in Unterweltmanier.«

John Miller, Deputy Commissioner, Public Relations New York City Police Department, 1993, In: *The Story of the American Mob*, Seite 108.

Der Terminus *organized crime*, organisiertes Verbrechen, findet sich zum ersten Mal 1906 in einem Leitartikel der *New York Times*, in dem die Forderung von Polizeichef Theodore Bingham zur Schaffung einer geheimen Eingreiftruppe innerhalb des Polizeiapparates kommentiert wurde, »um Kriminalität unter minderwertigen Italienern zu bekämpfen.«[1]

Worauf Bingham abzielte, war das ethnisch diffamierte Verbrechensschema von La Mano Nera, war der Tatbestand der erpresserischen Nötigung von Kleingewerbetreibenden in den italienischen Ghettos zur Erlangung minimaler wirtschaftlicher Vorteile bei maximalem Gewalteinsatz. »Organisiert« bezeichnete zu diesem Zeitpunkt de facto eine primitive, arbeitsteilige, extrem destruktive Verbrechensform, die im ländlichen Westen der USA noch existierte, die aber für die verstädterte Verhaltensnorm der Ostküste schon lange der Vergangenheit angehörte.

Mit Inkrafttreten der Prohibition am 16. Januar 1920 änderte sich die Terminologie für illegales urbanes Gruppenverhalten durch die Beteiligung von Personen am nunmehr kriminalisierten Alkoholhandel, die der herrschenden Klasse angehörten (Amerikaner, Iren und Juden). Das negativ ethnisch besetzte *organized crime* wurde vom gemäßigten Ausdruck *organized lawlessness*, organisierte Gesetzlosigkeit, abgelöst.[2] Die agierenden Gruppen, die *bootleg gangs*, waren multikulturell, da die logistische Bewältigung des Alkoholhandels und die Schaffung von Immunität weitverzweigte Allianzen erforderten. Die Synthese von Politik und Unterwelt verfestigte sich in dieser Periode der »legalen Illegalität« zu einer Symbiose von Politiker und Unterweltgröße. Am 15. September 1929 sprach New Yorks Polizeichef Grover Whalen vor Reportern der *New York Times* im Zusammenhang mit der Tatsache einer flächendeckenden Existenz von Speak-easies lediglich von *nuisance* (Mißstand) und nicht von *crime* (Verbrechen).

Die schrill-lärmende Halbwelt der Wilden Zwanziger kreierte den Begriff des »Racket« als Synonym für illegale Schiebergeschäfte. Der »Racketeer«, ein aufstrebender Geschäftsmann krimineller Provenienz, ein Wanderer zwischen Halb- und Unterwelt, wird als Erfolgsgeschichte am plakativsten durch Al Capone personifiziert.

»Ich führe meine Rackets nach amerikanischer Tradition. Unser amerikanisches System – nenn es Kapitalismus, nenn es was du willst – gibt jedem von uns eine Chance, wenn wir sie nur erkennen und mit beiden Händen ergreifen. Ich verdiene mein Geld, weil ich ein gesellschaftliches Bedürfnis befriedige. Deswegen würde ich mich auch als Geschäftsmann bezeichnen.«[3]

Das Ende des Castellammarese-Krieges im Sommer 1931, dem *shoot-out* zwischen den Banden von Giuseppe »Joe the Boss« Masseria und Salvatore Maranzano um die Hegemonie über die kriminelle italo-amerikanische Subkultur von New York City, kurz vor der Aufhebung der Prohibition, markiert die Entstehung einer Terminologie für die interne Definition gemeinschaftlicher Illegalität und einer eigenen Handlungsstruktur: »La Cosa Nostra« und »La Borgata«. Die Allianz zwischen Sizilianern und Neapolitanern, ein pragmatisches, aber ungeliebtes Ergebnis des Prohibitionsalltags, wurde durch »unsere Sache« zum Statut erhoben. »Wenn du mit einem Sizilianer zwanzig Jahre befreundet bist, aber Ärger mit einem anderen Sizilianer bekommst, wird der Sizilianer, den du seit zwanzig Jahren kennst, dir in den Rücken fallen.«[4] Diese anachronistische Faustregel für das Nebeneinander von Sizilianern und Neapolitanern sollte nun der Vergangenheit angehören. Parallel zur Annäherung der beiden süditalienischen Ethno-Gruppen setzte eine Abgrenzung und Verdrängung aller nichtitalienischen Gemeinschaften vom illegalen Markt ein.

Erst im Jahre 1963 erfuhr eine schockierte Öffentlichkeit von der Existenz der kriminellen Schattenwelt La Cosa Nostra und ihrer Aktionsstruktur Borgata. Basierend auf der Schilderung des Initiationsritus (das Patenprinzip) des Kronzeugen Joseph Valachi amerikanisierte die Presse La Borgata zu »crime family«, zur »Familie«.

»Der Boss wird zu dem, was ihr Pate nennt«,[5] bestätigte Joe Valachi.«

Nur sehr zögerlich nahm sich der Gesetzgeber in Washington des Begriffs »organisierte Kriminalität« an. Anfang 1950 berief Staatsanwalt McGrath eine Tagung der Bürgermeister aller Großstädte des Landes ein. In seinem Einladungsschreiben führte McGrath aus, die Auswertung von Untersuchungsergebnissen des FBI bei bestimmten kriminellen Verhaltensmustern in den Ballungszentren hätte ein Schema, organisiertes Verbrechen, erkennen lassen, das es notwendig mache, neben der kriminellen Einzeltat auch das destruktive Muster dahinter strafrechtlich zu erfassen.

Dann ging es Schlag auf Schlag. Die Politik bemächtigte sich des Phänomens. Mitte 1950 initiierte der demokratische

Senator Estes Kefauver, den Präsidentschaftswahlkampf von 1951 fest im Auge, das erste Senatshearing, das den Begriff »organisiertes Verbrechen« im Titel führte. Basierend auf Erkenntnissen der McGrath-Konferenz tourte das »Special Committee to Investigate Organized Crime in Interstate Commerce«, einem Wanderzirkus gleich, ein Jahr lang von Metropole zu Metropole. Dank des Fernsehens wurden die Befragungen der *crime-as-lifestyle*-Kriminellen durch einige profilierungssüchtige Politiker in die guten Stuben des staunenden Amerika übertragen:

George Wolf, Anwalt von Frank Costello: »Ich möchte wissen, ob diese Befragung ausgestrahlt wird.«

Senator O'Connor: »Diese Befragungen wurden bis jetzt ausgestrahlt. Darf ich fragen, ob Sie dagegen Einspruch erheben wollen?«

Mr. Wolf: »Entschiedenen Einspruch. Mein Klient, Mr. Costello, hat nicht die Absicht, sich als Spektakel mißbrauchen zu lassen. Das gilt für Fernsehen wie für Radio.«[6]

In diesem Moment der ersten Sichtbarmachung einer straff organisierten Unterwelt setzte ein fundamentaler Denkfehler ein: die Gleichsetzung von Methode und Organisation. Der mediale Multiplikationsfaktor identifizierte den bereits seit langem registrierten Begriff »organisiertes Verbrechen« in Ermangelung von befriedigenden Informationen über eine Aktionsstruktur als solche. Als zwölf Jahre später die McClellan-Hearings die Struktur sichtbar machten, war die nominelle Gleichsetzung von Methode und Organisation schon längst Allgemeinwissen.

Der partielle Verlust der italienischen Sprache bei Made men der zweiten und dritten Einwanderungsgeneration und das Abtreten der »Greaseballs« (in Italien geborene Mitglieder ohne Englischkentnisse) forcierten eine Amerikanisierung der

Begrifflichkeit. Das Vokabular der italo-amerikanischen Unterwelt wurde nach 1932 zweisprachig: Neben »Borgata« setzte sich allmählich »Crime family« als gleichberechtigte Bezeichnung für die kriminelle Vereinigung, die »Familie« durch. »Wo wird das enden? Gambino Crime family?« Lediglich das negative organisierte Verbrechen findet als ebenbürtiger Zweitbegriff zum wertfreien La Cosa Nostra keinen Eingang in den Unterweltjargon. »Und das wird für mich eine Cosa Nostra bleiben, bis ich sterbe.« Aus Angst vor Abhöraktionen empfahl John Gotti, anstelle des verräterischen La Cosa Nostra nur noch das neutrale La zu gebrauchen. »Er muß nicht Cosa Nostra sagen, La genügt auch.«[7]

Im Zeitalter der Kommunikationsgesellschaft, wo Massenmedien Definition, Darstellung und Bewertung neuer Phänomene übernehmen, ist organisiertes Verbrechen mit die folgenschwerste Entwicklung dieses Prozesses. Ein Massenblatt formte 1906 einen neuen Begriff, der sich lange Zeit vollkommen losgelöst von der eigentlichen Aktionsebene entwickelte. Denn die Italiener aus den niederen Schichten, auf die der Terminus abzielte, waren sich dieser Stigmatisierung lange Zeit nicht bewußt, ein zwingendes Erkennen mußte bereits an einer unüberwindbaren Sprachbarriere scheitern.

»Das Definitionsproblem bei organisierter Kriminalität liegt nicht im Wort Kriminalität, sondern im Wort organisiert. Während die Gesellschaft generell bestimmte Verhaltensformen und Taten als eindeutig kriminell erachtet, gibt es keine standardisierte Wahrnehmung von organisierten Gruppierungen. Die Tatsache, daß organisiertes kriminelles Vorgehen nicht notwendigerweise organisierte Kriminalität ist, erschwert den Definitionsprozeß noch zusätzlich.«[8]

Organisierte Kriminalität wird als der Beitrag des 20. Jahrhunderts zur Verbrechensvielfalt in die Geschichte eingehen. Kriminelle Geheimbünde, deren Triebfeder Gewinnsucht ist,

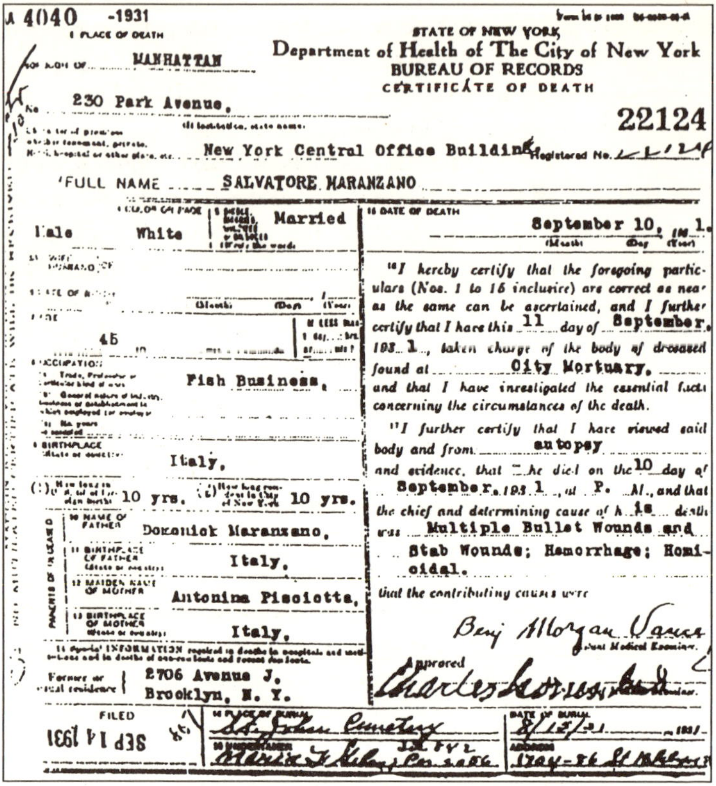
A 4040 -1931

STATE OF NEW YORK
Department of Health of The City of New York
BUREAU OF RECORDS
CERTIFICATE OF DEATH

22124

1 PLACE OF DEATH
Borough of MANHATTAN
No. 230 Park Avenue,
New York Central Office Building
Registered No.

FULL NAME SALVATORE MARANZANO

Male White Married

DATE OF DEATH September 10, 1931

"I hereby certify that the foregoing particulars (Nos. 1 to 16 inclusive) are correct as near as the same can be ascertained, and I further certify that I have this 11 day of September, 1931, taken charge of the body of deceased found at City Mortuary, and that I have investigated the essential facts concerning the circumstances of the death.

"I further certify that I have viewed said body and from autopsy and evidence, that he died on the 10 day of September, 1931, at P. M., and that the chief and determining cause of his death was Multiple Bullet Wounds and Stab Wounds; Hemorrhage; Homicidal.

that the contributing causes were

Benj Morgan Vance
Medical Examiner.

Approved
Charles Norris

AGE 45

OCCUPATION Fish Business,

BIRTHPLACE Italy,

10 yrs. 10 yrs.

NAME OF FATHER Dominick Maranzano,
BIRTHPLACE OF FATHER Italy,
MAIDEN NAME OF MOTHER Antonina Pisciotta,
BIRTHPLACE OF MOTHER Italy,

Former or usual residence 2706 Avenue J, Brooklyn, N. Y.

FILED SEP 14 1931

PLACE OF BURIAL St. John Cemetery
DATE OF BURIAL 9/15/31
UNDERTAKER
ADDRESS

Salvatore Maranzanos Totenschein

die zur Erreichung des Zieles auch vor gedungenen Mördern nicht zurückschrecken, sind in der politischen und ökonomischen Geschichte fast jeden Landes zu finden. Weder gesellschaftliche Weiterentwicklung, Änderung des sozialen Systems noch die Art der politischen Einflußnahme haben die Struktur dieser Bünde durch die Jahrhunderte hindurch merklich verändern können. Oberflächlich betrachtet, da es Geheimbünde waren, könnte ein Vergleich zur zeitgenössischen Methode organisierter Kriminalität gezogen werden, die genaue Analyse würde jedoch nur eine Abfolge sporadisch auftretender organisierter Raubzüge sichtbar machen, die allenfalls belegen, wie historisch und universell Habgier als Laster ist.

Organisierte Kriminalität als Schema darf nicht auf den Status einer standardisierten Diebstahlkategorie reduziert und damit der polizeilichen Routine überlassen werden. Organisierte Kriminalität ist die Etablierung einer Geschäfts- und Lebensphilosophie, zutiefst kriminell in ihrer Ethik und extrem subversiv in ihrem ökonomischen und politischen Programm. Die absolutistische Konzeption entreißt die Mitglieder der Bünde dem legitimen Bürger-Staat-Verhältnis und unterwirft sie einem eigenen Verhaltenskodex, der alle Merkmale einer stark hierarchisch strukturierten totalitären staatlichen Ordnung aufweist, einschließlich extrem restriktiver Gesetze.

Der gewinnorientierte Aspekt des organisierten Verbrechens ist die primär geschäftliche Interaktion zwischen Anbieter und Bedarfsträger. Handelsware sind Konsumgüter und Dienstleistungen, die der Gesetzgeber verboten hat, nach denen jedoch weiterhin Bedarf besteht. Um den Anforderungen einer Existenz jenseits von Recht und Gesetz gerecht zu werden, mußten sich die Zusammenschlüsse der konspirativen Konstellation anpassen.

»Bosse illegaler Unternehmen können nicht auf die Hilfe legaler Autoritäten bei Auseinandersetzungen mit Angestellten oder Konkurrenten zurückgreifen. Um ihre Firmen am Leben zu erhalten, mußten sie Ersatzautoritäten erschaffen – sie transformierten ihre Geschäftsorganisationen in subkulturelle Regierungen.«[9]

Struktur einer Crime Family

»Von nun an wird alles anders. An der Spitze steht ab nun der boss of all bosses (Capo di tutti Capi), das bin ich. Dann kommt der Boss und unter diesem der Underboss. Er fuhr fort, die neuen Regeln zu erklären. Das ist, was wir die zweite Regierung nannten.«

Joseph Valachi, Senate Hearing, Organized Crime and Illicit Traffic in Narcotics, Teil 1, Seite 215.

Im Sommer des Jahres 1931, nachdem sich die erhitzten Gemüter nach dem Mord an Joe »the Boss« Masseria wieder abgekühlt hatten, berief Salvatore Maranzano, Sieger im Machtkampf, die italo-amerikanische Unterwelt New Yorks zu einem Meeting nach Brooklyn. »Ich fuhr zur angegebenen Adresse. Es war eine Halle, eine sehr große Halle auf der Washington Avenue. Es waren ungefähr 400 bis 500 Personen anwesend. Maranzano begab sich aufs Podium und begann zu sprechen.« Das absehbare Ende der Prohibition mit ihren exorbitanten Profiten machte eine Strukturbereinigung im wildwuchernden Gangland notwendig. Um eine repressionsarme Erschließung neuer Märkte zu gewährleisten, müsse das unabhängige Gangstertum landesweit in ein Korsett hierarchischer Gruppierungen mit ausgewiesenen Territorien gepreßt werden.

Was Maranzano diktierte, war ein straff organisiertes Familien-Prinzip nach sizilianischem Vorbild, mit sich als autokratischem »Capo di tutti Capi« über die gesamte italo-amerikanische Subkultur der Vereinigten Staaten.

Die Tradition ist tot, es lebe der Gewinn! Als am 10. September 1931 um 3:45 vier bewaffnete Männer mit gefälschten

Ausweisen des »Internal Revenue Service« (IRS, die Steuerfahnung) in das Büro der Eagle Building Corporation im neunten Stock des Grand Central Building auf der Park Avenue eindrangen und Salvatore Maranzano durch Messerstiche und Revolverschüsse niederstreckten, starb mit ihm der anachronistische Rang des Capo di tutti Capi, begann die eigentliche Amerikanisierung der italo-amerikanischen Subkultur.

Nach den Vorstellungen des Anführers dieser Revolution, Charles »Lucky« Luciano, sollte die kriminelle Unterwelt das unflexible und gewinnhemmende Stützwerk tradierter sizilianischer Prinzipien über Bord werfen, um sich einer profitorientierten Methode zu öffnen. An die Stelle eines selbstherrlichen Alleinherrschers sollte zur Konfliktlösung jenseits der internen Familienebene eine nationale Kommission treten. Dieser »National Commission«, einer Art Appellationsinstanz italo-amerikanischer Illegalität, sollten die fünf Bosse der neuetablierten New Yorker Familien sowie je einer aus Buffalo und Chicago angehören. In späteren Jahren kamen noch die Bosse aus Philadelphia und Detroit hinzu.

»Ich erklärte ihnen, daß dieser Scheißkrieg zu Ende ist, daß von nun an jede Familie in ihrer Stadt unabhängig expandieren könne, es aber eine übergeordnete nationale Organisation geben wird, die das Ganze zusammenhält. Weiters sagte ich ihnen, daß wir in einem Geschäftszweig tätig sind, der empfindlich auf Gewaltausbrüche reagiert. Kerle umzulegen, nur weil sie aus unterschiedlichen Regionen Siziliens kommen, dieser Wahnsinn muß endlich aufhören, denn es ruft die Behörden auf den Plan und läßt die Gewinne in den Keller sacken.«

Meyer Lansky hatte Luciano vor zu rasch vollzogenen Veränderungen gewarnt. »Es gibt noch zu viele Traditionalisten, die dem Neuen nicht widerspruchslos folgen werden.«[10]

Den Visionen Lucky Lucianos von einem multinationalen, fast gewaltfreien kriminellen Verbund an der Nahtstelle von

Legalität und Illegalität, angesiedelt jenseits hemmender ethnischer Barrieren, vermochten die meisten seiner Landsleute noch nicht folgen. Er hatte sich für seine Zeit zu weit in die Gedankenwelt des alles nivellierenden Gewinndenkens vorgewagt, so daß nach seiner Verurteilung 1937 viele Veränderungen wieder zurückgenommen wurden, mit Ausnahme der National Commission. Auf der Familienebene kehrte man wieder zu einem starren Hierarchiegefüge zurück mit einer Ethnobarriere als Aufnahmerestriktion.

Nach Auswertung aller Informationen der US-amerikanischer Untersuchungsbehörden kam die »President's Commission on Organized Crime« 1967 zu folgendem Fazit: »Die höchste Autorität für die 24 amerikaweit operierenden Familien ist die Commission. Diese Instanz fungiert gleichzeitig als gesetzgebendes Gremium, oberster Gerichtshof, Vorstand und Appellations- und Schlichtungsstelle, mit dem Schwerpunkt Konfliktlösung. Für die Mitglieder von La Cosa Nostra ist es die höchste Autorität bei internen Familien- und nationalen LCN-Konflikten. Commission-Mitglieder sind nur die Bosse der mächtigsten Familien, Commission-Entscheide aber bindend für alle 24 Familien.«[11]

Neben der reinen Organisationsdefinition trägt eine Familie immer den Namen eines Bosses: etwa Genovese-Familie, Gambino-Familie. Die Diktatur der Namensgebung ist nicht auf den Gründer beschränkt, ausgeprägter Führungsstil (wobei keine qualitative Bewertung stattfindet) oder langer Machterhalt können zu einer Umbenennung führen. Um diese Änderung festzuschreiben, bedarf es eines unausgesprochenen Konsenses von Subkultur und legaler Gesellschaft. Vito Genovese und Carlo Gambino sind seit langem tot, Genovese seit 1968, Gambino seit 1976. Diese nicht unerhebliche Zeitspanne erzeugte weder im kriminellen Umfeld noch beim Establishment einen Impuls für Wandel. Beide hatten ihre Familien beherrscht, hatten die Erinnerung an ihre Vorgänger aus dem allgemeinen Bewußtsein verdrängt und mit nahezu dynastischem Memoria-Bewußtsein der Welt ihren Namen hinterlassen. (Kaum jemand weiß heute noch, daß vor Genovese Lucky Luciano und davor Giuseppe Masseria der Boss war, Vincent Mangano einst der Namensgeber der Gambinos.)

Neben der ethnischen Zugehörigkeit beruht der Integrationsmechanismus einer Crime family auf Blutsverwandtschaft und der kollektiven Überhöhung eines archaischen Virilitäts- und Ehrbegriffes. Die Mitgliedschaft erfordert des weiteren bestimmte Qualifikationen, wie die Bereitschaft zu töten und zu bedingungslosem Gehorsam. Die Einführung eines Anwärters erfolgt stets auf Initiative eines angesehenen Made man, der durch den Aufbau ihm verpflichteter Beziehungsketten die eigene Machtposition festigt und damit interne Machtpolitik betreibt. Die Einführung des Aspiranten erfolgt nach einem standardisierten Initiationsritus und der Gelobung einer freiwilligen Unterwerfung unter eine apodiktische Willensbildung.

Mr. Valachi: »Er (Maranzano) hatte ein Messer und einen Revolver vor sich auf dem Tisch liegen. Er erklärte uns, daß wir durch Messer und Revolver leben und durch Messer und Revolver sterben werden.«

Senator McCellan: »Müssen wird das so verstehen, daß Sie, als Sie den Eid ablegten, damit rechnen mußten, eines Tages durch Messer oder Revolver zu sterben?«

Mr. Valachi: »Ganz recht. Dann gab er mir ein Stück Papier, das ich verbrennen mußte .... So würde ich brennen, das wäre mein Schicksal, würde ich die Organisation verraten.«

Mr. Valachi: »Was ich vor Ihnen, der Presse und der amerikanischen Nation ausbreite, macht mich zum Verräter. Das ist der Eid, den ich breche. Selbst wenn ich jemals zum Verräter werden sollte, diesen Eid hätte ich niemals brechen dürfen. Und trotzdem tue ich es.«[12]

Die hierarchische Struktur der Organisation verrät konkrete europäische Wurzeln, denn sie zeigt noch deutliche Anklänge an eine feudale Lehenspyramide: Das Abhängigkeitsverhältnis zwischen Führung und Untergebenen rezipiert die alte Feudalrelation von Schutz im Gegenzug für Rat und Hilfe:

Senator Mundt: »Sie sagten aus, daß das einzige, was Sie für Ihre Mitgliedschaft und die Ausführung von Aufträgen von Genovese bekamen, Schutz war.«

Mr. Valachi: »Ja. Ich habe das zu Vito in der Zelle gesagt. Ich sagte zu ihm: Ich habe mit euch Kerlen nie auch nur einen einzigen Groschen verdient.«

Senator Mundt: »Wenn ich das richtig verstehe, haben Sie für ihre Mitgliedschaft nie etwas anderes bekommen als Schutz vor Eindringlingen in Ihren wirtschaftlichen Interessensbereich?«

Mr. Valachi: »So könnte man es sagen.«

Senator Javits: »Haben Sie jemals etwas für die Familie getan oder sind Sie Ihren eigenen Geschäften nachgegangen?«

Mr. Valachi: »Ich habe nur für sie getötet.«[13]

Valachi, der Neapolitaner, machte mit seiner Unmutsäußerung überdeutlich, daß er in die Gedankenwelt von La Cosa Nostra nie wirklich eingedrungen war. Er setzte »Familien« mit Unternehmen gleich. Deren Unterschied zur legalen Geschäftswelt bestand allenfalls darin, daß das Handelsgut kriminalisierte Güter und Dienstleistungen waren, so daß bei ihm jegliches Unrechtsbewußtsein schwand.

Mr. Valachi: »Wenn man sich erst einmal an einen kriminellen Lebensstil gewöhnt hat, empfindet man diese anderen Dinge

(Glücksspiel, Automaten, Pferdewetten) nicht mehr als Verbrechen.«

Die Verärgerung über die mangelnde finanzielle Kompensation läßt grundlegende Rückschlüsse auf den Informationsstand des einfachen Mitgliedes zu. Die Korruption von Politik, Rechtsapparat und Polizeibehörde als Voraussetzung für Schutz vor Strafverfolgung ist dem Button man nicht bewußt.

Senator Javits: »(Mr. Valachi) Ihre Polizeiakte zeigt, daß Sie 1923 und 1925 verurteilt wurden, aber danach nicht mehr bis 1960, ist das richtig?«

Mr. Valachi: »Ja, Sir.«

Senator Javits: »Worauf genau führen Sie diese enorme Zeitspanne von 35 Jahren zurück? Welchem Umstand verdanken Sie es ihrer Meinung nach, daß Sie nach 1925 zwar weiterhin das Leben eines notorischen Kriminellen führten, aber nicht ein einziges Mal in 35 Jahren verurteilt wurden?«

Mr. Valachi: »Ich habe keine Verbrechen begangen.«[14]

Während der hierarchische Aufbau einer »Familie« feststeht, unterliegen die einzelnen Positionen dem kapitalistischen K.o.-System, es gilt, die Gelegenheit beim Schopfe zu packen. Eine dogmatische Sukzession erwies sich im Laufe der Entwicklung als nicht realistisch, da der Capo oder Boss seine Stellung meist durch Ausschalten seines Vorgängers erlangt, wobei es zwangsläufig zu Karrieresprüngen kommt, da bei einem gewaltsamen Führungswechsel fast immer auch der Sotocapo oder Underboss, zweiter der Hierarchie und engster Vertrauter des Bosses, mit beseitigt wird.[15]

»Als Paul Castellano und sein Fahrer (Underboss) umgelegt wurden, der aufsehenerregendste Unterwelt-Mord seit Jahrzehnten, machte jemand – um das einmal klarzustellen, einen gewaltigen Karrieresprung.«[16]

Parallel zum »Underboss« existiert der Rang des »Consigliere« oder »Counselor«, durchweg ein älteres, konsensschaffendes Mitglied ohne direkte Interventionsmöglichkeit in die laufenden Aktionen. Unter dem Underboss kommandiert ein »Caporegima« (»Capodecina«) oder »Lieutenant« eine Gruppe von Männern, Soldati oder Button men, in der Regel die eigentlichen Werktätigen des kriminellen Verbundes.

Die Gesamtzahl der Männer einer Familie variiert zwischen 80 und 450. Die Zahl der Button men, die ein Caporegima unter sich befehligt, liegt gewöhnlich bei zehn. Bei einem Zusammenschluß von 80 Männern macht das rein rechnerisch acht *regimes* (Zusammenschluß von Button men unter einem Caporegima), was aber bestenfalls als Richtwert gelten kann, denn die Stärke eines *regime* richtet sich letztendlich nach der Beschaffenheit des Racket.

Theoretisch kann jedes Mitglied der Familie für die Durchführung seiner (illegalen) Geschäfte Partner hinzuziehen. Diese können der Unterwelt angehören (für den Straßenverkauf von Rauschgift wurden Black Gangs in Harlem rekrutiert) oder der legalen Geschäftswelt (für den Kauf von Immobilien dienen häufig Anwälte als Fassade). Die Zahl dieser Geschäftspartner kann die Anzahl der Made men einer Familie um vieles übersteigen.[17]

Funktion der Positionen

»Ich sagte ihnen, daß der Alte nur ein Haufen Pferdescheiße war, der noch immer mit diesem Capo-di-tutti Capi-Schwachsinn lebte, den er aus Sizilien mitgebracht hat und den er nun mit Julius Caesar verheiraten will.«

Lucky Luciano über Salvatore Maranzano, dem letzten Capo di tutti Capi. *The Last Testament of Lucky Luciano*, Seite 136.

Jeder Angehörige einer Familie ist auf zweifache Weise illegal aktiv: Er ist Straftäter, und er ist Inhaber einer Position in einer kriminellen Vereinigung mit eigenständigen festgelegten Normen.

Der Capo einer Borgata ist uneingeschränkter Führer der illegalen Formation Crime family und de facto Herr über Leben und Tod.[18]

Welche Qualitäten der Boss auch immer in seiner Person vereinigen muß, die wichtigste Demonstration seiner Fähigkeiten hat er bereits erbracht: Er hat den riskanten Aufstieg durch die Ränge überlebt. In dieser Welt der plötzlichen Tode wurden schon viele hoffnungsvolle Karrieren in zartem Keime erstickt, wissen die Familiengeschichten unzählige verheißungsvolle Talente zu beklagen, die eines Tages die falsche Straßenseite benutzten und von Kugeln durchsiebt ihr Leben in der Gosse aushauchten.

Voraussetzung für das Überleben ist die Fähigkeit, ein Gleichgewicht zu erzeugen zwischen den beiden auseinanderstrebenden Flügeln einer Crime family: dem der Legalität zustrebenden Flügel der Wirtschaftskriminellen und dem gewaltbereiten Flügel, denn in der Regel wird innerfamiliär gemordet. Um eine kriminelle Aktion, etwa eine Schutzgelderpressung, erfolgreich durchzuführen, bedarf es selten des Einsatzes tatsächlicher physischer Gewalt. Meist genügt die Bewußtmachung dieser Möglichkeit. Der erfolgreiche Made man wird aufgrund seines Rufes und der Formulierung seines Willens Unterwerfung erreichen. Im Laufe der Jahre haben sich für diese Funktion neben Made man als Bezeichnung für ein Syndikatsmitglied auch die Begriffe »Wiseguy«, »Goodfella« und »Hood« entwickelt. Bestandteil deren gehorsamgebietenden Rufes ist der Strongarm man, der Schlägertyp mit dem Revolver oder Baseballschläger als inhärente Drohung im Hintergrund. Da außer in Kriegszeiten der Schläger meist eine subalterne Position einnimmt und nur geringen Anteil an den lukrativsten Familiengeschäften hat, entsteht ein Klima von Neid und Mißtrauen, das sich zyklisch in Umstürzen entlädt.

1951, nach zwanzigjähriger Führerschaft, verschwand der diskrete Boss Vincent Mangano, und sein Bruder Philip (Consigliere) wurde erschossen aufgefunden. Drahtzieher des Coups und Usurpator der Capo-Position war Albert Anastasia, ein Caporegima der Familie, alias Lord High Executioner (der Henker), ein geschäftlich eher unbedarfter, aber extrem gewaltbereiter Gangster, auf dessen Konto geschätzte 50 Morde gehen.

1957 veranlaßt Vito Genovese ein Attentat auf Frank Costello, zu diesem Zeitpunkt Statthalter der Familie für den nach Italien deportierten Lucky Luciano. Costello, der *Prime Minister of the Underworld*, war ein Mobster an der Schwelle zum honorigen Geschäftsmann, der mit seinen Gefolgsleuten nur noch lose Bindungen zum Schläger-Flügel und dessen Anführer Genovese aufrechterhielt, mit deutlicher Tendenz von Trennung. Costellos Rackets waren Glücksspiel und Automaten, sein Interesse galt den legalisierten Glücksspielstandorten Las Vegas, Atlantic City und Kuba. Von Straßengeschäften wie dem Handel mit Rauschgift, dem Zinswucher, der Wechselreiterei oder Schutzgelderpressung hatte er sich bereits fast völlig gelöst. »Frank Costello war zweifellos der politisch einflußreichste Unterweltcharakter, dessen Rackets den Schutz zahlreicher amerikanischer Politiker genossen.« Er sprach schon lange nicht mehr die Sprache der Straße. In Vito Genovese vereinigten sich Charisma und berechnende Brutalität. Er war der geborene Führer von Männern mit überzogenem Männlichkeitswahn und labilem Charakter. Er war skrupellos, »einer der gefürchtetsten Mafia-Bosse des 20. Jahrhundert, der immer wieder bewiesen hat, daß er fähig ist Freunde zu verraten, Geschäftspartner umzulegen und jeden Rivalen aus dem Weg räumen zu lassen, der ihm auf seinem Weg an die Spitze in die Quere kam.«[19]

1985 wurden Paul Castellano und sein Chauffeur Thommy Bilotti von der Schläger-Gruppe um John Gotti auf offener Straße erschossen. Gotti über Castellano: »Warum ich anfing, diesen verdammten Paul zu hassen? Du konntest von ihm nicht mal ein verdammtes Schinken-Sandwich bekommen. Er verkaufte die Borgata für seine verdammte Baufirma.«[20]

Der Underboss übernimmt die Führung, wenn der Boss abwesend ist. Die immaterielle Funktion dieser Position ist die einer Lebensversicherung für den Boss, *»he uses the second as his eyes and ears«* (der Underboss hält Augen und Ohren für den Boss offen),[21] die materielle die eines Puffers zwischen dem Boss und den unteren Chargen der Caporegima und Soldati. In der Regel wird der Boss einen ihm loyal ergebenen Mann zu seinem Underboss ernennen, denn durch die enge Interaktion zwischen beiden ist die Gefahr einer Machtübernahme stets vorhanden. Unter schwierigen Machtkonstellationen oder in Kriegszeiten kann es jedoch die Situation erfordern, daß der Boss einen Rivalen designiert.

Nach dem Mord an seinem Underboss Peter/Giuseppe Morello in den Wirren des Castellammarese-Krieges machte Joe »the Boss« Masseria, der Not gehorchend, 1930 Charles »Lucky« Luciano zu dessen Nachfolger. Auf den Tag genau acht Monate später lockte Luciano seinen Capo im Komplott mit dessen ärgstem Feind Salvatore Maranzano in einen Hinterhalt.

»Ich wußte, daß der Zeitpunkt perfekt war. Masserias Glück hielt an und Maranzano kam nicht an ihn heran. Er brauchte mich, und niemand anderen als mich, um diese Angelegenheit ein für allemal zu erledigen. Wenn ich verhandeln wollte, dann war jetzt die Zeit, das Spiel zu wagen.«[22]

Die pyramidenförmige Befehlsstruktur der Cosa-Nostra-Familien machte sie lange Zeit immun gegen strafrechtliche Verfolgung. Vor der Ratifizierung der »Wire Tapping Provisions« (kurz Title III genannt, eine Bestimmung, die die Einführung von Abhörprotokollen in Gerichtsverfahren regelt) im Jahre 1968 war es fast unmöglich, Führungsspitze und Aktion in einen Konsens zueinander zu setzen.

Wenn ein Soldier mit dem Boss sprechen wollte, durfte er nicht den direkten Kontakt suchen, sondern mußte sich an den Caporegima wenden, dieser prüfte die Angelegenheit, und wenn sie ihm wichtig erschien, arrangierte er für den Soldier ein Treffen mit dem Boss.[23]

Die am schwersten auszulotende Position ist die des Consigliere. Fast immer handelt es sich bei ihm um ein altgedientes Mitglied, das den Respekt aller Fraktionen innerhalb der Familie genießt. Bei internen Konflikten agiert er als Schlichter, nach außen tritt er häufig in der Funktion des Bestechers auf, der Verbindung zu Politik, Polizei und Gerichten hält.

»Er (Luciano) schlug die Schaffung einer Appellationsinstanz vor, die bei Konflikten zwischen dem Boss und dem Rest der Familie vermitteln sollte. Die Funktion dieses Consigliere sollte aber nicht auf diese Vermittlerrolle beschränkt sein, vielmehr sollte er auch als Berater der Familienspitze fungieren, der ohne Angst vor Repressionen sprechen konnte.«[24]

Stellt man den wirtschaftlichen Aspekt einer Familie zur

inneren Strukturbestimmung in den Vordergrund und vergleicht das hierarchische Gefüge mit einem legalen Wirtschaftsunternehmen, dann gehören Boss, Underboss und Consigliere der Vorstandsebene, der Caporegima der Managementebene an. Primäre Aufgabenstellung dieser Position ist nach innen die Überwachung der unterschiedlichen Rackets und die Führung der aktiven Button men sowie periodische Rechenschaftsberichte an den Vorstand. An der Basis verdientes Geld geht als *cut in*, als Beteiligung, über diesen Rang an die Führungsspitze. Nach außen ist der Caporegima der Marktstratege, der neue Märkte erkennt und für deren Erschließung sorgt.

Die unterste Made men-Ebene einer Familie ist der Button man, der Kriminelle für die Straßen- und Schmutzarbeit, der, wie der Name treffend darlegt, auf Knopfdruck jeden Befehl ausführt. Rekrutiert werden diese Männer, sofern sie den Aufnahmekriterien entsprechen (»Er muß Voll-Italiener sein«), aus dem Heer der freischaffenden Assoziierten, auf die Familien in vielen Geschäftsbereichen zurückgreifen.

Für einen gewohnheitsmäßigen Gesetzesbrecher ist die Erhebung in den Rang eines Made man gleichbedeutend mit einem Freibrief für Illegalität, mit Beinaheschutz vor Strafverfolgung. Der riskante Status eines selbständigen Ganoven wird zugunsten des eines Verbrechers mit Verbindungen vertauscht. Die Untersuchung von Howard Abadinsky führte zu folgender Feststellung:

»Ein Made man zu sein hat gegenüber dem Status eines *associate* zwei unübersehbare Vorteile:

1. Prestige, das leicht in finanziellen Vorteil umzuwandeln ist, da Geschäftsmänner, auch legale, es häufig vorziehen, mit einer Person mit dem Status (und den Verbindungen) eines Syndikatsmitgliedes zu verhandeln, und
2. jemand mit dem Status eines Made man ist vertrauenswürdiger, denn er ist ein Insider, der Zugang zum Informations-

fluß illegaler Aktionen wie etwa dem Zeitpunkt eines Aktiendiebstahls oder dem Eintreffen einer Rauschgiftlieferung hat, woraus sich wiederum finanzieller Vorteil schlagen läßt.«[25]

Die Integration eines neuen Mitglieds ist stets ein wunder Punkt im Sicherheitskonzept der Familien, da stets die Gefahr einer feindlichen (sprich staatlichen) Infiltration, die zur Bedrohung für das gesamte System werden könnte, gegeben ist. Die Morde an Albert Anastasia und Frank Scalise 1957 wurden nicht grundlos der Tatsache zugeschrieben, daß sie die Aufnahme in ihre Familie für die Summe von 40.000 Dollar feilboten.

Ein ambitionierter Button man, unzufrieden mit seiner Position am untersten Ende der kriminellen Nahrungskette, wird als ersten Schritt auf seinem Weg nach oben versuchen, seinen Caporegima zu beseitigen. Morde an ehrgeizigen Buttons, veranlaßt von ihren Caporegimas, gehören zur häufigsten Todesursache im Sumpf organisierter krimineller Subkultur.[26]

Die Analyse des Durchschnittsalters der Beteiligten liefert einen weiteren aufschlußreichen Aspekt der inneren Struktur einer Borgata: Auf der Vorstandsebene beträgt es 62 Jahre, auf der Managementebene 56 Jahre.[27]

Einen eminenten Part im Gefüge organisierter Kriminalität, wenn auch ohne klar definierte Position in der internen Hierarchie, spielt der Strafverteidiger. Seit der explosionsartigen Zunahme des urbanen Bandenwesens um die Jahrhundertwende entstand eine eigene Legistenkategorie: der Mobster-Anwalt. Weder Mitglied noch Partner, agiert er in der undurchsichtigen Grauzone von Komplizenschaft contra gesetzlichem Anspruch auf Rechtsbeistand ohne Ansehen der Person. Nach Konsolidierung des Vertrauensverhältnisses zwischen Familie und Anwalt gleitet dieser systematisch in die Rolle des Co-Konspirators ab, er wird de facto zum Berater der Familie. Im RICO-Verfahren gegen John Gotti im Jahre 1992 wurde sein Anwalt Bruce Cutler auf Weisung des Gerichts von der Verteidigung ausgeschlossen, nachdem Abhörprotokolle enthüllt hatten, daß er die gesetzlich eng definierte Position des Rechtsberaters verlassen hatte zugunsten der aktiven eines Affiliierten. Daß bei der Symbiose Mobster–Anwalt, neben der Unauflösbarkeit des Verhältnisses zwischen Täter und Mitwisser, das Universalschmiermittel Geld eine Rolle spielt, artikulierte John Gotti auf einem der mitgeschnittenen Bänder:

»Johnny Carneg erzählte mir, was er diesen verdammten Scheißkerlen in den Rachen geworfen hat, in zweieinhalb Jahren eine verdammte Million... Was zum Teufel soll das? Die Anklageschrift müßte demnach heißen John Carneglia und Anwalt! Er ist dein verdammter Geschäftspartner, der Hauptprofiteur deiner Geschäfte ...«[28]

Zu welch frühem Zeitpunkt hochkarätige Kriminelle bereits eine kontinuierliche Bindung mit Anwälten eingingen und so Teile dieses Berufsstandes zu Komplizen machten, zeigen die Strafverfahren gegen Mitglieder des Morello/Terranova-Clans in den ersten beiden Dekaden dieses Jahrhunderts.

1903 vertrat der Anwalt Charles Le Barbier Ignazio Lupo und Pietro Inzarillo in einem Falschgeldprozeß. Einige Monate später verteidigte er zusammen mit seinem Kollegen, Caesar B.F. Barra, den erneut unter Tatverdacht stehenden Ignazio Lupo und dessen Schwager Giuseppe Morello im berühmt-berüchtigten *barrel murder case*. Le Barbier engagierte sich ein weiteres Mal, allerdings glücklos, für Ignazio Lupo im großen Falschgeldprozeß von 1910, wo der Kronzeuge der Anklage sich weigerte, während des Kreuzverhörs den Verteidiger anzublicken, »denn er ähnle zu sehr den sizilianischen Spießgesellen, die ihn zur Falschgeldproduktion gezwungen hätten«.[29] Caesar B.F. Barra vertrat 1918 Ciro und

Vincenzo Terranova im Verfahren um den Doppelmord an Charles Lombardi und Joseph Di Marco. 1922 vertrat er Giuseppe Masseria in dem Verfahren um die Schießerei mit Todesfolgen in der Grand Street, und noch 1936 war Barra der Verteidiger eines der Mitangeklagten (Thomas Pennochio) im aufsehenerregenden Prozeß um Nötigung zur Prostitution gegen Salvatore »Lucky« Luciano. Barra war damit 35 Jahre lang der Rechtsbeistand von notorischen italo-amerikanischen Kriminellen, in erster Linie Mitgliedern der Genovese-Familie.[30]

In den zwanziger und dreißiger Jahren war Louis J. Castellano, ein Familienmitglied des Castellano/Gambino-Clans, der Rechtsbeistand vieler Unterweltgrößen wie Michael »Trigger Mike« Coppola im Jahre 1923 und Carlo Gambino 1937.

Vor 1931, der Zeit ohne starr definierter Familienstruktur, war es in der Regel der Anwalt, der die Aufgabe des Bestechers oder Machers übernahm. In dieser zweifelhaften Rolle eines Grenzgängers zwischen Legalität und Illegalität brachte es so mancher Winkeladvokat in den Zwanzigerjahren zu wahrem Starruhm. Die Stars dieser Epoche, William J. Fallon und Richard »Dixie« Davis, vertraten die gesamte Unterweltelite New Yorks, da es sich sehr schnell herumgesprochen hatte, daß zum Umfang ihres Mandantenservices auch Jurorenbestechung gehörte.

Die rechtlich unklare Stellung dieser Anwaltskategorie wurde erst 1951, während der Kefauver Senate Hearings, Gegenstand einer kritischen Hinterfragung: Die Berufsethik von Strafverteidigern mit nahezu ausschließlicher Klientel aus dem Bereich des organisierten Verbrechens wurde auf den Prüfstand gestellt. Daß man sich auf staatlicher Seite in der Hitze des Gefechts in der Tonart vergriff, verzögerte eine fortführende Diskussion um viele Jahre:

Senator Tobey: »Sie waren der Rechtsbeistand von Luciano?«

Mr. Polakoff: »Ja, das ist richtig.«

Senator Tobey: »Wie kamen sie dazu, Anwalt dieses dreckigen Halunken zu werden? Gibt es keine Ethik mehr unter den Juristen. …. Es gibt Menschen, die stehen jenseits des Gesetzes. Er ist einer davon.«

Mr. Polakoff: »Ich möchte mich in dieser Angelegenheit zu diesem Zeitpunkt in keine Diskussion mit Ihnen einlassen, nur soviel: Unsere Verfassung garantiert jedem ohne Ansehen der Person Rechtsbeistand vor Gericht. Ob schuldig oder unschuldig. Wenn je der Tag kommt, da es Menschen gibt, die außerhalb des Gesetzes stehen, dann ist unsere Freiheit verspielt. Minoritäten, unerwünschte Personen und solche mit schlechtem Ruf bedürfen verstärkt des Schutzes vor dem Gesetz, mehr jedenfalls als die sogenannten ehrbaren Bürger.«

Senator Tobey: »Sie verblüffen mich.«

Mr. Polakoff: »*Sie* verblüffen mich! Ein Senator der Vereinigten Staaten, der solches von sich gibt.«[31]

Die Frage nach der treibenden Kraft hinter der Rolle des Mobster-Anwalts (neben dem finanziellen Aspekt), im März 1993 gestellt vom Nachrichtensender CNN, beantworteten prominente Vertreter der Zunft folgendermaßen:

Bruce Cutler, langjähriger Verteidiger von John Gotti: »Verpflichtung. Schutz der Verfassung. Verteidigung der Rechte des Individuums. Widerstand gegen behördliche Übergriffe. Das alles ist sehr wichtig.«

Jay Goldberg, Anwalt von Thomas Gambino, aber auch von New Yorks Bau-Tycoon Donald Trump, meinte: »Ich halte die Verteidigung eines Menschen, der von der Gesellschaft bereits als schuldig abgestempelt wurde, für die höchste Form der Jurisprudenz.«

VERWANDTSCHAFT UND SOZIALE ABHÄNGIGKEIT

»Er (der Pate) fragte mich, mit welchem Finger ich den Abzug meines Revolvers betätige. Ich zeigte auf ihn. Er stach hinein, und Blut trat aus. Er verteilte das Blut auf einem Heiligenbild und verbrannte dieses in meiner Hand … Ich küßte ihn auf beiden Wangen. Ich küßte jeden. Sie faßten sich an den Händen und ließen los. Sie faßten sich erneut und sagten mir, daß ich nun ein Teil der Bruderschaft sei. Ich war ein Made man, *ich gehörte von nun an zu jemandem«*

Salvatore »Sammy the Bull« Gravano im Kreuzverhör durch AUSA John Gleeson im RICO Verfahren gegen John Gotti 1992, The Gotti Tapes, Seite 146.

Der von Gravano geschilderte Aderlaß als einem Akt der willentlichen Fraternisierung von Männern mit konformen Attitüden hatte zum Zeitpunkt des Kreuzverhörs bereits eine mehr als hundertjährige Tradition. Erstmals wurde es 1884 in einer Abhandlung über Täterstrukturen und -profile im Mezzogiorno von dem sizilianischen Arzt Giuseppe Lestingi beschrieben: »Ich schwöre bei meiner Ehre, der Bruderschaft die Treue zu halten, wie die Bruderschaft auch mir die Treue hält. So wie dieses Heiligenbild und die Tropfen meines Blutes verbrennen, so werde ich mein Blut für die Bruderschaft vergießen, und so wie diese Asche und dieses Blut nicht mehr in ihren ursprünglichen Zustand zurückkehren können, so unwiderruflich gehöre ich der Bruderschaft an.«[32] Neben dieser Verwandtschaft durch Schwur existierte in der italo-amerikanischen Subkultur von Anfang an ein erheblicher Anteil an tatsächlichen Blutsverwandtschaften, innerhalb derer die Neigung zur Illegalität, quasi als Sozialdefekt, über Generationen weitergereicht wurde:

1910 trat Giacomo Reina, ein Importeur für Olivenöl, als Zeuge der Verteidigung im Falschgeldprozeß um die Lupo/Morello-Bande auf. Reina galt zu diesem Zeitpunkt als enger Geschäftspartner von Ignazio Lupo, dem als Fassade ein Großhandel für italienische Produkte diente. Reinas Sohn Gaetano, ein Industrieeisgrossist, wurde 1930 zum ersten Opfer des Castellammarese-Kriegs, als er sich, lange Zeit ein Verbündeter von Joe »the Boss« Masseria, an dessen Kontrahenten Salvatore Maranzano annäherte. Sein ältester Sohn Giacomo wird heute als Soldier der Genovese-Familie geführt.[33]

Der Familienclan als Keimzelle illegaler Zusammenschlüsse mußte danach trachten, systematisch aufgebaute Abhängigkeitsverhältnisse in stabile Patron-Klient-Konstellationen zu überführen. Zur Verfestigung dieser Konstellationen werden Verflechtungen eingegangen, deren Ausmaß abhängig ist von Prestige, Relation und Intensität der angestrebten Interaktionen. Die möglichen Verbindungsebenen lassen sich in zwei grundsätzliche Gattungen unterteilen: eine emotionale und eine instrumentale.

Die höchste Form der emotionalen Beziehungsverflechtung ist die Heirat. Sie entspringt in der Regel dem Wunsch nach Verbindung unter sozial Gleichgestellten. Ignazio Lupo etwa heiratete die Schwester von Giuseppe Morello, Carlo Gambino die Schwester von Paul Castellano, Thomas Gambino die Tochter von Thomas Lucchese.

Wo eine Eheschließung nicht gegeben ist, wird mit Hilfe von ritualisierter Verwandtschaft das Band gestärkt. Die Taufpatenschaft soll, neben der Beziehung des Paten zu seinem Patenkind, die Verbundenheit des Paten mit dem Vater des Taufkindes vertiefen. Diese Form der Verbundenheit existiert auch mit einem Personenkreis von divergierendem Sozialstatus, in der Regel ist es meist sogar der Klient, der dem Patron die Patenschaft anträgt.[34]

Die Trauzeugenschaft (ausschließlich) zugunsten des Bräutigams, wenn sie nicht von einer Person der Blutsverwandtschaft wahrgenommen wird, ist ein nach außen gerichteter demonstrativer Freundschaftsbeweis zwischen Bräutigam und seinem Trauzeugen ohne weiterreichende Bündnisambitionen. Die Manifestierung eines derartigen Individualbundes hat ihren Ausgangspunkt immer in der Absicht des Höhergestellten, seine rechte Hand, nicht zuletzt als Maßnahme des Eigenschutzes, noch enger an sich zu binden. So war Vito Genoveses Trauzeuge bei seiner zweiten Heirat 1932 Anthony Strollo, alias Tony Bender.

Die instrumentale Beziehungsebene beruht fast immer auf einem Aktionsverhältnis, bei dem der Made man (Mafioso oder Camorrista) entweder in der Rolle einer übergeordneten Autorität auftritt oder durch geleistete Dienste gezielt Männer (meist Außenstehende) an sich zieht, um sie in der Folgezeit zu Verfechtern oder Abhängigen seiner Lebens- und Geschäftsphilosophie zu machen. 1912 lieferte Staatsanwalt Train folgendes Beispiel einer Autoritätsvereinnahmung:

»Ein bekannter italienischer Importeur in New York hatte auf Ehrenwort die Summe von 3000 Dollar an einen anderen Italiener verliehen. Als er merkte, daß der Schuldner ihn betrügen wollte, obwohl er in der Lage gewesen wäre, die Summe zurückzuzahlen, suchte er einen Camorrista auf und erzählte ihm die Geschichte. ›Du erhältst dein Geld zurück‹, versprach ihm der Camorrista beim Abschied.

Zwei Wochen später wurde der Importeur zu einem Keller in der Mott Street gerufen. Eine flackernde Kerze auf einem Faß beleuchtete spärlich den Raum, in dessen einer Ecke sich eine Gruppe wild aussehender Italiener befand und in einer anderen zusammengekrümmt sein Schuldner. Der Camorrista wandte sich zum Importeur und sagte: »Ich glaube, dieser

Mann schuldet dir 3000 Dollar.« Und zum Schuldner: »Begleiche deine Schuld.« Langsam nahm der Schuldner ein Bündel Banknoten aus seiner Tasche und zählte das Geld auf den Deckel des Fasses. Der Camorrista nickte, hob das Geld auf, zählte es und nahm 300 Dollar an sich. Dann übergab er den Rest dem Importeur und sagte: ›Ich habe die Camorri abgezogen‹. Die Banditen bildeten eine Reihe vom Keller bis zur Tür, und als der Importeur an ihnen verbeiging, lüftete jeder von ihnen seinen Hut und wünschte ihm *buona sera*.

Der Importeur wird sicherlich nie die Forderung nach Ausrottung der Mano Nera unterstützen. Für ihn ist sie die größte Sache der Welt.«[35]

Die Vereinnahmung konnte auch über erbrachte Vorleistungen erfolgen: Ein in finanzielle Nöte geratener Restaurantbetreiber, dem als einziger Ausweg nur die Kreditbeschaffung über einen Made man verblieben ist, wird von diesem durch die ruinöse Höhe der Verzinsung systematisch in den Bankrott getrieben. Der Kreditgeber erwirbt Schritt für Schritt Eigentumsrechte an dem Geschäft, bis der Schuldner am Ende nur noch als Konzessionsinhaber und legale Fassade für das Syndikatsmitglied fungiert. Der vormals unabhängige Unternehmer wird zum Arbeitnehmer einer kriminellen Vereinigung, seine unbescholtene Reputation in der Folgezeit gezielt für weitere illegale Aktionen mißbraucht.

Wenngleich die Sozialstruktur einer Familie strikt hierarchisch ist, was sich in der internen Kommunikation durch ritualisierte Ehrerbietungen manifestiert, existiert neben dieser starren Ebene der Respektshierarchie noch eine weitere, schwer zu entschlüsselnde, da sie auf emotionaler, für den Außenstehenden rätselhafter Autorität basiert. Ausdruck dieser verschlüsselten Autorität ist eine devote Respektsbezeugung gegenüber Männern unterschiedlichster Rangstufen, deren Merkmal neben der dargebotenen Servilität eine fast hermetische Abgrenzung gegenüber anderen Syndikatsmitgliedern ist, um auf diese Weise eventuelle Anklagen wegen hypothetischer Mittäterschaften auszuschließen:

Mr. Adlerman (General Counsel): »Haben Sie Stefano LaSalle in Ihren Unterlagen, was wissen Sie über ihn?«

Mr. Shanley (Central Investigations Bureau, NYPD): »Steve LaSalle war für uns keine bekannte Größe. Wir observierten ihn gelegentlich, wenn er sich mit einer Gruppe traf. Tatsache ist, daß wir die Gruppe längere Zeit beobachteten, aber LaSalle nur ein einziges Mal auftauchte. Aber die Art, wie er von den anderen behandelt wurde, und die Autorität, mit der er sprach, brachte uns zu der Überzeugung, daß er ein Mann mit beträchtlichem Einfluß ist ...«

Mr. Adlerman: »Was ist mit Joe Stretch?«

Mr. Shanley: »Von Joe Stretch haben wir angenommen, daß er weiter oben in der Hierarchie steht, denn er hat Einfluß in unterschiedlichen Bereichen und wird sehr gut abgeschirmt.«

Mr. Adlerman: »Das bedeutet also, daß Made men Respekt durch ihre kriminellen Aktivitäten erwerben.«[36]

Um bei Sozial- oder Geschäftskontakten mit Fremden unauffällig Informationen über deren Status zu erlangen, entwickelte sich eine eigene Terminologie:

Senator Muskie: »Das ist eine geheime Organisation. Wie weiß man, ob ein anderer auch Mitglied einer Familie ist?«

Mr. Valachi: »Jemand wird ihn dir als *›a friend of ours‹* vorstellen, was bedeutet, daß er ein Mitglied ist. Wenn er mit jemandem zusammen ist, der kein Mitglied ist, wird er ihn als *›a friend of mine‹* vorstellen, was bedeutet, daß er nicht mit uns verbunden ist. So funktioniert der Code zwischen uns.«[37]

Politische Liaisonen

»Organisierte Kriminalität bedeutet politische Kontakte, das ist, was sie zu organisierter Kriminalität macht. Es ist mehr als nur eine Bande. Es gibt viele Banden, aber sie haben keine Verbindungen. Organisierte Kriminalität bedeutet Verbindung zur Gesetzgebung, zu Anklägern, Richtern, zu Personen, die dafür sorgen können, daß nichts passiert. Das ist, was organisierte Kriminalität ausmacht. Alles andere sind nur Straßenbanden.«

Sidney Zion, *The Story of the American Mob*, Seite 38.

»Wir sind mächtiger als US-Steel.«[38] Ausgangspunkt dieses oft kolportierten Lansky-Bonmots ist fraglos die Tatsache einer fatalen, jahrzehntelang politisch geduldeten und geförderten Mißinterpretation des Phänomens organisierten Verbrechens als einer weiteren Form exzessiven Geschäftsgebarens. Man meinte, bei Nichteinmischung werde eine Art von Selbstreinigung mit anschließender Eingliederung in die normierte ökonomische Landschaft stattfinden.

Der trotzige Vergleich mit der politisch stets offen hofierten Schwerindustrie gibt indes beredtes Zeugnis vom Selbstbewußtsein organisierter Krimineller: Denn beide, Schwerindustrie und organisierte Kriminalität, hielten auf dem Höhepunkt ihrer Macht ganze Städte und Landstriche im Würgegriff ihres Gewinnoptimierungsprinzips.

Diese zwielichtige Autorität ließ beide ein vitales Interesse an einer Einflußnahme auf die Kandidaten und das politische Programm jeder Partei haben. Als Gegenleistung bot man Geld und Wähler. Das amerikanische Wahlfinanzierungssystem des *fundraising*, der Geldbeschaffung, machte jedes mittels Votum entschiedene Amt manipulierbar für den, der den

DETECTIVE DIVISION
CIRCULAR NO. 4
SEPTEMBER 13, 1944

POLICE DEPARTMENT
CITY OF NEW YORK

CLASSIFICATION

WANTED FOR MURDER

RIGHT HAND

LEFT HAND

DESCRIPTION—Age, 49 years; height, 5 feet, 4¾ inches; weight, 160 pounds; brown eyes; black hair. Born in Italy. Last known address 629 East Olive Street, Long Beach, L. I., N. Y. Photo Number in New York Gallery, B-129648, taken in 1919.

This Department holds an indictment warrant charging Mirandi with the shooting and killing of one Ferdinand Boccia, at No. 533 Metropolitan Avenue, Brooklyn, N. Y., on September 19, 1934.

Kindly search your Prison Records as this man may be serving a sentence for some minor offense.

If located, arrest, and hold as a fugitive from justice, and advise DETECTIVE DIVISION, by wire.

MICHAEL MIRANDI
Aliases MICHAEL MORANDI, MICHAEL MORAND and FRANK RUSSI

LEWIS J. VALENTINE, Police Commissioner
TELEPHONE: SPring 7-3100

Fahndungsaufruf des NYPD

Einsatz wagte. *The big fix*, die üppige Parteispende als Synonym für Käuflichkeit, ist bis heute amerikanische Polit-Realität.

Mit dem Phantom italo-amerikanischer Kriminalität wurde seit dem ersten Ausbruch, etwa um das Jahr 1903, kontinuierlich Politik betrieben. Viele Parteikarrieren der letzten neun Dekaden nahmen ihren Anfang in einer geschickten Manipulation der Angst des Bürgers vor den süditalienischen Kriminellen und ihren geheimen Zusammenschlüssen.

Das parasitäre Prinzip der »guten Verbindungen«, als ein Resultat der Symbiose von Politikern und Kriminellen, dominierte über Dekaden das Rathaus von New York. Viele Bürgermeister führten Bekenntnisse wider das italienische Bandenunwesen auf den Lippen, um danach diskret Gelder eben dieser Unterwelt für ihre Kampagnen einzustreichen. Es ließe sich wahrscheinlich die Behauptung aufstellen, daß sich ihre finanzielle Situation merklich besserte, je heftiger sie gegen die kriminelle Subkultur polemisierten.

Ziemlich zweideutige Indizien wie die Rechtsvertretung des zweitrangigen Unterweltkillers Louis Kushner im Jahre 1923 durch den kommenden Mann in City Hall, James John Walker, lassen das enggeflochtene Netz aus Lokalpolitik und organisierter Kriminalität erkennen. Ein Zitat Walkers während seiner Amtszeit (1926-1932) sanktionierte de facto die Korruption in Uniform von höchster Stelle. Als man ihm die Forderung der Polizeitruppe nach Gehaltserhöhung hinterbrachte, antwortete er: »Ah, wir können ihnen dieses Jahr keine geben. Sagt ihnen, sie sollen es sich auf der Straße verdienen.«[39]
Ein notorisches Beispiel ist auch William O'Dwyer, New Yorker Bürgermeister von 1946-1951, dem besonders enge Verbindungen zu Frank Costello, den er 1942 in dessen Wohnung besuchte, und Albert Anastasia, den er trotz schwebenden Verfahrens aus New York entweichen ließ, nachgesagt wurden. Als O'Dwyer 1951 untragbar wurde, schob man ihn als Botschafter der USA nach Mexiko ab.

Welchen Einfluß die Verbindung zwischen Kriminalität und Politik auf das höchste Amt New Yorks bis in die unmittelbare Gegenwart hat, wobei die Klarstellung einer finanziellen oder personellen Dimension reine Spekulation wäre, offenbart die Bürgermeisterwahl von 1993, aus der Rudolph »Rudy« Giuliani, Staatsanwalt von New York County und Ankläger gegen die Bosse der fünf New Yorker Familien im Commission Case von 1987, als strahlender Sieger hervorging.

Vertrauenserweckendes Falschgeld von 1907

III. DIE GENOVESE CRIME FAMILY 1900 – 1920
DIE EROBERUNG DER STADT

EIN TOTER IM FAß

»Die Öffentlichkeit wäre verblüfft, würde sie die Namen derjenigen Politiker beider Parteien erfahren, die zu mir kamen, um sich für italienische Kriminelle zu verwenden.«

Joseph Petrosino, Leiter der Sonderabteilung Italian Squad beim New York City Police Department, 1908

Als Ignazio Lupo, ein »ruhiger, gutgekleideter Mann um 35, mit bürgerlichem Auftreten und guter Adresse, begleitet von seinem Anwalt Charles E. Le Barbier« am 12. November 1909 das Büro des Konkursverwalters Peter B. Olney betrat, um seine Version der gegen ihn erhobenen Anschuldigungen des verbrecherischen Bankrotts darzutun, hatte er in den Little Italys von New York bereits eine Karriere »so farbenprächtig wie eine altmodischen Steppdecke« hinter sich.[1]

Ignazio Lupo, alias Ignazio Saietta, in Unterweltkreisen besser bekannt als Lupo der Wolf, wurde 1879 in Palermo geboren, als ältester Sohn eines gutsituierten Fabrikanten und Großhändlers für Kurzwaren und Schneiderbedarf. Mit zehn Jahren, nach nur vierjährigem Schulbesuch, ging der noch kindliche Ignazio von der Schule ab, um im Betrieb des Vaters mitzuarbeiten. Kurz nach seinem achtzehnten Geburtstag eröffnete er einen En-Gros-und-En-Detail-Verkauf mit Waren aus dem väterlichen Betrieb auf der Via Matarazzia 35. Das Geschäft begann gerade, Gewinne abzuwerfen, als Revierstreitigkeiten um Abnehmer mit einem Branchenkonkurrenten namens Salvatore Morello begannen. Bei einem Einschüchterungsversuch im Laden von Lupo kam es zu einer handgreiflichen Auseinandersetzung, bei der Morello sein Leben ließ.[2]

Aus Angst vor Vergeltung und den Ermittlungen der italienischen Justiz setzte sich Lupo, ausgestattet mit einer neuen Identität, nach Liverpool ab, wo er einen Gemüsehandel aufbaute. Bereits nach vier Monaten zog er sich aus dem Geschäft zurück und bestieg ein Schiff nach Kanada, um von dort über die von Straftätern häufig benutzte durchlässige Grenze zu Verwandten nach Buffalo zu gelangen. Die Stadt mißfiel ihm, so daß er 1898 beschloß, nach New York aufzubrechen. »Ich verschickte an diverse Geschäftsleute Rundschreiben, um ihnen mitzuteilen, daß ich in der Stadt bin, und sie überließen mir Waren. Seit damals bin ich Geschäftsmann.«[3] Zuerst betrieb er sein Geschäft mit einem Cousin, nach Meinungsverschiedenheiten über das Geschäftsgebaren kam es zur Trennung, woraufhin er ein Importunternehmen für italienische Agrarprodukte (Öl, Wein, Käse) in Brooklyn eröffnete, um 1901 den Betrieb ins Little Italy der Lower East Side zu verlagern, in das Haus Nummer 9 Prince Street. Bereits 1900 war die gesamte Familie Lupo nach New York gekommen, um der Blutrache des Morello-Clans zu entgehen. (Nicht verwandt mit dem Morello/Terranova-Clan aus Corleone).

1901 heiratete Lupo eine Schwester von Giuseppe Morello. Ob die Familienverbindung aufgrund der benachbarten Geschäftslokalitäten zustande kam (Morello betrieb zu diesem Zeitpunkt ein Restaurant im Haus Nummer 8 Prince Street), oder der Kontakt schon in der alten Heimat bestand, läßt sich nicht mehr beantworten, der Vergleich der Lebensläufe macht es aber wahrscheinlich, daß alte Beziehungen zu dieser Eheschließung geführt hatten, da Bindungen im Milieu der »Verbrecher mit Beziehungen« von jeher mit äußerstem Bedacht eingegangen wurden.

Giuseppe Morello, in der kriminellen Subkultur als »Three Fingered Jack« bekannt, da ihm zwei Finger der rechten Hand fehlten, war 1891 als 22jähriger nach New York gekommen, als Vorhut des Morello/Terranova-Clans aus Corleone, der Stadt in der Provinz Palermo, deren Name, berechtigt oder nicht, im Laufe der Jahre zum Synonym für organisierte Kriminalität werden sollte. Seine vorgezogene Abreise hatte, neben der Tradition des Verfahrens unter italienischen Ausreisewilligen, auch den Hintergrund, daß er wegen schweren Betrugs vor Gericht erscheinen sollte.[4] Sechs Monate später erreichte sein Bruder Ciro, nach abermals einem halben Jahr der Rest der Familie – Eltern, vier Mädchen und zwei Knaben (Nicolas und Vincenzo) –, die neue Heimat. Die Lebensbedingungen in der Stadt waren katastrophal, und so machte sich Giuseppe, nachdem ein Jahr ins Land gegangen war, abermals alleine, nach Louisiana, auf. Dort fing er einen Handel mit Zitronen an und ließ die gesamte Familie nachkommen. Nach abermals einem Jahr zog die Großfamilie nach Texas weiter und begann, Baumwolle anzubauen und zu vertreiben. Nach zweijähriger Seßhaftigkeit mußten sie Texas verlassen, da alle an Malaria erkrankt waren. Ende 1896 oder Anfang 1897 kamen sie nach New York zurück. Giuseppe eröffnete einen Kohlehandel, den er nach einem Jahr zugunsten eines Saloons in der 13th Street verkaufte. Kurze Zeit später kam ein weiterer Saloon in der Stanton Street/Ecke Bowery hinzu. Die Geschäfte liefen nicht wie erwartet, die Saloons wurden für eine Dattelfabrik mit 15 Beschäftigten abgestoßen. Die Fabrik befand sich nur acht Monate in Giuseppes Besitz, als er sie schloß, um ein Restaurant im Haus 8 Prince Street zu führen. Dieses Restaurant betrieb er bis zu dem Tag, an dem er von der Polizei festgenommen wurde.[5]

New York Times, 15. April 1903: »Eine schrecklich zugerichtete Leiche wurde gestern morgen in einem Faß vor dem Gebäude 743 East 11th Street entdeckt. Die Kehle des Mannes war von Ohr zu Ohr aufgeschlitzt, der Kopf fast vom Rumpf getrennt. Wer der Mann ist, weswegen man ihn getötet hat, wo, wann und von wem, und wie das Faß mit dem Körper an die Fundstelle gelangte, gibt der Polizei Rätsel auf. Man nimmt aber an, daß es sich bei dem Toten um das Opfer einer geheimen Sekte handelt, möglicherweise der italienischen Mafia. Etliche Merkmale sprechen für eine Täterschaft der Mafia – der Körper hätte im Fluß versenkt werden können, doch die Mafia verbirgt ihre Opfer nie, sondern benutzt sie, um zu zeigen, daß sie ihre Drohungen immer wahr macht.«

New York Times, 16. April 1903: »Acht Sizilianer, vermutlich Mitglieder der italienischen Mafia und die gefährlichste Falschgeldbande des Landes, wurden gestern auf der Bowery verhaftet. Die lokalen Behörden sind sich sicher, daß diese Gruppe auch den Mord an dem Mann im Faß zu verantworten hat. Die Namen der Inhaftierten lauten wie folgt: Giuseppe Morello, 34 Jahre, ihn hält die Polizei für den Kopf der Bande, die neben New York noch in New Orleans, Chicago, Pittsburgh und einigen anderen Städten tätig ist. Morello wird als ein Mann von außergewöhnlicher Intelligenz beschrieben. Tomasso Petto, Giuseppe Fenaro, Antonio Genova, Lorenzo Lobiodo, Vito Lobiodo, Domenico Pecoraro and Pietro Inzarillo. Die Verdächtigen wurden am Abend vor dem Mord in Begleitung des späteren Opfers gesehen.«

New York Times, 17. April 1903: »Erstaunliches Wissen über die italienische Mafia – möglicherweise die geheimste Organisation weltweit – offenbarte gestern Agent William J. Flynn vom United States Secret Service Bureau. Nach Verhaftung von acht Sizilianern Mittwoch nacht wurde ein weiterer Mann in Gewahrsam genommen. Ignazio Lupo wird verdächigt, der Schatzmeister der Mafia zu sein. In Lupos Wohnung, 433 West 43rd Street, fand die Polizei neben drei Revolvern umfangreiche Literatur über die geheime Gesellschaft und etliche Briefe, die laut Behördenangaben eindeutig belegen, daß Lupo der Schatzmeister der Mafia ist. Lupo ist 25 Jahre alt und tritt nach außen als Importeur italienischer Weine mit Geschäftsadresse 9 Prince Street auf.«[6]

Coroners Court of the City of New York, Borough of Manhattan, 25. April 1903: Bericht von Detective Sergeant James McCafferty: »Am 14. April wurde ich zusammen mit den Detective Sergeants Petrosino und Carey von Detective McClusky beauftragt, die Untersuchungen im Mordfall Benedetto Madonia zu führen, dessen Leiche in einem Faß vor dem Haus 743 East 11th Street gefunden wurde. Am 15. April verhafteten wir etliche Verdächtige, unter ihnen einen gewissen Tomasso Petto, bei dem wir einen Pfandschein über eine Uhr fanden, die Salvatore Sagliabene, der Stiefsohn von Benedetto Madonia, als aus dem Besitz des Toten stammend identifizierte.«[7]

Eine Grand Jury befand die vorgelegten Beweise für ausreichend, um eine Anklage wegen vorsätzlichen Mordes gegen Tomasso Petto zuzulassen. Daraufhin eröffnete die Staatsanwaltschaft ein Verfahren vor dem Court of General Sessions von New York County.[8]

Um die Jahreswende 1898/99 liefen die Geschäfte für Giuseppe Morello ausnehmend schlecht. Der Kohlehandel konnte seinen Ambitionen in keiner Weise entsprechen, der Verkauf zugunsten des Saloons in der 13th Street wollte sich nicht so recht amortisieren, denn dafür war die Entfernung zum Zentrum des Amüsierviertels zu groß. Der zweite Saloon Stanton/Ecke Bowery lag inmitten des Rotlichtdistrikts, wo Paul Kelly und Monk Eastman die Straßen beherrschten und Big Tim Sullivan Laster und Korruption politisch deckte. Die unmittelbare Nachbarschaft zur Paul A. Kelly Association läßt darauf schließen, daß bereits zu diesem Zeitpunkt intensive Kontakte zu Paul Kelly bestanden, denn der wachsame und stets auf Sicherheit bedachte Kelly hätte keinen Risikofaktor im eigenen Hinterhof geduldet.

Trotz dieser engen Beziehung zwischen den Five Pointers und der Morello-Gang, die zu diesem Zeitpunkt, abgesehen von sporadisch hinzugezogenen Spezialisten, fast ausschließlich als Familienverband der vier Brüder und ihrer unmittelbaren Verwandtschaft zu verstehen war, gelang es nicht, den Monopolisten Kelly zur Abtretung einiger lukrativer Rackets im Amüsierbetrieb der Lower East Side zu bewegen. Das später zum Diktat werdende Prinzip des »neuen Racket« als Eintrittskarte für eine Karriere in einer »Familie« nahm in der Interaktion zwischen Kelly und Morello ihren Anfang.

Giuseppe Morello war ein Mann mit Weitblick. Die Erkenntnis, daß im heiß umkämpften Rotlichtmilieu zu diesem Zeitpunkt nur Statistenrollen zu vergeben waren, ließ ihn neue Wege einschlagen. Seit Mitte der neunziger Jahre platzten die italienischen Quartiere aus allen Nähten, fraßen sich die italienischen Ghettos unaufhaltsam in die angestammten Wohngebiete der Iren und Juden. Das Festhalten seiner Landsleute an alten Gewohnheiten sollte zur Grundlage für ein neues lukratives Racket werden – der Monopolisierung von italienischen Nahrungsmitteln, ohne die ein traditioneller Haushalt nicht auszukommen schien. Die Aufgabe der beiden Saloons zugunsten der Dattelfabrik war der erste logische Schritt in die angepeilte Richtung, doch erwiesen sich Datteln als die falsche Ware. Die Eröffnung des Restaurants in der Prince Street sollte den Weg zu den Markthallen ebnen und als legale Fassade dienen. Die 1899 geschlossene Ehe einer Schwester Morellos mit Giuseppe Catania, einem Gemüsehändler aus Brooklyn mit guten Beziehungen, und die familiäre Bindung zu Ignazio Lupo, dem Betreiber eines noch kleinen, aber dank seines Backgrounds immens florierenden Importunternehmens, ergänzten diese Bemühungen ideal. Doch um dem eigenen Erfolgszwang gerecht zu werden, war Kapital erforderlich.

Eine Expansion in illegale Bereiche erforderte neben einem Betriebsvermögen auch erweiterte Protektion, und diese war nur gegen Bares zu haben. Aber Barschaft war knapp in der aufstrebenden Organisation der nunmehr vom Duo Lupo/

Morello geführten Bande. Die Überlegung lag daher nahe, zum Produzenten des eigenen Kapitals zu werden.

Irgendwann zu Jahresbeginn 1902 verschwanden Fünfdollar-Druckplatten der National Bank of Morristown, New Jersey. Am 22. Juli desselben Jahres wurde die verstümmelte Leiche, »die Kehle des Mannes war von Ohr zu Ohr aufgeschlitzt und sämtliche Knochen waren gebrochen«, von Giuseppe Catania, in einem Jutesack am Ufer des East River in Brooklyn aufgefunden. Catania stand bereits seit einiger Zeit im Verdacht, ein Mitglied der Mafia zu sein. Seine Wirtshausprahlerei, Folge einer schweren Alkoholabhängigkeit, hatte die lokale Polizeibehörde auf seine Fährte geführt. Wie sich im Laufe der Ermittlungen herausstellte, nicht nur diese, denn auch die geheime Truppe des Treasury Department zur Aufspürung von Falschgeld bekundete unverhohlenes Interesse an dem toten Mann, den man verdächtigte, zusammen mit Giuseppe De Primo (De Drino, Depremo) der Drahtzieher des Druckplattendiebstahls gewesen zu sein.[9]

Ignazio Lupo wurde vorübergehend festgenommen, da Catania mit ihm zum letzten Mal lebend gesehen worden war. Er mußte aber aus Mangel an Beweisen wieder auf freien Fuß gesetzt werden. Catanias Körper wies signifikante Spuren eines rituellen Mordes auf, seine lose Zunge war ihm letztendlich zum Verhängnis geworden. Mit an Sicherheit grenzender Wahrscheinlichkeit ging diese Tötung auf das Konto der Lupo/Morello-Gang. Erstaunlich in diesem Zusammenhang ist die auch bereits in New York ausgeprägte Verhaltensnorm, der Zugehörigkeit zu einer kriminellen Vereinigung höhere Bedeutung einzuräumen als der unmittelbaren Blutsverwandtschaft. Immerhin war Catania ein Schwager von Giuseppe Morello und Ignazio Lupo. Daß diese Tat kein böses Blut im Catania-Clan aufkommen ließ, bewies in der weiteren Entwicklung die enge Verbundenheit Ciro Terranovas zu seinen

Neffen James und Joseph Catania, die vor dem Castellammarese-Krieg in der Masseria-Hierarchie wichtige Positionen innehatten.

Am 3. Januar 1903 wurden in Yonkers, N.J., drei Männer bei dem Versuch verhaftet, exzellent gefälschte Fünfdollarnoten der National Bank of Morristown, N.J., in Umlauf zu bringen. Die drei hatten Verdacht erregt, als sie sich für Arbeiter ausgaben, was in krassem Gegensatz zu ihrem kultivierten Auftreten stand. Die Identifizierung ergab, daß einer der Inhaftierten Giuseppe De Primo war. Bei allen Vernehmungen wie auch im nachfolgenden Prozeß verweigerte er beharrlich jegliche Aussage, ein Umstand, der ihm vier Jahre Sing-Sing einbrachte. Was die Männer vom Secret Service um Chief Agent Flynn beunruhigte, war die überdurchschnittliche Qualität der Banknoten und die Tatsache, daß man dem Ursprung der Falsifikate nicht auf die Spur kam.[10]

Benedetto Madonia (Maduena) war ein Schwager von Giuseppe De Primo. Die Expansion in die Falschmünzerei hatte das Duo Lupo/Morello genötigt, vom engen Verbund der Bluts- und Emotionalverwandtschaft abzurücken und die Organisation auch Fremden zu öffnen. Die Abgabe von Falschgeld erforderte Stützpunkte in anderen Städten und eine rege Reisetätigkeit. Madonia befand sich erst einige Monate in Buffalo, wohin er von New York im Auftrag von Morello verzogen war, als sein Schwager Giuseppe De Primo nach Sing-Sing verbracht wurde. Anfang April besuchte Madonia ihn in der Strafanstalt und erfuhr, daß De Primo für sein standhaftes Schweigen vor Gericht finanzielle Unterstützung für seine Familie erwartet hatte. De Primo beauftragte Benedetto Madonia, nach New York zu fahren und für ihn vorstellig zu werden. Das Treffen mit Lupo und Morello fand im Hinterzimmer des Cafés von Pietro Inzarillo, 226 Elizabeth Street, statt. Womit Madonia letztendlich gedroht hatte, läßt sich nur vermuten, jedenfalls müssen bei Lupo und Morello sämtliche Alarmglocken geschrillt haben. Skrupellos wurde der Entschluß gefaßt, Madonia zu beseitigen, um dadurch auch den inhaftierten De Primo einzuschüchtern und mundtot zu machen.

Am 14. April wurde die Leiche im Faß entdeckt, in den beiden darauffolgenden Tagen nahm die Polizei dreizehn Verdächtige fest. Der mutmaßliche Ort der Verbrechens konnte mit ziemlicher Sicherheit als die Fleischerei von Vito Laduca im Haus 16 Stanton Street ermittelt werden, doch auch nach einer ganzen Woche intensivster Bemühungen war es der eigens für diesen Fall ins Leben gerufenen Sondereinheit um Detective Sergeant Petrosino nicht gelungen, die Identität des Toten zu klären. Am 22. April kam dann doch noch der entscheidende Hinweis von Chief Agent Flynn. Er riet Petrosino, sich nach Sing-Sing zu begeben und dem Gefangenen De Primo ein Bild des Mordopfers zu zeigen. Dieser erkannte sofort seinen Schwager Madonia.[11]

Der Secret Service ist die älteste noch existierende Bundespolizei. Er wurde 1865 unter dem Dach des Treasury Department (Finanzministerium) zur Verfolgung von Straftaten gegen die National Banking Acts von 1863 und 1864 etabliert. Die sich damals bereits anbahnenden und bis heute nicht eliminierten Berührungsängste zwischen Bundesbehörden und lokalen Behörden waren, neben unzähligen politischen Fehlentscheidungen, eine direkte Beihilfe zum unaufhaltsamen Aufstieg von organisierten kriminellen Vereinigungen. Das bis in die unmittelbare Gegenwart präsente mißgünstige Belauern der Behörden untereinander, das bewußte Zurückhalten von Informationen, der Dauerdisput um Kompetenzen und nicht zuletzt der Argwohn der Bundesbehörde gegenüber den als korrupt gebranntmarkten lokalen Dienststellen kennzeichnete auch die Kooperation zwischen Flynn und Petrosino.

Flynn hatte seine Karten bewußt nicht aufgedeckt. Er hoffte, in den Wirren der Festnahmen den Entstehungsort des Falschgeldes aufzuspüren, befürchtete gleichzeitig eine Warnung der Bande durch eine undichte Stelle im korrupten New Yorker Polizeiapparat. Erst nachdem alle Erhebungen seiner Abteilung im Sande verlaufen waren, gab er seinen Ermittlungsstand preis.

Die Inhaftierung der dreizehn Verdächtigen hatte in den italienischen Quartieren der Lower East Side zu heftigen Reaktionen geführt. Die Berufung von Geschworenen erwies sich als äußerst schwierig, da Angst vor Vergeltung umging:

»Das Gericht sah sich mit erheblichen Schwierigkeiten konfrontiert, im Anhörungsverfahren um den Tod von Benedetto Madonia eine Jury zusammenzustellen. Ein Justizsprecher: ›Die meisten scheinen Repressalien der Mafia zu befürchten, sollten sie Mitglieder der Gang schuldig sprechen. 25 Geschworene wurden bestellt, doch als sie die Horde grimmig blickender Italiener sahen, die sich im Gericht eingefunden hatten, trugen die meisten alle möglichen Entschuldigungen vor, um nicht als Juroren bestellt zu werden.‹ «[12]

Am 10. Mai gab Untersuchungsrichter Scholer die Anweisung, die Inhaftierten Petto, Fenaro (Fanaro), Morello, Inzarillo, Zacconi (Zarconi), Genova und Laduca vom Untersuchungsgefängnis in die Tombs (Stadtgefängnis) zu überstellen und bis zur Jury-Anhörung in Haft zu halten, die übrigen sechs Beschuldigten gegen Kaution zu entlassen.[13]

Trotz einer ziemlich genauen Hypothese vom Hergang des Verbrechens mußte der Secret Service tatenlos mit ansehen, wie von den noch in Haft befindlichen Tatverdächtigen vier weitere aus Mangel an Beweisen auf Kaution entlassen wurden. Nur Tomasso Petto (Giovanni Carlo Constantino? Giovanni Pecoraro?), von seinen Kumpanen wegen seiner

Physiognomie »Il Bove« (der Ochse) genannt, als mutmaßlicher Täter, in dessen Besitz der Pfandschein für die Uhr des Toten gefunden wurde, Giuseppe Fenaro und Antonio Genova, die des Meineids überführt wurden, nachdem ihre Aussage unter Eid, das Mordopfer nicht gekannt zu haben, widerlegt wurde, mußten vorerst in den Tombs verbleiben.

Als Ignazio Lupo und Pietro Inzarillo an jenem 25. Juni im Begriff waren, das Gerichtsgebäude in Hochstimmung zu verlassen, wurden sie von Männern des Secret Service festgenommen und erneut dem Haftrichter vorgeführt. Der Haftbefehl vom 1. Mai 1903 lautete auf Verdacht der Falschmünzerei. Im Mittelpunkt der Anschuldigungen stand ein Brief vom 18. September 1902, den Lupo an einen gewissen Andrea Polara, alias Salvatore Matisi, nach Portage La Prairie, Manitoba, Kanada, schickte, mit einem gefälschten Fünfdollarschein, quasi als Warenprobe. Dieser Brief hatte seinen Empfänger nie erreicht, sondern war vom Secret Service abgefangen worden. Aus Angst vor einem Untertauchen der beiden Spitzbuben hatte sich Flynn nun zum Handeln entschlossen. Seine Rechnung ging allerdings nicht auf, denn am 29. Juni wurde den beiden Untersuchungshäftlingen die Stellung einer Kaution zugebilligt. Für Lupo wurde sie auf 500 Dollar festgesetzt, deren Sicherheit ein Peter Antioco garantierte.[14] Als materielle Sicherheit nannte er ein Grundstück in der Hamilton Avenue, Brooklyn.

Pietro Inzarillo kam nicht so günstig davon. Seine Kaution für den Madonia-Prozeß betrug bereits 2000 Dollar, nun setzte Richter Holt eine Summe von 5000 Dollar fest. Inzarillos Anwälte machten bei Gericht eine Eingabe auf Reduktion des Betrages auf 1000 Dollar, da ihr Mandant in keiner Weise in der Lage sei, Bürgen für 5000 Dollar herbeizuschaffen. Um dem Antrag Gewicht zu verleihen, formulierten einige von

Inzarillos Freunden Leumundszeugnisse, die ihn in einem überaus günstigen Licht erscheinen ließen.

So beschwor ein Eugene Salerno, wohnhaft 35 Stanton Street, »daß der Beschuldigte über einen einwandfreien Charakter verfügt und den besten Ruf genießt und niemals in anderen als in ehrenvollen Geschäften tätig war ...«

Dr. Manfredi Binanti, 229 Elizabeth Street, sagte aus, er kenne den Angeklagten »und dessen gesamte Familie. Der Beschuldigte sei ein Mann von ehrenwertem Charakter, der sich nie an illegalen Aktionen beteiligen würde. Diese eidesstattliche Erklärung mache er, Dr. Manfredi Binanti, um eine Reduktion der Kautionssumme zu erreichen.«[15] Die wurde letztlich auf 2000 Dollar festgesetzt.

Am 14. Oktober verfiel Lupos Kaution, ein neuerlicher Haftbefehl wurde erlassen. Aus den Polizeiunterlagen geht hervor, daß man »trotz intensiver und mehrmaliger Nachforschungen« den Kautionsflüchtling Lupo nicht aufspüren konnte. Der Verdacht drängt sich auf, daß diese Ermittlungen bewußt im Mißerfolg enden sollten, denn der Flüchtige entfaltete gerade in dieser Zeit heftigste Aktivitäten, praktisch in Sichtweite des Polizeipräsidiums. Er verlegte sein Importunternehmen von den begrenzten Räumlichkeiten der Prince Street in das siebengeschossige Anwesen 210-214 Mott Street, einer Parallelstraße der Centre Street, wo sich in jenen Tagen die Polizeibehörde befand. Überdies wurde das Unternehmen bis 1908 im New Yorker Telefonbuch unter dem Namen Ignazio Lupo geführt.

Am 29. Januar 1904 nahm auch das schwebende Verfahren gegen Tomasso Petto eine überraschende Wende. An diesem Tag gab Staatsanwalt Ely die Weisung – wie er hinterher beteuerte, auf eigene Veranlassung –, den Gefangenen Petto in Freiheit zu setzen, da die Beweislage für eine Anklage angeblich zu dürftig war. Petto wurde von den Tombs in das

Gerichtsgebäude gebracht und seinem Anwalt Charles Le Barbier übergeben. Petto begab sich sofort zum Bahnhof und bestieg einen Zug nach Pittsburgh. Seinem Anwalt rief er zu: »Ich muß heute nacht noch in Pittsburgh sein.« Die New Yorker Dienststelle des Secret Service wurde von dem Vorgang erst unterrichtet, nachdem Petto die Stadt bereits verlassen hatte. Forderungen wurden an den Gouverneur herangetragen, ein Dienstaufsichtsverfahren gegen Ely und seinen Vorgesetzten Jerome einzuleiten:

»Hat man jemals von einem ähnlich empörenden Vorgang gehört? Diesen Mann freizulassen! Selbstverständlich wird die Staatsanwaltschaft beteuern, daß die Anklage nach wie vor aufrecht ist. Doch glaubt irgend jemand allen Ernstes, daß einer, der des Mordes angeklagt ist, sich freiwillig zurückmeldet, nachdem man ihn aus dem Gefängnis entließ? Die Person, die die Freilassung von Petto dem Ochsen zu verantworten hat, sollte sofort des Amtes enthoben werden.«[16]

Damit war auch der letzte der Tatverdächtigen auf dubiose Weise einem Verfahren entronnen, nachdem die beiden meineidigen Genova und Fenaro bereits im November 1903 gegen Kaution entlassen worden und sofort untergetaucht waren.

Der Morello-Clan zog sich aus der unmittelbaren Nähe des Polizeipräsidiums in das Little Italy von East Harlem zurück. Während Lupo seine Monopolstellung für italienische Produkte an der Lower East Side festigte und ausbaute, etablierten sich die Morello-Brüder in unterschiedlichen Geschäftsbereichen im Karree zwischen 106th und 116th Street, Harlem River und Lexington Avenue. Ihren privaten Lebensmittelpunkt konzentrierten sie in der 116th Street, wo sie etliche aneinandergrenzende Häuser erwarben und dieses Areal de facto in eine Trutzburg verwandelten. Um 1906 war auch der letzte der Morello-Brüder, Vincenzo, nachdem er als Statthalter der Familieninteressen in Brooklyn gescheitert war, nach Manhattan zurückgekehrt. Auch Paul Kelly verschanzte sich in einem Haus im Besitz der Morellos.

Lupo beherrschte den Markt Downtown unangefochten. Durch systematische Einschüchterung der italienischen Betreiber von Gemischtwarenläden und Straßenständen im Herrschaftsbereich von Paul Kelly zwischen 14th Street und China Town wagte es niemand mehr, seine Waren woanders als bei Lupo zu beziehen. Eine vergleichbare Position strebten die Morellos Uptown, in East Harlem, an. Ciro monopolisierte den Handel mit Gemüse, in der Hauptsache Artischocken, was ihm in der Presse den Titel »Artichoke King« einbrachte. Die Masse der fliegenden Händler wurde auch hier systematisch terrorisiert: Sie mußten wöchentliche Schutzgelder an die Morellos bezahlen und überdies ihre Ware zu überhöhten Preisen über deren Großhandel abnehmen. Eine Anzahl von Karren befand sich im direkten Besitz der Brüder, die diese von Tagelöhnern betreiben ließen.[17]

Obwohl alle Racketeering-Aktivitäten der Lupo/Morello-Gang sich höchst profitabel entwickelten, rollte das Geld immer noch nicht schnell genug in die Kassen. Falschgeld sollte die Marge zwischen Sollen und Wollen ausfüllen.

Falschgeld – Der Kampf gegen die Feds

»Hände weg von Bundesvergehen.«

Die Geschäftsdevise von Meyer Lansky. In: *Little Man, Meyer Lansky and the Gangsters Life*, Seite 143.

Die Morde an Giuseppe Catania und Benedetto Madonia blieben ungesühnt dank der hervorragenden Beziehungen über Paul Kelly zu Tammany Hall, dem Polizeipräsidium und der New Yorker Gerichtsmaschinerie. Denn obwohl Sergeant Petrosino, ein ehrlicher Mann, die Untersuchungen im Fall des Toten im Faß leitete, wurde nach Hinzuziehung von Inspector Schmittberger offensichtlich, welcher Ausgang politisch erwartet wurde. Auch die mysteriöse Entlassung von Tomasso Petto aus der Untersuchungshaft hatte außer einiger verbalen Entrüstung keinerlei Nachspiel. Selbst der berühmt-berüchtigte Stall des Duos Lupo/Morello in der 108th Street, von der Presse der »Mordstall« genannt, der allseits bekannte Markstein von East Harlem, in dem laut Gerücht zwischen 20 und 30 Personen umkamen, nachdem sie in törichter Verkennung der Lage das »Angebot, das man nicht ausschlagen kann«, zurückgewiesen hatten, blieb unbehelligt. Viele wußten um die Vorgänge, doch angesichts der demonstrativen Gleichgültigkeit der offiziellen Stellen wagte niemand, die Hand zu erheben, allzu offensichtlich war der behördliche Schutz.[18]

Ganz ohne Folgen blieb indes der Mordfall Madonia nicht. Das Restaurant in der Prince Street wechselte den Besitzer, ein (abhängiger) Strohmann namens Antonio Rizzo, der die vorgelagerte Bar betrieb, erwarb die Lizenz. Giuseppe Morello wechselte in das Olivenölimportgeschäft mit der Geschäftsadresse 628 138th Street, was einer durchaus angemessenen

Entfernung zum Polizeipräsidium entsprach. Die Methode notorische, aber politisch protegierte Straftäter laufenzulassen, sofern sie einen Standortwechsel vornahmen, wurde bis weit in die fünfziger Jahre gängige Polizeipraxis.[19] Einige Zeit später eröffnete Morello noch einen Maurer- und Stukkateurbetrieb im Haus 630 138th Street und übernahm die Ignatz Floria Association (I.F.A.), einen auf die Errichtung von Wohnstätten für italienische Immigranten spezialisierten Bauträger. Giuseppe ernannte sich selbst zum Präsidenten und schanzte sämtlichen Mitgliedern seiner Familie bezahlte Scheinjobs in der Association zu. Die Einzahlungen von kaufwilligen Anlegern wurden systematisch veruntreut, was die American Banker's Association veranlaßte, ein Verfahren gegen Lupo und Morello wegen des Verdachts auf Betrug einzuleiten.

Sechs Häuser wurden errichtet, bevor die I.F.A. im Laufe des Jahres 1908 Konkurs anmeldete.[20] Überhaupt überstürzten sich die Ereignisse im Jahre 1908, was der Bande personell zusetzte, aber dank des behördlichen Wohlwollens ohne ersthafte Auswirkungen auf deren Aktivitäten blieb. Mitte 1908 begab sich Morello in wichtigen Geschäften nach Sizilien. Vito Laduca, der sich 1905 nach Sizilien abgesetzt hatte und dort die Interessen Morellos wahrte, wurde im Frühjahr 1908 ermordet, vermutlich von Giuseppe De Primo, der nach seiner Entlassung aus Sing-Sing nach Italien deportiert worden war und so seinen Schwager Madonia rächte. Der Secret Service ging davon aus, daß Morello von Laduca bis zu dessen plötzlichem Ableben Olivenöl in Fässern bezog und in den leer mitgelieferten Blechdosen (das Öl wurde erst in New York in handelsübliche Quantitäten abgefüllt) in Palermo hergestelltes Falschgeld, aber auch bereits kleine Mengen an Rauschgift. Die Qualität der Falsifikate war minderwertig, so daß Morello leichten Herzens auf weitere Lieferungen verzichten konnte und sich entschloß, künftige Produktionen wieder in die USA zu verlegen. Die personelle Lücke, die der Tod Laducas riß, war ungleich schwerer aufzufüllen, denn trotz seiner hervorragenden Verbindungen zu lokalen Mafiagrößen in der Provinz Palermo (Don Vito Cascio Ferro), war er zu schlau, um nicht zu wissen, daß eine illegale Geschäftsverbindung in erster Linie von persönlichen Kontakten lebt.

Am 13. September, kurz nach Giuseppes Rückkehr nach New York, brachte eine neue Affäre die Morellos in Schwierigkeiten. Vincenzo war im Zusammenhang mit dem Mord an »Diamond Sam« Sicco als dringend tatverdächtig verhaftet worden. Doch auch diesmal versagten die Beziehungen nicht. Bereits zwei Tage später konnte er die Untersuchungshaft als freier Mann verlassen: aus Mangel an Beweisen. Dieser »schützende Mantel« von polizeilicher Unfähigkeit oder Komplizenschaft wird von nun an den Aufstieg der Genovese Crime Family einhüllen. Sam Sicco betrieb eine lukrative italienische Lotterie in East Harlem, die er nicht freiwillig abtreten wollte, eine Halsstarrigkeit, die ihn das Leben kostete. Ein Ortswechsel Vincenzos nach Sizilien hätte der Gang bestimmt eine willkommene Atempause verschafft, aber die dortige Aufgabe erforderte neben Kaltblütigkeit vor allem Geschäftssinn, eine Gabe, die Vincenzo abging. Alle Informationen über ihn lassen den Schluß zu, daß seine Qualitäten eher physische waren, er allem Anschein nach der Schläger der Familie war. Und noch etwas vollkommen Unübliches ereignete sich zur selben Zeit: Salvatore Romano, ein Frisiersalonbesitzer, denunzierte Giuseppe Morello bei Deputy Commissioner Woods, von ihm unter Androhung von physischer Gewalt 1800 Dollar erpreßt zu haben. Aber auch diese Anzeige blieb ohne Folgen.[21]

Ignazio Lupo war 1898 illegal ins Land gekommen. Dieses Faktum hing wie ein Damoklesschwert über seiner Existenz, vor allem seit den verschärften Einwanderungs- und Deportationsbestimmungen von 1907, wonach ein Illegaler sofort abzuschieben war. Seit November 1903 wurde er überdies steckbrieflich gesucht, was stete Gefahr von Ergreifung durch einen nichtkorrumpierten oder mit den Machtkonstellationen unvertrauten Cop bedeutete. Diese belastende Lebenssituation galt es schnellstens zu beenden, da die Verantwortlichen auf Ellis Island in der unmittelbaren Vergangenheit deutlich gemacht hatten, daß sie gewillt waren, das neue Gesetz bei allzu kompromittierten Ausländern rigoros zur Anwendung zu bringen.[22] Lupo versuchte, einen Beamten der Einwanderungsbehörde mit 200 Dollar zu bestechen, um legale Einreisepapiere zu bekommen, doch die Aktion wurde ruchbar.[23]

Und eines Tages Anfang Dezember 1908 war er verschwunden. Die *New York Times* titelte auf der ersten Seite:

»Reicher Italiener verschwunden. Mafia Boss Ignazio Lupo, einer der Sizilianer, der 1903 mit dem *barrel murder* in Zusammenhang gebracht wurde, und bis letzten Montag einer der prominentesten Importeure der italienischen Viertel, ist untergetaucht. Er hinterläßt einen Schuldenberg von mindestens 100.000 Dollar. In seinem Geschäft 210-214 Mott Street, ohne Zweifel das protzigste Handelshaus in diesem Teil der Stadt, fand man Waren für weniger als 1500 Dollar.«[24]

In den Wochen vor seinem Verschwinden hatte Lupo Waren für etliche zehntausend Dollar geordert, ohne diese zu bezahlen. Am 4. Dezember entdeckte Lieutenant Petrosino am Transatlantikpier von Hoboken eine Warenladung zur Verschiffung nach Sizilien mit einem Gesamtwert von mehr als 50.000 Dollar, registriert auf den Namen Ignazio Lupo. Er ließ das Frachtgut konfiszieren und unterstellte es dem Mandat der Anwaltskanzlei des Gläubigerkonsortiums. Ein gerichtliches Konkursverfahren wegen des Verdachts des betrügerischen Bankrotts wurde eingeleitet und Peter B. Olney als Konkursverwalter berufen. Lupo selbst blieb verschwunden. Fakten und Vorgehensweise lassen vermuten, daß Lupo geplant hatte, vorerst die Position Laducas in Palermo einzunehmen und mit den erschlichenen Waren in der ersten Phase seinen Lebensunterhalt zu finanzieren. Die alte Mordsache Salvatore Morello war zwar nicht verjährt, lag aber bereits so viele Jahre zurück, daß ein geschicktes Antichambrieren bei den entscheidenden italienischen Stellen den Schleier des ewigen Vergessens darüber breiten würde.

Die Diktion der *New York Times* zu dieser Affäre offenbarte zum ersten Mal jenes ambivalente Verhältnis der legalen Welt zur merkantil agierenden Unterwelt, das bis in unsere unmittelbare Gegenwart reicht. Charakteristikum dieser Ambivalenz ist ein hin und her gerissen sein zwischen der Verbeugung vor dem skrupellosen, erfolgreichen Aufstieg jenseits aller ethischen Werte und der Aversion der Gesellschaft gegen diese Skrupellosigkeit.

»Die Karriere von Lupo ist die bizarrste Mischung aus forcierter Fortune und hartem Kalkül, die jemals aus dem pittoresken Ghetto der Lower East Side kroch. Laut Polizeiangaben wird sein Vermögen auf 100.000 bis 200.000 Dollar geschätzt. Die Pferde seiner Kutschen waren stets die feinsten, seine Lieferwagen die schnellsten in diesem Teil der Stadt. Lupo begann seine merkantile Karriere, gleich nachdem er von den Vorwürfen im Catania-Mord und im Falschgeldprozeß freigesprochen wurde. Er machte Geld von Anfang an.«[25]

Parallel hierzu vollzog sich die Heroisierung des kurz zuvor zum Lieutenant avancierten Joseph Petrosino, des »italienischen Sherlock Holmes«, wahrscheinlich gerade wegen seines Scheiterns und der Art und Weise, wie sich dieses vollzog. Petrosino war seit dem Mord an Giuseppe Catania an allen Untersuchungen gegen die Lupo/Morello-Bande beteiligt gewesen und hatte mit Verbitterung registrieren müssen, wie sich unter politischem Druck eindeutige Indizien in Luft auflösten. Dem Italian Squad gelang es zwar, Erfolge an der untersten Ebene der kriminellen Subkultur zu erzielen, die Drahtzieher vom Kaliber eines Paul Kelly blieben, mit Ausnahme von Enrico Alfano, stets außerhalb ihrer Reichweite. Viele Beamten lebten von den Zuwendungen dieser oder ähnlicher illegaler Kreise, so daß ein zu eifriges Vorgehen stets hintertrieben wurde. Lediglich Polizeichef Bingham, ein Import aus Washington und darum mit dem New Yorker Filz weniger vertraut, förderte den kleinen Haufen um Petrosino. Am 9. Februar 1909 begab sich dieser in geheimer Mission – nur Bingham waren genauere Einzelheiten bekannt –, nach Italien. Er erreichte Genua einige Tage später und reiste sofort nach Rom weiter, wo für ihn ein Treffen mit dem italienischen Innenminister vereinbart war. Anschließend brach er nach Palermo auf.[26] Mit sich führte er Ermittlungsberichte von in New York aktiven italienischen Kriminellen. Ziel seiner Reise war das Beschaffen von weiteren Informationen über diese Straftäter, um sie, falls noch nicht länger als drei Jahre in den USA ansässig, sofort zu deportieren. Ferner wollte er die Zusammenarbeit mit den italienischen Behörden vertiefen, um den stetigen Ausreisefluß von Kriminellen zu stoppen. Seine Vorstellungen gingen dahin, den US-Einwanderungsbehörden aller mittleren und größeren Hafen- und Grenzstädte schon im Vorfeld Steckbriefe von potentiell einreisewilligen italienischen Gesetzesbrechern zur Verfügung zu stellen, um eine Einwanderung, zumindest eine legale, zu verhindern.

Petrosino hatte sich in der New Yorker Unterwelt viele Feinde gemacht. Die Liste ließe sich beliebig zusammenstellen, doch von all jenen, die Haßgefühle gegen ihn hegten, war nur eine Handvoll in der Lage, ein von langer Hand vorbereitetes, gut organisiertes Komplott auch tatsächlich zur Ausführung zu bringen. Einer davon war Enrico Alfano, das Haupt der New Yorker Camorristi. Er war Anfang April 1907 von Petrosinos Einheit gestellt und den Einwanderungsbehörden zur Deportation übergeben worden. Bei seiner Abschiebung soll er wüste Drohungen gegen Petrosino ausgestoßen haben.[27]

Ein weiterer war Raffaele Palizzolo, der ehemalige palermitanische Politiker und Hauptverdächtige im Mordfall Notarbartolo. Beim Abschied riet er Petrosino, sich von Palermo fernzuhalten. Und eben Ignazio Lupo, der neben der berufsbedingten Abneigung zwischen Straftäter und Gesetzesvertreter einen ganz persönlichen Groll gegen Petrosino hegte.

In der archaischen Gedankenwelt des Ignazio Lupo, wo das soziale Miteinander noch weitestgehend vom Paradigma der persönlichen Ehre als dem obersten Rechtsgrundsatz dominiert wurde, mußte der öffentliche Verlust des Gesichtes gleichsam das Todesurteil für den Verursacher bedeuten. Lupo war in seinem Milieu, dem italienischen Ghetto der Lower East Side, ein Mann von hoher Reputation und großer Würde, der konsultiert wurde, wenn es galt, Dispute beizulegen oder zu schlichten. Petrosino ließ Lupo nie aus den Augen, ließ ihn immer seine Anwesenheit fühlen und machte häufige Stippvisiten im Anwesen 210-214 Mott Street, um den illegalen Geschäftsgang zumindest zu erschweren, wenn er ihn schon nicht verhindern konnte. Bei einem dieser Besuche war es im Herbst 1908 zu einer heftigen Auseinandersetzung gekommen, in deren Verlauf Petrosino ausholte und Lupo mit der Faust zu Boden streckte. Und damit nicht genug, verpaßte er ihm vor einer Gruppe Schaulustiger eine Tracht Prügel.[28]

Petrosino befand sich unter dem Namen Guglielmi De Simone in Palermo. Neben den offiziellen Kontakten stellte er auf eigene Faust Untersuchungen an, die ihn in den Dunstkreis der Informanten und Denunzianten brachten, in Kontakt zu Personen, die für Geld verraten oder auch morden. Am

12. März 1909 traf er sich mit zwei Männern, die angedeutet hatten, entscheidende Angaben zum Verbleib von gesuchten Kriminellen machen zu können. Sie lockten ihn in eine wenig frequentierte Ecke der Piazza Marina, wo er mit mehreren Schüssen liquidiert wurde. Im Verlauf der schleppenden Untersuchungen wurde Anfang April Don Vito Cascio Ferro zusammen mit zwei weiteren Tatverdächtigen, Carlo Constantino und Antonio Passenante (Pascanante), verhaftet. (Von Vito Cascio Ferro geht die Fama, daß er während seines New York-Aufenthaltes irgendwann um die Jahrhundertwende Ignazio Lupo und Giuseppe Morello in der Strategie der Bandenführung unterwiesen haben soll.) Constantino und Passenante waren erst vor kurzem von New York nach Palermo zurückgekehrt. Beide betrieben in New York Läden für Agrarprodukte, und beide hinterließen bei ihrer überstürzten Abreise, ähnlich wie Lupo, einen erheblichen Schuldenberg.[29] Alle drei Verdächtigen konnten Alibis beibringen und wurden daraufhin entlassen. William H. Bishop, der amerikanische Konsul in Palermo, der die Vorgehensweise der ortsansässigen Polizei und Staatsanwaltschaft mit allzu demonstrativem Mißtrauen kommentierte, mußte überstürzt die Insel verlassen, nachdem massive Drohungen gegen ihn ausgestoßen wurden. Zurück in New York begab er sich aus Sicherheitsgründen an einen geheimen Ort und ließ verlauten, er glaube nicht an eine Ergreifung der Mörder. Alle Umstände und Begleiterscheinungen der Bluttat offenbarten einen langen Arm der Täter und untermauerten die zu jener Zeit allgemein akzeptierte Version, daß Vito Cascio Ferro seine Hand im Spiel hatte, vor allem, da Lupo, anonymen Informationen zufolge, im Kreise von Vertrauten prahlte, an dem Mordkomplott direkten Anteil gehabt zu haben.[30]

Petrosinos Leichnam wurde am 13. April in New York mit großem Pomp zu Grabe getragen. Die Prozession, bei der Zehntausende Menschen die Straßen säumten, führte von der alten St. Patrick's Cathedral zum Calvary Cemetery in Brooklyn, wo er seine letzte Ruhestätte fand. Bürgermeister McClellan, der sich so vehement gegen den Aufbau einer geheimen italo-amerikanischen Polizeitruppe ausgesprochen hatte, erwies dem Toten die letzte Ehre. Drei Wochen später initiierte die Timothy D. Sullivan Association eine Benefizgala zugunsten der Witwe des Toten. Zu einem Eklat kam es, als viele der angekündigten Künstler und Persönlichkeiten des öffentlichen Lebens ihre Teilnahme zurückzogen, nachdem Drohbriefe bei ihnen eingegangen waren. So bildete die Tammany-Riege von New York County den eigentlichen Kern der Wohltätigkeitsveranstaltung, allen voran Big Tim Sullivan und sein Vetter Timothy P. Sullivan. Der Kommentar auf der Straße zu dieser illustren Runde war, daß hier eher der Tod Petrosinos gefeiert denn betrauert wurde.[31]

Petrosinos Ermordung löste einen Sturm der Entrüstung aus und bewog Kommunalpolitiker jeglicher Couleur zu beschwörenden Bekenntnissen, den kriminellen Auswüchsen in den italienischen Ghettos von nun an energischer den Kampf anzusagen. An italienischen Straftätern, die zu diesem Zeitpunkt für vergleichsweise harmlose Vergehen vor Gericht standen, wurde demonstrativ Härte manifestiert. Auf diese verschärfte Gangart vertrauend, und weil Ignazio Lupo nach wie vor verschwunden war, erstattete der Weinhändler Salvatore Manzella Anzeige wegen Erpressung gegen den untergetauchten Großhändler. Lupo habe ihn über Jahre hinweg gezwungen, Blankowechsel zu unterschreiben, in die er nach eigenem Gutdünken Summen einsetzte. Seine Befragung führte Richter Holt vom District Court:

F: »Hatten Sie Angst vor Lupo?«
A: »Wenn ich keine Angst vor ihm gehabt hätte, hätte ich die Wechsel nicht unterschrieben. Aber nicht nur ich hatte Angst vor ihm, viele andere im Viertel hatten die auch.«

F: »Was hätte er mit Ihnen gemacht, hätten Sie die Wechsel nicht unterschrieben?«
A: »Er hätte mich wahrscheinlich getötet.«
F: »Soll das heißen, Sie wurden erpreßt?«
A: »Ja, Sir.«
F. »Wie lange holte sich Lupo von Ihnen Geld auf diese Weise?«
A: »Zwei oder drei Jahre.«
F: »Warum haben Sie nie Anzeige erstattet?«
A: »Wozu wäre eine Anzeige gut gewesen, wenn ich mein Leben verloren hätte?«[32]

Diese Erpressungsmethode dokumentierte einen Dimensionssprung in der Aktionsstruktur des Schutzgeld-Racket. Hier waren keine Täter am Werk, die durch polizeiliche Routinemaßnahmen wie dem Präparieren von Geldscheinen oder dem Registrieren von Seriennummern dingfest zu machen waren. Die von Lupo und seinen Komplizen praktizierte Vorgehensweise war kaum nachzuweisen, da das Opfer mit seiner Unterschrift die Rechtmäßigkeit des Vorgangs anerkannte und der erpreßte Betrag in der Regel ohne direkten Kontakt anonym von einem Konto zum anderen wechselte. Kenntnisse über monetäre Gepflogenheiten waren hier die Voraussetzung für eine erfolgreiche Realisierung.

Giuseppe Morello muß von der Idee einer eigenen »Notenbank« geradezu besessen gewesen sein, anders läßt sich seine hohe Risikobereitschaft nicht erklären. Bei allen Vergehen (Mord, Raub, Erpressung, Glücksspiel, Wechselreiterei, Zinswucher, Monopolisierung von Gebrauchsgütern und Lebensmitteln usw.) war es der Gang immer wieder gelungen, das Gesetz zu umgehen. Berufungen an Bundesbehörden wurden in aller Regel zentral von Washington aus vorgenommen und entzogen sich fast völlig der Einflußnahme lokaler Parteistrukturen. Diese Faktizität muß Morello gekannt haben. Die vielen Deportationen der unmittelbaren Vergangenheit und die hohe Aufklärungsquote bei Vergehen wie die Produktion und Weitergabe von Falschgeld ließen kaum Zweifel, daß es ratsamer war, die Feds zu meiden.

Im Frühjahr 1909 tauchten erstmals wieder große Mengen Zwei-Dollarnoten kriminellen Ursprungs in den italienischen Vierteln auf. Über ein gut durchorganisiertes Verteilungssystem von Schuhmachern wurden die Falsifikate in Umlauf gebracht. Nach Expertenansicht waren sie von beachtlicher lithographischer Qualität, doch trugen alle die gleiche Seriennummer, und das verwendete Papier entlarvte sie bei genauerer Prüfung sofort als Fälschungen. Nur einige Wochen später stellte der Secret Service Fünfdollarnoten mit analogen Merkmalen sicher, die nun über ein Netz von Gemischtwarenhändlern und Karrenbetreibern abgesetzt wurden. Am 15. November 1909 nahmen Special Agent Flynn und seine Truppe vom Secret Service vierzehn tatverdächtige Italiener fest.

Giuseppe Morello wurde in seinem Haus angetroffen und zeigte keinerlei Regung, als man ihm den Haftbefehl vorlegte. Er ließ sich widerstandslos abführen. Beim Verlassen des Hauses bemerkte Detective Castano, wie Morellos Frau fieberhaft versuchte, irgend etwas in der Kleidung des Kleinkindes auf ihrem Arm zu verbergen. Er entriß ihr den Säugling und fand zwischen seinen Kleidern ein Bündel Papiere. Die genaue Prüfung ergab fünf Erpresserschreiben einer Mano-Nera-Bande, die aber weder von Morello geschrieben noch an ihn adressiert waren. Offenbar hatten die Empfänger der Terrorbotschaften diese an Morello, dem allseits respektierten *uomo d'honore*, mit dem Ansinnen übergeben, als Mittler zu agieren. Nach diesem Fund wurde das Haus systematisch durchsucht. Zum Vorschein kamen Rechnungsbücher und Geschäftsunterlagen von Ignazio Lupo, der sich drei Tage zuvor, begleitet von seinem

Anwalt Le Barbier, im Büro des Konkursverwalter Peter B. Olney eingefunden hatte, sein erster Auftritt in der New Yorker Öffentlichkeit nach einer fast einjährigen Abgängigkeit.[33]

Am Dienstag, dem 16. November wurden die vierzehn Inhaftierten Richter Shields vorgeführt, der fünf wegen zu geringer Verdachtsmomente in Freiheit setzte. Für die restlichen neun, Giuseppe Morello und seinen Bruder Nicolas Terranova, seinen Vetter Giuseppe La Monti, Antonio Cecala, Leolucca und Pasquale Vassi, Domenico Milone, Giuseppe Amato und Lucino Maddi, wurden Kautionen festgesetzt und alle bis zur ersten Befragung in der darauffolgenden Woche in den Tombs einquartiert. Für Morello, der offiziell als der Drahtzieher des Ganzen galt, wurde eine Kaution von 15.000 Dollar angeordnet. Die übrigen kamen mit 5000 Dollar davon. Nimmt man die Jahresmiete von 2350 Dollar für ein großflächiges Luxusdomizil auf der 5th Avenue als Vergleichswert oder den Wochenlohn von 5 Dollar für einen Ausschachtungsarbeiter bei den städtischen Wasserwerken, wird man unschwer die Höhe der Kaution und den beträchtlichen Stellenwert erkennen, den man diesem Verfahren einräumte.[34]

Am 18. November befand sich Lupo zur Regelung seiner persönlichen Vermögensverhältnisse im Büro von William Henkel Jr., dem amtlich bestellten Zwangsverwalter seiner zurückgelassenen Habe, als er wegen der Anzeige des Weinhändlers Manzella verhaftet wurde. Bis zur festgesetzten Anhörung am 22. November, einen Tag vor dem nächsten Gerichtstermin seines Schwagers Morello, wurde auch er in die Tombs eingeliefert. Bei dieser Einvernahme durch Richter Holt erzählte er eine höchst absonderliche Geschichte. Der Anlaß seines plötzlichen Abtauchens im Dezember letzten Jahres sei der Erhalt eines Erpresserbriefes der Mano Nera gewesen: Er und seine Familie seien mit dem Tode bedroht worden, sollte er sich weigern, an die Absender 10.000 Dollar zu übergeben. Um das Geld parat zu haben, mußte er Hypotheken auf einige seiner Häuser und Grundstücke in Harlem aufnehmen. Zur Übergabe wurde er zum Haus Nummer 18 Broadway beordert, wo er zwei unbekannten Männern in langen Mänteln mit hochgeschlagenen Kragen die Summe aushändigte. Die beiden Gestalten entschwanden so schnell in einer dunklen Seitenstraße, daß es ihm unmöglich sei, eine auch nur annähernd exakte Personenbeschreibung abzugeben. Dieser Vorfall habe ihm gezeigt, daß er in dieser Stadt nicht mehr sicher sei. Zuerst habe er sich also alleine nach Buffalo begeben, schließlich mit seiner Familie in Ardonia, N.Y., niedergelassen und dort für seinen Bruder John eine Filiale von dessen Gemüseladenkette betrieben. In Hoboken, wo sein Bruder wohnte, hatten die beiden bei der Savoy Trust Company, einer Bank mit hervorragenden Verbindungen nach Messina und Palermo, ein Konto unter dem Namen Lupo und Lapresti eröffnet. Lapresti war der Tarnname, den Ignazio Lupo während seines Verschollenseins benutzte.[35]

Zu den Anschuldigungen Manzellas verweigerte er auf Anraten seines Anwalts Le Barbier jegliche Aussage, und da der Weinhändler als klageführendes Opfer und Kronzeuge der Anklage nicht zur Verhandlung erschienen war, mußte Richter Holt die Klage der erpresserischen Vorteilsverschaffung abweisen. Manzella hatte es aus Gründen der eigenen Sicherheit vorgezogen, sich davonzumachen und den Prozeß platzen zu lassen. Lupo durfte sich, zumindest für Augenblicke, als freier Mann fühlen. Deputy United States Marshal Reed, der die Verhandlung von den Publikumsrängen verfolgt hatte, begab sich zum Richterpult und präsentierte Richter Holt einen erneuten Haftbefehl gegen Lupo, basierend auf der Anschuldigung von 1903, wegen gemeinschaftlicher Weitergabe von Falschgeld. Lupo wurde sofort wieder in Handschellen gelegt und vor Haftrichter Hand gebracht, der eine Kaution von 5000 Dollar festsetzte und Lupo in die Tombs zurücküberstellte. Damit befand sich das Führungsduo Lupo/

Morello seit 1903 erstmals wieder zur gleichen Zeit unter Anklage, was die Gang mit einem Schlag führerlos machte. Die Anklagepunkte in beider Verfahren waren die Folge von Ermittlungen der Bundespolizei, was den Ausgang höchst ungewiß und wenig beeinflußbar machte. Oberstes Gebot mußte es folglich sein, eine neue Befehls- und Aktionsstruktur aus dem verbliebenen Rest um den zweitältesten der vier Morello/Terranova-Brüder, Ciro, zu bilden. Als Sofortmaßnahme galt es, zusammen mit den Vertrauensanwälten der Familie, eine Verteidigungsstrategie für die inhaftierten Bosse zu entwerfen.[36]

Der Sizilianer Salvatore Manzella fürchtete nicht ohne Grund um sein Leben. Er hatte gegen das Dogma der »Omertà« verstoßen, hatte sich zum Handlanger einer fremden Autorität in einem fremden Land gemacht, gegen einen sizilianischen Kompatrioten. Omertà war ein Begriff, mit dem man in New York schon lange vertraut war. In den Ghettos der italienischen Einwanderer wurde jede allzu neugierige Frage eines Außenstehenden nach lokalen Vorgängen stets mit beharrlichem Schweigen quittiert, das war eine Sache der Ehre.

»Es gilt als unmännlich und feige, einen Landsmann anzuschwärzen und ihn dadurch in Schwierigkeiten zu bringen. Man nennt diesen Ehrenkodex Omertà, was soviel wie Mannhaftigkeit bedeutet. Es gilt als unehrenhaft, mit staatlichen Autoritäten zu kooperieren, selbst bei Mord. Omertà hält Tausende in hiesigen Ghettos in Angst und Schrecken. Omertà mag auf Sizilien Mannhaftigkeit bedeuten, hier übersetzen wir es mit Anarchie.«[37]

Omertà läßt sich auf den sizilianischen Wortstamm omu = Mann zurückführen, umschließt demnach sämtliche Eigenschaften, die ein patriarchalisches Weltbild mit der Vorstellung vom wahren Wesen des Mannes verbindet, nämlich »daß er sich mit eigenen Mitteln Respekt verschaffen kann, daß er sein Eigentum allein verteidigen, seine Ehre und die seiner Familie gegebenenfalls allein wiederherstellen und seine Probleme aus eigener Kraft regeln kann, ohne auf fremde Hilfe angewiesen zu sein und ohne auf irgendwelche staatlichen Organe zurückgreifen zu müssen.«[38] Omertà bedeutete aber weitaus mehr als die Absage an eine wie auch immer geartete Kooperation mit den staatlichen Rechtsorganen oder den archaischen Anspruch, das Recht in die eigene Hand zu nehmen. Es bedeutete auch die Entsagung an Vergeltung, wenn man nicht mehr in der Lage ist, den entscheidenden Gegenstreich selbst zu führen oder ihn als Teil eines Klientelverbundes weiterzugeben.

»Es gilt als feige, jemanden anzuzeigen, selbst wenn man der Geschädigte ist, wie es auch als feige gilt, einen Affront nicht mit Gewalt zu beantworten. Es gilt als ehrlos, wenn das Opfer einer Gewalttat den Täter preisgibt, denn bei Genesung wird eigenhändige Rache erwartet. Ein altes sizilianisches Sprichwort legt einem Attentatsopfer folgende Worte in den Mund: ›Sollte ich überleben, werde ich dich töten, sollte ich sterben, vergebe ich dir!‹«[39]

Das ethno-soziale Prinzip der Omertà und der sie umgebende letale Terror überbordeten sehr schnell die italienischen Ghettos und wurden als ungeschriebenes Gesetz von der gesamten multikulturellen New Yorker Unterwelt übernommen. Denn das Beweisführungsverfahren des amerikanischen Strafrechtes ließ auch nicht-italienische kriminelle Gruppierungen sehr deutlich die unübersehbaren Vorteile dieser anachronistischen Verhaltensnorm erkennen, auch wenn im Jahre 1912 Staatsanwalt Train noch primär von Nutznießern aus dem Mezzogiorno ausgehen konnte:

»Der Kriminelle aus Italien empfindet tiefe Verachtung für das amerikanische Strafgesetz. Er ist an Polizei- und Gerichtsmethoden gewöhnt, die nicht vom angelsächsischen Beweisführungsverfahren behindert werden. Wenn ein italienischer Gauner zu Hause vor die Richterbank geführt wird, ist es so gut wie sicher, daß er in den Knast geht. Man braucht keinen Kläger in Italien, die Regierung übernimmt diese Rolle. Hier in Amerika weiß der Kriminelle, daß er, falls es ihm gelingt, auf den Kläger Druck auszuüben oder ihn umzulegen, nichts zu befürchten hat. Er weiß, daß er mit Terror davonkommt.«[40]

Kriminelle Existenzen agieren immer dort am ungefährdetsten, wo sie auf ein gesellschaftliches Umfeld von Menschen mit ähnlichen Identifikationswerten stoßen und illegale Aktionsfelder besetzen, die aufgrund eines ethno-sozialen Wiedererkennungsreflexes ähnliche Erfahrungen oder gemeinsame Tradition suggerieren. Neben der Einschaltung der Bundespolizei der Feds barg die Falschmünzerei das Risiko des artfremden, weil bis dahin fast immer unbescholtenen Komplizen in der exponierten Rolle des unentbehrlichen Spezialisten. Antonio Comito, alias Antonio Bonaventura, alias »the Lamb«, die erste »Ratte« des italo-amerikanischen Gangland, war ein erfahrener Drucker, doch von seiner Persönlichkeitsstruktur so veranlagt, daß er offensichtlich stets dem größten Druck nachgab. Durch Manipulation dieses Charakterdefizites war es möglich, den bis dahin Unbescholtenen in die Illegalität zu zwingen. Aufgrund dieses Mangels gelang es aber auch den Ermittlungsbehörden, ihn durch stetige Bearbeitung während seiner Untersuchungshaft zum Informanten umzudrehen.

Comito befand sich seit sechzehn Monaten in den USA, als er Anfang November 1908 von Antonio Cecala, Mitglied eines italienischen Vereins,[41] angesprochen wurde. Er war arbeitslos, und Cecala deutete an, ihm eine Anstellung in einer Druckerei verschaffen zu können. Nichts in Comitos Vergangenheit, die während des Prozesses ausgebreitet wurde, gab Anlaß, ihn vor diesem Zusammentreffen mit Cecala in die Nähe krimineller Machenschaften zu rücken. Als junger Mann aus bürgerlichem Hause hatte er an der technischen Hochschule von Catanzaro in der Provinz Kalabrien ein Diplom erworben, das ihn zum Unterricht an einer Grundschule befähigte. Parallel zu dieser Ausbildung belegte er Kurse des Druckgewerbes und erwarb einen Gesellenbrief. 1901 wanderte er nach Brasilien aus, wo er bis 1905 verschiedene Beschäftigungen ausübte. Er arbeitete als Lehrer an einer Schule für Kinder italienischer Einwanderer, im Druckgewerbe und als Administrator der protestantischen Kirche von Santos. Anfang 1906 war er wieder in Italien und vervollständigte seine Ausbildung. Aus Brasilien hatte er genügend Geld für etwa ein Jahr mitgebracht, so daß er nicht auf sofortigen Verdienst angewiesen war. Mitte 1907 landete er in New York und fand bereits vier Tage nach seiner Ankunft Arbeit in der Druckerei Dassri, der größten italienischen Druckerei der Stadt. Nach neun Monaten mußte er infolge der schlechten Auftragslage entlassen werden. Danach schlug er sich mit Gelegenheitsjobs durch. In dieser beklemmenden Lebenssituation schloß sich Comito der geheimen »Gesellschaft der Söhne Italiens« an, wo er über ein anderes Mitglied Cecala kennenlernte. Die Aussicht auf Anstellung überwältigte Comito, was sein Urteilsvermögen derart trübte, daß er die Zweifelhaftigkeit des Angebots nicht erkannte. Es störte ihn auch nicht, daß er New York verlassen und nach Philadelphia umziehen sollte. Er kannte Cecala einige Tage, als ihm dieser im illegalen James Street Saloon von Salvatore Caputo, Stiefvater der späteren Schlüsselfigur Johnny Torrio, einen finsteren Typen namens Salvatore Cina mit den Worten »dieser Herr ist mein Pate« vorstellte.[42]

Abermals einige Tage später war Comito mit Cecala verabredet, um eine Druckerpresse, Druckplatten, eine hochempfindliche Kamera und fotografisches Material zu kaufen. Zur Verladung der Presse erschienen auch Cina und ein junger Mann, der als Nicolas Sylvester eingeführt wurde. Zu viert verstaute man die Fracht auf einem Pferdefuhrwerk und fuhr zum Pier, um die Fähre den Hudson aufwärts zu erreichen. Comito, begleitet von seiner Lebensgefährtin Katrina, stellte keine Fragen, auch nicht, als von Philadelphia längst nicht mehr die Rede war und man stattdessen in Poughkeepsie, N.Y., die Fähre verließ, den Fluß überquerte und zu einem Anwesen gelangte, dessen Besitzer angeblich Cina war. Das Anwesen lag etwas außerhalb von Highland, N.Y., nur acht Meilen von Ardonia entfernt, wo einige Wochen später Ignazio Lupo Unterschlupf nehmen sollte. Dort lernte Comito Vincenzo Giglio, den Schwager von Cina, kennen, der eines der Häuser mit seiner Familie bewohnte. Ein Monat verstrich, ohne daß die Druckerpresse in Betrieb genommen oder ein Wort über die Art der Druckerzeugnisse verloren wurde. Auf Comitos Fragen, wann er denn endlich mit der Arbeit beginnen könne, antwortete ihm Cina stets, »mach dir keine Sorgen, bald zeige ich dir diese Drucksachen.«[43]

Eines Morgens brach man dann auf, Comito mußte seine und Katrinas Habseligkeiten auf ein Fuhrwerk laden, auf dem bereits die gesamte Druckausrüstung aufgepackt war, und die kleine Gruppe verließ Cinas Farm in Richtung Catskill Mountains. Nach zweistündiger Fahrt erreichte man ein abgelegenes Gehöft, die Calhoun Farm. Die Presse wurde im Erdgeschoß des Steinhauses installiert, und Cina teilte Comito mit, daß dies der Platz seiner Arbeit sei. Cina und Giglio kehrten nach Highland zurück, nachdem Cina angekündigt hatte, am nächsten Tag mit Lebensmitteln wiederzukommen.

Es verstrich abermals eine Woche, in der sich Comito mit Katrina alleine in der Einöde aufhielt. Außer Kartoffeln hatten sie nichts Eßbares mehr.[44] Cecala kam schließlich und erklärte, was man von Comito erwartete: »Er zeigte mir einige Platten und sagte, daß wir alle bald reich sein würden, und das wir diesen Auftrag unbedingt erledigen müssen.«[45] Was Cecala auspackte, waren Druckplatten zur Herstellung von kanadischen Fünfdollarscheinen.

Inwieweit Comito von seinen Arbeitgebern tatsächlich physisch bedroht wurde, um ihn gefügig zu machen, geht aus den Vernehmungsprotokollen nicht hervor. Aber es gehörte sicherlich zur Taktik der Bande, ihn psychisch in die Enge zu treiben, indem man ihn wochenlang bewußt im unklaren über seinen Aufenthaltsort und über die Art der von ihm zu erbringenden Leistung ließ und ihn überdies durch mangelnde Ernährung zermürbte. Denn in dem Moment, als Cecala endlich die Katze aus dem Sack ließ, gab es von Comitos Seite nicht mehr den geringsten Anflug von Verweigerung.

Als 3000 Banknoten fertig waren, fuhr Cecala los, um Morello Druckproben der Blüten zur Ansicht nach New York zu bringen. Comito blieb mit Giglio und Katrina alleine zurück. Nach drei Tagen war Cecala wieder zurück und äußerte Zufriedenheit über die Qualität und daß man mit dem Drucken fortfahren könne. Mitte Januar 1909, nachdem 16.000 Noten fertig waren, stoppte Cecala die Produktion der kanadischen Dollar und ließ mit dem Druck von Zweidollarscheinen der Vereinigten Staaten beginnen, ein Auftrag, der, wie er sagte, sehr eilig sei, »weil wir aus Brooklyn einen Auftrag für 20.000 Dollar in Zweidollarnoten haben.«[46] Die kanadischen Banknoten packte Cecala in eine leere Makkaronibox und brachte sie nach New York, wo sie an Interessenten aus Philadelphia, Pittsburgh und New Orleans zum Stückpreis von 1 Dollar 20 abgegeben wurden.

Anfang Februar 1909 machten sich Cecala und Comito gemeinsam nach New York auf, um die erste Lieferung Zweidollarnoten an Morello auszuliefern. Insgesamt wurden mit den Zweidollar-Platten drei Druckläufe durchgeführt, zuerst 5000 und danach zweimal jeweils 18.000 Stück. Die Arbeit dauerte bis Ende März. Am letzten Sonntag erschien Ignazio Lupo auf der Calhoun Farm und brachte Waffen und Munition mit, da er die Attacke einer verfeindeten Gang befürchtete. An diesem Wochenende kündigte Cecala Giglio an, daß er ihm in den nächsten Tagen Druckplatten für Fünfdollarscheine zukommen lassen werde, und gab ihm den Auftrag: ...» sich mit den Zweidollarnoten zu beeilen, weil es bereits Interessenten für Fünfdollarnoten gibt und er ihm diese Platten schickt, sobald er mit den anderen fertig ist.«[47]

Wie viele davon tatsächlich hergestellt wurden, daran konnte er sich nachträglich nicht mehr erinnern. Die Druckarbeiten waren jedenfalls Anfang Mai beendet, und Cina und Cecala äußerten in seiner Gegenwart, daß sie einen Teil der Banknoten in Eigenregie in Chicago, Buffalo und Pittsburgh an Geschäftspartner verkaufen wollten. Nach ungefähr einer Woche waren sie wieder zurück, und man begann, die Druckerpresse zu zerlegen. Bis zu diesem Zeitpunkt hatte Comito für seine Tätigkeit nicht mehr als 75 Dollar von der Bande erhalten und wurde auch bei dieser Gelegenheit weiter vertröstet. Mit Erledigung des Auftrags beschlich ihn ein Gefühl von permanenter Bedrohung[48], das in der letzten Maiwoche eskalierte, so daß er sich heimlich, ohne Katrina, davonstahl und nach New York zurückkehrte. Zwei Tage später stellte ihn Cecala in der Bleeker Street und fuhr ihn an, »warum er weglaufen wollte.«[49] Comito reagierte hysterisch und ließ Morello mitteilen, daß er mit dieser Art von Arbeit nichts mehr zu tun haben wolle und die Bande ihn in Ruhe lassen solle. Erinnert man sich der Schicksale von Catania und Madonia und zieht den gemütsarmen Ruf von Lupo und Morello ins Kalkül, so müssen die beiden sich in bezug auf Comitos Loyalität absolut sicher gewesen sein, sonst hätten sie ihn sofort beseitigen lassen.

Am 4. Januar 1910 wurde Comito von neun Polizisten in seiner Unterkunft gestellt, die ihn erst William J. Flynn vom

Secret Service und danach Richter Shields vorführten, der eine Kaution von 5000 Dollar festsetzte und die Einweisung in die Tombs anordnete. Da es Comito nicht gelang, einen Bürgen beizubringen, und die Gang auf seinen Hilferuf nicht reagierte, blieb er in Haft. Zu Prozeßbeginn am 26. Januar 1910, drei Wochen nach seiner Kassierung, hatte Flynn den verbitterten Comito so weit bearbeitet, daß er ihn als Kronzeugen der Anklage präsentieren konnte. Von diesem Moment an war Comito ein toter Mann, Flynn wußte das. Zu seiner Sicherheit wurde er an einem geheimen Ort isoliert und bei jedem Auftritt vor Gericht von zwei Sicherheitskräften flankiert.

Seit Ende März 1909 hatte Flynn Morellos Häuser 628 und 630 138th Street rund um die Uhr überwachen lassen, der gesamte Geschäftsverkehr und alle persönlichen Kontakte wurden auf diese Weise registriert. So war auch Comito in die Mühlen der Justiz geraten. Um »The lamb« zum Auspacken zu bringen, verschwieg Flynn diesen Sachverhalt und suggerierte ihm stattdessen, daß seine ehemaligen Kumpane, die ja bereits Mitte November verhaftet worden waren, ihn ans Messer geliefert hatten, eine Version, die durch die Tatsache der Kautionsverweigerung überzeugend wirkte. Von diesem Moment an sann Comito auf Rache. Zweifel an Flynns Darstellung kamen Comito zu keinem Zeitpunkt. Dazu hatte für ihn Omertà, wenn überhaupt, nur theoretischen Charakter, und es ist mehr als fraglich, ob dieser Verhaltenskodex in seiner bürgerlichen Welt überhaupt als Norm existent war.

Außer den Informationen über den Teil des Falschgeld-Rackets, an dem er unmittelbar beteiligt war, konnte Comito vor Gericht keine Aussagen zum Aufbau des gutorganisierten Verteilerringes machen. Hinweise darüber, wie die Falsifikate in Umlauf gebracht wurden, hatte er nur bruchstückartig aus Gesprächen zwischen Cecala und Cina aufgeschnappt. Dafür hatten die Männer vom Secret Service ganze Arbeit geleistet. Insgesamt ließ Flynn in vier Verhaftungswellen 36 Italiener in

Manhattan, Brooklyn, New Jersey und Upstate New York festnehmen. Aufgrund der umfangreichen Anklageschrift wurden Anfang Januar beim District Court drei getrennte Verfahren eingeleitet. Im Hauptverfahren standen Giuseppe Morello, Ignazio Lupo, Giuseppe Calicchio, Nicolas Sylvester, Antonio Cecala, Salvatore Cina, Vincenzo Giglio und Giuseppe Palermo vor Gericht, in den beiden Nebenverfahren Nicolas Terranova (Morello), Leolucca und Pasquale Vasi (Vassi), Lucino Maddi, Giuseppe Amato, Giuseppe Boscarini und Domenico Milone.

William J. Flynn und der ermordete Petrosino hatten erkannt, daß die Lupo/Morello-Gang durch die breite Fächerung ihrer Aktivitäten eine gefährliche subkulturelle Entwicklung in Gang gesetzt hatten, die es mit aller Macht zu unterdrücken galt: Sie hatten die klassischen urbanen Unterweltdomänen in Verbindung mit dem Rotlichtmilieu verlassen und peilten Bereiche des alltäglichen Lebens an. Sie monopolisierten die Grundnahrungsmittel, bestimmte Dienstleistungen und Wohnraum. Sie verschafften sich die Finanzmittel zur Durchsetzung der eigenen Hegemonieansprüche und verfügten über genug kriminelle Energie, um Hindernisse permanent aus der Welt zu schaffen. Nach Petrosinos Tod war es wohl zum Teil persönlicher Ehrgeiz, der Flynn mit aller Vehemenz vorantrieb, das Führungsduo Lupo/Morello gegen alle politischen Widerstände endlich zur Strecke zu bringen.

Ciro Terranova beschrieb vor Gericht, im anklagenden Ton des zu Unrecht Verfolgten, die unzumutbaren Lebensumstände seiner Familie: »Seit Morellos (Giuseppe) Verhaftung im Jahre 1903 (der Tote im Faß) wurde jedes Mitglied der Familie im Durchschnitt zweimal wöchentlich von Detektiven aufs Revier gebracht. Einmal wurden ich, mein Bruder Vincent, mein Neffe Charlie Morello und Nicholas Sylvester wieder einmal aufs Revier geschleppt, aber erst am nächsten Tag wieder entlassen.«[50]

Daß trotz dieser ständigen Überwachung kriminelle Aktivitäten noch möglich waren, läßt den Schluß zu, daß viele für diese Maßnahme abgestellten Beamten auf der Gehaltsliste der Gang standen. Zu diesem Fazit kam letztlich auch Flynn, nachdem Gerüchte über einen reibungslosen Ablauf der illegalen Geschäfte aufkamen. Im Frühsommer 1909 erhielt er dann den entscheidenden Hinweis von einem Polizeispitzel, der auf einen italienischen Gemischtwarengroßhandel als zentralem Umschlagplatz für die Blüten hindeutete. Eine Untersuchung der Besitzverhältnisse ergab, daß Giuseppe Morello, Domenico Milone und Antonio Cecala zu je einem Drittel als Eigner registriert waren.

Unter strenger Geheimhaltung vor den lokalen Polizeidienststellen mieteten sich zwei von Flynns Männern im gegenüberliegenden Haus ein und überwachten wochenlang das verdächtige Objekt. Was sie beobachteten, war eine beständige Flut von Kunden, aber auch von Personen, die ohne Umschweife den direkten Weg zu den privaten Räumen im hinteren Teil des Ladens nahmen und sich nach dem Verlassen des Gebäudes auffällig oft umsahen. Aus diesem abnormen Verhalten schloß Flynn, daß diese Personen nicht zur normalen Klientel des Großhandels zu rechnen waren, sondern es sich bei ihnen mit ziemlicher Sicherheit um die Abnehmer der Falsifikate handeln mußte. Als er sich seiner Sache sicher war, ließ er drei dieser mutmaßlichen Aufkäufer, wie sich herausstellte, allesamt Gemüsehändler, abfangen. Verhöre ergaben, daß sie falsche Zweidollarscheine für 70 Cents und Fünfdollarscheine für 3 Dollar pro Stück bezogen. In einer großangelegten Aktion wurden alle als potentielle Abnehmer registrierten Personen verhaftet. Die Produktionsstätte in den Catskills entdeckten Secret-Service-Männer anhand der Papier- und Tintenlieferungen an die Farm in

Highland, von wo sie die Spur zur Calhoun-Farm verfolgten. Doch sie kamen zu spät. Die Fälscher hatten beide Verstecke längst aufgegeben und alle Spuren sorgfältig beseitigt.[51]

Flynn kannte aufgrund der Beobachtungen seiner Männer und der Schilderungen etlicher kleiner Fische das Zusammenspiel der unterschiedlichen Parteien auf der Verteilerebene, doch es fehlten vor Gericht verwertbare Aussagen über die Produktionsebene. Die Anklage wegen Falschgeldproduktion basierte fast ausschließlich auf Indizien. Unter dieser Prämisse würde der mühsam recherchierte Fall, da war Flynn sich ziemlich sicher, auch vor einem Bundesgericht den Bach hinuntergehen.

Er brauchte einen bandeninternen Informanten. In dieser trostlosen Lage kam ihm das folgenschwere Versäumnis der Kautionsstellung für Comito gerade recht. Comito, der Außenseiter innerhalb der ansonsten homogenen Gangstruktur, blieb als einziger Gefangener in Untersuchungshaft, da sich für ihn kein Bürge fand. Alle übrigen Bandenmitglieder konnten nach kurzer Zeit die Tombs verlassen, für die Morello-Brüder bürgte Giovanni Zangara, ein vielfacher Hausbesitzer in East Harlem, für die Vasi-Brüder Francesco Spinella, der notorische Grundstücksspekulant des East Village, dem in der 11th und 12th Street ganze Blöcke elendster Mietskasernen gehörten.[52]

Mit Comito als Kronzeugen, der Lupo und Morello als die Bosse der Gang und Finanziers des Falschgeldrackets identifizierte, brach die bis dahin hoffnungsvolle Verteidigungsstrategie zusammen. Nach nur 18 Prozeßtagen und einer Beratungszeit der Jury von weniger als einer Stunde erging am 18. Februar 1910 das Urteil: schuldig in allen Anklagepunkten. Die Strafmaßverkündigung am darauffolgenden Tag geriet zu einem Spektakel. Das Gerichtsgebäude war zum Bersten überfüllt, »es mußte an diesem Morgen dreimal geräumt werden, da die Verwandtschaft der Angeklagten, Ehefrauen, Schwestern, Neffen, Tanten, Kinder und Freunde, den Betrieb zum Erliegen brachten.«[53] Als erster wurde Giuseppe Calicchio vor die Richterbank gerufen. Er erhielt 15 Jahre für den ersten Anklagepunkt (Produktion und Weitergabe von falschen Zweidollarnoten der Vereinigten Staaten) und zwei Jahre für den zweiten (Produktion und Weitergabe von falschen Fünfdollarnoten der Vereinigten Staaten). Da der gesamte Prozeß mit Dolmetschern geführt wurde, war es totenstill im Saal, als man das Strafmaß übersetzte.

»Das war das Ende der Mär von den Bandenmitgliedern als kaltschnäuzige, brutale Männer ohne Nerven, oder was Groschenromane sonst noch einem Personenkreis dieser Provenienz als Charakteristika andichten. Er stieß eine Reihe von markerschütternden Schreien aus, wie sie seit jenem Tag nicht mehr gehört wurden, als ein Einwanderer sich in der Tür des Aufzugs verfangen hatte und fürchtete, gestreckt und gevierteilt zu werden. Seine Schreie hallten durch die Korridore und waren noch vernehmbar, nachdem er, halb geführt, halb getragen, wieder seinen Platz auf der Anklagebank eingenommen hatte.«[54]

Der nächste war Giuseppe Morello, der einmal 15 Jahre und einmal zehn Jahre erhielt. »Morello wartete erst gar nicht auf die Übersetzung des Dolmetschers. Er brach zusammen und mußte von den Gerichtsdienern zu seinem Platz getragen werden. Dort stimmte er in das Lamento von Calicchio ein.«[55]

Die höchste Freiheitsstrafe, zweimal 15 Jahre, erging an Ignazio Lupo. »War Lupo der eiskalte Kriminelle, für den man ihn hielt? Keine Sekunde. Er schluchzte schon, bevor er die Richterbank erreichte, und als Richter Ray mit seinen Erläuterungen fertig war, hatte er bereits ein ganzes Taschentuch naßgeheult.«[56] Die Gefängnisstrafen sollten alle im Gefängnis von Atlanta, Georgia, verbüßen, in späteren Jahren neben Leavenworth, Kansas, und Lewisburg, Pennsylvania, berühmt-berüchtigt als »Mafia-row«.

Da ein Befreiungsversuch von Komplizen der verurteilten Gangbosse im Bereich des Möglichen lag, wurde der Weg vom Gerichtsgebäude zu den Tombs hermetisch abgeriegelt. Doch alles blieb ruhig. Nach mehr als zehnjähriger notorischer Existenz ohne nennenswerte behördliche Hemmnisse hatte niemand im Gangland zwischen Lower East Side und East Harlem mit diesem exemplarischen Urteil gerechnet. Um auch auf dem Transport ins Bundesgefängnis vor Gangaktionen sicher zu sein, wurden die acht Verurteilten bereits am Abend des nächsten Tages in aller Heimlichkeit von Marshal Henkel und sechsundzwanzig Deputies nach Atlanta überstellt.[57]

Nachdem die Sträflinge sicher in Atlanta angekommen waren, ließ Richter Ray verlauten, daß er, der Staatsanwalt Abel Smith und Flynn während des Verfahrens Morddrohungen erhalten hatten. In einem der Schreiben an ihn, in miserablem Italienisch abgefaßt, wurde gedroht, »wenn die Italiener nicht freigesprochen werden, wirst du sterben wie ein Hund. Wir haben schon ganz andere Männer kaltgemacht.«[58]

Angesichts der hohen Freiheitsstrafen, die im Hauptverfahren verhängt wurden, hielt es Leolucca Vasi für einen taktisch klugen Schachzug, sich gleich zu Beginn der Anhörung des Nebenverfahrens schuldig zu bekennen, der Verwahrer des Falschgeldes gewesen zu sein. Eine Handlung, die sich im nachhinein als übereilt herausstellte, da alle von der Staatsanwaltschaft vorgetragenen Anklagepunkte im Falle seiner Mitangeklagten von der Jury als nolle prosequi zurückgewiesen wurden. Der Prozeß war damit geplatzt, Nicolas Terranova (Morello), Pasquale Vasi und Lucino Maddi freigesprochen.[59]

Der Strafprozeß gegen die Anführer der Gang hatte viele verfahrenstechnische Fragen aufgeworfen, so daß sich die Verteidigung gute Chancen auf eine Revision ausrechnete. Um für die Berufung über die nötigen Finanzmittel zu verfügen, versuchten ein paar untergeordnete Mitglieder der Gang, den Tenor Enrico Caruso, der zu diesem Zeitpunkt als Star der Metropolitan Opera auf dem Gipfel seines Erfolges stand, bei Androhung von Gewalt zur Zahlung von 15.000 Dollar zu nötigen. Caruso übergab die Angelegenheit der Polizei, die dann anstelle des erwarteten Geldboten an der verabredeten Stelle auf die Erpresser wartete. Zwei Männer, Antonio Cincotto und Antonio Misiani, wurden verhaftet.[60]

Auch ohne Caruso kam durch aggressives »Spendensammeln« in den italienischen Ghettos genügend Geld zusammen, um einen neuen Gerichtsgang zu finanzieren. Kernpunkt des Einspruchs war die Anfechtung des ergangenen Schuldspruchs aufgrund der Tatsache, daß dieses Urteil ausschließlich auf der »unbestätigten Aussage eines Mittäters« beruhte. Mit der Abweisung des Einspruchs folgte das Appellationsgericht unter Vorsitz von Richter Ward der Argumentation der Anklagevertretung unter Staatsanwalt Wise und A.U.S.A. Frankfurter: »..daß es sicherlich die bessere Praxis ist, die Jury davor zu warnen, einem Urteil die Aussage eines Komplizen zugrunde zu legen, ohne das diese Aussage von unbeteiligter Seite bestätigt wurde, jedoch kann eine Jury in einem Verfahren vor einem Bundesgericht, wenn sie es für richtig hält, aufgrund der alleinigen Aussage eines Tatbeteiligten einen Schuldspruch fällen.[61] Im Mai 1911 wurde das Urteil vom Februar 1910 in letzter Instanz in allen Punkten bestätigt.

Überleben – Die falsche Leiche

»Esposito gestand, zusammen mit den anderen Angeklagten geplant zu haben, Joseph Di Marco zu töten und Schüsse auf einen ihm unbekannten Mann abgefeuert zu haben im festen Glauben, Joseph Di Marco vor sich zu haben. Erst später erfuhr er, daß der Mann, in den er seinen Revolver entleerte, nicht Joseph Di Marco, sondern ein gewisser Lombardi war.«

People of the State of New York against John Esposito, Court of General Sessions, Cal.No. 23837, 1918.

Am 2. April 1910 gab John Wilkie, der Chef des New Yorker Secret Service der *New York Times* ein Interview, in dem er die Lupo/Morello-Gang als »die gefährlichste Bande ausländischer Krimineller, die je in diesem Land ihr Unwesen trieb« bezeichnete. Über die Höhe des Strafmaßes äußerte er sich zufrieden, »denn haben diese Männer nicht jahrelang auf amerikanische Gesetze herabgesehen und diejenigen beseitigt, die ihnen im Wege standen?«[62]

Am 1. Dezember 1910 stürmten Männer seiner Dienststelle einen Weinkeller im Haus 86 Chrystie Street und verhafteten George Catania, den Bruder des Mordopfers von 1902, Giuseppe Catania. Zusammen mit ihm gingen den Fahndern Francesco und Modesto De Sonna, Michael Albanese (sein Sohn Salvatore Albanese verschwindet 1977 spurlos), Salvatore Sabatino (sein Bruder Thomas erlangte in der kriminellen Subkultur eine gewisse Prominenz und wurde 1920 in seinem Auto erschossen) und einige weitere Komplizen ins Netz. Die Besucher des Weinkellers hatten Verdacht bei den Fahndern erregt, wo man hinter der seriösen Fassade seit langem eine Schaltzentrale für illegale Aktivitäten vermutete. Den Festgenommenen, von der Journaille als Lupo-Schüler apostrophiert, wurde vorgeworfen, jene falschen Zwei- und Fünfdollarnoten, die vor einem Jahr der Beschlagnahmung entgangen waren, in Umlauf zu bringen. Ausbeute der Durchsuchungsaktion waren jeweils eintausend Blüten, versteckt in leeren Fässern. Der Prozeß wegen Weitergabe von Falschgeld endete im Januar 1911 für alle Angeklagten mit einem Schuldspruch und der Verurteilung zu mittleren Haftstrafen.[63]

Die Aussicht, selbst bei guter Führung mindestens 15 seiner 25 Jahre im Bundesgefängnis von Atlanta absitzen zu müssen, weitab von New York und seiner Familie, bewirkte bei Giuseppe Morello eine erstaunliche Wandlung. Nach fast einem Jahr Atlanta warf er demoralisiert alle Prinzipien seiner archaischen Wertvorstellungen über Bord. Er ließ Staatsanwalt Walter Dillon eine geheime Nachricht zukommen, in der er einen Handel anbot: seine vorzeitige Entlassung für Informationen über die Mörder von Petrosino. Dillon ging darauf ein und begab sich nach Atlanta. In einem dieser Verhöre nannte Morello Carlo Constantino als den eigentlichen Todesschützen und äußerte sich auch sonst sehr offen über seine bisherige kriminelle Karriere in New York. Doch er weigerte sich hartnäckig, seine Unterschrift unter das englischsprachige Vernehmungsprotokoll zu setzen, und verlangte eine Übertragung ins Italienische. Als Dillon nach einigen Tagen mit der übersetzten Version wiederkam, zeigte Morello deutliche Anzeichen von Panik. Er lehnte jeden weiteren Kontakt kategorisch ab und wollte sofort wieder in seine Zelle gebracht werden. Lupo hatte ihn anscheinend »durch eindringliches Appellieren an seine Loyalität« wieder auf Kurs gebracht. (»Drohungen gegen die Familie haben offenbar die Lippen des Aussagewilligen wieder verschlossen.«[64]) Als William J. Flynn, nun doch als Second Deputy Commissioner vom Secret Service zum NYCPD übergewechselt, Morellos Aussagen vorgelegt bekam, attestierte er ihnen große Glaubwürdigkeit. Die Überschrift der New Yorker Tageszeitungen vom 17. Januar 1911 über Morellos Verrat schlug in den italienischen Vierteln wie eine Bombe ein und stellte den Hegemonieanspruch des Rests der Lupo/Morello-Gang zur Disposition. Als Folge davon eskalierte die Zahl der Gewalttaten im italienischen Gangland.

Schwer angeschlagen von den beinahe schon chronischen polizeilichen Aderlässen der Jahre 1910-11, die bis Mitte 1911 neben den Bossen gut die Hälfte der aktiven Mitglieder der Gang hinter Gitter gebracht hatten, und moralisch gedemütigt durch Morellos »Singen«, konnte Ciro Terranova, das nunmehrige Oberhaupt der Familie, die bis dato breitgefächerten Interessen und das großräumige Interessensgebiet zwischen dem Little Italy der Lower East Side und East Harlem nicht halten. Mit Lupos gerichtlich verordnetem Abgang verschwand der Einfluß an der Lower East Side fast vollständig, selbst das traditionelle Machtzentrum der Terranovas in East Harlem konnte bis 1920 nur durch einen empfindlich hohen Blutzoll, der nicht weniger als sechs von Ciros direkten Blutsverwandten in den Tod riß, gegen brutal nachdrängende neue Formationen verteidigt werden. Der erste, der im Kugelhagel aufbegehrender Cliquen zusammenbrach, war sein Vetter Giuseppe La Monti, der 1913 aus einem vorbeifahrenden Automobil erschossen wurde.

Nur neun Monate später gaben Rivalen der Terranova-Gang den Auftrag, jedes Mitglied umzubringen. Am 23. Mai 1914 wartete ein Killer im Eingang des Gebäudes 312 East 108th Street auf Fortunato La Monti, Giuseppes Bruder. Ob aus Halsstarrigkeit oder aus Überheblichkeit, auch in diesen mörderischen Zeiten hielt La Monti sklavisch an der Monotonie seines Lebensrhythmus fest, der ihn tagtäglich, fast auf die Minute genau, an diesem Haus vorbeiführte zu seiner Geschäftsadresse, einem Getreidegroßhandel auf der First Avenue. Für einen Todesschützen mit hinlänglicher Lagekenntnis bot er das Idealbild eines Mordopfers. Zufällig vorbeikommende Freunde lasen den blutüberströmt in der Gosse liegenden La Monti auf und brachten ihn ins Harlem Hospital. »Obwohl sich zum Zeitpunkt des Verbrechens unzählige Passanten auf der Straße befanden, wollte keiner zugeben, etwas gesehen haben.«[65]

Die ärztliche Diagnose sprach von vier Kugeln, die von hinten in den Körper eingedrungen waren und zu tödlichen Verletzungen geführt hatten. Zwischen John Cassetti, einem italienischsprachigen Detective, der zur Klärung der Tateinzelheiten als Dolmetscher hinzugezogen wurde, und dem Sterbenden entspann sich folgender Dialog:

La Monti: »Ich schlenderte die Straße entlang und las in der Zeitung über den Becker-Fall, als ich angeschossen wurde.«

Cassetti: »Du wirst mit Sicherheit sterben, darum solltest du den Täter nennen.«

La Monti: »Kümmere dich nicht darum, ich krieg den Mann schon.«[66]

La Monti verlor bald darauf das Bewußtsein und verstarb wenig später. Die intensive Befragung von Thomas La Monti, Bruder und Geschäftspartner des Mordopfers, erbrachte keine verwertbaren Hinweise, obwohl es in Polizeikreisen als sicher galt, daß Mörder und Motiv im Umfeld des Toten sehr wohl bekannt waren. Denn kaum hatte sich die Nachricht von La Montis Tod wie ein Lauffeuer in East Harlem verbreitet, verbarrikadierte sich der Morello/Terranova-Clan in seiner Trutzburg in der 116th Street. Die Verbrechensstatistik für die zurückliegenden sechzehn Monate wies für die Straßenzüge zwischen 5th Avenue und East River 33 Morde an italienischstämmigen Einwanderern aus, vermutlich eine Folge des Beutekampfes rivalisierender Gangs um die bröckelnde Vorherrschaft der Terranovas.

Die »Unione Siciliana« war lange Jahre nur einer von vielen Geheimbünden in den italienischen Vierteln. Bei der Gründung in den achtziger Jahren des 19. Jahrhunderts stand, in der Tradition klassischer Freimaurerlogen, das soziale Element im Vordergrund. Die Vorteile eines klassenlosen Freiraums erkannten kriminelle Elemente sehr schnell, und um die Jahrhundertwende wurden viele dieser Geheimbünde kriminell unterwandert. Ignazio Lupo wurde zum Zuchtmeister der Unione und mißbrauchte deren guten Leumund systematisch für seine illegalen Geschäfte. Rechtschaffene Mitglieder zogen sich mehr und mehr zurück, bis um 1905 das kriminelle Element die Oberhand gewonnen hatte, auch wenn nach außen der Schein der Respektabilität noch gewahrt werden konnte. Dank Lupos Stellung entwickelte sich die Unione kontinuierlich zur tonangebenden Bruderschaft und wurde binnen weniger Jahre zum Synonym für Mafia. Ursprünglich an der Lower East Side beheimatet, erfolgte mit den Jahren eine Expansion auf das gesamte Stadtgebiet, um schließlich, während Lucianos Führerschaft, auf das ganze Land überzugreifen, mit Filialen in allen Städten mit einer zahlenmäßig ernstzunehmenden italienischstämmigen Bevölkerung.

Ciro Terranova, ein Mann mit eher mäßigen Führungsqualitäten, hatte alle Hände voll zu tun, seinen Einfluß in East Harlem zu festigen, doch ganz kampflos und ohne finanzielles Trostpflaster wollte er das einträgliche Revier an der Lower East Side nicht räumen. Um auch weiterhin im Spiel zu bleiben, war es unumgänglich, einen ihm gewogenen Mann zum neuen Boß und Nachfolger Lupos in der Unione zu etablieren. Frank Uale, alias Frankie Yale, vier Jahre jünger als Terranova, hatte seit langem eine virtuose Begabung gezeigt, seine kriminelle Existenz hinter der Fassade von Seriosität zu verbergen. Aufgewachsen an der Lower East Side, hatte Johnny Torrio sehr schnell das Potential von Yale erkannt. Als Torrio der

James Street den Rücken kehrte, um ins noch nicht flächendeckend kriminalisierte, vielversprechende Brooklyn überzuwechseln, nahm er Yale mit. Die beiden eröffneten die Hafenspelunke Harvard Inn in der Navy Street, die Yale nach Torrios Abgang nach Chicago mit seinem Bruder weiterführte. Neben seinen illegalen Interessen aus Schutzgelderpressung und Glücksspiel zählten ein Bestattungsinstitut und eine Zigarrenmanufaktur zu seiner legalen Fassade. Dieser Mann, Yale, bereits ein Machtfaktor in Brooklyn und vertraut mit den Verhältnissen der Lower East Side, schien Ciro der passende Partner für die Übernahme der Unione.

Einer, der sich selbst ins Spiel brachte und die Führung an sich reißen wollte, war Joe Di Marco, ein Spielsaloonbesitzer von Nummer 54 James Street, der bereits große Teile des italienischen Saloonrackets im Bereich Mulberry Bend an sich gebracht hatte. »Der Hintergrund des Mordkomplotts an Joseph Di Marco lag in dem Bestreben des Angeklagten und seiner Komplizen, den Einfluß und die Einnahmen Di Marcos am Glücksspielstandort Mulberry Bend an sich zu bringen.«[67] Da Terranova für sein Mordkomplott die Rückendeckung von Paul Kelly hatte, war Di Marco so gut wie tot.

Im Schlepptau von Torrio/Yale war auch Leopoldo Lauritano, ein Agent des Todes, nach Brooklyn gekommen. Als legale Fassade betrieb er einen Saloon im Haus 115 Navy Street, als einer der Anführer der Navy-Street-Gang übernahm er Mordaufträge auf kommerzieller Basis. Er sollte Di Marco beseitigen. Lauritano traf sich mit den Terranova-Brüdern Ciro, Vincenzo und Nicolas sowie Steve LaSalle, Nicola Sassi und Luigi De Vivo in einem Saloon in der Elizabeth Street, um die Modalitäten des Auftrags auszuhandeln. Bei dieser Gelegenheit stellte er Mike Fetto als Killer vor. Fetto überquerte am festgesetzten Tag die Brücke nach Manhattan und begab sich zu Di Marcos Stammlokal in der James Street. Es gelang ihm jedoch nicht, das Opfer auszumachen, und so kehrte er unverrichteter Dinge nach Brooklyn zurück. Da laut Kontrakt Geld nur bei Erfolg fließen sollte, beauftragte Lauritano John Esposito, alias Johnny Lefty, seinen besten Mann, mit der Durchführung der leidigen Affäre. Am 20. Juli 1916 begleitete Fetto Johnny Lefty, um sich Praxis anzueignen. Sicherheitshalber wurden noch Bartolomeo Pagano und ein gewisser Varrazzano verpflichtet. Vor der Tür postierte sich Rocco Valente, wie er vor Gericht aussagte, aus freien Stücken und nicht auf Befehl. Esposito feuerte zuerst und streckte Charles Lombardi nieder, im Glauben, Di Marco vor sich zu haben. Fetto erkannte den Irrtum, sah Di Marco flüchten, setzte ihm nach und erschoß ihn. Dann stürmte das Quartett aus dem Saloon.[68]

Di Marco besaß bereits eine umfangreiche Gefolgschaft, die, aufgestachelt durch Di Marcos Bruder Salvatore, nun ihrerseits darauf brannte, die Ermordung ihres Anführers an den Terranovas zu rächen. Wieder wurde Lauritano konsultiert, der in Unterweltkreisen als vorurteilsfreier Geschäftsmann galt. Für die Erledigung des Folgeauftrags stellte er ein dreiköpfiges Mordkommando zusammen, abermals angeführt von Esposito. Unter dem Vorwand einer Geschäftsbesprechung, schließlich galt Brooklyn als prosperierendes Territorium, wurden Nicolas Terranova (Morello) und sein entfernter Verwandter Charles Umbriaco in die Johnson Street gelockt.

»Plötzlich hallten Schüsse durch die Straßenschlucht und Panik brach aus. Gerüchte von Rassenkrawallen machten die Runde. Morello (Terranova) lag mit sechs Einschüssen tot im Rinnstein, Umbriaco 50 Meter weiter mitten auf der Straße, mit einem Brustdurchschuß.«[69]

Eine Stunde später brachten die Polizisten Tierney und Mealli drei Farbige aufs Adams-Street-Revier, die erklärten, Angaben über die Vorgänge des Nachmittags machen zu können. Was sie erzählten, ergab folgendes Szenario: Morello (Terranova) und Umbriaco marschierten Arm in Arm die

Johnson Street entlang, als zwei Männer auf sie zutraten. Ohne ein Wort zu wechseln, eröffneten die Fremden das Feuer. Morello brach tödlich getroffen zusammen. Umbriaco lief mit gezogener Waffe rückwärts die Straße entlang und feuerte auf die Angreifer, bis ihn nach ungefährt 50 Metern eine Kugel ins Herz traf und stoppte. Die Schützen flüchteten in eine Seitenstraße, wo die Polizei später die leergeschossenen Revolver fand. Dort wartete ein dritter Komplize in einem Fluchtauto, mit dem die Angreifer unerkannt entkamen. Spät am Abend wurde der 21jährige Rocco Valente in einem Billardsaloon in der Nähe des Tatortes aufgegriffen, der jedoch beteuerte, nichts mit dem Doppelmord in der Johnson Street zu tun zu haben. Da er im Besitz einer Schußwaffe war, nahm man ihn mit aufs Revier. Morellos (Terranovas) Identität wurde nach Leeren seiner Jackentaschen aufgrund von Briefen und einem Scheckbuch ermittelt, die von Umbriaco anhand seiner Fingerabdrücke. Noch in derselben Nacht kam Ciro Terranova zum Leichenschauhaus in Brooklyn und identifizierte die Leiche seines Bruders. Der Terranova-Block in der 116th Street zwischen First und Second Avenue wurde abermals zur Festung.

Salvatore Di Marco, Joes Bruder und Auftraggeber der Vergeltungsmorde an Nicolas Terranova und Charles Umbriaco, fand man Anfang November 1916 mit durchschnittener Kehle auf der Manhattan-Seite der Queensboro Bridge. Bis zur Entdeckung des stark verstümmelten Körpers deutete nichts darauf hin, daß die beiden Doppelmorde von Manhattan und Brooklyn mehr verband als die Tatsache, daß in beiden Fällen Täter und Opfer der italienischen Subkultur zuzurechnen waren. Vages Indiz eines Zusammenhangs lieferte lediglich der Fundort der Leiche im peripheren Einzugsgebiet des Terranova-Territoriums. Auch ließ die Tötungsart auf eine mögliche Täterschaft der »Mordstall«-Betreiber schließen, die dem gewaltsamen Tod als dem Ende einer störenden Existenz in alter sizilianischer Tradition immer eine unmißverständliche Botschaft für die Lebenden beifügten. Doch damit endeten die polizeilichen Schlußfolgerungen.

Im Spätsommer 1917 begaben sich zwei Detectives der Mordkommission Brooklyn nach Reno, Nevada, um Ralph Daniello, alias Ralph »the Barber«, zurückzuholen. Wegen seiner Beteiligung an dem Mord an Louis Demaro, dem wie so vielen vor ihm das Klima der Navy Street nicht bekam, hatte Daniello vor gut einem Jahr einer Kings County Grand Jury Rede und Antwort stehen müssen. Die Jury bestätigte alle gegen ihn erhobenen Anklagepunkte, und Daniello, der sich gegen Kaution in Freiheit befand, setzte sich nach dem Westen ab. In großer Hast und ohne ausreichende Finanzmittel aufgebrochen, schrieb er von Reno an seine Komplizen in Brooklyn und erbat Unterstützung. Doch er erhielt keine Antwort. Er schrieb erneut, und abermals traf er auf taube Ohren. Noch immer wollte er nicht glauben, daß man ihn bereits nach so kurzer Zeit abgeschrieben hatte. In seinem letzten hoffnungsvollen Brief erbat er für seine in Italien lebende Frau und Kinder Unterstützung, und wieder schlug ihm Schweigen entgegen. Dann begann er zu drohen und vergaß jegliche Vorsicht. Einen dieser Droh-Bettelbriefe, gespickt mit explosiven Interna der italienischen Unterwelt, fing die Polizei ab. Im Gefängnis in Brooklyn brauchte es nicht mehr sehr viel Überredungskunst, um ihn zum Informanten umzupolen.

Daniello entlarvte Detective Michael Mealli, betraut mit den Untersuchungen im Morello/Umbriaco-Mord[70], als Gehaltsempfänger der Navy-Street-Gang und wußte von einem Bandenkrieg zwischen den Uptown- (Terranova) und Downtown- (Di Marco) Sizilianern zu berichten, der bereits tobte, als er 1915 ins Land gekommen war, und bei dem sich beide Fraktionen der Navy-Street-Neapolitaner als Auftragsmörder in den Fällen bedienten, wo eigene Leute nicht nahe genug an das anvisierte Opfer herankamen. Als ehemaliges Mitglied der

Gang von Leo Lauritano konnte er Informationen zu 23 Morden liefern, die auf das Konto dieser Auseinandersetzung gingen, und nannte Personen, die diese Morde als Auftragskiller ausgeführt hatten. Als kleiner Fisch war er jedoch nie an einer Besprechung mit einem der Auftraggeber zugegen gewesen, konnte also über die wahren Urheber im Hintergrund kaum verwertbare Angaben machen.[71]

Aber mit einem traf Daniello ins Schwarze: Er ließ in einem der zahllosen Verhöre den Namen John Esposito im Zusammenhang mit den Morden an Di Marco und Lombardi fallen. Esposito befand sich wegen eines trivialen Eigentumdelikts bereits seit November 1916 in Untersuchungshaft und war bis zu diesem Zeitpunkt nicht mit dem Doppelmord von Manhattan in Verbindung gebracht worden. Daniellos Aussagen waren für ihn vernichtend, und um nicht alleine auf einer Anklage wegen vorsätzlichen Mordes sitzenzubleiben, lieferte er John Fetto ans Messer, der Anfang November 1917 in eine Falle der Fahnder ging. Die Staatsanwaltschaft von New York County, als dem Schauplatz des Verbreches, beantragte die Überstellung der beiden Mordverdächtigen. In dem Augenblick, wo der Vorwurf des vorsätzlichen Mordes an ihm hängenzubleiben drohte, begann auch Fetto hemmungslos auszupacken.[72] Womit Fetto wuchern konnte, um seine Haut zu retten, war das Wissen um die Drahtzieher des Di Marco/Lombardi-Mordes. Und er sang. Am 21. Dezember 1917 war die Anklageschrift gegen zehn namentlich Bekannte (Ciro und Vincenzo Terranova, Rocco Valente, Leo Lauritano, Steve LaSalle, Nicola Sassi, Luigi De Vivo, Bartolomeo Pagano, John Esposito und John Fetto) und zwei unbekannte Täter (John Doe, Richard Roe) abgefaßt und Haftbefehle ergangen. Bis zum Termin der Grand-Jury-Anhörung am 30. Januar 1918 befanden sich alle Tatverdächtigen, mit Ausnahme des flüchtigen Bartolomeo Pagano, in Haft. Zuerst wurde der versehentliche Mord an Lombardi erörtert. Eine direkte Tatverstrickung der

Terranovas konnte die Staatsanwaltschaft nicht darlegen, worauf die Jury diesen Anklagepunkt zurückwies. Schwerer anzufechten war die Beweislage um das vorzeitige Ableben von Di Marco. Der Todesschütze Fetto, nun Zeuge der Anklage, konnte glaubhaft machen, daß Ciro Terranova die Triebfeder des Mordkomplotts gewesen war. Während der Jury-Anhörung stand den Terranovas ihr Vertrauensanwalt Caesar B.J. Barra zur Seite. Bei dem anhängigen Prozeß erwuchsen den Brüdern erhebliche Zweifel an den Fähigkeiten ihres Rechtsbeistandes, denn ein Schuldspruch bedeutete den elektrischen Stuhl.

Martin W. Littleton, ein findiger Advokat, genoß in Unterweltkreisen den zweifelhaften Ruf, den Kopf von hoffnungslos verstrickten Angeklagten aus der Schlinge ziehen zu können. Und es sah für die Terranovas in der Tat hoffnungslos aus, als die Staatsanwaltschaft mit den Zeugen Fetto und Esposito fertig war. Littletons Strategie konzentrierte sich deshalb voll und ganz auf die systematische Vernichtung der Glaubwürdigkeit dieser beiden Verräter. Unter Littletons inquisitorischem Eifer mußte Esposito einräumen, bereits vor dem Di Marco-Auftrag vier Morde auf Bestellung ausgeführt zu haben, daß Mord zu diesem Zeitpunkt die primäre Einnahmequelle zur Bestreitung seines Lebensunterhaltes war. Der Zeuge Fetto wurde auf ähnliche Weise vernichtet. Während des gesamten Ablaufs zeigten sich die Terranovas unbeeindruckt und hielten an ihrem »Nicht schuldig« fest. Einer, der die Nerven verlor, war Leo Lauritano. Am 27. März hatte Staatsanwalt George N. Brothers ihn so weit, daß er ein Geständnis ablegte und bekannte, der Mittelsmann und Organisator der tödlichen Intrige gegen Di Marco gewesen zu sein.

Und dann landete Littleton einen gerissenen Coup. Er berief sich auf eine Bestimmung des Strafgesetzes des Staates New York, wonach seine beiden Mandanten freizusprechen waren, falls es der Staatsanwaltschaft nicht gelänge, Aussagen von unbeteiligten Zeugen vorzulegen, da alle bisher vorgebrachten Beweise ihrer Schuld nur von Co-Konspiratoren und Komplizen der zu verhandelnden Straftat herrührten. Der richterlichen Freiheit oblag es, diese verfahrenstechnische Hintertür zuzuschlagen oder aufzustoßen. Im Falschgeldprozeß gegen Lupo/Morello widersetzte sich Richter Ray diesem in Rechtskreisen nicht unumstrittenen Vorstoß der Verteidigung, und es erging damals ein Schuldspruch. Vorsitzender Richter in diesem Fall war Thomas C.T. Crain, ein Tammany-Mann mit exzellenten Drähten zur Unterwelt. Ende der zwanziger Jahre hatte er, auf Mafia-Geld gestützt, für das Amt des Staatsanwaltes von New York County kandidiert und gewonnen; 1931 wurde gegen ihn ein Verfahren wegen Strafvereitelung im Amt eingeleitet: Er hatte Berichte und Anzeigen über Schutzgelderpressungen im Dunstkreis des Fulton Fish Market einfach verschwinden lassen. Crain folgte bereitwillig der Argumentation der Verteidigung und schlug den Fall nieder. In einem Memorandum legte Staatsanwalt George N. Brothers dar, daß Richter Crain, in Begleitung von Littleton, ihm gegenüber privat äußerte, »daß die Beweislage nicht ausreiche, die Schuldfrage eindeutig zu klären.«[73] Ciro und Vincenzo Terranova verließen an diesem 6. Juni Arm in Arm und in Hochstimmung das Gerichtsgebäude als freie Männer.

Die Anklage im Falle der Morde an Nicolas Terranova und Charles Umbriaco vertrat die Staatsanwaltschaft von Kings County. Das Terzett Esposito/Fetto/Daniello präsentierte sich auch in diesem Verfahren als Zeugen der Anklage, Hauptangeklagte waren abermals Leo Lauritano als Auftragsvermittler und ein junger Neapolitaner namens Alessandro Vollero als einer der beiden Todesschützen. Ende September 1918 wurden Lauritano und Vollero zu langen Haftstrafen in Sing-Sing verurteilt, die Verräter Esposito/Fetto/Daniello kamen mit sechs bis zehn Jahren davon. Vollero nahm verbittert zur Kenntnis, daß es für loyale Neapolitaner nicht ratsam war, sich mit Sizilianern einzulassen, denn in den beiden Verfahren um die Doppelmorde marschierten die Sizilianer geradewegs in die Freiheit, die Neapolitaner direkt in die Langzeit-Staatsverwahrung. Noch 1928 warnte er seinen jungen neapolitanischen Zellengenossen Joe Valachi vor der Falschheit der Sizilianer. Valachi, zu diesem Zeitpunkt ein kleiner Gauner, wurde in den sechziger Jahren, als abgehalfterter Wiseguy, vor dem McClellan-Senatsausschuß zum Aufklärer der Nation in Sachen organisiertes Verbrechen.

Das Jahrzehnt von 1907 bis 1917, von der ersten einschneidenden Wirtschaftsdepression bis zum Eintritt der Vereinigten Staaten in den Ersten Weltkrieg, markierte auch für New York eine Spanne des atemberaubend schnellen Wandels. Die Mobilität der Stadtbevölkerung erreichte eine neue Dimension, als am Ende der Dekade die Zahl der Automobile die Anzahl der Pferde übertraf und die letzte pferdegezogene Straßenbahn ihren Dienst einstellte, um einer elektrifizierten Untergrundbahn zu weichen. Die Stadt erlebte unter Bürgermeister John Purroy Mitchel eine Glanzzeit. Der Kandidat des Zusammenschlusses von Republikanern und Fusionisten konnte sich gegen den Tammany-Mann Edward E. McCall durchsetzen. McCall war unbescholten, als er 1913 in die Wahlschlacht zog, doch auch das rettete Tammany nicht vor dem Verlust des Rathauses. Die skandalöse Amtsenthebung von Gouverneur Sulzer, angezettelt von Boss Murphy, kostete die Partei die Wählergunst an den Urnen. William Sulzer, linientreues Tammany-Parteimitglied seit über zwei Jahrzehnten, durchlebte nach seiner Inauguration im Jahre 1912 eine Saulus-Paulus-Metamorphose. Für alle unerwartet, wurde er plötzlich von der fixen Idee beseelt, in seinem Amt dem Staat und nicht der Partei dienen zu müssen. Diese Umorientierung hatte für beide, für Sulzer und die Partei, fatale Folgen. Ausgangspunkt der üblen Politposse war eine vom Gouverneur angeordnete Analyse der Effizienz bei Auftragsvergaben durch die öffentliche Hand. Die Bilanz war bestürzend. Es stellte sich heraus, daß für jeden Dollar, den der Staat New York zur Errichtung neuer Straßen ausgab, von den beauftragten Firmen lediglich Leistungen im Gegenwert von dreißig Cents erbracht wurden. Dieses Ausmaß an Korruption meinte Sulzer seinen Bürgern nicht vorenthalten zu dürfen. Namentlich benannte er Boss Murphy und einige von dessen engsten Vertrauten als schamlose Plünderer der Staatskasse. Rasend vor Wut mobilisierte Murphy seine Gefolgsmänner, die gegen Sulzer ein Verfahren wegen undurchsichtiger Wahlkampffinanzierung einleiteten. Daß es sich bei Sulzers Geldgebern um Kreise handelte, die zu Konstanten der Tammany-Parteifinanzierung gehörten, wurde bewußt heruntergespielt. Sulzer, der sich große Sympathien in der Bevölkerung erworben hatte, wurde mit einem 75/46 Votum seines Amtes enthoben. In diesem Stadium der politischen Willkür eines einzelnen über das ganze System waren Stadt und Staat New York überreif für einen Wechsel. Am 1. Januar 1914 zog Mitchel im Rathaus ein, neun Monate später wurde Charles S. Whitman, der Ankläger im Fall Becker, zum neuen Gouverneur gewählt.[74]

Auch der Tod wurde in diesem Jahrzehnt für New York zu einem großen Veränderer. Big Tim Sullivan, der andere Machtfaktor von Tammany Hall, wurde 1912 wahnsinnig. Einige Monate verbrachte er in einem Sanatorium, die Wochen vor seinem Tod bewohnte er mit Leibwächtern und Krankenpersonal ein Haus in Williamsbridge, von wo aus er gelegentliche heimliche Abstecher zu den Spielhöllen und alten Zechkumpanen des Broadway machte. Von einem dieser nächtlichen Ausflüge kam er Anfang 1913 nicht mehr zurück, und es dauerte Tage, bis eine vom Zug überrollte, übel zugerichtete Leiche als die sterblichen Überreste von Big Tim identifiziert wurde. Das politische und gesellschaftliche Erbe Sullivans trat sein langjähriger Vertrauter und Intimus Big

Tom Foley an, uneingeschränkter Herrscher im Second Assembley District. Diese Machtposition im Rotlichtdistrikt wollte Bürgermeister Mitchel brechen. Bei der anstehenden Distriktswahl von 1915 unterstützte er Mike Rofano, der sich einen erbitterten Kampf mit Foley lieferte, in deren Verlauf Foleys Zögling Michael Camara (Giamari) getötet wurde. Aufgeschreckt durch diese Gewalteskalation, zog sich Mitchel zurück und überließ Foley das Terrain. Diese Stellung behielt Foley bis zu seinem Tod im Jahre 1925 und wurde zum Mentor und Protektor des neuen Verbrecherkönigs in der Lower East Side, von Joe »the Boss« Masseria.

Neben den äußeren Strömungen, denen sich auch die abgeschottete italo-amerikanische Ghettosubkultur nicht gänzlich entziehen konnte, fand im Inneren ein konfliktimmanenter Umbruch statt. Zu den »gestandenen« Kriminellen, die um 1910 30 bis 40 Jahre zählten, die als Jugendliche oder junge Erwachsene um die Jahrhundertwende ins Land gekommen waren, geprägt von den Ritualen der verlassenen Heimat, drängten Halbwüchsige in die Illegalität, die Klein- oder Schulkinder waren, als sie auf Ellis Island landeten. Die meist nur sporadischen Schulbesuche, in der Regel mit vierzehn Jahren abgebrochen, entließ sie ohne ein adäquates Sprachvermögen. »Es war verflucht schwer, eine amerikanische Schule zu besuchen, ohne ein einziges verdammtes Wort Englisch zu sprechen. Die ersten Grundschuljahre waren die härtesten meines Lebens. Wahrscheinlich drängte es mich deshalb so auf die Straße, nur um diesem Scheißbetrieb zu entgehen. Mein Englisch lernte ich dann in der Gosse«[75], meinte Lucky Luciano. Auch das Italienische ging ihnen nicht mühelos von der Zunge, die desolate Familienstruktur hatte eine bestürzende Sprachlosigkeit zwischen den Alten mit ihrem verzweifelten Festhalten an den ländlichen Traditionen und den Jungen mit ihrem urbanen Lebensgefühl zur Folge.

Dieses sprachlose Oszillieren zwischen den Kulturen, weder in der einen noch in der anderen verwurzelt, ließ neue Wertmaßstäbe entstehen. Die Straße mit ihren erbarmungslosen Gesetzmäßigkeiten wurde zum eigentlichen Lebensraum und in brisanter Konsequenz zum Bildungs- und Arbeitsplatz. Denn dort sahen sie jene Männer, teuer und auffällig gekleidet, die den ganzen Tag in den Saloons und Cafés herumlungerten und scheinbar ohne Arbeit einem luxuriösen Lebenswandel frönten, von allen respektiert und gefürchtet. Sie begannen, diese *uomini d'honore* mit ihren schwer schuftenden, armseligen Vätern zu vergleichen, die kaum genug Geld für das nackte Überleben mit nach Hause brachten, und wollten so werden wie jene. »Da waren die Pros, die reichen Dons aus der alten Heimat, mit ihren großen schwarzen Limousinen und den dazu passenden Bärten. Wir haben uns hinter ihrem Rücken immer lustig über sie gemacht, aber unsere Eltern hatten Todesangst vor ihnen. Das einzige, was uns beeindruckte, war, daß sie Geld hatten, denn Geld war, was zählte, weil die Reichen sich immer freikaufen können.«[76]

Einer dieser früh verhärteten Halbstarken, die um 1910 die Straßen des bereits zum Slum gekippten East Harlem in jugendlichem Übermut, aber schon klar erkennbarer krimineller Energie heimsuchten, war der im kalabrischen Cosenza geborene Francesco Castiglia, (Francesco Saveria, in späteren Jahren Frank Costello, alias Premierminister der Unterwelt), der 1895 als Vierjähriger in New York angekommen war. Zum ersten Mal aktenkundig wurde er mit 14 Jahren, als er, in linkischer Wildwest-Manier, mit einem schwarzen Tuch vor dem Gesicht, die Vermieterin der elterlichen Bleibe ausraubte. Da sich auf dem zuständigen 104th Street-Revier niemand für derartige Bagatellfälle interessierte, akzeptierte man bereitwillig sein Alibi und ließ ihn laufen. Drei Jahre später wurde er erneut wegen Verdachts auf Raub festgenommen, diesmal zeigte der Vorfall eine deutlich härtere Gangart. Und wieder kam er ungeschoren davon. Wie auch 1912. In diesen Jahren der diffusen Positionssuche im kriminellen Umfeld wurde Ciro Terranova sein Idol, das er in Gestik und Sprache zu imitieren suchte. Geschmeichelt benutzte der Don den jugendlichen Verehrer für kleinere Dienste, wie der Weitergabe von Wettscheinen oder der Eintreibung von geringen Beträgen aus Mieten von Terranova-Wohnraum. Doch um so zu werden wie sein Vorbild, durfte man sich nicht mit Botendiensten aufhalten: Den Ruf eines harten Kerls erwarb man nur mit der Waffe in der Hand. Anfang März 1915 wurde er, nur wenige Monate nach der Heirat mit einem deutsch-jüdischen Mädchen, wegen Vergehens gegen das Sullivan Law, das Schußwaffengesetz, verhaftet und zu einem Jahr Welfare Island verurteilt. Dort erhielt er den letzten Schliff zur Unterwelttauglichkeit. 1919 gründete er mit seinem gleichaltrigen jüdischen Freund Harry Horowitz die Horowitz Novelty Company, die Material für den Glücksspielbetrieb herstellte. Das Unternehmen lief gut, aber nicht gut genug für die jugendlichen Geschäftemacher. Der kriminelle Bankrott landete vor Gericht, wo der Verteidiger ins Feld führte, die ausstehenden Gelder könnten von seinen Mandanten nicht eingetrieben werden, da die Schuldner allesamt »East Side Gangster« seien.[77] Frank Costello hatte mit dem illegalen Glücksspiel sein Metier gefunden, dem er, neben einem Abstecher in den Alkoholschmuggel während der Prohibition, bis zu seinem gewährten Rückzug ins Privatleben im Jahre 1957 treu blieb, nachdem eine Kugel auf seiner linken Schläfenseite anstelle eines Loches nur eine Schmauchspur hinterlassen hatte.

Salvatore Lucania (in späteren Jahren Charles Luciano, Lucky Luciano, Charlie Lucky) lebte um 1910 mit seinen Eltern und vier Geschwistern in einer Wohnung ohne warmes Wasser in der 14th Street. Schon früh erkannte der aufgeweckte Knabe, daß Besitz und Wohlstand nicht zwangsweise das Ergebnis von Arbeit im bürgerlichen Sinne sind. Bereits als Zwölfjähriger entwickelte er auf den seltenen Abstechern zur Schule eine Möglichkeit der Geldbeschaffung. Gegen Pennybeträge verkaufte er auf dem Schulweg seinen Schutz an potentielle Opfer von Mißhandlungen: kleinere jüdische Kinder. Doch lange hielt er sich nicht mit diesem Kleinkram auf. Wie Costello in East Harlem begann er, als Bote für notorische Kriminelle mit kleinen Aufträgen durchs Ghetto zu laufen. Nebenbei ließ er alles mitgehen, was sich irgendwie zu Geld machen ließ. Da er noch zu Hause wohnte, zwang ihn das väterliche Mißtrauen, seine zweifelhaften Einkünfte durch die Annahme einer geregelten Anstellung zu kaschieren. Ein Jahr, bis zu seiner ersten Inhaftierung, dauerte das Arbeitsverhältnis bei dem jüdischen Hutfabrikanten Goodman. Er mußte Bestellungen an Geschäfte und Warenhäuser in ganz Manhattan ausliefern und kam auf seinen Streifzügen durch die Stadt zu der festen Überzeugung, daß diese permanente räumliche Bewegung sich zu einem lukrativen Nebenverdienst ausbauen lassen müßte. Er dachte an George Scanlon, den Mann mit der großen weißen Limousine, der als Dealer im Viertel bekannt war.

Die Weitergabe und der Verkauf von suchterzeugenden Substanzen war seit 1906, seit dem Pure Food and Drug Act, unter Strafe gestellt. Eine nachdrückliche Kriminalisierung erfolgte jedoch erst durch den 1914 ratifizierten Harrison Act. Der Gebrauch von morphinhaltigen Mitteln hatte in den Vereinigten Staaten Tradition, da in vielen Gebieten des Westens die einzige medizinische Versorgung oft nur von fahrenden Quacksalbern gewährleistet wurde und in den Metropolen das mittellose Großstadtproletariat zur Linderung seiner tatsächlichen oder eingebildeten Beschwerden in die Drugstores strömte, da kostspielige Arzthonorare bei kleineren Unpäßlichkeiten vermieden wurden. All diese Heilmittel beruhten in der Regel auf Morphinbasis, die linderten, ohne zu kurieren, und sehr schnell zur Sucht führten. Als alle Produktionsstätten geschlossen wurden, gab es eine alarmierende Zahl von Abhängigen quer durch alle Bevölkerungsschichten, die sich ihre per Gesetz kriminalisierten Universalmittelchen in Pulverform nun in der Illegalität besorgen mußten: 1914 zeigte bereits einer von 400 unübersehbare Suchtmerkmale.[78] Das staatliche Eingreifen ließ die Gewinnspannen explodieren, was schnell zu einem illegalen, straff organisierten Markt führte. Die Dealer an den Straßenecken gehörten bald zum Stadtbild. Die Streifenpolizisten waren durch finanzielle Zuwendungen auf beiden Augen blind.

Der noch nicht achtzehnjährige Salvatore Lucania schätzte das Risiko gering und kaufte vom Großhändler Scanlon ein Achtel einer Flasche. Die Belieferung seiner Kunden wickelte er auf seinen täglichen Botengängen durch die Stadt ab, wobei er die Drogen in den Goodman-Hutschachteln transportierte. Als die Flasche nach zehn Tagen aufgebraucht war, kaufte der angehende Geschäftsmann mit dem Verdienst eine weitere.[79] Innerhalb weniger Wochen hatte er so viel verdient wie mit vier Monaten legaler Tätigkeit. Seine finanzielle Prosperität fand jedoch nicht bei allen Anklang. Anfang Juni mußte er erkennen, daß er Neider hatte, die ihn bei der Polizei anschwärzten. In einer der Hutschachteln wurde Heroin gefunden, was eine Verurteilung zu einem Jahr Hampton Farms Penitentiary nach sich zog. Ähnlich wie bei Costello stellte auch bei Lucania der Gefängnisaufenthalt die Weichen unwiderruflich in Richtung Vollzeitkrimineller. Als sich die Gefängnistore einige Monate später für ihn wieder auftaten, trat ein Mann mit verändertem Innenleben heraus, der sich zum äußeren Zeichen von nun an Charles nannte. Die Verurteilung hatte zum Bruch mit seinem Vater geführt, und so suchte er sich zusammen mit einem Freund namens Frankie

Coppola eine eigene Bleibe, ein armseliges Loch in der West 20th Street. Und er schwor sich, nie mehr einer geregelten Arbeit nachzugehen, »denn wenn du für ein paar Groschen schuftest, bist du eine Null, nicht besser als all die Nullen um dich herum. Ich habe mir geschworen, bevor ich eine Null werde, bin ich lieber tot.«[80]

Rauschgift wurde, neben einem Exkurs in den Alkoholschmuggel während der Prohibition, zusammen mit Costello, Siegel und Lansky, zu Lucianos Kampfgeschäft. Nachdem er 1946 nach Italien deportiert worden war, baute er von dort systematisch einen Drogenweg vom Nahen Osten über Sizilien, Südfrankreich nach Kuba und New York auf.

Eines der jüdischen Kinder, die Gefahr liefen, potentielle Opfer der Schutzgelderpressungen zu werden, war Meyer Lansky, das schmächtige Kind russisch-jüdischer Einwanderer. In seinen Erinnerungen schildert Luciano das erste Zusammentreffen der beiden:

»Ich erinnere mich, Lansky den üblichen Vorschlag gemacht zu haben. Ich war ungefähr einen Kopf größer als dieser Zwerg, aber er schaute zu mir auf, ohne mit der Wimper zu zucken. Sein Gesicht zeigte wilde Entschlossenheit, als er ›*Fuck you*‹ herauspreßte. Ich begann zu lachen. Ich klopfte ihm auf die Schulter und sagte: ›Okay, du bekommst den Schutz umsonst.‹ Er trat einen Schritt zurück und schrie: ›Schieb dir deinen Schutz in den Arsch, ich brauche ihn nicht!‹ Ich habe sehr schnell herausgefunden, daß er ihn wirklich nicht brauchte.

Neben Benny Siegel war Meyer Lansky der absolut kaltblütigste Mensch, der mir in meinem ganzen Leben begegnet ist, das inkludiert auch Albert Anastasia oder sonstige Brooklyn-Gangster oder irgend jemanden, an den ich sonst denken könnte.«[81]

Die 1911 aus dem russischen Grodno eingewanderte fünfköpfige Familie Suchowljansky, die ihren Namen den amerikanischen Hörgewohnheiten anpaßte und sich fortan Lansky nannte, wohnte in einem stickigen Apartment im Haus 546 Grand Street in einem rein jüdischen Viertel, wo die Riten jüdischer Tradition fester Bestandteil des täglichen Lebens waren. Jeden Freitag abend mußte der junge Meyer das traditionelle Sabbatmahl, den Cholent, zum Bäcker bringen, wo er zusammen mit all den anderen Cholentpötten aus der Nachbarschaft im Backofen die letzte Garstufe durchlief. Auf diesem Weg mußte der Knabe die Delancy Street entlanggehen, wo jeder Quadratmeter des Fußweges an Gewerbetreibende jeglicher Provenienz vermietet war – fliegende Händler, Prostituierte, Karten- und Würfelspieler. Crap-games hatten es ihm besonders angetan, und eines Freitags setzte Meyer den Nickel für den Cholent in der Hoffnung, mit zweien davonzugehen. Er verlor gleich beim ersten Wurf und kam mit dem kalten Pott zurück. »Ich war sehr beschämt darüber, meine Familie enttäuscht zu haben. Aber was mich wirklich aufbrachte, war, daß ich das Geld verloren hatte.« In den darauffolgenden Wochen schlich Lansky die Delancy auf und ab, auf der Suche nach einem mathematisch errechenbaren Gewinnsystem. Was er fand, waren Erkenntnisse, die sein Leben veränderten. »Es gibt keine erfolgreichen Spieler. Es gibt nur Gewinner und Verlierer, und die Gewinner sind immer diejenigen, die das Spiel kontrollieren.«[82] Und wiewohl er noch weiter zur Schule ging, wurde der abstoßende Fußweg mit seinem menschlichen Abschaum zur Traumwelt des jugendlichen Zockers, der diese Passion zum Inhalt und Auskommen seines Lebens machte.

Als Lucania und Lansky sich 1915 kennenlernten, befand sich ein wilder, wesentlich jüngerer Bursche im Schlepptau von Lansky, Benjamin Siegel. Einige Monate später stieß Frank

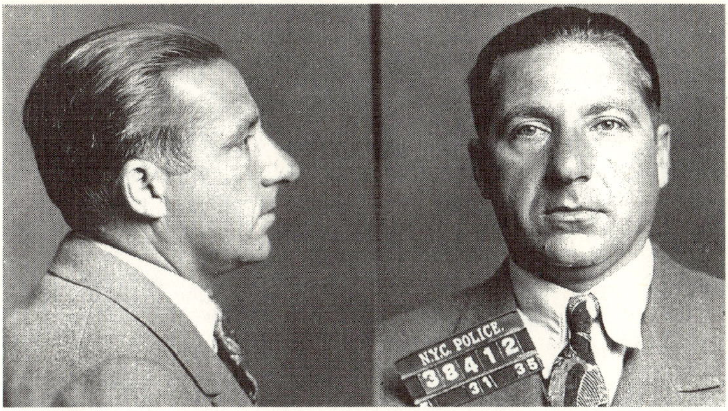

Frank Costello

Costello, gerade aus der Haft entlassen, zu dieser Truppe. Ihn hatte Lucania auf einem seiner Botengänge nach East Harlem als Anführer der 104th Street Gang kennengelernt. Was sich in den Monaten von Herbst 1915 bis Sommer 1916 zusammenfand, ein Kalabreser, ein Sizilianer, ein russischer Jude und ein in Brooklyn geborener Sproß jüdischer Eltern, trat an, die ethnischen Barrieren bestehender Kriminalität in den vielen exotischen Ghettos der Stadt niederzureißen, um ein einheitliches Operationsgebiet zu schaffen, wo Gewinnoptimierung statt Tradition oberster Glaubensgrundsatz wurde.

»(Lansky, Costello und ich) wir waren Analysierer; wir haben uns nie in Abenteuer gestürzt, wenn wir nicht eine Hintertür hatten. Siegel war genau das Gegenteil, und ich glaube, das machte ihn so wertvoll für uns. Seine Entscheidungen kamen aus dem Bauch, er handelte rein instinktiv.«[83]

Arnold Rothstein war ab 1915 die Gestalt, an der keiner vorbeikam, der einen Logenplatz im Gefüge des illegalen New Yorker Glücksspiel-Rackets anpeilte. In der Szene als

»Mr. Big« bekannt, setzte Rothstein den Trend in Gang, das Glücksspiel aus den schmuddeligen Kaschemmen des Tenderloin oder der Lower East Side zu holen, um es als Zeitvertreib für die Reichen und Einflußreichen der Stadt attraktiv zu machen. Dieses Prinzip »Königsnähe« war, neben so profanen Unterweisungen wie der Wahl der korrekten Kleidung, die folgenschwere Mitgift Rothsteins für die Entwicklung des Kleeblatts Costello, Lansky, Lucania und Siegel zu einer Autorität, die 1931 in der Lage war, das archaische System mit seinen traditionserstarrten Bossen zu eliminieren und dem Terminus organisiertes Verbrechen eine neue Dimension zu geben. »Für mich war es eine Frage von Organisation, für sie war es eine Frage der Ehre – wer würde der Capo di tutti Capi.«[84]

Rothstein, Sproß einer wohlhabenden deutsch-jüdischen Familie, wurde, ähnlich wie später Lansky, bereits in frühen Jahren in den Bann des Glücksspiels gezogen. Um seine Leidenschaft befriedigen zu können, eröffnete er 1911 einen eigenen Saloon, um die Bedürfnisse glückloser Spieler zu befriedigen, betätigte er sich nebenbei als Geldverleiher. Bereits 1919 lief nichts mehr ohne sein Placet, sein Einfluß war zu diesem Zeitpunkt schon so groß, daß er den Ausgang der amerikanischen Meisterschaft im Baseball manipulieren konnte: Das Endspiel ging als »Black Sox Scandal« in die Annalen ein. Den tatsächlichen Einfluß auszuloten, den Rothstein auf die Entwicklung der gewinnorientierten Illegalität hatte, ist unmöglich. Am fundamentalsten muß seine Position als Mittler zwischen den unterschiedlichen ethnischen Gruppen gesehen werden, ohne die organisierte Kriminalität hinter Ghettogrenzen verkümmert wäre. Aus großbürgerlichem Hause mit multikulturellem Background, kannte er die fast immer der Angst vor dem unbekannten Fremden entspringenden Vorbehalte gegenüber anderen ethnischen Gruppen nicht. Er wählte die Leute in seiner Umgebung nach Fähigkeit, nicht nach Abstammung. Gerade auf den jungen Lucania wirkte diese unternehmerische Sichtweise von Kriminalität besonders stark. Als Sizilianer, der in seiner engsten ethnischen Umgebung als ein kommender Mann galt, mußte er immer wieder Rechenschaft darüber ablegen, warum Juden, Kalabresen und Neapolitaner zu seinen engsten Partnern zählten.

Giuseppe Masseria war 1916, als die Hegemoniekämpfe zwischen Ciro Terranova und Joe Di Marco um die Lower East Side tobten, erst einige Monate wieder in Freiheit. Am 23. Juni 1913 war er wegen eines mißglückten Raubüberfalls auf Simpson's Pfandleihe – er hatte zusammen mit drei Komplizen versucht, sich durch eine Öffnung im Fußboden des darüberliegenden Apartments abzuseilen – von Richter Crain zu viereinhalb Jahren Dannemora verurteilt worden.[85] Diese auffallend harte Strafe für ein vergleichsweise harmloses Vergehen ist beredtes Indiz dafür, daß Masseria zu diesem Zeitpunkt noch nicht zum Kreis der geschützten Verbrecher gehörte. Terranova befand sich zu diesem Zeitpunkt in erheblichem Zugzwang, da die Eliminierung Di Marcos und die Ernennung Yales zum Anführer der Unione nicht die gewünschte Stabilisierung gebracht hatte und sein Bruder Nicolas als Prätendent von Terranova-Ansprüchen an der Lower East Side ausgefallen war. Masseria hatte sich seit seiner Ankunft im Jahre 1902 unter den Augen von Ignazio Lupo zu einem vielversprechenden Talent in den Straßenzügen zwischen Bowery und Lafayette Street entwickelt und hatte seine Verbundenheit gegenüber dem älteren *uomo d'honore* stets durch respektvolle Gesten demonstriert. In der Pattsituation zwischen den verfeindeten Lagern witterte der nunmehr dreißigjährige Masseria seine Chance und riß das strittige Gebiet an sich. Von nun an baute er systematisch seine Position aus, »so daß er, laut Informationen aus Polizeikreisen, seine Hände in jedem nur vorstellbaren Racket hatte.«[86]

Ciro Terranova mußte es sich in den folgenden Jahren gefallen lassen, von dem wendigen Opportunisten Stück für Stück seiner Macht und seines Ansehens entblößt zu werden, so daß er 1921, bei der Entlassung von Lupo und Giuseppe/Peter Morello, bestenfalls der geduldete Statthalter und Verbündete Masserias in East Harlem war. Doch die Persönlichkeitsstruktur Terranovas läßt vermuten, daß diese Limitierung von ihm keineswegs als so negativ empfunden wurde, wie es für die Außenwelt den Anschein haben mußte. Nichts deutet darauf hin, daß er jemals Ambitionen hatte, zum Capo di tutti Capi aufzusteigen, und es gelang ihm, als einem der wenigen der ersten Stunde, 1938 friedlich im Bett zu sterben.

Der kleinwüchsige Masseria war ein Mann ganz anderen Kalibers. Der tatsächliche Erbe des Lupo-Vermächtnisses entstammte einer Familie von Schneidern aus Marsala, die in New York im Haus Elizabeth Street 240-242 im Familienverbund (Vater und Onkel) eine Flickschneiderei betrieben. Als Giuseppe mit 15 Jahren in New York landete, gab er als Beruf Student an und auch, daß er lesen und schreiben konnte. (Sein Bruder Carlo, 1899 ins Land gekommen, konnte das nicht.) In New York besuchte er keine Schule mehr und lernte Englisch, wie in diesen Kreisen üblich, auf der Straße. Er sprach diese Sprache Zeit seines Lebens leidenschaftlich gerne, wenn auch nur gebrochen und mit schrecklichem Akzent. Es finden sich keinerlei Anzeichen, daß Mitglieder der Familie Masseria, vergleichbar etwa den Familien Morello/Terranova oder Lupo, die bereits in der alten Heimat zum kriminellen Adel zählten, vor Giuseppes Eintauchen in die Bandenkriminalität in illegale Machenschaften verstrickt waren. Zum ersten Mal polizeilich registriert wurde der damals Zwanzigjährige 1907, als man ihm einen Einbruch und die Erpressung mehrerer Ladenbetreiber in den benachbarten Straßenzügen vorwarf. Die Verurteilung zu einigen Monaten Haft wurde jedoch zur Bewährung ausgesetzt. Im selben Jahr heiratete er Marie

Guarino, deren Familie bereits 1893 ins Land gekommen und deren Bruder Joseph Mitglied der Paul-Kelly-Gang war.[87] Die Schilderungen von Masserias Physiognomie bezeugen unisono, »daß er ein rundes Schweinsgesicht hatte.«[88] Er war kleinwüchsig und untersetzt, seine Manieren im allgemeinen und bei Tisch im besonderen waren abstoßend, er hatte nichts an sich, was an einen Don aus der alten Heimat erinnerte, nichts, was der Beschreibung Lupos von einem »ruhigen, eleganten Gentleman«[89] nahekam, doch eines war er – gerissen. Er war jung genug ins Land gekommen, um auf der Straße die Mechanismen des amerikanischen Geschäftsgebarens zu absorbieren, er war ehrgeizig genug, nach dem Gipfel zu streben (Capo di tutti Capi), und er war alt genug, in der Zeit der Unruhe seine Chance zu wittern und rücksichtslos zuzugreifen. Diese Gerissenheit, die es Masseria erlaubte, mit keiner anderen Legitimation als dem eigenen Willen in der ansonsten traditionserstarrten sizilianischen Subkultur nach der höchsten Führerschaft zu streben, war sein Beitrag zur weiteren Kommerzialisierung von Illegalität. Er hatte, vermutlich ohne sich der tatsächlichen Folgen jemals bewußt geworden zu sein, eine neue Ära eingeleitet. Als Joe »the Boss« Masseria versuchte, Veränderungen abzuwehren, wurde er das Opfer seiner eigenen Abwege.

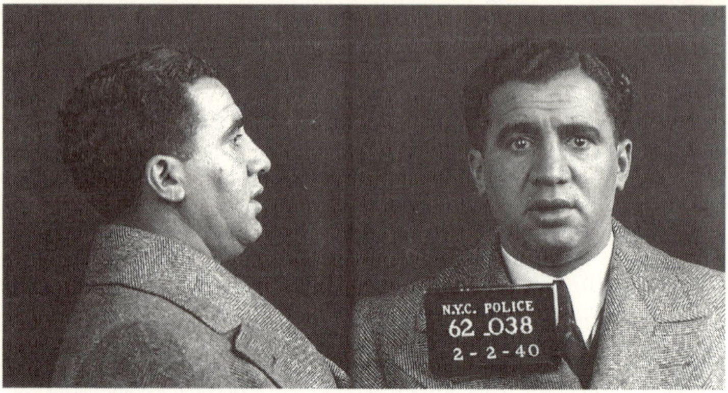

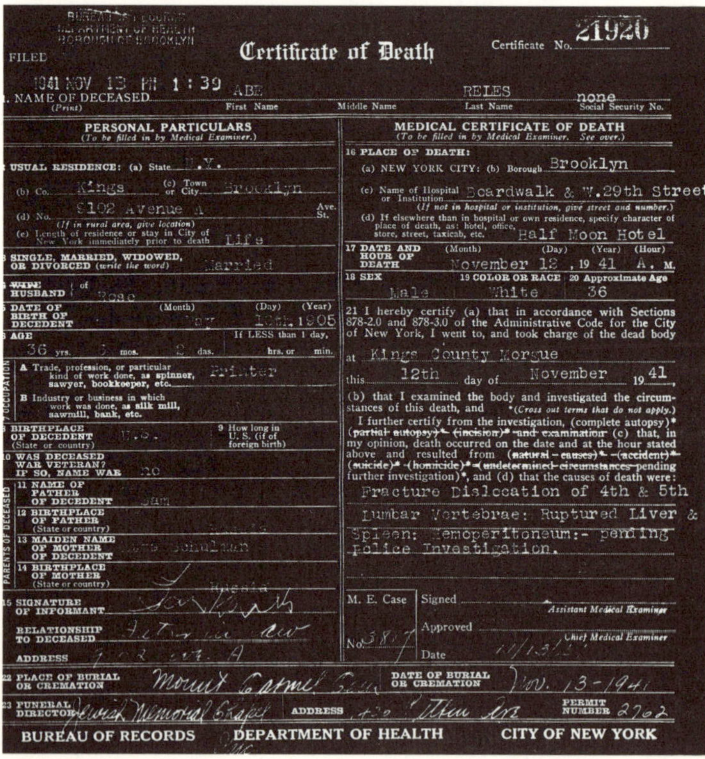

BUREAU OF RECORDS
DEPARTMENT OF HEALTH
BOROUGH OF BROOKLYN

FILED 1941 NOV 13 PM 1 : 39

Certificate of Death

Certificate No. 21926

1. NAME OF DECEASED (Print) ABE (First Name) — (Middle Name) RELES (Last Name) none (Social Security No.)

PERSONAL PARTICULARS
(To be filled in by Medical Examiner.)

USUAL RESIDENCE: (a) State N.Y.
(b) Co. Kings (c) Town or City Brooklyn
(d) No. 9102 Avenue A Ave. St.
(If in rural area, give location)
(e) Length of residence or stay in City of New York immediately prior to death Life

SINGLE, MARRIED, WIDOWED, OR DIVORCED (write the word) Married

~~WIFE~~ HUSBAND of Rose

DATE OF BIRTH OF DECEDENT (Month) May (Day) 10th, (Year) 1905

AGE 36 yrs. 5 mos. 2 das. If LESS than 1 day, hrs. or min.

OCCUPATION
A Trade, profession, or particular kind of work done, as spinner, sawyer, bookkeeper, etc. Printer
B Industry or business in which work was done, as silk mill, sawmill, bank, etc.

BIRTHPLACE OF DECEDENT (State or country) U.S.
9 How long in U. S. (if of foreign birth)

10 WAS DECEASED WAR VETERAN? IF SO, NAME WAR no

PARENTS OF DECEASED
11 NAME OF FATHER OF DECEDENT Sam
12 BIRTHPLACE OF FATHER (State or country)
13 MAIDEN NAME OF MOTHER OF DECEDENT Schulman
14 BIRTHPLACE OF MOTHER (State or country) Russia

15 SIGNATURE OF INFORMANT
RELATIONSHIP TO DECEASED
ADDRESS 9102 Ave. A

MEDICAL CERTIFICATE OF DEATH
(To be filled in by Medical Examiner. See over.)

16 PLACE OF DEATH:
(a) NEW YORK CITY: (b) Borough Brooklyn
(c) Name of Hospital or Institution Boardwalk & W.29th Street
(If not in hospital or institution, give street and number.)
(d) If elsewhere than in hospital or own residence, specify character of place of death, as: hotel, office, store, street, taxicab, etc. Half Moon Hotel

17 DATE AND HOUR OF DEATH (Month) November (Day) 12, (Year) 19 41 (Hour) A. M.

18 SEX Male 19 COLOR OR RACE White 20 Approximate Age 36

21 I hereby certify (a) that in accordance with Sections 878-2.0 and 878-3.0 of the Administrative Code for the City of New York, I went to, and took charge of the dead body at Kings County Morgue this 12th day of November 19 41, (b) that I examined the body and investigated the circumstances of this death, and *(Cross out terms that do not apply.)

I further certify from the investigation, (complete autopsy)* ~~(partial autopsy)* (incision)* and examination~~ (c) that, in my opinion, death occurred on the date and at the hour stated above and resulted from ~~(natural - causes)* (accident)* (suicide)* (homicide)* (undetermined circumstances pending~~ further investigation)*, and (d) that the causes of death were:

Fracture Dislocation of 4th & 5th Lumbar Vertebrae: Ruptured Liver & Spleen: Hemoperitoneum:- pending Police Investigation.

M. E. Case No. 3807
Signed — Assistant Medical Examiner
Approved — Chief Medical Examiner
Date 11/13/41

22 PLACE OF BURIAL OR CREMATION Mount Carmel Cem. DATE OF BURIAL OR CREMATION Nov. 13 - 1941

23 FUNERAL DIRECTOR Jewish Memorial Chapel ADDRESS PERMIT NUMBER 2762

BUREAU OF RECORDS DEPARTMENT OF HEALTH CITY OF NEW YORK

Kronzeuge Abe Reles und sein Totenschein

IV. DIE GENOVESE CRIME FAMILY 1920 – 1945
DIE EROBERUNG DES LANDES

DIE PROHIBITION

»Es war nur ein Gesetz, ein unpopuläres obendrein, das diese flachbrüstigen Weiber der WCTU (Woman's Christian Temperance Union), häßlicher als Lehrerinnen, dem Land aufoktroyiert haben.«

Salvatore Luciano, In: *The Last Testament of Lucky Luciano*, Seite 34.

Saloon und Politik standen nicht nur im notdürftig zivilisierten Westen in engster Beziehung. Auch in den Ostküsten-Metropolen wurde 1918 Kommunalpolitik noch fast ausschließlich vom Tresen aus betrieben. Nicht wenige der New Yorker Top-Politiker und Parteigrößen hatten Karrieren als Saloon- und Spielhöllenbesitzer hinter sich, bevor sie sich ganz dem »Gemeinwohl« verschrieben. Die Forderung einer restriktiven Lösung der Saloon(-politik)- und Alkoholproblematik war darum 1918 keineswegs neu.

Bereits um die Jahrhundertwende war im Bundesstaat Vermont einige Jahre ein totales Alkoholverbot geltendes Gesetz. Damals zählte Rev. Daniel J. O'Sullivan, Pfarrer der St. Mary Church in St. Alban, Vermont, zu den entschiedendsten Gegnern der Prohibition und plädierte stattdessen für die Einführung einer verschärften Ausschanklizenz, die bestimmte Anforderungen an die Betreiber von Saloons stellte: »Die Ausschanklizenz hat ohne Zweifel auch Defizite, doch ist es ein wesentlich ehrlicherer Umgang mit der Problematik des Alkoholmißbrauchs als ein totales Verbot. Außerdem ist die Gefahr wesentlich geringer, daß eine Kultur der Gesetzlosigkeit entsteht, mit Bestechung, Heuchelei und Korruption von Ordnungskräften.«[1]

Vermont, gewissermaßen die Machbarkeitsstudie unter Realbedingungen für ein analoges Gesetz auf Bundesebene, hatte die Undurchführbarkeit drastisch bewiesen, was in Washingtoner Politkreisen durchaus bekannt war. Als am 29. Januar 1919, nach einer zähen Beratungszeit von einem Jahr und 29 Tagen, das »18th Amendment to the Constitution«, die Prohibition, ratifiziert wurde, war dies ein Manifest der Angst vor Überfremdung, »ein Versuch von sozialer Kontrolle, um diese Nation und deren angelsächsischen Charakter zu wahren«,[2] denn Theodore Roosevelt hatte bereits um die Jahrhundertwende konsterniert festgestellt, »daß die katholische Kirche schneller wächst als die Bevölkerungzahl.«[3] Mit einer Zweidrittelmehrheit in beiden Häusern des Kongresses, aber gegen das Veto von Präsident Woodrow Wilson, war das Gesetz durchgedrückt worden. Während seiner 13jährigen Lebensdauer trat all das ein, was Rev. O'Sullivan 1908 als Schreckensszenario beschrieben hatte, mit einem Dimensionssprung, den auch er nicht vorhersehen konnte: Alle Hypothesen über Negativeffekte im Zusammenhang mit dem Gesetz gingen immer von strafrechtlich zu verfolgenden Einzelerscheinungen aus, die man durch den »National Prohibition Enforcement Act« (Volstead Act) zügeln wollte. Tatsächlich kam das 18th Amendment einem Freibrief für die gesamte kriminelle Subkultur gleich, die wegen der Komplexität des Alkohol-Rackets weitreichende, ethno-übergreifende, überterritoriale Allianzen einging.

Mit dem Ende der Prohibition im Jahre 1933 wurde der siegreich aus dem Verdrängungswettkampf hervorgegangenen italo-amerikanischen Methode von organisierter Kriminalität eine subkulturelle Autoritätsform, eine illegale Regierung, übergestülpt. Die Konsequenz daraus war eine Normierung krimineller Handlungen auf nationaler Ebene und die Loslösung weiterer Personenkreise und Betätigungsfelder aus ihrem legalen Kontext.[4]

1931 schrieb Walter Lippmann in einem Essay: »Wir haben ein Strafgesetz, das fast alle fleischlichen Sünden unter Strafe stellt. Dieses Strafgesetz ist bis zu einem Punkt effektiv. Dieser Punkt ist die Abneigung gesetzestreuer Bürger, als Anbieter von verbotenen Dienstleistungen und Waren aufzutreten. Gesetzestreue Bürger sind jedoch bereit, Kunden und Konsumenten dieser verbotenen Dienstleistungen und Waren zu sein.«[5]

Demzufolge waren die Rollen bereits klar verteilt, als das Prohibitionsgesetz am 16. Januar 1920 in Kraft trat. Die Miß- oder Geringachtung des Gesetzes durch Millionen ansonsten rechtschaffener Amerikaner, die nicht daran dachten, ihre ethnischen Traditionen oder liebgewonnenen Lebensgewohnheiten auf dem Altar der Bigotterie zu opfern, schuf Millionen Gesetzesübertreter, die die kriminellen Vereinigungen als die Erben des staatlichen Alkoholmonopols zu ihren Dienstleistern machten.

Das Millionengeschäft mit dem Alkoholschwarzhandel schuf erst die Voraussetzung für all das, was das 18th Amendment hätte verhindern sollen: Das oberflächliche, eher anonyme Verhältnis von Politik und Unterwelt, mit dem für beide Seiten vorteilhaften Austausch von Einschüchterungsmaßnahmen zu Wahlkampfzeiten im Gegenzug für Immunitätszusicherung vor Strafverfolgung, wandelte sich zu einer direkten Beziehung zwischen Politiker und Unterweltgröße. Der Verbrecherkönig wurde zum Wahlkampffinanzier (Fixer) des Kandidaten und erkaufte sich über seinen Mann in City Hall direkten Einfluß auf politische Entscheidungen.

»Big Fix bedeutet einen vom Syndikat abhängigen Mann in City Hall. Big Fix bedeutet einen gekauften Staatsanwalt, einen gekauften Polizeichef. Mißlingt das, wird das Syndikat versuchen, einen stellvertretenden Staatsanwalt, einen Inspektor, einen Sachbearbeiter bei der Finanzbehörde zu kaufen.

Mißlingt das, wird das Syndikat versuchen, einen Zeugen oder einen Richter zu kaufen. Mißlingt das, wird das Syndikat den Zeugen einschüchtern. Mißlingt das, tötet das Syndikat.«[6]

Obwohl das Geld nach dem 16. Januar 1920 auf der Straße zu liegen schien, waren die Anfänge des millionenschweren illegalen Alkoholgeschäfts doch eher von bescheidener Natur. In der Periode von der Ratifizierung bis zum Inkrafttreten der Prohibition hatte jeder nach seinen individuellen Möglichkeiten Depots angelegt, um auch in der unmittelbaren Zukunft Hochprozentiges zur Verfügung zu haben. Erst als diese Hamstervorräte aufgebraucht waren, betraten die zu Alkoholschmugglern gewandelten Ethno-Kriminellen die Szene, denn bis dahin waren Namen wie Terranova, Masseria oder Lupo außerhalb der italienischen Ghettos nur einer Handvoll Politikern, Polizisten, Staatsanwälten oder Richtern vertraut.

Italienische Haushalte wurden dazu angehalten, in großen Metallzubern auf dem Küchenherd Alkohol zu kochen. Über ganzen Straßenzügen der Lower East Side hing der säuerlich-modrige Geruch von kochender Maische. Da diese Art der Versorgung aber nicht ausreichte, den Bedarf zu decken, kam die erste Korruptionswelle in Gang: Ausnahmen vom Produktionsverbot sah das 18th Amendment bei Alkohol für medizinische und kosmetische Zwecke vor, über dessen gesetzlich festgelegte Menge schlecht bezahlte Beamte wachten. Es brauchte nicht viel Überredungskunst, diese spärlich entlohnten Staatsdiener gegen Aufbesserung ihrer monatlichen Bezüge anzustiften, Kontingente beiseite zu schaffen oder Bescheinigungen ihrer Behörde, die aus illegalem Fusel sanktionierten Alkohol machten, an die Unterwelt weiterzugeben.

In der Anfangsphase war die Zusammensetzung dieses oft unter primitivsten Produktionsbedingungen hergestellten Fusels derart abenteuerlich, daß Gerüchte über schwerste gesundheitliche Schäden, bis hin zur Erblindung, keine Seltenheit waren. Charles Lucania erkannte sehr schnell, daß die stillschweigende Tolerierung des Alkoholschmuggels und -verkaufs aufhören würde, sobald Schreckensmeldungen über geschädigte Konsumenten Schlagzeilen für die Boulevard-Presse lieferten. Sein Bestreben war es, unbedenkliche Quellen aufzutun. Kanada, der große Nachbar im Norden, hatte eine lange, seit jeher durchlässige Grenze mit den USA. Buffalo, Cleveland, Detroit und Chicago wurden die Einfallstore für unverschnittenen kanadischen Whisky aus der Brennerei von Sam Bronfman. In Chicago wurden die beiden New Yorker Johnny Torrio und seine rechte Hand Al Capone zu wichtigen Sicherheitsgaranten, denn der Weg von der kanadischen Grenze bis nach New York war lang und gefahrenvoll für eine Ladung unverschnittenen Whisky.

Während der wendige 22jährige Lucania mit seinen Partnern Lansky, Costello und Siegel und einer Handvoll ebenso verwegener Jungunternehmer grenzüberschreitende Nachschubverbindungen suchte, nicht zuletzt, um Territorialkämpfen auf dem überhitzten New Yorker Pflaster aus dem Wege zu gehen, konzentrierte sich der schwergewichtige 35jährige Joe Masseria ganz auf die Kontrolle aller kriminellen Aktivitäten in den italienischen Vierteln der Stadt. Er hatte bereits eine Position erreicht, in der er nicht mehr neue Rackets auftun mußte, sondern für sein Wohlwollen überall finanziell beteiligt wurde.

»Masseria, Maranzano und der ganze übrige Verein der alten Wichser lebten wie Könige. Sie kontrollierten ganz Little Italy. Sie bestimmten die Preise für alles, was zu einem traditionellen italienischen Haushalt gehörte – Olivenöl, Artischocken, Käse, die italienische Lotterie und jede Form von Glücksspiel.«[7]

Ciro Terranova, der legitime Erbe der Lupo/Morello- Hinterlassenschaft, hatte nie Ambitionen gezeigt, die von Masseria usurpierte Position an der Lower East Side einzufordern, und so kam am Ende der Dekade die Herausforderung auch nicht aus East Harlem, sondern aus Brooklyn, von einer sträflich unterschätzten Seite.

Salvatore Maranzano war ein gebildeter, kultivierter Mann, der 1921 in New York auftauchte.

Geboren wurde der verhinderte Priester 1886 in Castellammare del Golfo, einem Küstenort westlich von Palermo, der viele seiner Bewohner an New York und dort an die Kriminalität verloren hatte.[8] Dies sollte in den Jahren 1930-31 tragische Bedeutung erlangen, als Maranzano als Anführer aller Castellammarese einen erbitterten Unterweltkrieg um die Hegemonie über die gesamte sizilianische Subkultur der Stadt gegen die übrigen Inselimmigranten unter Masseria führte.

»Als er (Maranzano) gleich nach dem Krieg in der Stadt auftauchte und ich gerade anfing mich zu etablieren, kam dieser Scheißkerl gelegentlich in meinen Bezirk und führte sich auf wie der Papst, der den Einfaltspinseln auf der Straße seinen Segen gab. Er hatte Kultur. Und da ich keine Bildung hatte, fühlte ich mich jedesmal wie der letzte Dreck, wenn ich ihn traf.«[9]

Die Übernahme des gigantischen verwaisten Alkoholmonopols durch kriminelle Cliquen und der Aufbau landesweit vernetzter Organisationen, die in der Lage waren, den immensen Markt zu befriedigen, forderten naturgemäß Verluste an Mensch und Material. Die alten Dons, die sogenannten »Mustache Petes«, zerfressen von jahrelangem Mißtrauen gegenüber ihren eigenen kriminellen Landsleuten, mußten sich erst allmählich an die Tatsache gewöhnen, daß die Zeit der ethnischen Isolation vorbei und Territorialabsprachen untereinander Makulatur waren. »Sie waren so ehrenwert, daß keiner von der Mafia jemals irgendwem vertraute«, spottete Meyer Lansky über Lucanias kriminelle Landsleute.[10]

Am 30. Juni 1920, keine sechs Monate nach Inkrafttreten der Prohibition, war Häftling 2883-A, Ignazio Lupo, nach Verbüßung von nur zehn Jahren seiner 30jährigen Haftstrafe auf Bewährung aus Atlanta entlassen worden, unter der Bedingung eines festen Wohnsitzes in New York und daran gekoppelter Beschränkung der Bewegungsfreiheit auf die Stadtgrenze. Im Oktober des darauffolgenden Jahres gewährte ihm ein persönliches Dekret von Präsident Harding eine Aussetzung der Strafe auf Bewährung[11] (die rechtliche Einschränkung gegenüber dem Terminus Begnadigung wird in späteren Jahren die Gerichte bis hin zum Obersten Gerichtshof beschäftigen und Lupo wieder nach Atlanta bringen) mit der Auflage, allen kriminellen Aktivitäten und den Komplizen der früheren Jahre zu entsagen.[12]

Bei der Nachricht von seiner Entlassung hielt die gesamte italienische Subkultur für einen Augenblick den Atem an. Lupo hatte selbst nach zehnjähriger Abwesenheit nichts von seiner schreckenverbreitenden Aura eingebüßt. »Der Wolf« war noch immer eine Größe in den Ghettos, an der niemand so leicht vorbeikam. Da Masseria die Zügel an der Lower East Side fest in Händen hielt und jeden Umsturzversuch dank glücklicher Fügungen und ergebenem Fußvolk stets hintertreiben konnte, wurde allgemein erwartet, daß Lupo die Herrschaft in East Harlem an sich bringen und seinen führungsschwachen Schwager Ciro Terranova wieder ins zweite Glied verweisen würde. Doch Lupo tat von alledem nichts, er verhielt sich vielmehr demonstrativ neutral. Diese unerwartete Abkehr von seinen früheren Gewohnheiten und die ostentative Abtretung seines Führungsanspruches an den mediokren Ciro waren für nachdrängende Banden der Startschuß für brutale

Raub- und Eroberungsfeldzüge im Herrschaftsgebiet der Terranovas. Es begann ein Wettlauf mit der Zeit.

Der erste, der ihn verlor, war George Terranova, ein Vetter von Ciro. Am 27. Januar 1921 parkte er seinen Cadillac schräg gegenüber dem Café von Antonio Gagliano, 227 East 107th Street. Als er sich anschickte, die Straße zu überqueren, ereilte ihn mitten auf der Fahrbahn der Tod in Form einer Salve Gewehrkugeln. In den Taschen des Toten fanden Beamte des 104th Street-Reviers Papiere, die ihn als Chauffeur auswiesen, wohnhaft 1138 First Avenue, nur wenige Blocks von der Stelle entfernt, wo einige Jahre zuvor die verstümmelte Leiche von Salvatore Di Marco gefunden worden war. Das Automobil war auf Giovanni Pecoraro zugelassen, einen 50jährigen Textilhändler und Bruder von Domenico Pecoraro, dem einstigen Komplizen des Gespanns Lupo/Morello im Fall des Toten im Faß von 1903. Antonio, dessen Bruder Gaetano (Thomas) Gagliano als Mitglied der Gaetano/Reina-Gang bereits einen gewissen Namen in der italienischen Unterwelt besaß, konnte keine Angaben zum Hergang des Mordes machen, wie auch alle übrigen italo-amerikanischen Augenzeugen. Erst der Hinweis des deutschstämmigen Benjamin Habermann führte die Polizei zu der Stelle im Hinterhof eines benachbarten Hauses, wo der Täter die doppelläufige Flinte weggeworfen hatte.

Der hohe Blutzoll der Jahre 1914-16 war noch nicht vergessen, als neben schätzungsweise 26 Opfern auch eine fast völlige Stagnation der Profite zu beklagen war. Lupo war Geschäftsmann genug, um zu wissen, daß eine erneute Überhitzung des Marktes abermals zu erheblichen finanziellen Einbußen führen mußte. Eine neue Gewalteskalation mußte beim augenblicklichen Stand der Dinge unbedingt vermieden werden. Der unlegitimierte Aufstieg des Emporkömmlings Masseria hatte viel Unruhe gestiftet, war aber aufgrund der real existierenden Kräfteverhältnisse nicht mehr rückgängig zu machen. Um in dieser angespannten Situation nicht Nachahmer auf den Plan zu rufen, mußte Lupo Masserias Position in der Lower East Side sanktionieren, nicht zuletzt, da durch den Mord an George Terranova die Verhältnisse in East Harlem erneut aus dem Ruder zu laufen drohten. Eine enge Anlehnung an den kleingewachsenen Mann mit dem Schweinsgesicht schien die einzig gangbare Strategie – zumindest bis zu dem Moment, da Giuseppe Morello aus Atlanta entlassen wurde.[13]

Kaum zurück in East Harlem, änderte Giuseppe Morello, dem die Polizei bereits 1903 »außergewöhnliche Intelligenz«[14] attestierte, seinen Vornamen in Peter. Als Grund für diesen Schritt mag der Wunsch Pate gestanden haben, seine Person vom Bruch der Omertá zu reinigen, die seine Kooperation mit der Staatsanwaltschaft im Jahre 1911 ohne Zweifel bedeutete. Für die Subkultur war er von nun an offiziell Don Pedru, hinter vorgehaltener Hand wurde aus dem Three Fingered Jack der früheren Jahre »the Clutch«, »die Kralle«. Obwohl fest verwurzelt in der archaischen Mafia-Tradition Siziliens, war Morello nie dem vordergründigen Reiz der Anführerschaft erlegen, hatte sich nie auf den Capo-di-tutti–Capi-Egotrip begeben. Er war die graue Eminenz, die einen charismatischen Selbstdarsteller lenken konnte. Früher war es sein Schwager Lupo gewesen, der den exponierten Part gespielt hatte, doch nach zehn Jahren Atlanta dachte und sprach Lupo nicht mehr in der Terminologie der Straße, war ihm die Welt der Straße, der amerikanisierten zweiten Einwanderergeneration fremd und waren mit dem Alkohol-Racket zu viele unbekannte Elemente in die italienische Tradition geflossen. Ciro und Vincenzo, Don Pedrus Halbbrüder, hatten sich als unfähig erwiesen. Giuseppe Masseria schien der logische Kandidat.

Obwohl die italo-amerikanische Unterwelt bereits weitgehende Autonomie vom Mutterland erlangt hatte, wurden alle Fragen, die den Verhaltenskodex berührten, nach wie vor mit den Bossen der alten Heimat beraten. Anfang Oktober

1921 stellte Lupo, »unter Inanspruchnahme von Unterstützung durch seinen Senator in New York«[15], einen Antrag bei der Justizbehörde, seine Residenzpflicht in New York City für einige Monate auszusetzen, da er in dringenden Angelegenheiten nach Sizilien reisen müsse. Am 30. Oktober erhielt er eine von Bundesjustizminister Harry M. Daugherty eigenhändig unterzeichnete Reiseerlaubnis.

Neben seinen privaten Geschäften – es wurde über die Einzahlung von 1.000.000 Dollar auf ein Konto bei der Bank von Sizilien gemunkelt – sprechen alle Indizien dafür, daß Lupo in Palermo mit Don Vito Cascio Ferro die New Yorker Situation besprochen und Zustimmung für ein Bündnis mit Masseria erlangt hatte. Anfang Mai 1922 schiffte er sich wieder nach New York ein, doch die Kunde von den getroffenen Vereinbarungen war ihm offenbar vorausgeeilt.

Am Morgen des 9. Mai verließ Vincenzo Morello (Terranova) sein Haus, um den Weg zum nach wie vor familieneigenen Stukkateurbetrieb im Anwesen 630, 138th Street zu Fuß zurückzulegen. Ein Auto näherte sich, Schüsse fielen, und Morello sank tödlich getroffen auf die Knie. Es gelang ihm mit letzter Kraft, seinen Revolver zu ziehen und einige Male abzufeuern. Als dieser leer geschossen war, schleuderte er ihn von sich, um alle belastenden Spuren zu beseitigen. Er war bereits tot, als die Polizei beim Tatort eintraf. Seine Frau, Ohrenzeugin der Schießerei, identifizierte ihn noch auf der Straße.[16]

Keine zehn Stunden später war Giuseppe Masseria mit einem seiner Leibwächter in der Grand Street unterwegs, als an der Ecke Mulberry Street plötzlich Schüsse durch die Luft peitschen. »The Boss« entging dem Mordanschlag nur um Haaresbreite. Vier Passanten waren weniger glücklich: Nachdem sich der Pulverdampf verzogen hatte, blieben sie, zusammen mit zwei verwundeten Angreifern, schwerverletzt in der Gosse liegen. Da das Polizeihauptquartier nur einen Steinwurf vom Ort des Geschehens entfernt lag, durchkämmten innerhalb von Minuten Beamte die umliegenden Straßenzüge und stellten Masseria in einem Hauseingang. In unmittelbarer Nähe wurde unter einem Automobil eine Pistole sichergestellt, die auf ihn zugelassen war. Bei der Überprüfung seiner Papiere kam zu Tage, daß er trotz seines Vorstrafenregisters einen ordnungsgemäßen Waffenschein besaß, ausgestellt von Richter Selah B. Strong von Suffolk County, Long Island, für den Automobilhändler Joseph Masseria.

Aufgeschreckt durch die Gewalteskalation in den italienischen Ghettos, berief Bürgermeister Hylan eine Dringlichkeitssitzung, bei der alle fünf Staatsanwälte, Polizeichef Enright sowie Mitglieder des Gemeinderats anwesend waren. Zu heftigen Auseinandersetzungen kam es bei der Frage um die Zuständigkeit bei der Ausfertigung von Waffenscheinen. Enright forderte die Beschränkung der Erteilungsbefugnis ausschließlich auf den Polizeichef, da seine Leute auf der Straße beobachtet hätten, daß gewohnheitsmäßige Straftäter bei ihrer Ergreifung häufig ordnungsgemäß ausgestellte Waffenscheine von Richtern aus dem New Yorker Umland vorweisen konnten.[17] Masseria, der in Untersuchungshaft genommen wurde, mußte am nächsten Tag entlassen werden, da ein Verstoß gegen das Waffengesetz nicht vorlag und sich keine Augenzeugen fanden, die seine unmittelbare Beteiligung an der Schießerei beschwören mochten. Richter Strong ließ aus Long Island verlauten, er habe zu keiner Zeit Lizenzen ohne Ansicht und Überprüfung der Person ausgestellt. Von Masseria habe er noch nie gehört.[18]

Am folgenden Tag verstarb einer der beiden Tatbeteiligten, Silvio Tagliagamba (Sagliocombe), im Bellevue Hospital, »ohne eine Aussage gemacht zu haben«.[19] Daraufhin erhob die Staatsanwaltschaft von New York County Anklage gegen Masseria wegen schwerer Körperverletzung mit Todesfolge und erließ Haftbefehl. Masseria marschierte seelenruhig in Begleitung des Morello/Terranova-Familienanwalts, des notorischen Caesar B.F. Barra zum nächsten Polizeirevier und stellte sich.[20]

Unterdessen war Lupo am 13. Mai in New York gelandet, aber sofort von der Einwanderungsbehörde als unerwünschter Ausländer nach Ellis Island in Abschiebehaft verbracht worden. Eine Prüfung seiner Akte war gerade im Gange, als der Befehl aus Washington kam, den seit zehn Tagen Inhaftierten sofort in Freiheit zu setzen.[21] »Die Anweisung setzte die Secret Service Beamten in Erstaunen, die sicher waren, einen Deportationsbefehl aus Washington zu erhalten aufgrund der langen Liste von Straftaten in Lupos Akte.«[22]

Am 25. Mai befand eine Grand Jury die Beweise für ausreichend, um ein Verfahren gegen Masseria zu eröffnen. Die Kaution wurde auf 15.000 Dollar festgesetzt und Masseria aus der Untersuchungshaft entlassen. Kurz nach Prozeßbeginn Anfang Juli mußte die Staatsanwaltschaft jedoch einräumen, daß die Kugeln aus dem Körper des getöteten Tagliagamba nicht mit denen aus dem Revolver von Masseria übereinstimmten, »so daß es keine ausreichenden Beweise gibt, die den Angeklagten unmittelbar mit der Tat in Verbindung bringen ... Die Tatsache, daß zum fraglichen Zeitpunkt mehrere Personen ihre Revolver abfeuerten, wird bei der Jury beträchtliche Zweifel an der Schuld des Angeklagten hervorrufen.«[23] Masseria wurde freigesprochen.

Die Anhängerschaft Tagliagambas dachte nicht daran, sich der Empfehlung der Staatsanwaltschaft anzuschließen und die Affäre ad acta zu legen. Am frühen Nachmittag des 8. August hatte Joe »the Boss« gerade seine Wohnung verlassen, als zwei Männer mit Maschinenpistolen aus einem gegenüberliegenden Restaurant stürzten und in seine Richtung feuerten. Masseria versuchte, sein Haus zu erreichen, wurde aber von einem der

Schützen vor den Schaufenstern eines Damenmodengeschäftes gestellt. Der Besitzer sah die Vorgänge durch eines der Fenster:

»Der Mann mit der Pistole näherte sich seinem Opfer und legte an. Als er abdrückte, sprang der andere zur Seite. Die Kugel durchschlug mein Schaufenster. Der Angreifer schoß abermals, und diesmal duckte sich das Opfer. Beim dritten Schuß zog das Opfer den Kopf ein, und die Kugel durchschlug mein Schaufenster zum zweiten Mal.«[24]

Aufgeschreckt durch den Lärm stürzten Menschen aus den umliegenden Häusern auf die Straße. Die beiden Schützen sprangen in ein Fluchtauto und, um allzu Neugierige davon abzuhalten, zu viele Details zu registrieren, feuerte einer der Killer vom Trittbrett aus in die gaffende Menge. Sechs Passanten sanken schwergetroffen nieder. Ausschwirrende Polizisten konnten aufgrund von Augenzeugenberichten sehr schnell Masseria als das eigentliche Ziel der Mordintrige ermitteln. Man fand den ziemlich Mitgenommenen zu Hause, »den durchschossenen Hut noch auf dem Kopf«[25]. Die Tatsache, daß Masseria zwei Mal so knapp davongekommen war, verlieh ihm eine Aura von Unverwundbarkeit. »Von da an stand er im Ruf, Kugeln riechen zu können.«[26] Nun erst war er wirklich Joe »the Boss«. Und um diesen Führungsanspruch noch nachdrücklicher zu demonstrieren, war der Mann, der als Drahtzieher des Anschlags galt, drei Tage später tot – auf offener Straße erschossen. Umberto Valenti, ein stadtbekannter Revolverheld und Alkoholschmuggler, hatte zusammen mit Tagliagamba Masserias Position an der Lower East Side angefochten. Man fand einen 19jährigen Augenzeugen, der den Tathergang wie folgt beschrieb: »Es war das Kaltblütigste, das ich je gesehen habe. Passanten rannten und schrien, während dieser Typ ganz konzentriert Schuß auf Schuß feuerte. Er bewegte sich erst, als sein Magazin leergeschossen war.« Die Botschaft an alle, die von Umsturz träumten, war simpel, aber überzeugend: Wenn Joe »der Boss« den Auftrag gibt, bist du tot. Acht Jahre konnte er seine Position unangefochten behaupten.

Charles Lucania vermied es in diesen Jahren (1920 bis etwa 1928), in den mörderischen Sog der sizilianischen Clanfehden hineingezogen zu werden. Er hatte sich seit jeher vom jüdischen Geschäftssinn angezogen gefühlt, der Konflikte auf einer rein sachlichen Basis zu lösen suchte, wo das Element der Ethnizität nur bedingt und das Gebot der persönlichen Ehre in keiner Weise Dogma oder auch nur Argument für Geschäfts- oder Bündnispläne waren. Seine selbstgewählte Distanz zu den Lebensräumen seiner Landsleute, die neben Verstrickung auch Schutz boten, ließ ihn schon sehr früh die politische Karte spielen.

In New York floß der Alkohol, »und ohne unschuldige Opfer konnten die für die Durchsetzung des unpopulären Gesetzes Verantwortlichen sehr leicht davon überzeugt werden, auf beiden Augen blind zu sein, vor allem, wenn sich diese Blindheit versilbern ließ. Schutz wurde auf allen Ebenen erkauft. In weniger als einem Jahr hatten wir in Manhattan alle in der Tasche, von Downtown Broadway den ganzen Weg hoch nach Harlem ...«[28]

Wie systematisch Lucania an den Aufbau von Beziehungsketten ging und wie subtil er Bestechung praktizierte, beleuchten die Vorgänge des 14. September 1923. In dieser Nacht drängten sich 82.000 Menschen auf dem New Yorker Polo-Feld, um den Boxkampf des Jahres zwischen Jack Dempsey und Luis Angel Firpo zu sehen. Karten waren schon seit Monaten vergriffen. Lucania hatte sich über Beziehungen 200 der besten Plätze gesichert, für das kleine Vermögen von 25.000 Dollar. Am Tag vor dem Kampf ließ er durchsickern, daß 100 Personen mit Begleitung dem Boxkampf als seine persönlichen Gäste beiwohnen könnten. »In diesen 24 Stunden war ich der gefragteste Mann im Land.«[29] Während einer Kampfpause kam einer der Beschenkten, New Yorks Polizeichef Enright, zu Lucania, um seine Aufwartung zu machen. Er und sein Stellvertreter Bill Lahey hatten keinerlei Bedenken (O-Ton Lucania: »Warum auch, sie standen auf unserer Gehaltsliste«[30]), dem Mann die Hand zu schütteln, der keine drei Monate zuvor mit einigen Päckchen reinen Heroins in der Tasche[31] auf der 14th Street verhaftet und nur durch einen Deal mit der Staatsanwaltschaft (er verriet ein umfangreiches Rauschgiftlager in der Mulberry Street) wieder freigekommen war. Auch die beiden Tammany-Politiker Jimmy Hines und Al Marinelli fanden nichts Anstößiges daran, dem stadtbekannten Alkoholschmuggler ihre Reverenz zu erweisen, ebensowenig wie Bill Vare, der Boss der Republikaner von Pennsylvania, oder Jim Pendergast aus Kansas City, ein zwielichtiger Politiker und Macher des späteren Präsidenten Harry S. Truman.[32] »Meine 200 Karten mischten die Gesellschaft auf, Huren saßen neben Politikern, Establishment war auf Tuchfühlung mit Delancy Street. Ich hatte mich entschlossen, überall dort Freunde zu machen, wo sie uns nützlich sein konnten.«[33] In seinen späteren Lebensbetrachtungen wird Lucania diese 25.000 Dollar als eine seiner besten Investitionen bezeichnen.

Geschäftlich liefen die Dinge prächtig. Mit kaum 25 Jahren hatte Lucania seine armseligen Startbedingungen weit hinter sich gelassen. Er bewohnte ein geschmackvoll eingerichtetes Apartment an der East Side im Bereich Murray Hill, kleidete sich so konservativ wie ein Banker und mied schrilles Gangster-Gehabe. Finanzielle Basis dieses neuen Lebensstils war die Fähigkeit, im engverzahnten Mechanismus des illegalen Marktes eine Chance erkannt und beherzt ergriffen zu haben: Masseria kontrollierte neben allem anderen auch das Alkohol-Racket im italienischen Viertel der Lower East Side, das Bier-

Racket, die illegalen Spielhöllen und das Bekleidungs-Racket waren die Domänen von Dutch Schultz und seiner jüdischen Gang, wobei Terranova einen 25prozentigen Anteil an den Schultz-Geschäften in East Harlem hielt, und beide, Masseria und Schultz, waren zu gefährlich, »um in deren Gebiet einzudringen.«[34] Wollte man in Manhattan bleiben (»... nie Brooklyn, Brooklyn war nichts für mich. Das war Ausland für mich ...«[35]), blieb nur der Deal mit Originalware, wie ihn die Upper class der Park Avenue mit ihren Ferienhäusern in Westchester County und Long Island verlangte.

Die einmalige Chance, reinen Whisky zu vertreiben, war Ende 1920 in Form des jugendlichen Joe Adonis (eigentlich Giuseppe Antonio Doto) in Lucanias Leben getreten. Der noch nicht 19jährige Adonis, Schützling von Frankie Yale in Brooklyn, hatte von einem Deal mit schottischem Whisky in Philadelphia gehört und war sofort hingefahren, um das Geschäft abzuschließen. Vor Ort ergab ein Kassensturz seiner Barschaft ein Defizit von 10.000 Dollar, doch man wollte ihm zwei Tage im Wort bleiben, damit er seinen Teil mit dem eines Partners zusammenwerfen konnte. Adonis widerstrebte es, den berechnenden Yale in das Geschäft zu nehmen, denn der hätte die Quelle an sich gerissen. Er rief Lucania an und verabredete sich mit ihm. »Charlie, wir haben noch nie ein Geschäft gemeinsam durchgezogen und mir widerstrebt es, um einen Gefallen zu bitten. Aber ich brauche zehn Riesen, um einen Whisky-Deal in Philly durchzuziehen. Wir machen fifty-fifty.«[36] Mit 35.000 Dollar und je einem Revolver in der Tasche machten sich die beiden künftigen Alkoholschmuggler auf nach Philadelphia, um den Deal perfekt zu machen. Bald hatten sich das Kleeblatt Lucania, Costello, Lansky und Siegel und ihr neuer Partner in Brooklyn, Adonis, den Ruf erworben, den besten »Stoff« der Stadt zu liefern, und für das blasierte Establishment boten die Junggangster Lucania und Adonis überdies den Reiz des Exotischen, sie peppten ihre Parties mit diesen verwegenen Typen aus der Gosse auf.

»All diese Society-Bräute belagerten mich und wollten hören, wie wir zu unseren Lieferungen kommen und wie wir uns manchmal mit den Feds einen Showdown lieferten. Sie gafften mich schwärmerisch an, so, als wäre ich ein Filmstar, wie Douglas Fairbanks.«[37]

Warum sollten sie Unrechtsbewußtsein entwickeln, wo doch die tonangebende Klasse sie so offen hofierte? Lucania wurde zu einer prominenten Figur in den Häusern der Reichen und der exaltierten Welt der Nachtschwärmer und ihrer bevorzugten Lokale wie dem Copacabana (wo sein Partner Frank Costello der Mehrheitshalter war), dem 21 Club, dem Cotton Club oder dem Silver Slipper, die alle zu seinen Abnehmern zählten.

Doch dieses mondäne Image war nur die eine Seite seiner Existenz. Er war nach wie vor der Boss einer Gang, die verbotene Waren und Dienstleistungen feilbot. Der schottische Whisky oder der Alkohol aus Kuba – letzterer ein Geschäftskontakt, der von Arnold Rothstein herrührte – kamen in Schiffen, die außerhalb der Drei-Meilen-Zone vor der Küste New Yorks, Long Islands oder New Jerseys vor Anker gingen. Auf offener See wurden die Lieferungen in kleine Schnellboote umgeladen, die in der Lage waren, den Booten der Küstenwache zu entgehen und auf den riesigen Pieranlagen oder an entlegenen Stränden unauffällig wegzutauchen.

Auf den Piers beherrschten zwei irisch dominierte Gewerkschaften das Geschehen: die International Longshoremen's Association (ILA – Hafenarbeitergewerkschaft) und die International Brotherhood of Teamsters (Teamster Union – Transportarbeitergewerkschaft). Beide waren im illegalen Alkoholgeschäft als Handlanger unverzichtbar. Die Notwendigkeit des Löschens, Lagerns und Weitertransports der Alkoholladungen begründete eine buchstäbliche mörderische Rivalität zwischen

Iren und Italienern an den Ostküstendocks. »Paul Kelly wollte im Gewerkschafts-Racket kräftig mitmischen.«[38] Er formierte unorganisierte Hafenarbeiter zu einer schlagkräftigen Truppe und forderte die Vize-Präsidentschaft der ILA für sich. Ab Mitte der dreißiger Jahre kontrollierten Italo-Amerikaner die Küste zwischen Boston und Atlantic City.

Lucanias Erfolg im Windschatten der sizilianischen Clanfehden wirkte wie ein Magnet auf all die jungen Ewachsenen der zweiten Einwanderergeneration, die sich noch nicht als Amerikaner fühlten, die aber bereits den engen Radius ihrer ethnischen Zugehörigkeit gesprengt hatten. Und noch etwas war ihnen allen gemein: Sie waren in ihrer frühen Jugend mit dem Gesetz in Konflikt gekommen und hatten Erfahrungen in amerikanischen Erziehungsheimen oder Jugendgefängnissen gemacht. Zwei von diesen semiamerikanisierten Twens waren Vito Genovese, der zusammen mit seinem Bruder Michael etwa um das Jahr 1921 zur Lucania-Truppe gestoßen war, und Albert Anastasia, der bereits mit 19 Jahren in der Todeszelle von Sing-Sing gesessen hatte, bevor alle Tatzeugen auf wundersame Weise verschwanden. Er war 1922 im Schlepptau von Adonis hinzugekommen. Beide gehörten zum Schlägertrupp der Gang, eine Notwendigkeit, die im kriminellen Milieu mit wachsender Prosperität einherging.

Erfolg bedeutete aber nicht nur einen zunehmenden Bekanntheitsgrad, sondern auch Bares. Ab 1925 floß Geld in Strömen. »Ab 1925 machte ich allein mit Alkohol zwölf Millionen Dollar jährlich.«[39] Nach Abzug aller Unkosten für Gehälter (schätzungsweise hundert Mann standen auf der Gehaltsliste, vom Schläger über Buchhalter und Fahrer bis hin zu Botenjungen), Geschäftsverbindlichkeiten (Bestechungsgelder, Kosten für Ankauf, Transport und Verteilung) und den persönlichen Lebensstil blieb so viel Geld im gemeinsamen Topf, daß in weitere illegale Bereiche, aber auch in legale Unternehmen investiert wurde. Bereits seit 1924 betrieb Lucania Wettsaloons, hatte hochkarätige Würfelspiele laufen und kontrollierte unzählige Buchmacher auf der East Side. Als legale Fassade betrieb er ein Immobilienbüro in der Centre Street, über das er Anteile am Flat Iron Builing erwarb.[40] Als Treffpunkt diente Moe Ducore's Drugstore auf der Seventh Avenue, an dem er ebenfalls beteiligt war. Frank Costello, der von allen italienischen Gangmitgliedern Lucania am nächsten stand, steckte sein Geld in das Automatengeschäft (Tru Mint Company) und »überredete« Kneipenbetreiber, seine Groschengräber aufzustellen.

1923 unternahm Costello einen geschickten Schachzug, der ihn in späteren Jahren vor der Deportation rettete. Am 26. März 1923 hatte er seine Absichtserklärung und den Antrag zur Einbürgerung eingereicht, in der er seinem bisherigen Souverän Victor Emanuel III., König von Italien, offiziell abschwor. Seinen Beruf gab er mit Immobilienmakler an. Seine beiden Zeugen waren Frank A. Goss und Harry C. Sausser, ebenfalls Immobilienmakler, an die sich Costello vor dem Kefauver-Ausschuß Anfang der fünfziger Jahre nicht mehr erinnern mochte. Am 10. September 1925 wurde aus dem Kind italienischer Einwanderer ein Bürger der Vereinigten Staaten von Amerika, bis zu jenem 9. März 1959, als ihm die Staatsbürgerschaft wegen vorenthaltener Angaben zu seiner Person wieder aberkannt wurde.[41]

Das Revolutionäre an Lucanias Konzept war das Zusammenspiel loser, hierarchiearmer Zusammenschlüsse von illegalen Unternehmern ohne den archaischen Treueeid des »bis daß der Tod uns scheidet«. Lansky und Siegel, die beiden Nicht-Italiener, hatten außerhalb des Bündnisses mit Lucania, Costello und Adonis noch eine eigene Bande, die »Bug and Meyer Gang«. Lucania selbst hielt Kontakt zu Masseria, Adonis war Frankie Yales rechte Hand, und Costello kooperierte in seinem Automaten-Racket mit Phil »Dandy« Kastel, einem anderen Rothstein-Protegé.

Lucanias Religion war der Profit, er glaubte an das Verbindende von Gewinnen. Sein ganzes Handeln reflektierte diese Überzeugung. Gebot Nummer eins dieser Religion war die faire Beteiligung, Gebot Nummer zwei die Loyalität. Männer, die für einen anderen rauben oder auch töten, müssen sich bei diesem absolut sicher fühlen. Lucanias »Sozialprogramm« sah bei Bedarf für jeden seiner Handlanger einen Rechtsbeistand und finanzielle Unterstützung der Familie vor. »Ich hatte sofort Anwälte an der Hand, die die Kaution stellten, denn ganz egal, wofür jemand kassiert wurde, ich deckte ihn, so lange es irgend ging.«[42] Gewalt war auch in seiner Spielart des kriminellen Unternehmertums eingeplant, aber irrationale Brutalität, dieses »Typen umlegen, weil sie aus dem falschen Ort auf Sizilien stammen«, war ihm völlig fremd. »Er wurde nicht von Traditionen behindert«, kommentierte ihn Joe Bonanno.[43]

Am 25. April 1924 verstarb Charles F. Murphy, Tammany-Boss der letzten 22 Jahre. Sein Nachfolger wurde George W. Olvany, ein Richter vom General Session Court. Olvany mochte den Tammany-getreuen Bürgermeister John F. Hylan nicht, und überredete seine Partei, ihn fallenzulassen und nach einem neuen Mann für die anstehenden Wahlen Ausschau zu halten. Sein Auge fiel auf James J. Walker, einen mittelmäßigen Anwalt mit Verbindungen zur Unterwelt, den er aus gemeinsamen Kindertagen in Greenwich Village kannte. Olvanys Kalkül war, daß der gutaussehende, bei der Wählerschaft ungemein populäre Walker mit seinem lässigen Lebensstil kaum Interesse für Parteigeschäfte entwickeln würde und somit die Tradition des Tammany-Boss-Systems gewahrt bliebe. Gentleman Jimmy Walker gewann die Wahl von 1925 mit einem imposanten Stimmenvorsprung von 402.123 Stimmen. Norman Thomas, der sozialistische Parteivorsitzende, sprach aus, was viele dachten: »Es ist ein offenes Geheimnis, daß unter Walker die Unterwelt immens florieren wird, was unter Hylan nicht möglich gewesen wäre.«[44] Walkers Wahl und seine Wiederwahl im Jahre 1929 waren die unmißverständliche Anwort der New Yorker auf das verhaßte Prohibitionsgesetz.

Wie recht alle Auguren behalten sollten, zeigte sich nur zu bald. Clubhäuser von öffentlichen Amtsträgern wurden zu illegalen Spielhöllen umfunktioniert, von professionellen Spielern betrieben und von Kriminellen abgeschirmt. Bei einer Razzia im Clubhaus von Sheriff Thomas M. »Tin Box« Farley kam zutage, daß die beiden stadtbekannten Spieler Arthur »Baldy« Froelich und Gus Mayo die Bank hielten. Im Clubhaus von Bezirkshauptmann Harry C. Perry erschienen eines Nachts zwei Ganoven mit 12.000 Dollar aus einem Einbruch, die sie im Verlauf einer Würfelpartie verloren. Revolver wurden gezogen, die beiden Verlierer erschossen und vor dem Bellevue Hospital in der Gosse abgeladen. Als der Polizist Lewis J. Valentine aufgrund eines anonymen Hinweises zum Clubhaus kam, lagen zwei Revolver auf dem blutbesudelten Boden. Niemand im Clubhaus hatte es für nötig befunden, die Polizei zu verständigen, noch fand sich jemand, der über die Vorgänge der Nacht Auskunft geben wollte.[45] Joe »the Boss« Masseria und seine Verbündeten, die für den Schutz von Perry bezahlten, kamen mächtig ins Grübeln über einen Funktionär, der nicht einmal in der Lage war, sein eigenes Clubhaus vor polizeilicher Neugierde zu schützen. Perrys Tage als Kommunalpolitiker waren gezählt.

Die rechtliche Einordnung von Straftaten gegen die Prohibition war nicht nur eine Angelegenheit des persönlichen Standpunktes jedes einzelnen Richters, wiewohl diese eine nicht unerhebliche Rolle spielte, sondern rüttelte an den

Grundfesten des amerikanischen Rechtssystems, denn in fast allen Fällen, die vor Gericht landeten, ging es um die Verhältnismäßigkeit der Mittel, »denn die Verfassung schützt nicht nur die Unschuldigen, sondern auch die Schuldigen.«[46]

Am 6. Februar 1923 wurde das Auto von Michael »Trigger Mike« Coppola, zu diesem Zeitpunkt Handlanger von Lucania (später stieg er zum Caporegima der Genovese Family auf) in Freeport, Nassau County, von einem Beamten des IRS, der Steuerbehörde, durchsucht, wobei 20 Kisten Whisky sichergestellt wurden. In seinem Protokoll gab der IRS-Beamte an, er hätte Coppola zusammen mit zwei Komplizen beobachtet, wie sie Taschen aus einem Lagerhaus am Pier in einen Buick Roadster verluden: »Der Beamte sagt aus, daß er eine nicht unerhebliche Distanz vom Pier entfernt stand, als er sah, wie 20 Kisten ›irgendwas‹ aus dem Bootshaus getragen und im Automobil des Angeklagten verstaut wurden.«[47]

Als das Automobil in Richtung Freeport losfuhr, stoppte der Beamte die Fahrt »auf Verdacht, ohne konkreten Anlaß.«[48] Ohne Durchsuchungsbefehl öffnete er den Kofferraum, stellte den Whisky sicher und nahm die drei Männer fest. Whisky und Fahrzeug wurden von der Staatsanwaltschaft konfisziert, gegen die drei Tatverdächtigen wurde Anklage erhoben.

In seiner Plädoyer erhob Louis J. Castellano, der Verteidiger von Coppola, schwere Angriffe gegen Steuerbehörde und Staatsanwaltschaft wegen Mißachtung der konstitutionellen Rechte seines Mandanten.

»Es ist unzweifelhaft erwiesen, daß der Beamte nicht wissen konnte, welchen Inhalts die Kisten waren, als sie im Automobil verstaut wurden, und er sich daher zum Zeitpunkt der Durchsuchung bestenfalls auf einer ›Entdeckungsfahrt‹ befand. Vor dieser Art von ungerechtfertigter Neugierde, die einzig getragen wird von der vagen Hoffnung, Belastendes zu Tage zu fördern, beschützt die Verfassung den Bürger. Eine unrechtmäßige Durchsuchung wird nicht durch einen Fund rechtmäßig. Eine Durchsuchung, die unrechtmäßig beginnt, wird nicht rechtmäßig durch die Entdeckung und Konfiskation von Alkohol.«[49]

Richter Harland B. Howe schloß sich der Argumentation der Verteidigung an, sprach die Angeklagten frei »und ordnete die Rückerstattung des Buick Roadster und der 20 Kisten Whisky an.«[50]

Auch auf der Straßenebene wurde die Handhabung des Prohibitionsgesetzes zum ständigen Zankapfel zwischen Bundes- und lokalen Behörden, denn jeder Bundesstaat legte das Gesetz anders aus. Nach Schätzungen von Polizeichef Grover A. Whalen, früher Partner von Bürgermeister Walker in der gemeinsamen Anwaltskanzlei Walker/Whalen, existierten in New York um das Jahre 1929 30.000 Flüsterkneipen, deren Schließung nach seiner Auffassung alleinige Aufgabe der Bundesbehörde sei, da dem New York State-Strafgesetz zu diesem Zeitpunkt keine adäquaten Rechtsmittel zur Verfügung stünden und der Vorwurf, die Kneipen erregten öffenliches Ärgernis, alleine nicht ausreiche, wie unzählige Gerichtsverfahren der jüngsten Vergangenheit verdeutlicht hätten.[51]

Richter William S. Andrews sprach in einem Artikel im *New York Law Journal* aus, was allgemein gehandhabte Praxis bei den örtlichen Gerichten war:

»Eine Flüsterkneipe, die ohne Beeinträchtigung der öffentlichen Ordnung betrieben wird, ist nicht notwendigerweise ein öffentliches Ärgernis im rechtlichen Sinn. Außerdem müßte erst noch der Terminus ›öffentliches Ärgernis‹ genau definiert werden. Verallgemeinernd würde ich sagen, es handle sich dabei um einen Ort, an dem sich verdächtige Subjekte zusammenrotten für Zechgelage, Glücksspiele und sonstige Anstößigkeiten. Ein solcher Ort rechtfertigt das Eingreifen der Polizei. Eine Flüsterkneipe ohne diese Merkmale ist daher nicht zwangsläufig als öffentliches Ärgernis zu behandeln.«[52]

Was Whalen wie auch Andrews unausgesprochen ließen, war die Tatsache, daß seit der Kriminalisierung von alkoholischen Getränken eine gigantische Schattenindustrie entstanden war, die jeden Aspekt des Alkoholkonsums, von der Brennerei oder Brauerei über Abfüll- und Etikettierbetriebe, Druckereien, den Transport zu den »nicht zwingend als öffentliche Ärgernisse einzuordnenden Flüsterkneipen« und selbst diese, kriminell unterwandert hatte, was eine Lawine von Folgestraftaten und Gesetzesverstößen nach sich zog.

Die Kosten für Verbrechensbekämpfung beliefen sich für das Jahr 1928 auf 13 Billionen Dollar, wovon ein erheblicher Teil in die Exekution des Prohibitionsgesetzes floß. Für Chicago wurde die Zahl der Straftäter auf 10.000 geschätzt, für New York wurden 30.000 kriminelle Existenzen angenommen. In einer Radio-Adresse rief Wade H. Ellis, Präsident der American Bar Association, seine Landleute auf, ehrlich mit der Prohibitionsproblematik umzugehen: »Das Prohibitionsgesetz wird in nahezu allen Teilen des Landes mißachtet, an vielen Orten sogar mit Zustimmung einer breiten Öffentlichkeit.«[53]

Der Castellammarese-Krieg

»Einen Hasen, einen Hirsch, ja sogar einen Bären zu töten ist leicht. Man zielt und schießt. Der Mensch ist die schwierigste Kreatur zu töten. Wenn man auf einen Menschen anlegt, beginnt die Hand zu zittern, die Augenlider zucken, das Herz rast, der Verstand rebelliert. Der Mensch ist die schwierigste Kreatur zu töten. Berühre immer den Körper mit deiner Waffe, um sicherzugehen, daß der Mann tot ist. Der Mensch ist die schwierigste Kreatur zu töten. Wenn er überlebt, wird er kommen und dich töten.«

Salvatore Maranzano zu Joseph Bonanno am Vorabend des Castellammarese-Krieges. In: Bonanno, *A Man of Honor*, Seite 117.

Während sich lokale Politgrößen mit Bundesbehörden um Zuständigkeiten zankten und Schuldzuweisungen hin und her geschoben wurden, rüstete man in den italienischen Vierteln zum Krieg. New York hatte um 1929 sechs Millionen Einwohner. Von diesen sechs Millionen beschlossen um die Jahreswende 1929/30 etwa 1000 Bewohner sizilianischer Abstammung, mit allem, was der neueste Stand der Technik für ein urbanes Blutbad in jenen Tagen an Möglichkeiten bereithielt, aufeinander loszugehen.

Als unmittelbare Folge der enormen Gewinne aus dem Alkohol-Racket hatte sich die italo-amerikanische Subkultur nachdrücklich verändert. Aus den anfänglich vielen kleinen illegalen Einzelanbietern, die einigen größeren Fischen tributpflichtig waren, entstanden im letzten Viertel der zwanziger Jahre fünf große »Interessensverbände«, mit Einflußsphären fast analog den fünf Bezirken der Stadt.

»Im Alkohol-Racket passierte das, was in späteren Jahren auch im Lebensmittelbereich eintrat, als Supermarktketten die kleinen Gemischtwarenläden verdrängten. A&P (größte Supermarktkette der USA) des sizilianischen Alkohol-Klüngels war Joe Masseria.«[54]

Neben der Masseria-Gruppe agierte in Manhattan und Brooklyn in enger Anlehnung an Joe »the Boss« die Al Mineo (Manfredi) Gang. Die Bronx kontrollierte Gaetano Reina, der Sohn von Giacomo Reina aus Corleone, einem engen Freund der Familie Morello/Terranova. Staten Island war das Arbeitsgebiet von Joe Profaci. Die fünfte Gruppe stellte eine Besonderheit dar, da sie ihre Mitglieder ausschließlich aus Immigranten aus Castellammare del Golfo rekrutierte. Der nominelle Boss dieser Formation war Cola Schiro, das Sagen hatte jedoch Salvatore Maranzano. Die Castellammarese hatten sich ebenfalls für Manhattan und Brooklyn als Operationsgebiet entschieden, was so lange reibungslos funktionierte, solange Maranzanos Ambitionen von seinen eigenen Leuten niedergehalten werden konnten.

Joe »the Boss« Masseria war der anerkannte Capo di tutti Capi der italo-amerikanischen Unterwelt. Sizilianische Tradition bemühte er nur noch dann, wenn es zu seinem eigenen Vorteil war, ansonsten machte er jedes Geschäft, das sich ihm bot. Er hatte keine Berührungsängste, Nicht-Sizilianer in seine Gang einzubinden, wiewohl er zauderte, Juden oder Iren als Blutsbrüder zu »vereidigen«.

Für einen Mann mit der komplizierten Persönlichkeitsstruktur Maranzanos war es eine persönliche Kränkung, die Autorität eines gerissenen Parvenüs vom Schlage eines Masseria hinnehmen zu müssen. »Masseria war vulgär, schlampig und feist. Maranzano war kultiviert, gepflegt und intellektuell.«[55] »Ich war sicher, daß früher oder später, eher früher als später, Maranzano und Masseria sich an die Kehle gehen würden. Diese beiden Scheiß-Sizilianer würden keine Ruhe geben, solange nicht einer von ihnen ins Gras gebissen hatte.«[56]

Die beiden Rivalen waren Ghettogrößen mit nur beschränkter Kenntnis der Gesetzmäßigkeiten außerhalb der italienischen Lebensräume. Um den Kontakt zur nicht-italienischen Außenwelt herzustellen, brauchten beide den Vermittler Lucania, der sich im nicht-italienischen Milieu wie ein Fisch im Wasser bewegte. Bereits um die Mitte der zwanziger Jahre begannen beide Seiten, Lucania Avancen zu machen. Maranzano war derjenige, der die Lawine lostrat. Bei einem vertraulichen Gespräch in seinem Social Club im Little Italy der Lower East Side, zu dem Lucania Costello mitnahm, um Maranzanos Einstellung zu Nicht-Sizilianern anzutesten, machte Maranzano folgende Offerte: Er würde Lucanias Gang, auch die Nicht-Sizilianer (O-Ton Maranzano: »Sie werden den Sizilianern gleichgestellt«[57]), übernehmen, nicht aber Lansky und Siegel, »denn das waren Juden«[58]. Für die Werte, die Lucania einbrachte, insbesondere das Geschäft mit Original-Whisky, und seine politischen Kontakte sollte er an allen Maranzano-Unternehmungen mit einem akzeptablen Schnitt beteiligt werden. Berauscht von seiner eigenen Genialität, beging Maranzano den Fehler, seine bestechende Bildung auszuspielen, und tippte an Lucanias wunden Punkt:

»Während seines Monologes schritt er im Raum auf und ab. Als er geendet hatte, drehte er sich in einer Weise zu uns um, als würde er Applaus erwarten, so als trüge er eine Toga und hätte gerade eine große Rede vor dem römischen Senat gehalten. Er gab mir immer das Gefühl, er sei Caesar und ich sei Scheiße.«[59]

Lucania erbat Bedenkzeit, insgeheim befürchtete er Repressalien gegen sich und seine Gang. Doch nichts geschah. Einige Monate später versuchte es Masseria, und auch diesmal war Lucania nicht zu einem Bündnis bereit. »Ich erklärte ihm, es sei nicht der richtige Zeitpunkt. Ich wußte, ich könnte es als Unabhängiger weiter bringen.«[60] Masseria nahm die Absage nicht so gelassen hin. Innerhalb einer Woche wurden etliche von Lucanias Whiskylieferungen kassiert, sein Lager in Uptown Manhattan von der Bundesbehörde aufgebrochen und die Bestände konfisziert. Zum ersten Mal war Lucania knapp an Whisky und mußte ernsthaft fürchten, seine Kunden an andere Lieferanten zu verlieren. In dieser Situation kam das Angebot von Enouch L. »Nucky« Johnson, Boss der Republikaner und Herrscher über Atlantic City, gerade recht. Er wollte mit Lucania, Costello und Adonis Geschäfte machen. Der Deal sah vor, daß Lucania und Adonis ihren Whisky unter dem Schutz von Johnson risikofrei an diesem Teil der Küste New Jerseys landen konnten und Costello seine Automaten in eigens dafür zu schaffenden Kasinos aufstellen sollte. »Costello konnte so viele Groschengräber aufstellen, wie er nur beschaffen konnte.«[61] Natürlich hatte dieses Entgegenkommen seinen Preis. Johnson verlangte 10 Prozent von allen Lucania-Einkünften, solange die Prohibition bestünde. Die Einladung Johnsons an Lucania war ein deutliches Indiz für die wachsende Bedeutung Lucanias und seiner Gruppe, was die Lust, sich in die sinnlosen sizilianischen Fehden um Ehre und Tradition in den New Yorker Ghettos hineinziehen zu lassen, gegen Null sinken ließ.

Mit Johnson als Mittelpunkt formierte sich in den folgenden Monaten ein Pool, the Big Seven, die den gesamten Alkoholhandel an der Ostküste kontrollierten. Zu ihnen gehörten Abner (Longy) Zwillman und Willie Moretti für den nördlichen Teil von New Jersey, Irvin Waxler (Waxey Gordon), Harry Stromberg (Nig Rosen) und Irvin Blitz für Philadelphia, Charles Solomon für New England, Nucky Johnson für Atlantic City und den südlichen Teil von New Jersey und Luciano, Siegel, Lansky und der aus Chicago zurückgekehrte Johnny Torrio für Manhattan sowie Joe Adonis für Brooklyn. Tatsächlich gehörten den Big Seven zwölf Mitglieder an.[62]

Lucania war durch seine Geschäfte mit dem Republikaner

Johnson der erste italo-amerikanische Racketeer der Ostküste, der mit der Tradition brach, ausschließlich auf die demokratische Partei, sprich Tammany Hall, zu setzen. »Ich machte von Anfang an klar, daß wir nicht nur auf Tammany Hall und die Demokraten setzen. Das hätte ausgesehen, als wären wir parteiisch, aber, um die Wahrheit zu sagen, hat mich dieser ganze Polit-Zauber einen Scheißdreck interessiert. Wir konnten auch mit den Republikanern. In meiner Berechnung war es ein Drei-Parteien-System – die beiden und wir.«[63]

Neben der großen Politik mußte Lucania immer wieder in die Niederungen der Ghettodiplomatie hinabtauchen. In der zweiten Hälfte des Jahres 1928 war die Situation zwischen Masseria und Maranzano explosiv. Bei einem Krieg der beiden stand außer Frage, daß dem Verlierer nur verbrannte Erde bleiben würde. Die Entscheidung für eine Seite war nicht mehr hinauszuzögern, wollte man eine gute Verhandlungsposition. Lucania wußte, daß er mit Maranzano niemals klarkommen würde. »Ich wollte nicht in eine Situation kommen, wo ich jeden Morgen antanzen mußte, um seinen Ring zu küssen. Masseria war für mich ein großer Haufen Scheiße, aber ich war mir sicher, ihn leichter kontrollieren zu können. Zumindest aber war mit ihm ein Abkommen möglich, wo er seine Finger von meinem Whisky lassen mußte.«[64] Es war jedoch nicht nur persönliche Animosität hinter der Entscheidung zugunsten Masserias, sondern handfestes Kalkül. »Ich war mir sicher – ein beinahe tödlicher Irrtum –, daß Masseria gewinnen würde.«[65] Außerdem kontrollierte Masseria Midtown und Upper Manhattan, und Lucania wollte keine weiteren Behelligungen bei der Versorgung seiner mondänen Kundschaft. Maranzano betrieb seine Rackets überwiegend Downtown und im Wall Street District. Lucanias Plan war es, mit Masserias Rückendeckung Maranzano im höchst lukrativen Wall Street District auszubooten.

Doch Masseria war kein Mann der alten Tradition, dem Handschlag und Ehrenwort zur Besiegelung einer Allianz genügten, er wollte einen klaren Loyalitätsbeweis. So begann Lucania, die Geschäfte von Joe »the Boss« zu systematisieren und auf eine effizientere Stufe zu heben, um die hohen Reibungsverluste durch krasses Mißmanagement zu minimieren. Nach weniger als einem halben Jahr lief alles wie geschmiert. Aber Masseria wollte deutlichere Zeichen von Servilität.

Am 5. November 1928 fuhren Lucania und Masseria im Fond von Masserias gepanzerter Limousine mit Adonis als Chauffeur. »Dieser fette Bastard zog eine 38er aus seiner Manteltasche und sagt: ›Die ist für dich, sie hat keine Nummern. Heute abend steigt ein Job.‹«[66] Masseria verlangte von Lucania als Beweis seiner Ergebenheit einen Überfall auf den Geldboten einer Bekleidungsfirma. Zwei von Joes Schützen sollten ihn begleiten. »Joe nahm mir die Waffe aus der Hand und hielt sie an meinen Bauch. ›Hör zu, du Hurensohn, entweder du machst den Job oder ich leg dich gleich hier im Auto um.‹«[67]

Am Vormittag des 5. Oktober wurde Arthur M. Devey an der Ecke 81st Street und Central Park West von zwei unbekannten Tätern überfallen und ausgeraubt. Es wurden Lohngelder in Höhe von $ 8374,28 geraubt.[68] Einer von Masserias Männern wurde durch einen Schuß schwer verletzt, konnte aber von Lucania ins Fluchtauto gezogen werden. Zwölf Tage später stand die Polizei vor Lucanias Tür. Auf dem Revier gab er seinen Namen mit Charles Luciano an. Es ließ sich für amerikanische Zungen einfach leichter aussprechen. Von nun an nannte er sich immer so. Bei einer Gegenüberstellung sah sich der Augenzeuge außerstande, ihn als einen der Täter zu identifizieren, am 23. November wurde der Fall offiziell geschlossen.

Luciano berichtete diese Geschichte seinen beiden Biographen Anfang der sechziger Jahre so: »Es kostete Costello und mich jede Menge politischer Beziehungen, um diese Sache sterben zu lassen. Costello gelang es, den Eintrag in meinem Strafregister als Irrtum darzustellen. Aber wir mußten beim Polizeichef intervenieren. Die ganze Angelegenheit kostete mich verdammt viel mehr als diese acht Riesen.«[69]

Bei einer Zeugenbefragung Lucianos Ende 1929 vor dem Staten Island Court stellte sich der Fall so dar:

Albert C. Fach, Staatsanwalt von Richmond County: »Wie oft freigesprochen?«

Luciano: »Viermal.«

Fach: »Wie oft davon für Raub?«

Luciano: »Ich glaube, es war einmal für Raub.«

Fach: »Durch Bestechung?«

Luciano: »Keine Bestechung.«

Fach: »War es nicht so, daß der Zeuge Sie nicht identifizieren wollte?«

Luciano: »Er konnte mich nicht identifizieren, weil ich nicht der Täter war.«

Fach: »Also doch Bestechung.«[70]

Ohne Zweifel war der Augenzeuge eingeschüchtert oder gekauft oder beides. Die politische Manipulation dieser Affäre ist jedoch höchst fraglich, denn der Fall wurde nicht, wie Luciano später aus seiner Erinnerung beschrieb, aus seinem Vorstrafenregister gestrichen oder als Fehler geführt.

Das war knapp gewesen, denn bei Lucianos Strafregister hätte eine Verurteilung einen längeren Gefängnisaufenthalt bedeutet. »Mein erster Gedanke war, mit Masseria zu brechen, und ich schwor mir, daß niemand mich mehr ungestraft in eine solche Lage bringen würde.«[71] Luciano blieb. Aber etwas veränderte sich mit dem neuen Namen und der Erfahrung von Fortunas Wankelmütigkeit: sein Lebensstil. Luciano gab das »bürgerliche« Apartment in Murray Hill auf und bezog eine luxuriöse Suite im Hotel Barbizon Plaza, Central Park South zwischen Sixth und Seventh Avenue.

Maranzano hatte erkannt, daß er nur dann zum Capo di tutti Capi würde, wenn es ihm gelänge, das empfindliche Gleichgewicht der Kräfte zu zerstören. Ein erneutes Antichambrieren bei Luciano war wieder vergebens, trotz des erheblichen Dämpfers, den die Freundschaft Masseria – Luciano durch die Raub-Affäre erlitten hatte. Al Mineo stand Masseria zu nahe, um sich auf Maranzano hinzubewegen, Joe Profaci war nicht stark genug, um als Bündnispartner eine Entscheidung herbeizuführen. Damit verblieb nur Tom (Gaetano) Reina. »Reina war ein Mann, der zu seinem Wort stand. Er war ein sehr ehrenwerter und kultivierter Italiener. Er kontrollierte die gesamte Bronx bis auf das, was Dutch Schultz hielt, und er kontrollierte das Industrieeis-Racket, ein Lebensnerv zu einer Zeit, da 75 Prozent der New Yorker Haushalte über keine elektrischen Kühlschränke verfügten, sondern auf Eislieferungen angewiesen waren.«[72] Die Führung der Reina Ice Co. war Reinas legale Fassade.

Joe »der Boss« hatte sich in Joe »den Unersättlichen« verwandelt, der Appetit auf Reinas Territorium verspürte. Der zunehmende Druck auf Reina suchte nach einem Ventil – und dieses Ventil hieß Maranzano. Bei ihrem ersten geheimen Treffen Mitte 1928 hatten die beiden Männer sehr schnell erkannt, daß nicht nur ein gemeinsamer Gegner, sondern auch ein ähnlicher Background für ein Bündnis sprach. Doch noch zögerte Reina, sich von Masseria ab- und Maranzano zuzuwenden, denn er war ein Mann, der zu seinem Wort stand.

Aber bevor die Maschinenpistolen in den Ghettos zu sprechen begannen, erschütterte ein anderes Ereignis die New Yorker Halbwelt. Am Abend des 4. November 1928 wurde Arnold Rothstein, »Mr. Big«, im Hotel Park Central angeschossen. Er wurde ins Polyclinic Hospital gebracht, wo er einige Stunden später verstarb, ohne den Attentäter preiszugegeben. Rothstein befand sich bereits seit dem frühen Abend bei Lindy's, einem Restaurant am Broadway, als er kurz vor 10 Uhr die Nachricht erhielt, er solle George »Hump« McManus, einen Buchmacher und Spieler, im Zimmer 349 des Park Central treffen. »Es gab Hinweise, daß kurz nach 22 Uhr ein Schuß im dritten Stock abgefeuert wurde und ein Mann, auf den Rothsteins Beschreibung paßt, dort gesehen wurde. Kurz danach wurde Rothstein im Erdgeschoß mit einem Bauchschuß aufgefunden.«[73] Die Blutspur ließ sich bis zu McManus' Zimmer verfolgen, im Zimmer selbst fand sich nichts. McManus bestritt jegliche Tatbeteiligung. Trotz seiner Beteuerungen, Rothstein habe ihm viel Geld aus einem Pokerspiel geschuldet, und nur ein lebender Rothstein könne diese begleichen, wurde er verhaftet. Die Staatsanwaltschaft Manhattan erhob Anklage wegen Mordes. Sie wurde nach einigen Monaten wieder fallengelassen, »da die Staatsanwaltschaft keinen Fall, keinen Augenzeugen und keinen anderen Beweis als eine Blutspur hat.«[74]

Rothsteins Geschäftsunterlagen waren sofort von den Behörden beschlagnahmt worden, Gerüchte sprachen von 60.000 Dokumenten. Je länger die Suche nach der Wahrheit andauerte, desto mehr dieser Schriftstücke verschwanden spurlos. Informationen sickerten durch über massive Verstrickungen lokaler Politgrößen in Rothsteins undurchsichtige Geschäfte oder über großzügige Wahlkampffinanzierung mit Geldern aus illegalen Unternehmungen. Der ehemalige Polizeichef Enright, Kandidat der Square Deal Party für das Bürgermeisteramt, machte den Fall Rothstein zu seinem zentralen Wahlkampfthema und beschuldigte seinen Amtsnachfolger Whalen der bewußten Verschleppung des Verfahrens und der Beseitigung von Beweismaterial. »Wie sich dieser Mordfall darstellt, müßte er meiner Erfahrung nach längst gelöst sein, hätten die verantwortlichen Stellen ein Interesse an seiner Klärung. Denn wäre es nicht demonstratives Desinteresse, das die Klärung verhindert, müßten alle an diesem Fall Beteiligten wegen grober Unfähigkeit sofort aus ihren Ämtern entfernt werden.«[75]

Trotz aller Versicherungen seitens der Behörden, ernsthaft an einer Lösung des Falls Rothstein interessiert zu sein, waren die Fortschritte gleich null. Nachdem genügend Zeit verstrichen und alle Spuren verwischt waren, wurde lanciert, Rothstein sei das Opfer eines Bandenkriegs gewesen. Da solche Fälle selten positive Ermittlungsergebnisse produzierten, wurde Mr. Bigs Dahinscheiden nach den Bürgermeisterwahlen von 1929 und dem erneuten Sieg der Konstellation Walker/Whalen stillschweigend zu den Akten gelegt. Die Unvereinbarkeit des Rothstein-Szenarios mit der üblichen Arbeitsweise bei Bandenmorden gab noch Monate Anlaß zu wilden Spekulationen: »Wenn es ein Gang-Mord war, war ein Stümper am Werk. Rothstein wurde nur einmal in den Unterleib getroffen. Profis pumpen ihre Opfer mit Blei voll, sie zielen auf Kopf und Herz, wo Kugeln todsichere Arbeit verrichten.«[76]

Einer der wenigen, der den Indiskretionen im Zusammenhang mit den Rothstein-Papieren zum Opfer fiel, war der Richter Albert H. Vitale, ein Tammany-Parteigänger. Fiorello La-Guardia, bei den letzten Wahlen der (unterlegene) republikanische Gegenkandidat von Bürgermeister Walker, veröffentlichte die Kopie eines Schreibens, in dem Rothstein die Übergabe von 19.940 Dollar an Vitale bestätigte. Vitale war zum damaligen Zeitpunkt einer der eifrigsten Wahlkampfhelfer Walkers und ein langjähriger Parteigänger des neuen Tammany-Bosses John Francis Curry, der die Tammany-Führung Anfang 1929 an sich gerissen hatte.

Die Enthüllungen der Rothstein-Akten sollten für Vitale nur ein harmloser Vorgeschmack auf den Verdruß sein, der ihn Ende des Jahres überrollte und als Richter untragbar machte. Ihm zu Ehren veranstaltete Anfang Dezember der Tepecano Democratic Club ein Bankett in den Räumlichkeiten des Roman Garden in der Bronx. Der Club hatte 300 eingetragene Mitglieder, von denen mindestens 10 Prozent ein erhebliches Vorstrafenregister besaßen. Unter den Gästen des Abends befand sich auch das ordentliche Mitglied Ciro Terranova, begleitet von seinen beiden Neffen Joseph und James Catania (Baker) sowie vier weiteren Mitgliedern seiner Gang: James und John Savino, Paul Marchione und Daniel J. Iamascia.[77] Kurz nach Mitternacht sprengten sieben Gangster das Fest, hielten mit gezogenen Revolvern die Gäste in Schach und beraubten sie. Neben Schmuck für 2500 Dollar und 2000 Dollar in bar wurde auch die Dienstwaffe von Detective Arthur C. Johnson entwendet. Vitale beschwor Johnson, vorerst nichts zu unternehmen, er würde versuchen, die Sache diskret zu regeln. Nach drei Stunden und einigen Telefonaten »war der Schmuck wieder aufgetaucht, und auch die Dienstwaffe von Detective Johnson fand ihren Weg zurück in den eigenen Halfter.«[78] Vitale äußerte gegenüber Johnson den Verdacht, »daß der Überfall von einigen Jungs aus der Kenmare Street inszeniert wurde.«[79]

Die Tatsache, daß ein Richter von stadtbekannten Kriminellen mit einem Festbankett geehrt wurde, führte zu erheblichen Irritationen. Gerüchte von engen Verbindungen zwischen Richtern und Unterweltgrößen, die seit langem die Runde machten, schienen damit bestätigt. Der dubiose Fall, allgemein nur als Vitale-Dinner-Überfall apostrophiert, wurde zum Gesprächsstoff Nummer eins in den Kneipen der Stadt, wo unzählige Hypothesen zur Tat kursierten, denn ganz offensichtlich hatten die Gangster andere Beute als Bargeld und Schmuck im Sinn.

Am 20. Dezember 1929 wurden Daniel J. Iamascia, John Savino und Joseph Catania als mutmaßliche Komplizen der sieben Gangster verhaftet und dem Haftrichter vorgeführt. Ihr Rechtsbeistand Caesar B.F. Barra erwirkte eine Entlassung auf Kaution. Mitte Januar 1930 begab sich Ciro Terranova auf Anraten seines Anwalts zur Polizeibehörde, um sich freiwillig zu stellen. Haftbefehl war kurz zuvor gegen ihn erlassen worden. Hintergrund war ein anonymer Hinweis, der ihn als den Anstifter des Vitale-Dinner-Überfalls bezeichnete. »Terranova, im eleganten braunen Anzug, erklärte, als Bauunternehmer tätig zu sein. Er gab an, gelegentlich an der Börse zu spekulieren, konnte aber weder den Namen seines Marklers noch die beiden Werte benennen, von denen er Aktien hielt.«[80]

Terranova bestritt, mehr gewesen zu sein als ein Opfer der Gangster, und äußerte sein Bedauern darüber, nichts zur Erhellung des mysteriösen Vorfalls beisteuern zu können. Es kursierten aber ganz andere Geschichten: »Der Überfall war eine Farce, in Szene gesetzt von Ciro Terranova, um in den Besitz eines Dokuments zu gelangen, das ihn als Auftraggeber der Morde an Frankie Yale und Frank Marlow ausweist. Da von der vereinbarten Summe von 20.000 Dollar nur 5000 Dollar geflossen waren, drohte der Auftragsmörder, das Dokument der Polizei zu übergeben.«[81] Laut dieser Darstellung hatte Terranova den frustrierten Killer zu Vitales Fest eingeladen und einen Überfall fingiert, um das verräterische Schriftstück in seine Hand zu bekommen.

Die beiden Eckpfeiler dieses Gerüchts halten einer genaueren Analyse nicht stand: Frankie Yale war 1928 auf Betreiben von Al Capone wegen unregelmäßiger Geschäftsabrechnungen bei gemeinsamen Alkoholgeschäften beseitigt worden, eine Version, die auch in Polizeikreisen favorisiert wurde, und Ciro Terranova war ein Mann mit einer beinahe legendären Fähigkeit, dem Knast zu entgehen, der niemals schriftliche Spuren von Mordaufträgen, noch dazu mit seiner Unterschrift, zugelassen hätte.

Was auch immer das eigentliche Motiv des Überfalls war, es konnte nicht ans Licht gezerrt werden. An Terranova, Catania, Iamascia und Savino blieb nichts kleben, für Vitale endete die Affäre unerfreulicher. Die Durchsicht seiner Gerichtsakten beim Harlem Court ergab, daß James Catania 1924 wegen Raubes und James Savino 1928 wegen schwerer Körperverletzung im Zusammenhang mit dem Versuch der Masseria/Terranova-Gruppe, die städtische Straßenreinigung zu infiltrieren, vor Richter Vitale gestanden hatten. Beide Fälle waren von ihm, trotz erheblicher Verdachtsmomente, als nolle prosequi abgewiesen worden.

Der öffentliche Druck ließ Polizeichef Whalen keine Wahl. Er beauftragte die Anwaltskammer mit einer Untersuchung des Falls Vitale. Mitte März 1930 wurde das Ergebnis der Untersuchung an die Berufungsstelle des Obersten Gerichtshofes weitergeleitet. Neben seinen umstrittenen Gerichtspraktiken belegten Bankauszüge Einzahlungen auf sein Konto von weit über 100.000 Dollar, ein Betrag, der auch nicht annähernd mit seinem Gehalt in Einklang zu bringen war. Quelle dieses Wohlstandes war eine Verbindung Vitales zu Daniel J. Iamascias Bruder Anthony, einem professionellen Kautionsbürgen am Gericht von Harlem.[82] In der Begründung für den Ausschluß Vitales vom Richteramt kam die Berufungsstelle zu folgendem Fazit: »Die Beweise in diesem Fall sprechen für sich.«[83]

Der Rausschmiß tat dem gesellschaftlichen Leben Vitales keinen Abbruch. Kaum drei Monate später wurde abermals ein Bankett zu seinen Ehren gegeben, diesmal ausgerichtet von der Federation of Italian-American Democratic Clubs. Unter den Festgästen befanden sich Außenminister Edward J. Flynn, Richter John J. Freschi und Salvatore A. Cotillo und Louis A. Valente, Richter am Obersten Gerichtshof.[84]

Noch ein anderes gesellschaftliches Ereignis erregte die Gemüter der damaligen Zeit. Mitte Mai 1929 lud Nucky Johnson zu einem Treffen aller großen Alkoholschmuggler nach Atlantic City ein. »Johnsons Macht war so vollkommen, daß er die wichtigsten Mafia-Bosse nach Atlantic City einladen konnte und auch nichts dabei fand, daß Fotos, die ihn und Al Capone bei einem gemeinsamen Spaziergang auf der Strandpromenade zeigen, veröffentlicht wurden.«[85] Die Negativschlagzeilen der jüngsten Vergangenheit über brutale Methoden im Dunstkreis des Alkohol-Rackets hatten diesen Schritt notwendig gemacht. (Das von Capone angezettelte Valentinstag-Massaker von 1928 war nur die Spitze des Eisbergs.) »Die schwarzen Limousinen mit ihren zwielichtigen Passagieren kamen aus allen Teilen das Landes.«[86] Alle waren da: Capone aus Chicago, Solomon aus Boston, Boo-Boo Hoff und Waxey Gordon aus Philadelphia, Moe Dalitz aus Cleveland, Abe Bernstein aus Detroit, der Pendergast-Intimus John Lazia aus Kansas City, Longie Zwillmann und Willie Moretti vertraten Nassau County und das nördliche New Jersey. Die größte Delegation stellte New York City. Manhattan und die Bronx waren vertreten durch Luciano, Torrio, Lansky, Costello, Lepke, Adonis, Dutch Schultz und Frank Erickson für den toten Rothstein, für Brooklyn waren Albert Anastasia, Vince Mangano und Frank Scalise erschienen. »Wer fehlte, waren die alten Dons Maranzano und Masseria.«[87] Das war ein überdeutliches Indiz, daß die Moustache Petes nicht mehr auf der Höhe der Zeit waren. Neben der Gewaltproblematik beschäftigte die Delegierten in erster Linie die Tatsache, daß alle Anzeichen auf eine Aufhebung der Prohibition hindeuteten, nicht unmittelbar, aber mittelfristig. Seit langem waren Senat und Repräsentantenhaus in zwei bis aufs Messer verfeindete Lager gespalten, in Befürworter und Gegner, und es zeichnete sich eine Verschiebung der Gewichte zugunsten der Prohibitionsgegner ab. Daran würde auch der Ausgang der unmittelbar zurückliegenden Präsidentenwahl mit dem Sieg des »trockenen« Herbert Hoover über den Prohibitionsgegner Al Smith, dem Gouverneur von New York, nichts mehr ändern können, es war nur noch der Schwanengesang auf das großartige Experiment. Da das Alkohol-Racket das finanzielle Rückgrat aller Anwesenden war, mußte man auf diese Herausforderung reagieren.

»Es gab Überlegungen, am Tag Eins nach der Prohibition legal zu werden, denn niemand verstand so viel vom Alkoholgeschäft wie wir. Aber neben all diesen Phantasien von legalem Whisky und Glücksspiel passierte etwas wirklich Reales, als Capone auf eine Typen namens Moses Annenberg traf, der auch aus Chicago war. Annenberg kontrollierte die Gang, die für William Randolph Hearsts Zeitungen als Drücker unterwegs war. Capone und Annenberg begannen, über einen landesweiten Kabeldienst für Pferdewetten nachzudenken, und schon in Atlantic City wurden die ersten Absprachen für ein überregionales Wettsystem getroffen.«[88]

Das Meeting in Atlantic City war für Luciano ein eindrucksvoller Triumph. Er hatte sich in der exklusiven multikulturellen Führungselite des Landes als oberster Repräsentant der italo-amerikanischen Subkultur empfohlen, anerkannt auch von seinen anwesenden Landsleuten. Zurück in New York holte ein Meeting der ganz anderen Art Luciano wieder auf den Boden der Tatsachen zurück.

Am 16. Oktober 1929 hatte Maranzano um eine Unterredung gebeten, die auf Staten Island, auf neutralem Boden, stattfinden sollte. Ort der Begegnung war eine riesige Lagerhalle auf den Staten-Island-Piers. Maranzano wartete bereits, als Luciano ankam. Man setzte sich und tauschte Belanglosigkeiten aus, als Maranzanos Stimme plötzlich scharf wurde: »Du wirst Masseria persönlich umlegen.«[89] Luciano begriff sofort, daß dies eine Falle war. In der traditionsverhafteten sizilianischen Subkultur konnte derjenige, der Hand an den

Boss legte, ihm niemals nachfolgen. Maranzano hatte instinktiv erkannt, daß dieser schlaksige junge Mann eines Tages sein schärfster Konkurrent sein würde, und wollte durch diesen Schachzug Masseria beseitigen und den jungen Aufsteiger matt setzen. Luciano durchschaute das Manöver und lehnte es kategorisch ab, den Auftrag selbst auszuführen, »denn der Killer kann bestenfalls der zweite Mann werden, wenn er nicht aus Rache umgelegt wird.«[90] Dann verlor er das Bewußtsein. Als er wieder zu sich kam, hing er an den Handgelenken von einem Balken und wurde abwechselnd mit Schlägen und brennenden Zigaretten »behandelt«, ein Vorgang, der sich nach jeder erneuten Zurückweisung des Ansinnens intensivierte. Als Maranzanos Geduld zu Ende war, gab er den Befehl, Luciano herunterzuholen und zu erschießen. Zuvor nahm er ein Messer und schnitt Luciano eine tiefe Wunde in die rechte Wange, wobei der Muskel unter dem rechten Auge durchtrennt wurde. Die Folge davon waren ein permanent nässendes Auge und ein düsterer Gesichtsausdruck. Nachdem Maranzano sein Temperament wieder unter Kontrolle hatte, befahl er seinen Männern, Luciano am Leben zu lassen, »denn er wird tun, was getan werden muß«. Sie zerrten ihn in den Fond eines Autos. Nach drei- bis vierminütiger Fahrt warfen sie ihn aus dem Wagen.[91]

Auf allen vieren kroch er in den frühen Morgenstunden des 17. Oktober den Hylan Boulevard entlang, als ihn eine Polizeistreife aufgriff. Luciano wollte in ein Krankenhaus gebracht werden, über die Ursache seines jämmerlichen Zustandes befragt, ließ er sich nur zu einem »Laßt nur, ich kümmere mich darum, wenn ich wieder draußen bin«[92] hinreißen. Alarmiert durch diese Aussage, die verdächtig nach Bandenkrieg roch, erhob man Anklage wegen schweren Diebstahls gegen Luciano, um ihn unter Beobachtung zu halten. Beim Gerichtstermin am 29. Oktober wollte er sich an sein Selbstjustiz-Statement nicht mehr erinnern.

Die Staatsanwaltschaft konnte die Anklage wegen schweren Diebstahls nicht aufrechterhalten, Luciano war noch am selben Tag ein freier Mann. Aussagen von Profiverbrechern ergeben selten gerichtsverwertbare Informationen. Interessant in diesem Zusammenhang sind aber immer die Angaben zur eigenen Person, da Menschen des illegalen oder kriminellen Milieus permanent gezwungen sind, sich neue Legenden zu erschaffen. Luciano bezeichnete sich als Chauffeur, seit einigen Monaten wohnhaft in Ardonia, Ulster County (wo bereits Lupo vor Jahren untergetaucht war). Befragt nach seinem Auftragsvolumen mußte er eingestehen, noch keine einzige Kundenfahrt durchgeführt zu haben. Befragt nach seinem Lebensunterhalt erklärte er, der Mitinhaber eines Restaurants 232 West 52nd Street gewesen zu sein und seinen Anteil vor acht Monaten verkauft zu haben. Sein damaliger Partner, ein Mann namens Ignatz Coppa, führe das Restaurant nach seinem Ausscheiden alleine weiter.

Viele Anekdoten ranken sich um Lucianos Beinamen »Lucky«. Er selbst brachte in Umlauf, daß Meyer Lansky nach seinem beinahe tödlichen Treffen mit Maranzano äußerte: *»Lucky. That's you – Lucky Luciano.«*[93]

Es ist indes unwahrscheinlich, daß sich dieses »Lucky« innerhalb von Stunden in der ganzen Stadt herumgesprochen hatte, denn die *New York Times* berichtete in ihrer Ausgabe vom 18. Oktober 1929 bereits über »Charles (Lucky) Luciania, *who had been taken on a ride the night before.«*[94]

Auch zwölf Tage später vor Gericht war »Lucky« ein fester Bestandteil von Lucianos Image:

Albert C. Fach, Staatsanwalt von Richmond County: »Sind sie auch unter einem anderen Namen bekannt?«

Luciano: »Lucky.«

Fach: »Noch weitere?«

Luciano: »Nein.«

Fach: »In Zusammenhang mit Ihrem Vor- oder Familiennamen?«

Luciano: »Charles Lucky.«[95]

Es finden sich in Lucianos Erinnerungen überall Hinweise, daß er stets bereit war, für eine gute Pointe die Wahrheit zu manipulieren.

Masserias immer dreister werdendes Verlangen nach einem exorbitanten Schnitt an Gaetano Reinas Rackets trieb diesen buchstäblich in Maranzanos Arme. Thomas »Three Finger Brown« Lucchese, ein Mitglied der Reina-Gang, hatte Luciano diese Information gesteckt. Und noch eine Anspielung Luccheses ließ Luciano aufhorchen: Masseria plante die Ermordung von Joe Profaci, Boß von Staten Island, und Joseph »Joe Bananas« Bonanno, »Adjutant« und engster Vertrauter von Maranzano. »Wenn man sich mit einem Sizilianer einläßt, muß man wie ein Sizilianer denken können, sonst ist man tot. Ich überlegte, was Masseria veranlaßt hatte, Reina am Leben zu lassen und statt dessen Joe Profaci und Joe Bananas umzulegen.«[96] Bald war ihm die Antwort klar: Profaci, der mit Maranzano sympathisierte, war der Garant seiner Sicherheit bei dem Treffen auf Staten Island gewesen und hatte dieses Gebot gegen alle Tradition gebrochen. Bonanno stand Maranzano von allen seinen Handlangern am nächsten. Lucianos Aussage, er würde die Staten-Island-Affäre in die eigene Hand nehmen, war durch den gesamten Blätterwald gegangen, bei einem plötzlichen Ableben von Profaci und Bonanno läge der Verdacht nahe, in ihm den Initiator dieser Morde zu sehen. »Maranzano würde mich umlegen lassen, die Polizei ebenfalls hinter mir her sein.«[97] Masseria könnte in aller Ruhe seinen Expansionsplänen nachhängen und Wetten darauf abschließen, wer Luciano eher erwischen würde.

Im Luciano-Lager kam man schnell zu der Einsicht, »daß

Tom Reina gehen mußte und daß Tommy (Lucchese) Maranzano stecken sollte, daß Masseria dahinterstand.« Luciano wählte Vito Genovese und gab ihm die Anweisung, Reina von Angesicht zu Angesicht zu erschießen, wie es die Tradition verlangte. »Ich haßte den Gedanken, Reina umzulegen, und alle anderen empfanden genauso. Aber er mußte beseitigt werden, damit ich weiterleben und aufsteigen konnte.«[98]

Reina wohnte mit seiner Familie 3183 Rochambeau Avenue und hielt sich eine Geliebte im Haus 1521 Sheridan Avenue, wo er regelmäßig erschien. So auch am 26. Februar 1930. Als er an diesem Abend das Haus mit Marie Ennis verließ, »um in sein Lincoln-Coupé zu steigen, wurde er von einer unbekannten Person angeschossen. Ein vorbeikommendes Taxi brachte den Verwundeten ins Morrisiania Hospital. Als die Polizisten Austin und Cooke dort eintrafen, mußten sie erfahren, daß der Tod bereits auf dem Transport eingetreten war.«[99] Das Mordopfer hatte einen 32er Colt in seiner Tasche, in seinem Auto fand man eine 22er Flinte. Reina mußte gewußt haben, daß er gefährlich lebte. Für den Colt besaß er trotz eines Vorstrafenregisters einen ordnungsgemäßen Waffenschein.

Ermittlungen in die näheren Lebensumstände des Toten ergaben, daß er neben der Reina Ice Co. über Strohmänner an einem Geflügelgroßhandel, Livoti's Chicken Market, beteiligt war. Sein Strafregister ging zurück bis ins Jahr 1916.

Wie erhofft, lastete Maranzano den Reina-Mord der Masseria-Gruppe an. Um einen geschlossenen Seitenwechsel der Reina-Gruppe zu verhindern, etablierte Masseria Joe Pinzola als neuen Boss der Familie. Damit erreichte er, daß sich die Gang in zwei Gruppen spaltete. Die Renegaten sammelten sich hinter Tom Gagliano und spielten mit dem Gedanken, zu Maranzano überzulaufen, unter ihnen Tommy Lucchese, Steve Rondelli und John DiCaro. Noch glaubte Masseria, durch seine Autorität, die auf den Corleonesi beruhte, die Castellammarese niederhalten zu können. Er ahnte nicht, daß

Maranzano und seine Castellammarese-Clique längst zu einem Krieg entschlossen waren, daß der erste Schuß auf Reina auch der Startschuß des Castellammarese-Krieges war. Um Zeit zu gewinnen, folgte Maranzano der Aufforderung Masserias zu Verhandlungen in einem Privathaus in Uptown Manhattan. Maranzano wurde von Joe Bonanno begleitet, Masseria von Peter (Giuseppe) Morello, Don Pedru. »Masseria und Maranzano begrüßten sich nach sizilianischer Art: Wange an Wange, ein Auge auf den Mann gerichtet, das andere über seine Schulter schauend.«[100]

Masserias Botschaft an Maranzano war simpel: Er war am Leben, es ging ihm gut, und damit dieser Zustand andauerte, war es wichtig, die richtigen Freunde zu haben. Dann übernahm Morello das Reden und empfahl Maranzano, sich aus allen Feindlichkeiten gegen Mr. Joe herauszuhalten und seinen Castellammareses Gleiches anzuempfehlen: »Wenn wir uns nicht einigen, gibt es ein Blutbad.«[101] Maranzano erkannte nun seinen eigentlichen Gegner.

Nach dieser Unterredung stand unumstößlich fest, es würde Krieg geben. Masseria machte den ersten Zug: Um die Castellammarese vor allen anderen Sizilianern zu demütigen, verlangte er von Cola Schiro, dem nominellen Boss der Familie, die dreiste Summe von 10.000 Dollar als Tribut. Dieser bezahlte und verschwand. Daraufhin ließ Masseria höhnisch verbreiten, der Boss der Castellammarese wäre aus Feigheit abgetaucht. Und Masseria blieb weiter am Zug. Ein unumstößliches Gesetz besagt, daß Kriege Geld kosten, auch Unterweltkriege. Das machte Vito Bonventre, den reichsten Castellammarese, zur natürlichen Zielscheibe. Bonventre, genannt »the King«, ein Vetter Joe Bonannos, wurde am 15. Juli 1930 im Hinterhof seines Hauses in Brooklyn erschossen.

Niemand traute Masseria diese gerissenen Winkelzüge zu, es war im Milieu allgemein bekannt, daß Morello das Hirn und die rechte Hand Masserias war. Aus diesem Grund begannen etwa zur gleichen Zeit Luciano und Maranzano über die Beseitigung Morellos nachzudenken. Mit Morello an Masserias Seite schien ein totaler Sieg Masserias unausweichlich und die Zukunft Lucianos und seiner Gang als unabhängige Racketeers aussichtslos. Bei einem Meeting der Luciano-Gang wurde beschlossen, Morello aus dem Weg zu räumen.

Anastasia und Frank Scalise erhielten den Mordauftrag. Morello fühlte sich so sicher, daß er nicht daran dachte, seine tägliche Routine irgendwelchen Sicherheitserwägungen zu opfern. Täglich fuhr er in einer gepanzerten Limousine, begleitet von zwei Leibwächtern, von seinem Haus in New Jersey zu seinen Geschäftsräumen in der 116th Street. Am 15. August betraten Anastasia und Scalise Morellos Büro und schossen ihn und seine beiden Besucher nieder. Insgesamt fünfzehn Kugeln aus drei Revolvern wurden abgefeuert, davon trafen fünf Morello, eine davon mitten in die Stirn. Joseph Perrano, der für den nächsten Tag eine Schiffspassage nach Palermo in seiner Tasche hatte, wurde zweimal in die Schulter geschossen und starb an den Folgen eines Sprungs aus dem Fenster. Gaspare Pollaro, der Bruder von Andrea Pollaro, einem Komplizen aus früheren Falschgeldtagen, verletzte eine Kugel schwer. Laut Polizeiangaben dauerte die ganze Aktion keine zwei Minuten.

Ciro Terranova weigerte sich, die Leiche seines Halbbruders zu identifizieren. »Auch gestern lag der Leichnam von Peter Morello noch unbeansprucht im Leichenschauhaus Bellevue. Terranova erklärte, über die Schießerei nichts zu wissen, außer das, was in den Zeitungen stand. Im übrigen würde ihn die ganze Angelegenheit nicht interessieren.«[102] Er hatte den Ernst der Lage erkannt und wußte, man würde auf ihn warten, falls er sein stark befestigtes Haus verließ.

Für die Polizei waren die Toten einer Fehde unter Bauspekulanten zum Opfer gefallen, denn alle drei hatten legale Fassaden als Bauunternehmer, deren Verstrickung in den Bau-

Racket der Bronx allgemein bekannt war. Morellos Firma, die Sassone Realty Company, untergebracht im Erdgeschoß des Hauses, war kein unbeschriebenes Blatt in der Beschaffungsszene für öffentliche Aufträge.

Den Mord an Morello beanspruchte auch die Maranzano-Seite für sich. 1963 gab Joe Valachi vor dem McClellan-Senatsausschuß an, der Auftrag sei damals von Maranzano persönlich gekommen und an einen gewissen Buster aus Chicago gegangen, einen der fähigsten Auftragskiller der Castellammarese.

Eine Täterschaft von Anastasia und Scalise ist dennoch glaubhafter, denn auch wenn Morello keine besonderen Sicherheitsmaßnahmen nach den Morden an Reina und Bonventre für seine Person getroffen hatte, ist es sehr unwahrscheinlich, daß zwei schwerbewaffnete Fremde ungehindert zu ihm hätten vordringen können. Doch Masseria, dem man nachsagte, mehr Mut und Glück als Verstand zu besitzen, wollte an eine Täterschaft Maranzanos glauben, denn hätte er die Tatumstände analysiert, wäre er einem Verräter in den eigenen Reihen auf die Spur gekommen – Luciano.

Mit Morello aus dem Weg, war das nächste natürliche Opfer Joseph Pinzola, der Boss der Reina-Gang von Masserias Gnaden. Ein Teil der Gang hatte sich unter Tom Gagliano inzwischen heimlich zu Maranzano abgesetzt, die Beseitigung Pinzolas sollte den ins Stocken geratenen Geldfluß wieder flott machen. Tommy Lucchese hatte unter dem Firmennamen California Dry Fruit Importers Geschäftsräume in Midtown Manhattan gemietet, die auch Pinzola benutzte, nicht ahnend, daß Lucchese zu den Abtrünnigen gehörte. Am 5. September 1930 erschien Girolamo Santucci, alias Bobby Doyle, um ein Geschäft mit Pinzola zu erledigen. Als er wieder ging, ließ er einen Toten zurück.[103]

Zu diesem Zeitpunkt der Auseinandersetzung war Al Mineo Masserias Chefstratege. Obwohl Masserias Stern am sinken war, war er doch noch so etwas wie das Symbol einer Interessensgruppe, die mit hohen Verlusten zu rechnen hatte, würde Masseria den Krieg verlieren. Mit Mineo an Masserias Seite wurde es ein Wettrennen zwischen Masseria und Maranzano, wer den anderen eher erwischen würde.[104]

Maranzanos Männer waren Tag und Nacht unterwegs, um Masseria zu verfolgen. Am 4. November 1930 meldete ein Beobachtungstrupp, dem Joe Valachi angehörte, daß Masseria, Mineo und Mineos erster Mann Steve Ferrigno mit einigen ihrer Leute eine von Ferrigno angemietete Wohnung in der Alhambra-Apartmentanlage, 750-60 Pelham Parkway, Bronx, betreten hatten. Maranzano befahl Scharfschützen in das gegenüberliegende Gebäude und gab Order, Masseria bei Sichtung zu erschießen, »gelang es Masseria zu entkommen, sollten die Scharfschützen wenigsten Ferrigno und Mineo erledigen.«[105] Einen ganzen Tag warteten drei Scharfschützen und Valachi vergeblich. Valachi beschrieb vor dem McClellan-Senatsausschuß 32 Jahre später, was dann geschah:

Valachi: »Am nächsten Tag kamen ungefährt 20 bis 24 Männer aus dem Apartmenthaus, in dem Fennuci (Ferrigno) ein Apartment angemietet hatte. Wir ließen sie passieren in der Hoffnung, Joe the Boss zu erwischen. Als die beiden (Mineo und Fennuci) herauskamen, wollten wir nicht mehr länger warten. Einer sagte: ›Laßt uns mit dem zufrieden sein, was wir haben, vielleicht ist Joe in der Nacht unbemerkt entwischt‹ und sie erschossen die beiden ...«

Adlerman: »Wer hat Mineo und Ferrigno erschossen?«

Valachi: »Bobby Doyle (Santucci), Buster und Nick Cappuzzi.«[106]

Die Polizei fand in der Tasche von Mineo eine Geschäftskarte, die ihn als Vizepräsident der A.D.L. Holding Corporation auswies, Ferrigno hatte einen Führerschein auf den Namen Sam Ferrara und einen ordnungsgemäßen Waffenschein, ausgestellt von einem Richter aus Yonkers, bei sich. Beide waren seit Jahren wegen unterschiedlicher Delikte polizeilich registriert. In dem Apartment, von dem aus der Anschlag verübt wurde, fand man zwei doppelläufige Schrotflinten und einen Gitarrenkasten, in dem die Waffen transportiert wurden. »Als die Schießerei vorbei war, wurden zwei Männer beobachtet, die aus dem Gebäude in Richtung Holland Avenue liefen, wo man an der Ecke zwei Pistolen fand.«[107] Eine Täterbeschreibung konnte niemand liefern.

Wie sich später herausstellte, befand sich Masseria in der Tat noch im Gebäude, sein Weggang hatte sich durch einen unbedeutenden Zwischenfall verzögert. »Masseria schien noch immer immun gegen Kugeln zu sein.«[108]

Nach dieser Schießerei machte sich eine große Orientierungslosigkeit breit, denn alle waren auf Tauchstation gegangen. Zeitweilig war es völlig unklar, wer gerade mit wem paktierte. Als Folge der zusammengebrochenen Informationsströme begannen die Gangmitglieder, wo immer sie vermeintliche Gegner ausmachten, wahllos aufeinander zu schießen.

Und noch ein vielversprechendes Talent der Unterwelt wurde zur Strecke gebracht, ehe man sich entschloß, dem Übel an die Wurzel zu gehen. Joe Catania, alias Joe Baker, der Neffe von Ciro Terranova, hatte sich den Haß von Maranzano zugezogen, weil er dessen Whiskylieferungen hochgehen ließ. Nach den Morden an Mineo und Ferrigno schien Friede in greifbare Nähe gerückt, denn Masseria war unter Druck geraten und mußte etwas leiser treten – wäre da nicht Joe Catania gewesen. Maranzano ließ durchsickern, »er würde erst Frieden schließen, wenn Joe Baker ausgeschaltet wäre.«[109] Am 3. Februar 1931 lauerten Valachi, Buster, Nick Cappuzzi und Sally Shields (Salvatore Shillitani) auf Baker, der jeden Morgen eine Kautionsstelle in der Bronx aufsuchte, fünf Minuten verweilte und mit einem braunen Umschlag unter dem Arm wieder ging. Fast hätte der Zufall den Anschlag vereitelt, denn am bewußten Tag wurde Baker von seiner Frau begleitet, und der Ehrenkodex verbietet jeden Übergriff auf die Familie. Buster, der Scharfschütze, beschrieb die Szene:

»Er kam mit seiner Frau aus dem Büro, und ich fürchtete schon, keinen Schuß plazieren zu können. Aber plötzlich drehte er sich um und ging auf die nächste Ecke zu. Sie stand da und konnte sehen, wie er zu Boden ging. Ich habe ihn kein einziges Mal verfehlt, ich sah es an dem Staub, der jedesmal, wenn eine Kugel einschlug, von seinem Mantel aufstieg.«[110]

Baker wurde ins Fordham-Krankenhaus gebracht, wo er verstarb, ohne eine Aussage zu machen. Sein Begräbnis war das prächtigste, das die Bronx bis dahin gesehen hatte. Es war der prächtigste Sarg, in dem jemals ein New Yorker Revolverheld zu Grabe getragen wurde.[111] Ein Maranzano-Spion berichtete, daß Terranova bei der Totenwache seine Hand auf den Sarg legte und schwor, seinen Neffen zu rächen. Er wolle mit jedem paktieren, der ihm geeignet schien, seine Rache zu befriedigen.

Luciano und seine Gruppe beschlossen, ihre Pläne zu ändern. »Das war der Moment, unsere Pläne zu korrigieren – wir beschlossen, daß Masseria vor Maranzano gehen mußte.«[112] Maranzano wurde mitgeteilt, daß Luciano nun wüßte, was zu tun wäre. Ein Treffen wurde arrangiert. Luciano läßt in seinen Erinnerungen dieses Meeting vor dem Löwenkäfig im Bronx-Zoo stattfinden: »Ich hatte Tommy Lucchese, Joe A. (Adonis) und Bugsy Siegel bei mir, ich wollte einen Juden dabei haben, damit Maranzano gleich wußte, daß dieser Nur-Sizilianer-Scheiß mit mir nicht zu machen war. Er brachte Joe Profaci und Joe Bananas mit. Es war später Nachmittag, als wir uns vor dem Löwenkäfig trafen. Ich sagte: ›Ich hoffe, dir gefällt unser Treffpunkt, denn ist nicht der Löwe der König der Tiere?‹«[113]

Joe Bonanno hatte ganz andere Erinnerungen an dieses Treffen: »Im Frühjahr 1931 trafen sich Luciano und Maranzano in einem Privathaus in Brooklyn. Es war mein erstes Zusammentreffen mit Charlie Luciano. Er war von schmächtiger Statur, mit vollem schwarzem Haar und pockennarbigem Gesicht. Sein Sizilianisch war lausig, aber das, was er konnte, ging ihm gut über die Lippen. Normalerweise sprach er amerikanischen Straßenslang.«[114]

Man wurde schnell handelseinig. Luciano übernahm die persönliche Verantwortung für die Ermordung Masserias, würde aber die eigentliche Tat von Mitgliedern seiner Truppe ausführen lassen.

Der Tag der Tage sollte der 15. April 1931 sein. Luciano traf sich schon am frühen Morgen mit Masseria in einem seiner Schlupfwinkel in Downtown Manhattan, und gemeinsam schmiedete man Pläne für die Beseitigung der wichtigsten Maranzano-Leute. Masseria geriet darüber derart in Verzückung, daß er aus seinem Stuhl sprang und zu tanzen begann. »Das einzige andere Mal, daß ich ähnliches sah, war in der Wochenschau, als sie Hitler nach seinem Sieg über Frankreich zeigten. Es erinnerte mich an Masseria – zwei Irre auf der Suche nach Verstand.«[115]

Um die Mittagszeit lud Luciano Masseria zum Essen ins Restaurant Nuova Villa Tammaro nach Coney Island ein, dessen Besitzer ein Freund Lucianos war. »Als ich die Reservierung machte, konnte ich sehen, daß ihm Speichel das Kinn runterlief, weil ich genug Essen bestellte, um ein Pferd zu stopfen.«[116]

Nach drei Stunden beendete Masseria sein Gelage, um diese Zeit, etwa 3 Uhr 40, hatte auch der letzte Besucher die Gaststätte verlassen. Luciano schlug ein Kartenspiel vor. Was danach geschah, ist sehr umstritten.

Luciano beschrieb, daß er selbst nach der ersten Partie Karten die Toilette aufgesucht habe. Er habe laute Geräusche gehört. Als er wieder zurückkam, lag ein tödlich getroffener Masseria auf dem Rücken neben seinem Stuhl, in der Hand noch ein As. Von den Angestellten des Restaurants erfuhr er, daß während seiner Abwesenheit vier Männer das Restaurant betreten, auf Masseria angelegt und losgefeuert hatten. Der Polizei diktierte er diese Version ins Protokoll.

»Die Cops wollten wissen, ob ich etwas gesehen habe. Ich sagte nein und auch, daß ich nicht die geringste Ahnung habe, wer Joe ans Leder wollte. Sie fragten mich, wo ich während der Tat war, und jede Zeitung schrieb am nächsten Tag, ich hätte mir die Hände getrocknet und wäre dann zurückgegangen, um zu sehen, was los war. Alles Lüge. Ich habe gesagt, daß ich zum Pissen auf dem Lokus war. Ich pisse immer lang und ausgiebig.«[117]

Diese Darstellung entsprang Lucianos Wunsch nach Legendenbildung und nicht der Wahrheit, denn keiner der unzähligen Presseberichte über Joes abrupten Heimgang erwähnt seine Anwesenheit am Tatort. Außerdem wäre ein Mann von seinem Ruf als Augenzeuge sofort einem Haftrichter vorgeführt worden.[118]

Laut Polizeiprotokoll wurden am Tatort drei zurückgelassene Mäntel nebst Hüten gefunden, die vermutlich Masserias Kartenpartner in der Eile ihres Aufbruchs zurückgelassen hatten. Vermutlich gehörte mindestens eines dieser Kleidungsstücke Luciano.

Joseph Valachi antwortete vor dem Senatsausschuß auf die Frage, wer Masseria nach Coney Island gelockt hatte:

Valachi: »Seine Freunde, Charley Luciano, Vito Genovese und Ciro Terranova.«

Der Vorsitzende: »War es nicht so, daß nur diese drei in der Lage waren, ihn für ein Mittagessen aus seiner Festung zu locken?«

Valachi: »Senator, es wurde erzählt, daß selbst sein Bruder drei oder vier Posten passieren mußte, ehe er zu ihm gelangen konnte.«[119]

Der lebenslustige Masseria, der in besseren Zeiten für seine Freunde in seinem luxuriösen Central-Park-Apartment Opium-Parties geschmissen hatte, war durch die vielen Toten um ihn herum fast pathologischem Mißtrauen verfallen. Er mußte sich in der Gesellschaft der drei Männer an seinem Tisch absolut sicher gefühlt haben, hatte sich doch die Zahl der Personen, die er an sich heranließ, in den letzten Monaten praktisch auf zwei reduziert: Luciano und Terranova. Luciano selbst wird in späteren Jahren angeben, die Mörder Masserias seien Joe Adonis, Vito Genovese, Albert Anastasia, Benjamin Siegel und Ciro Terranova gewesen.

Masserias Begräbnis war standesgemäß, »er wurde mit all dem Pomp und Kitsch zu Grabe getragen, wie es für einen Gangsterboss der Zeit üblich war.«[120]

Kaum lag Masseria unter der Erde, war der Castellammarese-Krieg Vergangenheit. Keines der vielen Opfer des urbanen Blutbades wurde jemals gesühnt, der Auftritt von Tommy Lucchese vor Gericht war der einzige Kontakt der Polizei zu den rivalisierenden Parteien.

Auch wenn die Ursachen zum Teil persönliche Rivalitäten waren, so hatte dieser Krieg doch eine Lektion gelehrt: Bei eng geschlossenen Reihen und erweitertem Schutz war auch außerhalb der Ghettos Immunität vor dem Gesetz möglich. Das gezielte Einfließenlassen von Geld in die politische Maschinerie jenseits der enggesteckten Districts war eine verheißungsvolle Perspektive, die den Verlust von Komplizen zu rechtfertigen schien.

La Cosa Nostra

»Du mußt der neuen Organisation einen Namen geben, verdammt nochmal, was ist eine Firma oder ein Konzern ohne Namen. Ein Typ kommt auch nicht in einen Verkaufsraum und sagt: »Ich nehme den Wagen dort drüben, den namenlosen.«

Meyer Lansky, In: Gosch/Hammer, *The Last Testament of Lucky Luciano*, Seite 146.

Maranzano war am Ziel seiner Wünsche. Die Blumen auf Masserias Grab waren noch nicht verblüht, als er zu einem Bankett in die Bronx lud. Und alle kamen, Freund wie Feind. Zuerst saß er zu Gericht, danach rief er sich zum Capo di tutti Capi aus, Luciano zu seiner Rechten, als sein designierter Thronfolger. Im Taumel absoluter Macht formte er aus den Fragmenten der alten Formationen fünf Familien und teilte die Stadt auf.

Maranzano selbst übernahm nun offiziell die Führung der Cola-Schiro-Familie, mit Angelo Caruso als seinem zweiten Mann;

Charles Luciano wurde zum Oberhaupt der Masseria-Formation, mit Vito Genovese als Underboss;

Die Gaetano-(Tom)-Reina-Gruppierung hörte von nun an auf das Kommando von Tom Gagliano, mit Thomas Lucchese an seiner Seite;

Frank Scalise übernahm die Al-Mineo-Familie, mit Albert Anastasia in zweiter Position.

In der Profaci-Familie blieb alles beim alten, Joe Profaci war der Boss, Joe Magliocco zweiter Mann.[121]

Von jeder dieser Gruppierungen erwartete Maranzano eine prozentuale Beteiligung an ihren Rackets. Prompt wurde Unmut laut, und sehr schnell kam die Frage nach dem Sinn des zurückliegenden Blutvergießens hoch, wo doch das Resultat allen Mordens nur ein Namenswechsel war: Der Despot Masseria war beseitigt worden, um dem Despoten Maranzano Platz zu machen. »So begann ein Komplott zu reifen, noch bevor seine Krönung beendet war.«[122]

»Es dauerte nicht lange, und Maranzano hatte viele seiner Anhänger vor den Kopf gestoßen, besonders amerikanisierte Gangster wie Luciano. Maranzano war geprägt von sizilianischer Tradition. Aber Sizilien war weit weg. In New York war er der Boss von Sizilianern und Italo-Amerikanern. Sein Führungsstil kollidierte oft mit den Gewohnheiten der amerikanisierten Männer um ihn. Häufig scheiterte eine Verständigung bereits daran, daß viele der Jüngeren nur amerikanischen Straßenslang sprachen.«[123]

Aber nicht nur Maranzanos überschaubare Ghetto-Welt hatte sich in den zurückliegenden Jahren nachhaltig gewandelt. Im Oktober 1929 erschütterte der große Börsenkrach die Vereinigten Staaten, der die große Wirtschaftskrise einleitete.

Die schlechten Aussichten veränderten den Blickwinkel der Menschen. Den Urnengang von 1929 hatte mit einem showmäßigen Wahlkampf noch der flamboyante Tammany-Mann Walker gegen den Republikaner LaGuardia gewonnen. Doch als deutlich wurde, daß die Oktober-Ereignisse mehr waren als eine vorübergehende Flaute, waren auch die Tage des leichtlebigen Walker gezählt.

1929 hatte es bereits einen Wechsel im Gouverneurspalast von Albany gegeben. Der Tammany-Demokrat Alfred E. »Al« Smith räumte das Feld für seinen demokratischen Parteigenossen Franklin D. Roosevelt, um einem höheren Ziel nachzujagen: Er wollte der 31. Präsident der Vereinigten Staaten werden. Der Traum platzte, und für weitere vier Jahre logierte ein Republikaner im Weißen Haus: Herbert Hoover.

Al Smith war der erste Katholik in der Geschichte des Landes, der die Präsidentschaft anpeilte. Er hatte sich aus kleinen

Verhältnissen hochgearbeitet und sich dabei die Lebensart der Oberschicht zu eigen gemacht. Doch trotz mühevoll antrainierter Manieren entlarvten Gestik und Diktion immer wieder seine Nähe zu Hell's Kitchen, dem irischen Viertel der Stadt.[124] Smith hatte Luciano und Costello im Frühjahr 1928 um ein Treffen gebeten, damit unter ihrem Druck alle Delegierten von Manhattan, Brooklyn und Bronx beim Wahlkonvent der Demokraten in Houston für ihn stimmten. Er gewann die demokratische Nominierung, um dann am Wahltag unter einem republikanischen Erdrutschsieg begraben zu werden.

Smith hatte sich mit den subkulturellen Kreisen der Stadt seit langem arrangiert, ein Pakt, der beiden Seiten Vorteile einbrachte. Franklin D. Roosevelt, der neue Gouverneur des Staates New York, war ein Mann von anderem Kaliber. Als amerikanischer Aristokrat, der seine politische Karriere dort begann, wo für viele bereits Endstation war, hatte er eine Abneigung gegen jegliche Art von Unrat, insbesondere menschlichen. Er war sich keineswegs zu schade, die Unterwelt für seine Ziele zu benutzen, doch anders als der subkulturell geprägte Smith fühlte sich Roosevelt diesen Kreisen nie zu Gegenleistungen verpflichtet, sie wurden für ihn nie zu Partnern, denen man im Wort blieb.

Korruption hatte in New York eine Größenordnung erreicht, die nicht mehr zu ignorieren war. Zum Stein des Anstoßes für eine großangelegte Untersuchung in sämtlichen Bereichen der Stadtverwaltung wurde die Staatsanwaltschaft von New York County. Anzeigen waren auf dem Schreibtisch von Staatsanwalt Thomas C.T. Crain gelandet, die korrupte Machenschaften im Zusammenhang mit dem Fulton Fish Market, dem größten Fischumschlagplatz an der Ostküste, anprangerten. Das Fisch-Racket war der Wirkungskreis von Joseph »Socks« Lanza, einem Parteigänger Lucianos. Crain, der sein Amt fragwürdigen Geldquellen verdankte, wußte, was er seinen Gönnern schuldete. Anzeigen wurden zurückgehalten oder lösten sich einfach in Luft auf. Indiskretionen seiner Behörde ließen jedoch Einzelheiten nach außen sickern. Am 10. März 1931 ernannte Gouverneur Roosevelt Richter Samuel Seabury zum Leiter eines Untersuchungsausschusses, um das Amtsgebaren der Staatsanwaltschaft von Manhattan unter die Lupe zu nehmen. Bei der ersten öffentlichen Befragung Crains vor dem Ausschuß gab dieser zu Protokoll, »machtlos gewesen zu sein angesichts der Mauer des Schweigens, die Racketeers vor Strafverfolgung schützt.«[125] Dann zauberte Seabury einen Zeugen hervor. Bernard Preston, Präsident der Fischgroßhandelsfirma Chesebro Bros. & Robbins, Inc., erklärte, 5000 Dollar Schutzgeld an Joe »Socks« Lanza gezahlt zu haben. »Nach etlichen Beratungen der Anteilseigner von Chesebro Bros. kam man zu der Überzeugung, Lanza zu bezahlen. Lanza versprach größeren Arbeitseifer seitens unserer Mitarbeiter und versicherte, es würde keine Einmischung der Gewerkschaft (United Sea Food Workers), deren Vorsitzender er war, geben, sollten wir die normalen Öffnungszeiten unterlaufen.«[126] Das war der Todesstoß für Crains Selbstverteidigung. Trotz des Schuldbekenntnisses trat Seabury in seinem Bericht an den Gouverneur dafür ein, Crain in seinem Amt zu belassen. »Um eine Amtsenthebung im öffentlichen Interesse zu rechtfertigen, bedarf es einer gröberen Verfehlung.«[127]

Gouverneur Roosevelt hatte kein wirkliches Interesse daran, die Tammany-Fraktion vor den Kopf zu stoßen, nachdem er sich auf sein Ziel, Bürgermeister Walkers Rücktritt, bereits eingeschossen hatte. Er wußte nur zu gut, daß er als New-York-State-Demokrat und Nicht-Tammany-Mitglied bei seinen ehrgeizigen Plänen auf die Stimme jedes einzelnen New-York-City-Delegierten angewiesen war, wollte er um die demokratische Präsidentschaftsnominierung gegen den Tammany-Mann Al Smith antreten. Der Untersuchungsausschuß sollte dem einflußreichen Richterflügel von Tammany Hall behutsam andeuten, was Roosevelt anzetteln würde, sollten seine Bemühungen in Richtung Washington hintertrieben werden. Der Gouverneur benutzte Seabury bis zu dem Zeitpunkt, da er die offizielle Nominierung seiner Partei in der Tasche hatte, als seinen Kampfhund, den er nach Belieben von der Kette lassen oder kurzhalten konnte.

Die Chancen, die sich aus der Tatsache ergaben, daß zwei New Yorker Demokraten um die Präsidentschaftsnominierung ihrer Partei buhlten, gedachten Luciano und seine Anhänger beim Schopfe zu packen. Um in der höchsten Liga mitzuspielen, mußte jedoch zuvor ein Mann beseitigt werden, dessen Phantasie letztlich nicht über den eigenen ethnischen Horizont hinausreichte: Salvatore Maranzano.

Auch Maranzanos Gefühle für seinen Thronfolger waren in den Wochen nach dem Bankett nach und nach erkaltet. Er begann, Lucianos Ambitionen zu fürchten, da dieser mit seinen *Young Turks*, wie Lucianos Gruppe von den Traditionalisten genannt wurde, eine ernsthafte Bedrohung für das bestehende Machtgefüge bedeutete. Sie waren aufgrund ihrer vollkommen anderen Sozialisation und einem nur schwach entwickelten Traditionsbewußtsein nicht mehr in die archaische Subkultur nach sizilianischer Fasson integrierbar.

Maranzanos Beteiligungsanspruch, seine allzu offen zur Schau gestellte Habgier, hatte viel böses Blut gemacht. Diesem Umstand verdankte es Luciano, daß sich bald eine geschlossene Front gegen den selbsternannten Capo di tutti Capi formierte, bereit, seinen Tod zu sanktionieren, »denn einen Boss kann man nicht einfach so – peng – abknallen.«[128]

Maranzano führte ähnliches im Schilde. Ende August 1931 bestellte er Joe Valachi zu sich nach Hause. 1963 beschrieb Valachi dieses Treffen vor dem Senatsuntersuchungsausschuß:

Valachi: »Er (Maranzano) sagte, ›Wir müssen wieder auf die Matratzen.‹ Mit Matratzen meinte er, daß es wieder Krieg geben würde. Natürlich war ich nicht begeistert. Er sagte, wir können so nicht weitermachen. Er meinte, er könne nicht mit Charley Lucky und Vito kooperieren. Er gab mir eine Liste. Wir sollten diese Männer beseitigen.«

Leiter: »Sie sollten sie beseitigen?«

Valachi: »Ja, sie umlegen. Auf der Liste standen, soweit ich mich erinnere: Al Capone, Frank Costello, Charley Lucky, Vito Genovese, Vincent Mangano, Joe Adonis, Dutch Schultz. Das waren damals alles *bigshots.*«[129]

Luciano und Genovese sollten die ersten sein, waren sie beseitigt, würde sich alles weitere schnell finden. Maranzano heuerte für diese heikle Mission Vincent »Mad Dog« Coll an. Der Plan sah vor, die beiden in Maranzanos Büro im Grand Central Building zu zitieren, beim Verlassen sollte Coll sie liquidieren. Wie sich im nachhinein herausstellte, war es ein Wettlauf auf Leben und Tod, den Luciano hauchdünn gewann.

Das Gespenst des IRS, der Steuerbehörde, ging um. In Chicago war man Capone schon gefährlich nahe gekommen, in Philadelphia stand Waxey Gordon unter Druck, nun mußten auch New Yorker Racketeers fürchten, wegen lückenhafter Einkommensteuererklärungen die Steuerfahnder auf ihren Fersen zu haben. Tommy Lucchese informierte Luciano über Maranzanos Bürogepflogenheiten[130], die im Kernpunkt besagten, daß Maranzano einen Besuch von IRS-Beamten erwartete und aus diesem Grund an seine Männer die Losung ausgegeben hatte: keine Waffen in meinem Büro. Ideale Voraussetzungen für ein Mordkomplott. Der Plan, den Luciano mit Lansky ausheckte, sah vor, vier Gangster als Steuerfahnder zu tarnen, worauf sie bis zu Maranzano vordringen und ihn erledigen sollten. Zu dem Quartett gehörten neben zwei unbekannten jüdischen Killern von außerhalb Abe »Bo« Weinberg, ein Leibwächter von Dutch Schultz, und Red Levine, der Luciano und Lansky sehr nahestand. »Lansky mietete ein Haus am Rande der Bronx, wo die vier Killer einen Schnellkurs in Sachen ›charakteristisches Auftreten von Steuerfahndern‹ erhielten.«[131]

Seinen Todestag bestimmte der ahnungslose Maranzano selbst. Luciano war gewarnt worden, daß er und Genovese ihr nächstes Meeting mit dem Capo di tutti Capi nicht überleben würden.

Am 9. September 1931 erhielt Luciano den erwarteten Anruf Maranzanos. Er und Genovese sollten sich am darauffolgenden Nachmittag in seinem Büro einfinden. Das war der Startschuß für die Operation »Falsche Steuerfahnder«. Die vorbereiteten Killer wurden losgeschickt.

Am Nachmittag des 10. September warteten fünf Klienten im Vorzimmer von Maranzanos Büro auf eine Audienz, anwesend waren noch zwei Bodyguards (einer davon Bobby Doyle) und die Sekretärin Grace Samuels.

»Es war etwa 3:45 Uhr, als gestern Nachmittag vier bewaffnete Männer in das Büro von Salvatore Maranzano eindrangen. Einer von ihnen hielt die Sekretärin und die sieben Besucher in Schach, die anderen marschierten zielstrebig auf die privaten Räume Maranzanos zu. Man hörte laute Stimmen, Geräusche eines Kampfes und Schüsse, dann stürmten die vier davon, gefolgt von den sieben Männern, die auch kein Interesse an einem Kontakt mit der Polizei hatten. Miss Samuels eilte unterdessen nach hinten, um nach ihrem Boss zu sehen. Sie fand ihn zusammengesunken in seinem Stuhl, den Körper übersät mit Schuß- und Stichwunden.«[132]

Als die vier Killer aus dem Gebäude stürzten, begegnete ihnen Vincent Coll mit seiner Truppe, die sich für den mörderischen Empfang von Luciano und Genovese in Position bringen wollten. Red Levine erzählte Valachi etliche Jahre später, daß sie ihnen zuriefen: »Haut ab – die Bullen kommen.«[133] Bobby Doyle war der einzige, den der überstürzte Abgang direkt in die Arme eines Polizisten trieb. Er wurde als wichtiger Zeuge vorübergehend festgenommen und gegen eine Kaution von 3500 Dollar wieder auf freien Fuß gesetzt.

Über die Hintergründe des Mordes kursierten in Behördenkreisen zwei Theorien. Bürgermeister Walkers Polizeichef, Edward P. Mulrooney, glaubte an eine Auseinandersetzung im Alkoholschmuggler-Milieu. Auf einer Pressekonferenz erklärte er, »daß Maranzano der Rivale von Lucky Luciano um die Herrschaft der Gang war, die der Mord an Joe »the Boss« Masseria führerlos gemacht hatte.«[134]

Vertreter der Bundesarbeitsbehörde, die Maranzano seit mehreren Monaten überwachten, hielten ihn für den Kopf einer Schlepperorganisation, die nach unbestätigten Angaben 8000 Personen illegal in die USA geschleust habe, mit einem geschätzten Umsatz von 20.000.000 Dollar. Es fand sich Maranzanos Notizbuch, das die Namen von Richtern, hochrangigen Mitarbeitern von Einwanderungsbehörde und Einbürgerungsbüro, Rechtsanwälten und Politikern enthielt. Die Ermittlungen in diese Richtung schlugen selbst noch im fernen Deutschland Wellen, wo eine Gruppe von Männern festgenommen wurde, die im Verdacht stand, kriminelle Elemente aus Süd- und Osteuropa via Hamburg in die USA zu schleusen.[135]

Die Nachricht von Maranzanos Ende schlug in den italienischen Ghettos wie ein Blitz ein. Seine engsten Vertrauten gingen sofort auf Tauchstation und Underboss Angelo Caruso zeigte wenig Neigung, die Führung in dieser kritischen Phase anzutreten, da alles auf einen erneuten Waffengang hindeutete. Der verbliebene Rest von Maranzanos Vertrauten (viele waren sofort nach Bekanntwerden der Tatumstände aus Angst vor Vergeltung zu anderen Familien übergelaufen) wählte Joe Bonanno zum neuen Boss. Ihm oblag es, Frieden mit Luciano zu schließen oder erneut zu den Waffen zu rufen:

»Wem hätte ein Krieg mit Luciano genutzt? Für ihn war der Mord an Maranzano Selbstverteidigung. Er wollte sich uns nicht aufdrängen, er wollte nichts von uns. Er wollte in Ruhe seinen Geschäften nachgehen. So war meine erste Handlung als Don, Luciano zu signalisieren: Lucky – wir sind im reinen.«[136]

Nachdem Salvatore Maranzano standesgemäß zur letzten Ruhe gebettet war – Luciano hatte als Geste der Versöhnung auf einem monumentalen Begräbnis bestanden –, erkannte die gesamte italo-amerikanische Subkultur Charlie Lucky als den neuen Capo di tutti Capi an und wartete auf ein Zeichen von ihm. Dieser ließ jedoch keinerlei Ambitionen erkennen, die Führerschaft in dieser traditionsüberfrachteten Welt der Illegalität zu übernehmen. Er wollte nur Geschäfte machen.[137]

Um das gefährliche Machtvakuum auszufüllen, das erst der jähe Tod von Masseria und danach der plötzliche Heimgang von Maranzano verursacht hatte, mußte eine neue Ebene von Autorität geschaffen werden. Die *Young Turks*, die in Lucianos Schlepptau nach oben gekommen waren, Männer, die ihm nahestanden wie Costello, Genovese oder Anastasia und die wie er selbst in ihren frühen Dreißigern standen, lehnten das autokratische Capo-di-tutti-Capi-System kategorisch ab. Dem standen die Alten gegenüber, die allzu revolutionäre Änderungen als Affront gegen ihre Tradition begreifen mußten, denen es schwerfallen würde, ihr Haupt vor jemandem zu beugen, der kaum halb so alt war wie sie. Gelang es nicht, wirklich Fundamentales zu schaffen, das imstande war, das bisherige System abzulösen, wäre eine Spaltung der italo-amerikanischen Unterwelt unvermeidlich: Ein Verband mit traditionellem Aufbau und starker Bindung an Sizilien stünde dann einem progressiven Zusammenschluß gegenüber, der alles absorbieren würde, was kriminell prosperierte, jenseits aller ethnischen Barrieren. Da der illegale Markt eine Koexistenz so grundverschiedener Formationen nicht zuließe, hieße das Resultat Selbstzerfleischung, weit über alle bisherigen Dimensionen hinaus.

»Luciano war das Produkt amerikanischer Ideen.«[138] Unmittelbar nach Maranzanos Tod bezog er unter dem Namen Charles Ross ein Apartment in einem der Waldorf-Astoria-Türme. Seit Jahren unterhielt er enge Kontakte zu stadtbekannten Geschäftsleuten, denen er sich sozial anzugleichen suchte. Der Umgang mit diesen Kreisen eröffnete ihm Einblicke in die Abläufe legaler Firmenstrategien, die er wie ein Schwamm aufsog. Trotz vieler horizonterweiternder Einsichten konnte er es Zeit seines Lebens nicht verwinden, für die oberen Zehntausend immer nur der kuriose Gangster zu sein. »Frank, wie fühlst du dich in Gesellschaft all diese Salonlöwen? Hast du nicht auch den Eindruck, daß sie dich hinter deinem Rücken für das letzte Stück Scheiße halten?«[139]

Nach Maranzanos Tod überlagerte der Nutzen der gewonnenen Erkenntnisse den bitteren Beigeschmack der Demütigungen. Luciano hatte bereits seit längerem ein Konzept im Kopf, das die gesamte amerikanische Unterwelt revolutionieren würde, und er wußte das.

Die jüngste Vergangenheit hatte deutlich gemacht, daß Mord eine geschäftsstörende Aufmerksamkeit auf subkulturelle Vorgänge lenkte. War gesellschaftliches Interesse an der Aufklärung illegaler Geschehnisse einmal geweckt, konnten auch willigste Politiker die Maschinerie der Untersuchungsbehörden nicht mehr stoppen. Polizeiliche Streifzüge ins Gangland förderten in den seltensten Fällen verwertbare Ermittlungsergebnisse zu Tage, sorgten aber für Irritationen im labilen Gleichgewicht der Unterwelt. Tödliche Kollisionen auf der Führungsebene der sizilianischen Clique hatten meist banale Hintergründe, in der Regel ging es um Fragen der persönlichen Ehre. Die letzten Episoden waren der deutliche Beweis, daß eine Deeskalation von Konflikten bei Beibehaltung der bisherigen Capo-di-tutti-Capi-Diktatur nicht zu erreichen war, besonders nicht in New York, wo fünf Familien auf dem illegalen Markt wetteiferten.

»New York war kein sicherer Platz für Dons. In anderen Städten mit nur einer Familie konnten sich Dons, von vereinzelten Ausnahmen abgesehen, einer langen Karriere und eines natürlichen Todes erfreuen. In New York City, wo Zwietracht beinahe zur alltäglichen Routine gehörte, lebten Dons ein gefährliches Leben.«[140]

Luciano wollte die Position des Capo di tutti Capi zugunsten eines Gremiums eliminieren und das ruinöse Dogma des Ehrgrundsatzes durch rationale Parameter ersetzen.

»Das Zukunftskonzept von organisierter Kriminalität sah vor, daß jede Familie Autonomie in ihrem Wirkungbereich hatte, es aber an der Spitze eine nationale Kommission (›Commission‹) geben würde, vergleichbar dem Aufsichtsrat eines legalen Konzerns, um die generellen Strategien festzulegen. Die Bosse aller wichtigen Familien hätten einen Sitz in diesem Gremium und jede Stimme gleiches Gewicht.«[141]

Die Etablierung dieser neuen Machtebene an der Spitze einer archaischen Ordnung, die sich noch immer am feudalen Herrschaftssystem ausrichtete, verlangte behutsame Aufklärungsarbeit, »weil es noch immer viele gab, besonders die alten Sizilianer, die das alles nicht begreifen konnten. Es war einfach zu amerikanisch für sie.«[142]

Joseph Bonanno, neuer Boss der Maranzano-Familie, obwohl jünger als Luciano, in der sizilianischen Mafiatradition von Ehre und Respekt aufgewachsen (zu seiner Familie zählten Stefano Magaddino, Boss von Buffalo, und der einflußreiche Bonventre–Clan von New York), sprach aus, was alle Traditionalisten bewegte: »Die Commission hatte keine Tradition in unserer Welt. In Sizilien gab es das nicht. Die Commission war eine Anpassung an die amerikanische Realität. Zuerst mußten wir ein Zeremoniell erschaffen, um zu regeln, wer die Meetings eröffnet oder wer zur Ordnung ruft ...«[143] Es ist heute nur sehr schwer vorstellbar, daß Luciano und Bonanno sich in ein und derselben Welt bewegten.

Luciano stellte sein Konzept einer modernen Unterwelt erstmals in Chicago vor: »Anstatt jeden einzelnen zu mir zu zitieren, suchte ich sie auf. Einige Wochen später hatten wir in Chicago unser erstes Meeting, und Capone tat, als würde er für mich eine Party schmeißen.«[144] Daß Chicago tatsächlich der Ort war, an dem das neue Crime-Konzept vorgestellt wurde, bestätigte Joe Valachi: »Wenn man einen Boss umlegt, muß man den anderen Rechenschaft darüber abgeben.« Valachi erfuhr von Genovese, daß Charley Lucky von ihm verlangte, in Chicago Maranzanos Mordpläne bekanntzugeben, denn obwohl Capone kurz vor Antritt seiner Haftstrafe stand, war er doch noch eine Größe, die man nicht unterschätzen durfte.[145]

Befremdlich ist, daß ein Treffen, das von fast allen notorischen Unterweltgrößen des Landes besucht wurde, ohne lokale Medienbeachtung blieb. Auch einschlägige Capone-Biographen gehen mit keinem Wort auf den Umstand ein, daß Capone, damals in der heißen Phase seines Prozesses, der Gastgeber eines nationalen Mob-Meetings war.[146]

Die Richtigkeit des Jahres 1931 als dem verbürgten Zeitpunkt der Neuordnung bestätigen die Aufzeichnungen von Joseph Bonanno: »Wir beschlossen, alle fünf Jahre ein nationales Treffen abzuhalten. Unser erstes nationales Meeting war 1931, als die Kommission gegründet wurde.«[147]

Capone saß bereits seit Monaten hinter Gittern, als Luciano und Lansky Mitte April 1932 in Chicago zusammen mit Capone-Vertrauten von der Polizei aufgegriffen und in Reih und Glied fotografiert wurden. Da Capone außer dem Alkoholschmuggel kaum illegale Rackets betrieb, muß der Grund des Aufenthalts in diesem Umfeld gesucht werden.[148]

Etwas mehr als zwei Monate später, Ende Juni 1932, waren Luciano und Lansky abermals in Chicago, diesmal mit Costello zur Verstärkung. Die Demokraten hielten ihren Nationalkonvent, um ihren Präsidentschaftskandidaten zu küren, und New Yorks Unterwelt wollte dabei die Muskeln spielen lassen. »Ohne einen Deal mit Tammany waren Roosevelts Chancen auf die Stimmen der Delegierten von New York City gleich Null, und 1932 hingen die Typen, die Tammany kontrollierten, an meiner und Cosellos Leine.«[149] Die Tatsache, daß beide Anwärter auf die demokratische Nominierung der New Yorker Politszene entstammten, hatte in den zurückliegenden Monaten einen tiefen Riß im lokalen Parteimilieu verursacht. Neben Boss Curry waren die einflußreichsten Tammany-Größen zu diesem Zeitpunkt James J. »Jimmy« Hines und Albert C. Marinelli. Hines kontrollierte seit Beginn der zwanziger Jahre den 11. und 13. Wahlbezirk (Upper West Side), Marinelli, nachdem Luciano den schwächlichen Perry zum Rücktritt gezwungen hatte, den 2. Wahlbezirk (Bowery), wo seit jeher die Symbiose von Politik und Unterwelt fröhliche Urstände feierte. Hines, der nicht an einen Wahlsieg des bereits einmal unterlegenen Smith glaubte, beschwor eine Konzentration aller Tammany-Delegiertenstimmen auf Roosevelt, dessen Chancen gegen Hoover er für realistischer hielt. Sollte es zu einem Einzug Roosevelts ins Weiße Haus kommen, wollte er ein gewichtiges Wort bei der Besetzung von Bundespositionen in New York State und City mitreden. Besonders die republikanische Personalpolitik bei Ernennungen zu Bundesstaatsanwälten hatte in den zurückliegenden Jahren vielen Tammany-Politikern und ihrer Klientel Anlaß zur Klage gegeben. »Hines war ein altmodischer Politiker, der fest daran glaubte, daß Verpflichtungen gegenüber der Partei, selbst in Verbindung mit dem Präsidentenamt, sich in Einfluß auf Ernennungen niederschlagen müssen, wiewohl es keinerlei Anhaltspunkte dafür gab, daß Roosevelt mit ihm in diesem Punkt jemals übereinstimmte.«[150]

Marinelli warf sein politisches Gewicht auf die Seite von Al Smith, dem er nicht nur seinen persönlichen Aufstieg verdankte, sondern dem er auch konfessionell nahestand. Laut landesweiten Meinungsumfragen sah es nach einer Patt-Situation zwischen Smith und Roosevelt aus, die Rolle des Züngleins an der Waage würde dem Heimatstaat der Kontrahenten zufallen. Die Wahlkampfstrategen beider Kandidaten hatten in den zurückliegenden Wochen heftig bei New Yorks Unterwelt antichambriert, für Al Smiths Jungs ein alltäglicher Vorgang, für Roosevelts Berater eine eher atypische Erfahrung:

»Eines Tages, Mitte Mai, trat ein Typ an Franks Tisch im Peacock Alley, er hatte das Ganze wie ein Versehen inszeniert. Er war ein bekannter Anwalt aus Roosevelts Klüngel, der nie etwas mit uns zu tun hatte, weder davor noch danach. Er raunte Frank zu, er würde gerne mit ihm und mir sprechen. Frank nickte nur, und der Typ zog sich zurück.

Wir trafen uns und sprachen wie Geschäftsleute, die wußten, was der jeweils andere wollte, ohne es aussprechen zu müssen. Der Typ war so blaublütig, du hättest sein Blut in deinem Füller benutzen können. Er sagte zu Frank, Sie wissen, der Gouverneur bewirbt sich um die Präsidentschaftsnominierung …

Ich sagte: ›Lassen Sie uns etwas klarstellen. Roosevelt hat einen Scharfmacher namens Seabury, der einigen Leute in dieser Stadt das Leben vermiest. Hören wir auf damit, Spielchen zu spielen. Wenn wir liefern – sie wissen genau, was ich meine –, dann müssen auch sie liefern, und auch in diesem Fall wissen Sie ganz genau, was ich meine. Setzen Sie ein Zeichen des guten Willens.‹«[151]

Laut Luciano pfiff Roosevelt Seabury zurück, was durchaus glaubhaft ist, da Roosevelt die Peitsche Seabury je nach Bedarf schwang. Das verschaffte Bürgermeister Walker und etlichen seiner Parteihandlanger eine Verschnaufpause. Daß der Gouverneur sich auf einen wie auch immer gearteten Handel eingelassen haben muß, erklärt auch Walkers Reaktion auf eine Vorladung Seaburys. Unter Umgehung Seaburys ließ er Roosevelt wissen, daß er auf dem Wege nach Chicago sei, um am Demokratischen Nationalkonvent teilzunehmen und zu den gegen ihn vorgebrachten Anschuldigungen nach seiner Rückkehr Stellung nehmen werde. Dieses Selbstvertrauen kam nicht von ungefähr.[152]

Luciano, Costello und Lansky verbanden kein persönliches Interesse mit der Frage, wer die demokratische Nominierung davontragen würde. Laut ihrem Dreiparteiensystem – *them two and us* – war es nur wichtig, immer auf der Siegerseite zu stehen. Um von jedem politischen Winkelzug der beiden Kandidaten sofort Kenntnis zu haben und aus solchem Wissen augenblicklich Kapital zu schlagen, residierte Costello zusammen mit Hines in einer Luxussuite in einem Flügel von Chicagos berühmtem Drake Hotel, Luciano mit Marinelli in einer Suite im anderen Flügel. Lansky und Longy Zwillman aus Newark, New Jersey, ein Mitglied der Big Seven, bewohnten je ein Einzelzimmer im Drake und praktizierten nationale Politik, indem sie zwischen den Hotels der Delegierten hin- und herpendelten, um Stimmungen einzufangen und Unentschlossene auf die richtige Linie zu bringen.[153]

Die Stimmenbilanz zwischen Roosevelt und Smith hielt sich nach den ersten beiden Wahlgängen die Waage, »obwohl man förmlich fühlen konnte, wie die Convention sich in Richtung Roosevelt neigte. Doch noch hielten viele der *bigshots* aus den wichtigen Staaten ihre Delegierten zurück, sie wollten sehen, ob sich Roosevelt in seinem Heimatstaat durchsetzen kann, um ihn, sollte er scheitern, fallenzulassen.«[154] Die Kardinalsfrage für die Subkultur war, ob Roosevelt zu seinen Zusagen auch nach einem Sieg stehen würde. »Als man Costello signalisierte, daß Roosevelt gewillt war, die Seabury-Untersuchung sterben zu lassen – langsam, damit der Schein gewahrt bliebe – hatte er New York State in der Tasche.«[155]

Luciano bestand darauf, Smith diese Entscheidung persönlich zu überbringen. »Er schaute mich geradeheraus an und schüttelte enttäuscht den Kopf: ›Charlie, Frank Roosevelt wird sein Wort brechen. Du hast gerade den größten Fehler deines Lebens gemacht, als du auf ihn gesetzt hast. Er wird dich vernichten.‹«[156]

Doch für eine radikale Kehrtwendung war es längst zu spät: Am nächsten Tag, nach dem vierten Wahlgang, hatte sich Roosevelt durchgesetzt. Zurück in Albany ließ er Seabury von der Leine und eröffnete ein Amtsenthebungsverfahren gegen Bürgermeister Walker. Bei seinem bevorstehenden Marsch auf das Weiße Haus würde Tammany Hall mit seinen kompromittierten Politikern und Parteigängern nur unnötiger Ballast sein.

Wie Anfänger hatten sich Luciano und Co. von Roosevelts Herkunft, Sprache, Bildung und Manieren blenden lassen. Der Gouverneur, von dem Oliver Wendel Holmes sagte, er verfüge über »einen zweitklassigen Intellekt, aber über einen erstklassigen Charakter«, und seine Berater hatten das Gemütsleben dieser desillusionierten New Yorker Unterweltgrößen richtig ausgelotet, als sie bei ihnen ein unterschwelliges Verlangen nach einer höheren Autorität diagnostizierten, unerreichbar für ihresgleichen. »Sicher, ich mochte Smith, aber er sprach nicht besser als ich, und ich haßte den Gedanken, daß jemand ins Weiße Haus einziehen sollte, der sprach wie ein Kerl von der Lower East Side.«[157]

Roosevelts Sieg an der New Yorker Heimatfront, der zum wirksamen Schmiermittel für den Weg nach Washington wurde, hatte viel mit Lucianos und Costellos armseliger Herkunft zu tun. Die quälende Erkenntnis, im falschen Bett geboren worden zu sein, schleppten beide ihr ganzes Leben lang wie einen Mühlstein mit sich herum. »Andere Jungs werden gut erzogen und nach Harvard und Yale geschickt. Ich? Ich wuchs auf wie eine Kellerassel.«[158]

Es gab aber auch ganz persönliche Lehren, die Luciano aus diesem Wahlkampf zog und die ihm in späteren Jahren zugute kamen: »Natürlich war Roosevelt ein Scheißkerl, aber eins muß man ihm zugute halten – er war wirklich gerissen, er tat genau das, was ich in dieser Situation auch getan hätte, er war nicht anders als ich. Ich habe Masseria und Maranzano umlegen lassen, um an die Spitze zu kommen. Was ich tat, war illegal. Roosevelt hat Typen wie mich, Hines oder Walker hinter Gitter gebracht. Was er tat, war legal. Aber das Schema war dasselbe, wir waren beide infame Betrüger, ganz egal, wie man die Sache auch betrachtet. Ich will nicht sagen, daß wir Roosevelt ins Weiße Haus brachten, aber wir haben ihm einen gehörigen Schub gegeben. Ich wußte immer, daß Politiker korrupt sind, daß du sie an jeder Straßenecke kaufen, ihnen aber niemals trauen kannst. Ich hatte aber keine Ahnung, daß es bei dem Kerl, der Präsident werden wollte, genauso ist. Ich wußte nicht, daß Skrupellosigkeit den Weg ins Weiße Haus ebnet. Ich wußte nicht, daß das Wort des Mannes, der Präsident sein würde, nicht mehr taugte als das vieler Racketeers. Ich glaubte nicht, daß jemand auf dem Rücken von Gangstern Präsident der Vereinigten Staaten werden sollte.«[159]

Das Amtsenthebungsverfahren gegen Walker begann am 11. August und förderte haarsträubende Finanztransaktionen des Bürgermeisterclans zutage. Unter Seaburys erbarmungslosem Rigorismus zerbrach Walkers Front. Der Bürgermeister mußte eingestehen, von dem New Yorker Verleger und Bauunternehmer Paul Block erhebliche Zuwendungen erhalten zu haben, alleine im Zeitraum von Februar 1927 bis August 1929 246.693 Dollar, ohne daß er dafür eine plausible Erklärung liefern konnte. Süffisant bemerkte Seabury, daß der Zeitraum der Überweisungen sich auffällig mit Bauaktivitäten am New Yorker U-Bahnnetz deckte, bei denen Block Materiallieferant war. Walkers älterer Bruder William, ein Amtsarzt der Schulbehörde mit einem Jahresgehalt von 6500 Dollar, konnte in den zurückliegenden vier Jahren die imponierende Summe von 431.258 Dollar auf seinem Konto anhäufen.[160]

Als Seabury schließlich ansetzte, Gentleman Jimmys frivoles

Privatleben ins Rampenlicht zu zerren, wußte Walker, daß er geschlagen war. Um der schmählichen Amtsenthebung zuvorzukommen, bat er in einem Schreiben vom 1. September 1932 um Entbindung von den Pflichten des Bürgermeisteramtes. Einige Tage später setzte er sich nach Europa ab. Bis zur Ernennung eines Nachfolgers führte Joseph W. McKee, President des Gemeinderats, die Geschäfte in City Hall. Anfang Oktober entschied sich Tammany-Boss Curry für John P. O'Brien, einen Richter am Nachlaßgericht.[161]

Unter der Parole, »Das Amt des Präsidenten ist nicht nur eine administrative Aufgabe, das ist sogar der unwichtigste Teil, es ist eine Instanz für moralische Führerschaft«[162], zog Franklin D. Roosevelt Anfang 1933 ins Weiße Haus ein. Der Sieg des ehemaligen Gouverneurs eines berüchtigten *wet state* (New York hatte 1923 den State Volstead Act widerrufen, 1926 in einem Referendum mit 3 zu 1 Stimme gegen die Prohibition votiert und 1930 einen erfolglosen Widerrufungsvorstoß in Washington unternommen), gegen den mit Unterstützung der Antialkoholiker-Liga ins Amt gewählten Hoover war das seit langem erwartete Signal zum Sturm auf das *noble experiment*, die Prohibition.

1929 hatte Präsident Hoover die »Commission on Law Observance and Enforcement«, besser bekannt als Wickersham-Kommission, eingesetzt, um Gründe für das Versagen der Prohibition aufzudecken und Wege für eine bessere Durchsetzung aufzuzeigen. Nach achtmonatiger Recherche legte die Kommission Anfang 1930 für alle Bundesstaaten mit Ausnahme der erklärten *wet states* Massachusetts, Rhode Island, Connecticut, New York, New Jersey, Maryland, Ohio, Illinois, Wisconsin, Louisiana, Montana und Washington einen Bericht vor, der im Kern die Undurchsetzbarkeit des Alkoholverbots unter den gegebenen Umständen konstatierte, auch in den sogenannten *dry states*. Expressis verbis wurde eine Änderung in der Zuständigkeit gefordert: Die Verantwortlichkeit sollte vom Treasury Department auf das Department of Justice übergehen. Befürworter wie Gegner des »Prohibition Law« stürzten sich sofort auf den Kommissionsbericht und mißbrauchten ihn für ihre Argumente: Henry H. Curren, Vorsitzender der »Association Against the Prohibition Law«, erklärte, »das Problem könne nicht durch strafrechtliche Winkelzüge behoben werden, denn es hat seine Wurzeln in der fundamentalen Frage, ob menschliche Verhaltensnormen mittels Strafgesetz zu regeln sind.«[163] Der konservative Abgeordnete Stalker hielt dagegen: »Die Durchsetzung des Gesetzes steht außer Frage, in der Tat steigt die Akzeptanz mit jedem Jahr. Es gibt deutliche Anzeichen dafür, daß die amerikanische Öffentlichkeit eine gewisse Sympathie für das Gesetz entwickelt.«[164]

In seinem Bericht an den Senat präsentierte Bundesjustizminister Mitchell ein Szenario, wo eine Troika von Hindernissen die effektive Durchsetzung sabotierten: die Absage weiter Bevölkerungsschichten an rechtskonformes Verhalten, die Weigerung einzelner Staaten, den Bundesbehörden Amtshilfe zu leisten, und die chaotischen Zustände bei den Bundesgerichten. Seit Inkrafttreten der Prohibition im Jahre 1920 waren 93 Prozent aller Fälle vor Bundesgerichten Prohibitionsvergehen. Mitchell: »In vielen Distrikten sind die Bundesgerichte mit der Flut von Verfahren schlichtweg überfordert. Das Resultat sind verhängnisvolle Verzögerungen, die die Beweislage schwächen und Verurteilungen erschweren.«[165]

Waren die Beweismittel ausreichend für eine Verurteilung, dann betrug die von der Kommission errechnete durchschnittlich verhängte Haftstrafe bei Vergehen gegen das Alkoholverbot 47,3 Tage. Ein derart absurdes Strafmaß war als Abschreckung völlig ungeeignet. Hielt man dem die Kosten für die Durchsetzung entgegen (konservative Schätzungen gingen von 213.178.485 Dollar jährlich aus (1928), Prohibitionsgegner von 936.000.000 Dollar), dann war ein Ende des Alkoholverbotes schon aus rein budgetären Überlegungen unvermeidbar.[166]

Anfang 1931 stellte die Wickersham-Kommission die Daten für die *wet states* vor. Für New York City war man zu folgendem Resümee gekommen: »New Yorks multiethnische Gesellschaft mit ihrem Nebeneinander unzähliger Normen, Traditionen und Eigentümlichkeiten ist ungleich schwerer zu kontrollieren als eine homogene Gesellschaft von gleicher Abstammung und Sitte. New York braucht aufgrund seiner heterogenen Bevölkerungsstruktur mehr Freiräume als uniforme Gemeinwesen. Die Haltung der lokalen Administration zum Prohibitionsgesetz hat eine gespaltene öffentliche Meinung erschaffen und ist letztendlich Ursache dafür, daß New York weniger trocken ist, als möglich wäre.«[167]

Je länger der Kommissionsbericht analysiert wurde, desto stärker begann die Front der Pro-Staaten zu bröckeln. 24 Monate nach dem Erscheinen waren zu den zwölf erklärten *wet states* zwölf weitere hinzugekommen, die bereit waren, einen Widerrufungsantrag zu unterstützen. Um die Prohibition zu kippen, bedurfte es einer Zweidrittelmehrheit. Nach Roosevelts Einzug ins Weiße Haus dauerte es nur ein paar Wochen, bis ein abermaliger Vorstoß im Kongreß unternommen wurde: Am 20. Februar 1933 wurde erneut ein Antrag auf Widerrufung des Gesetzes eingebracht. Nach einer Beratungszeit von neun Monaten und 15 Tagen, begleitet von heftigstem Lobbying, wurde am 5. Dezember 1933 zum ersten Mal in der Verfassungsgeschichte der Vereinigten Staaten ein Verfassungszusatz zum alleinigen Zweck ratifiziert, einen anderen außer Kraft zu setzen.

Es gab kaum jemanden, der die Entkriminalisierung von alkoholischen Getränken mehr betrauerte als die während der Prohibition reich gewordenen Alkoholschmuggler. Die Frage, warum Luciano und Co. zu diesem Zeitpunkt nicht den Versuch unternahmen, sich ins Lager der wieder salonfähig gewordenen alteingesessenen Alkoholhändler durchzuschlagen – immerhin waren sie diejenigen, die die Kontakte hatten, die

Transport und Absatzmärkte kontrollierten und die Macht besaßen, sich in der ersten Phase des chaotischen Neubeginns sofort durchzusetzen –, wurde von Luciano selbst beantwortet: »Ich sagte zu Frank, daß ich mir nicht vorstellen kann, wie man mit legalem Whisky auch nur annähernd so viel Kies machen soll wie mit *bootlegging*. Wir waren unser ganzes Leben Racketeers. Vielleicht hatten wir nicht die Phantasie für legale Geschäfte.«[168]

Doch das 21. Amendment, die Aufhebung der Prohibition, traf sie nicht unvorbereitet. Bereits 1930, im Jahr eins nach dem großen Börsenkrach, hatten Luciano, Lansky und Costello erkannt, daß das Prohibitionsgesetz keine dauerhafte Einrichtung des amerikanischen Alltags bleiben würde. »Die Leute haben die Nase voll. Wenn du nichts mehr hast, willst du wenigsten einen Drink, und den willst du legal.«[169]

Als diejenigen, die sich unverschnittenen Whisky leisten konnten, immer weniger wurden, lauteten die neuen Mob-Strategien Diversifikation in neue Märkte, Ausbau erfolgreicher Rackets und räumliche Expansion. Von nun an sollte kein gesellschaftlicher Bereich von vornherein ausgegrenzt werden, nur weil er in Zeiten sagenhafter Alkoholprofite zu irrelevant erschien. Die soziale Atmosphäre ihrer Kindheit hatte sie gelehrt, daß wirtschaftliche Krisen stets das Geschäft mit der kleinen Hoffnung belebten. Zu Hunderten drängten illegale Groschengräber und Nummernwettbüros *(policy banks)* in die Wohnbereiche der Ärmsten, die bereits seit langem den Traum von den unbegrenzten Möglichkeiten ausgeträumt hatten und nur noch dem kleinen Glück hinterherjagten. »Auf alles und jeden zu wetten wurde die Leidenschaft derer, die nichts mehr zu hoffen hatten. Costellos Automaten spien einen nicht enden wollenden Strom Nickels, Dimes und Quarters aus.«[170] Als wahre Goldmine entpuppte sich East Harlem, wo Menschen wie unter Zwang ihre Groschen tagtäglich in die Taschen der Subkultur scheffelten.

Der Kreditmarkt für Risikobranchen, wie etwa die Bekleidungsindustrie, war nach 1929 vollkommen weggebrochen. Die Banken verhielten sich äußerst defensiv, wenn es darum ging, knapp gewordenes Geld risikofreudig zu investieren. New Yorks Bekleidungsindustrie war die größte Einzelindustrie der Stadt, angesiedelt zwischen Broadway und 8th Avenue, 34th und 40th Street West, dem sogenannten »Garment District«. Aufgesplittert war dieser Wirtschaftszweig in unzählige Firmen, die grob in *jobber* (Zuschneidefirmen) und *contractor and factory outlets* (Nähereien mit Schau- und Verkaufsräumen) unterteilt wurden. Der überwiegende Teil der Firmeninhaber war jüdischer Abstammung. Eine Branche mit so extremer Abhängigkeit von den wankelmütigen Strömungen des Zeitgeistes, wo eine unverkäufliche Kollektion bereits den Ruin bedeuten konnte, war von jeher auf kurzfristiges Kapital zu erhöhtem Zinsfuß angewiesen. Als den Banken der prognostizierte Trend der kommenden Saison als Sicherheit nicht mehr reichte, mußten neue Wege der Kreditbeschaffung beschritten werden, allerdings zu stark veränderten Konditionen. »Sie kassierten zwischen 100 und 1000 Prozent Zinsen für kurzfristige Anleihen, Ausflüchte wurden nie akzeptiert.«[171] Säumige Schuldner waren dann meist vor die Wahl gestellt, entweder als Eckpfeiler eines Bürogebäudes zu enden oder mit einem neuen Partner zu arbeiten.

Arthur Flegenheimer, alias Dutch Schultz, alias King of the Bronx, war der erste, der seine *bootleg*-Gewinne in das Kredit-Racket im Garment District steckte. Schultz nahm Tommy Lucchese als Partner mit ins Geschäft. In dem Augenblick, wo durch Lucchese die Tür für Italo-Amerikaner einen Spalt offenstand, wurde sie von Luciano und seinen Partnern mit Vehemenz aufgestoßen. Das Timing war perfekt, da Schultz mit dem Rücken zur Wand stand. Nach dem vielversprechenden Auftakt gegen Capone in Chicago, begann sich der IRS nun auch für New Yorker Unterweltgrößen zu interessieren, und eines ihrer natürlichen Ziele war Schultz, der Anfang der dreißiger Jahre zweifellos die schillerndste Erscheinung der kriminellen Szene war. The Dutchman, dessen Ego ständig zwischen beispiellosem Geschäftssinn und gewalttätigen Exzessen schwankte, war der Held der kleinen Leute, die er mit billigem Bier versorgte.

Irgendwann im Verlauf seiner steilen Mob-Karriere hatte er die Realität aus den Augen verloren. Als nach den Capone-Erfahrungen Mobster in Scharen zu den Steuerbehörden pilgerten, um ihre Einkommensteuererklärungen vorzulegen, fühlte sich »King« Schultz nicht angesprochen. Am 18. August 1931 wurde er zusammen mit Daniel Iamascia und drei weiteren Männern von Bundesagenten vor dem Haus 1212 Fifth Avenue gestellt. Es kam zu einem Schußwechsel, an dessen Ende Iamascia tot im Rinnstein liegenblieb. Schultz ergab sich und wurde am nächsten Tag von Richter Freschi gegen eine Kaution von 75.000 Dollar freigelassen. Von dem Moment, da er das Gerichtsgebäude verließ, hingen die Feds an seinen Fersen.[172]

Ein zu heißer Dutchman paßte Luciano und Lucchese zu diesem Zeitpunkt überhaupt nicht ins Konzept. Sie hatten ja ganz bewußt seinen ethnischen Background als Türöffner für die geschlossene jüdische Gesellschaft des Garment District eingesetzt und konnten ihn noch nicht entbehren. (Als sie es konnten, war Schultz ein toter Mann.) Zinswucher sollte nur das Einstiegs-Racket einer systematischen kriminellen Infiltration der legalen Bekleidungsindustrie sein.

Die Teilung in Zuschneide- und Endfertigungsbetriebe erforderte ein aufwendiges Transportsystem, das in der Lage war, *just in time* zu liefern. Und wer verstand mehr von diffizilen Lieferaufträgen und Gewerkschaftseinschüchterung als *bootlegger?* Als verstärkt Kapazitäten aus dem Alkoholschmuggel frei wurden, ließen Unterweltelemente über Strohmänner gewerbliche Transportunternehmen registrieren, die dann aufgrund handfester Eloquenz bevorzugt beschäftigt wurden.

Einer, der ebenfalls im Garment District fischte, war Louis »Lepke« Buchalter, um 1930 der erfolgreichste Gewerkschafts-Racketeer New Yorks. Die Bekleidungsindustrie beschäftigte zigtausende Arbeiter, die von Gewerkschaften wie der Amalgamated Clothing Workers Union of America oder der Ladies Garment Workers Union vertreten wurden. Die Furcht der Firmeninhaber vor Streiks oder immer neuen Tarifforderungen war Lepkes Kapital. Gegen ein jährliches Fixum garantierte er dem Eigner eine streikfreie Produktion und gemäßigte Lohnforderungen. Sollte Lepke seinen Einfluß auf die Gewerkschaften einbüßen, und die Situation in Arbeitskampfmaßnahmen eskalieren, kämen von ihm organisierte Streikbrecher gegen die rebellische Belegschaft zum Einsatz. Auch in dieser Sparte war ein italo-jüdisches Joint Venture angedacht, mit Tommy Lucchese als Lucianos Mann. Noch 1963, Lepke war schon längst tot, war Luccheses Stellung im Garment District unangefochten.

Lucianos rasanter Steilflug in nebulöse Entscheidungsbereiche der New Yorker Bekleidungsindustrie gab ihm die Möglichkeit, sein Konzept eines systematischen Aufbaues ihm verpflichteter Beziehungsketten zu verfolgen. Mit Lucchese, dem zweiten Mann der Gagliano-Familie, machte er den Anfang. Seine Offerte an Joe Bonanno, den frisch gekürten Boss der alten Maranzano-Formation, war ein weiterer Schritt in diese Richtung:

»Luciano hatte umfangreiche Interessen in der Bekleidungsindustrie, vor allem in der Amalgamated Clothing Workers Union of America, der Gewerkschaft der Herrenbekleidungsindustrie. Er sagte mir, er könnte einen meiner Männer in eine wichtige Gewerkschaftsposition hieven, was mir Einfluß über Arbeitsplätze und Aufträge geben würde. Wie ich es verstand, zahlte die Gewerkschaft regelmäßig

Schmiergelder an Luciano und seine Männer. Ich hatte keine Probleme mit Gewerkschaftskontakten, aber den Schmiergeldaspekt fand ich abstoßend.«[173]

Dasselbe Prinzip des doppelten Abkassierens wie im Garment District wurde auch an den Docks von New York durchgespielt. Massive Einschüchterungen zwangen die Gewerkschaften (ILA und Teamster), *no-show jobs* (entlohnte Positionen ohne Arbeitsaufwendung) an kriminelle Elemente abzutreten, die Reedereien mußten Prioritätsprovisionen an die Gangs entrichten, sollten ihre Schiffe fristgerecht gelöscht werden. Dem rauhen Klima an den Piers zeigten sich besonders die Anastasia-Brüder Albert (Umberto) und Anthony »Tough Tony« gewachsen.

Kriminellen Forderungen wird in der Regel nur dann nachgegeben, wenn Widerstand Gewalt freisetzt. Meist reicht bereits die Bewußtmachung dieser Möglichkeit als einer weiteren Verhandlungsstrategie, um einen Anspruch durchzusetzen. Die Aufrechterhaltung dieser Aura der Gewaltbereitschaft mußte darum stets vitales Interesse der Unterwelt sein. Der Idealzustand war erreicht, wenn Drohung und Demonstration sich die Waage hielten. Schlug das Pendel zu stark zur einen oder anderen Seite aus, war dies ein untrügliches Zeichen für Schwachstellen im System. Die Eindämmung unkontrollierter Gewalt aus nichtkommerziellen Gründen war eines der Hauptanliegen Lucianos. Da er wirtschaftlich dachte, schwebte ihm eine Instanz vor, die ähnlich dem Werkschutz eines legalen Unternehmens alle Schutzfunktionen nach innen und außen wahrnahm. Lag die Notwendigkeit einer Gewaltdemonstration vor, sollte nicht mehr jedes einzelne Mitglied zum Vollstrecker, sondern der Fall einer Spezialeinheit übergeben werden. Diese Überlegungen führten 1931 zur Geburtsstunde einer Institution, die nach ihrer Enthüllung als »Murder, Inc.« durch die Presse ging.

Lepke Buchalter war Boss dieser Formation, Albert Anastasia seine rechte Hand, Abe »Kid Twist« Reles, Harry »Pittsburgh Phil« Strauss, Harry »Happy« Maione, Frank »The Dasher« Abbandando, Jacob »Gurrah« Shapiro die Exekutive. Bis zur Zerschlagung Anfang der vierziger Jahre wurde Murder, Inc. mit 50 bis 100 Morden in Verbindung gebracht, exakte Zahlen oder Tatumstände konnten nie eindeutig geklärt werden, meistens verschwanden die Opfer einfach spurlos.[174] Die Professionalität der mörderischen Truppe wird deutlich, zieht man die Polizeistatistiken der Dekade 1931-41 heran: Nur 18 Gangland-Morde wurden offiziell für diesen Zeitraum registriert.[175]

Stand das Nach-Prohibitions-Aktionsgerüst für New York, konnte es nicht von Nachteil sein, den Tätigkeitshorizont zu erweitern. Ein Nebeneffekt des Demokratischen Konvents von Chicago war der Kontakt zu Huey P. »The Kingfish« Long, Senator von Louisiana. Long herrschte über Louisiana wie über einen Privatbesitz, ohne sein Plazet lief gar nichts. Doch wieviel Geld durch Bestechung und Veruntreuung auch immer heranrollte, es rollte zu langsam und zu wenig. Da verfiel er auf die Idee, durch Vergabe von Lizenzen im Glücksspielbereich seine respektive die Parteikasse zu saturieren. New Orleans wurde zur »offenen Stadt« erklärt, an Costello und »Dandy« Phil Kastel ging der Auftrag, ein komplettes Glücksspielszenarium aufzuziehen, für jede Brieftasche etwas Passendes. Costellos New Yorker Tru Mint Novelty Company sollte die Ebene der Einarmigen Banditen befriedigen. (Mitte der dreißiger Jahre, als über 950 Automaten im Einsatz waren, führte Kastel einen Ableger, die Blue Bayou Mint Company, direkt in New Orleans ein.) Für den gehobenen Anspruch der betuchten Spieler wurden erstklassige Clubs mit Kasinobetrieb in den Hinterzimmern errichtet, den Anfang machte der plüschige Beverly Club.

Aber die Ambitionen von Lucianos National Crime Syndicate gingen weiter. Meyer Lansky hatte Florida als unvoreingenommenen Standort entdeckt. Die dortigen Politiker waren untendenziös und willig, ihnen blieb auch gar keine andere Wahl. Anfang der zwanziger Jahre boomte die Gegend, als wohlhabende Neuengländer in Scharen an der Ostküste Floridas einfielen, doch der Hurrikan von 1926 und die wirtschaftliche Talfahrt nach 1929 hatten weite Landstriche wieder in sandige Einöden zurückverwandelt. Auf der Suche nach kommunalen Einkünften war man bereit, Gesetze etwas großzügiger als anderswo auszulegen. Hollywood und Hallandale wurden die ersten Kolonien der New Yorker Unterwelt in Florida. In primitiv zusammengezimmerten Holzbaracken entlang der Küstenstraße entstanden Bingotempel, wo Scharen spielsüchtiger Farmer und Kleinstädter ihre Tage dahindämmerten, immer in der Hoffnung auf die eine richtige Zahl.[176]

120 Seemeilen vor der Küste Floridas liegt Kuba, und Kuba war, anders als Florida, kein Entwicklungsland auf dem Amüsiersektor. Als Winterdomizil reicher Amerikaner besaß Havanna bereits vor 1930 zwei luxuriöse Kasinos und eine landschaftlich reizvolle Pferderennbahn. Nachdem sich 1933 der junge Offizier Fulgencio Batista an die Macht geputscht hatte, suchte er nach privaten Einkünften und mußte feststellen, daß Kasinos und Rennbahn null Gewinne abwarfen, da Mißmanagement und Korruption die Profite bereits innerhalb der Mauern der Etablissements versickern ließen. Batista suchte Partner und erinnerte sich des erfolgreichen New Yorker *bootlegger* Meyer Lansky. In den Jahren von Batistas politischen Hochs und Tiefs wurde Lansky zu seinem Gewährsmann in Sachen Entertainment.

Fiorello LaGuardias Einzug ins New Yorker Rathaus wurde für die kriminelle Subkultur der Stadt zur traumatischen Erfahrung. Der so ganz andere Italo-Amerikaner – nichts in seiner Biographie stimmte mit den traditionellen Klischees italienischer Einwanderer überein – war die Personifizierung des Zeitgeistes. Nachdem die Cliquen der Spekulanten abgewirtschaftet und das Land in eine tiefe Depression gestürzt hatten, suchte Amerika nach neuen Symbolen der eigenen Darstellung: Auf Bundesebene der liberale »aristokratische« Präsident Roosevelt, der den neuen Weltmachtsanspruch der jungen Nation repräsentieren konnte; auf Kommunalebene der ehrenhafte Kleinbürger, der durch die Macht des gesunden Menschenverstandes den Sumpf der lasterhaften Metropole austrocknen würde. Roosevelt und LaGuardia, obwohl zwei verschiedenen politischen Lagern entstammend, war sehr viel mehr gemein als nur die Zugehörigkeit zur selben Konfession.

Boss Curry warf bei der Wahl von 1933 Tammany Halls Gewicht für Interimsbürgermeister O'Brien in die politische Waagschale. Der gemeinsame Kandidat von Republikanern und Fusionisten war LaGuardia. Die Demokraten von New York State gingen mit einem eigenen Aspiranten ins Rennen, mit Joseph McKee, der nach dem Rücktritt Walkers kurz die Amtsgeschäfte im Rathaus geführt hatte. McKee war überaus populär, und Präsident Roosevelt versprach, eine Wahlaussage zu seinen Gunsten zu machen. Verbittert mußte Edward J. Flynn, der Wahlkampfmanager McKees, feststellen, »daß Roosevelt als gerissener Politiker erkannt hat, daß Nichtstun politisch angesagt war. Und genau das tat er – nichts.«[177]

LaGuardia gewann die Wahl, wenn auch mit weniger Stimmen als die beiden demokratischen Kandidaten zusammen. Da zwischen O'Brien und McKee kein Konsens zustande kam, zog LaGuardia in City Hall ein. Kaum vereidigt, kündigte er den kriminellen Elementen der Stadt und ihren politischen Gönnern einen erbitterten Kampf an. Der erste, der die Segel strich, als ihm der Wind zu rauh ins Gesicht blies, war John F. Curry. Nach einem kurzen Triumvirat setzte sich James J. Dooling als Boss von Tammany Hall bis Mitte 1937 durch.

Der Berufung des Polizeichefs widmete LaGuardia große Aufmerksamkeit. Seine Wahl fiel auf Lewis J. Valentine.

Valentine war ein ausgezeichneter Mann, der als Leiter des Confidential Squad durch seine Razzien in den Clubhäusern der demokratischen Partei einigen Tammany-Größen zu nahe gekommen und deswegen kurzfristig kaltgestellt worden war. Bei seiner Amtseinführung sagte LaGuardia: »Es ist nicht der Ausweis, der das Amt ausmacht, es ist der Mann.«[178] Elf lange Jahre blieb Valentine *»the man who made the office«*, der Mann, der das Amt prägte.

Costellos allerorts präsente Groschengräber, sein systematisches Abzocken der Ärmsten, hatte LaGuardias besonderen Zorn erregt. Erst einige Wochen im Amt, zog er, bewaffnet mit einem Vorschlaghammer und einer Horde Journalisten im Schlepptau, als unversöhnlicher Racheengel nach East Harlem, um seine Abscheu tatkräftig und medienwirksam zu demonstrieren. Die demolierten Automaten ließ er anschließend im East River versenken. Dieser Auftritt als Berserker des Guten hinterließ bei den harmlosen Gemütern einen tiefen Eindruck. Doch der Jurist LaGuardia gab sich nicht der Illusion hin, mit derart naiven Methoden dem Recht wieder zu höherem Ansehen verhelfen zu können. Ohne Reform und Neubesetzung des Rechtsapparates war der Unterwelt nicht beizukommen. Und da lag der Schwachpunkt von LaGuardias Administration: Zwar hatten die Republikaner den Bürgermeisterstuhl erobert, doch die Bezirke wurden nach wie vor von Tammanys Parteigängern kontrolliert, und auch die Wahl der Staatsanwälte entschieden die Demokraten unter sich.

»Racketeering« hatte viele gesetzwidrige Facetten. Zu einer rechtsverbindlichen Straftatdefinition hatte man sich in Washington noch nicht durchringen können. Einigkeit herrschte nur bei der vagen Feststellung, daß alle Aspekte auf einer Bandbreite zwischen illegal und kriminell lagen. Im Herbst 1933 unternahm ein Senatsunterausschuß zum ersten Mal den Versuch, den Begriff Racketeering strafrechtlich zu erfassen. Der New Yorker Rechtswissenschaftler Franklin Russel hatte

Bestimmungsparameter erstellt, um eine Integration des neudefinierten Tatbestandes in die existierenden Strafprozeßordnungen der einzelnen Staaten zu ermöglichen. Er legte einen Deliktekatalog vor, der die Operationsgebiete richtig erkannte, dessen Informationsstand über die Abläufe jedoch hoffnungslos veraltet war: »Racketeering ist eine organisierte Konspiration zur Begehung der Straftatbestände der Erpressung und Nötigung, wie sie im Strafgesetzbuch des Staates New York definiert sind. Racketeering im Zusammenhang mit Erpressung meint den Tatbestand der Aneignung von Geld oder Gut eines anderen, mit dessen Zustimmung, mittels Gewalt oder Drohungen. Einschüchterung als Voraussetzung einer Erpressung kann in mündlicher oder schriftlicher Form geschehen, als Eingriff in das Eigentum, als Mord, Entführung oder tätlicher Angriff auf das Opfer oder Mitglieder seiner Familie. Racketeering im Zusammenhang mit Nötigung, unter Verwendung der selben Einschüchterungsmechanismen wie beim Tatbestand der Erpressung, meint den Tatbestand der erzwungenen Mitgliedschaft in sogenannten Interessensverbänden, die sein Recht auf Geschäftsausübung wahren. Beim Tatbestand der Nötigung muß nicht notwendigerweise Geld fließen, doch gehen Erpressung und Nötigung in der Regel Hand in Hand.«[179]

New York State Senator Royal S. Copeland forderte aufgrund von Russels Ausführungen die Schaffung einer Bundespolizei nach dem Vorbild des Scotland Yard, »um zu verhindern, daß ein Krimineller oder Augenzeuge sich in einen Nachbarstaat absetzt.«[180] Das Schreckgespenst einer konkurrierenden Nebenjustizbehörde vor Augen verwarf der Vizejustizminister Joseph B. Keenan diesen Plan und befürwortete stattdessen die Stärkung der Autoritäten vor Ort.

Der Verweis auf lokale Zuständigkeiten gab LaGuardia den Spielraum, den er brauchte. Er wußte aus Erfahrung, daß mit Mob-Geldern und -Einfluß inthronisierte Staatsanwälte nicht gegen ihre Gönner vorgehen würden. Da die Republikaner bei den zurückliegenden Wahlen keinen ihrer Kandidaten durchgebracht hatten, lag die Lösung in der Berufung eines Sonderanklägers für den neudefinierten Straftatkomplex des Racketeering. Gegen den erbitterten Widerstand von Tammany Hall, der das Berufungsverfahren ein ganzes Jahr lang blockierte, wurde im Juni 1935 ein 33jähriger Mann aus Michigan, Thomas E. Dewey, zum Sonderankläger für New York County (im Volksmund Racket Bureau) ernannt. Ende July 1935 bewilligte ein murrender Gemeinderat Gelder für fünf Assistentenstellen, die Dewey mit jungen, ehrgeizigen, kaum der Universität entsprungenen Juristen besetzte: Frank S. Hogan, seine rechte Hand und späterer Nachfolger, Paul E. Lockwood, Thurston Green, Harold M. Cole und Raymond Marquiel Ariola.[181] Ähnlich wie der IRS schossen sich auch Dewey und seine Männer auf Dutch Schultz ein.

Schwierige Zeiten brachen für die Unterwelt an, denn Dewey hatte gegenüber den antiquierten Ansichten eines Franklin Russel ein sehr viel zeitgemäßeres Bild des Schemas Racketeering. Ende September 1935 sprach er darüber in Albany anläßlich einer Konferenz zum Thema Verbrechen, der Verbrecher und die Gesellschaft: »... Ich glaube, wir stimmen alle darin überein, Racketeering auf den Tatbestand der systematischen Erpressung von Geld zu begrenzen, begangen von einer Gruppe von Individuen, die sich zu diesem alleinigen Zweck organisiert haben. Das Tatschema basiert auf dem Konzept, eine große Anzahl von Firmen des gleichen Gewerbes zu Schutzgeldzahlungen zu erpressen. Gelegentlich erhalten die Firmen Geschäftsvorteile, oder es wird Sicherheit vor Gewerkschaftseingriffen garantiert. Wie die Konditionen im einzelnen auch aussehen mögen, das ganze Schema ist hochkriminell.

Heute ist Racketeering straff organisiert, an der Spitze stehen neben den Kriminellen häufig korrupte Anwälte.

Einschüchterungsmethoden, wie Gewalt gegen Angestellte, Zerstörung von Eigentum, provozierte Streiks oder gelenkte Streikbrecher gehören der Vergangenheit an. Racketeering hat solche Ausmaße angenommen und ist bereits derart fest in den Wirtschaftkreis eingebunden, daß die Bewußtmachung dieser Möglichkeiten genügt. Nur bei den primitiven Rackets spielt tatsächliche Gewaltausübung noch eine Rolle.«[182]

Aber auch ohne einen Sonderankläger auf den Fersen wurden die Jahre 1931-1935 zum Ablaufdatum so mancher Mob-Karriere. Ciro Terranova und sein Schwager Ignazio Lupo waren noch zugegen, doch ihre glorreichen Tage waren längst Vergangenheit. Der Mord an Joe Masseria riß Ciro »the Artichoke King« endgültig in die Trivialität. Terranova hatte Masseria am nächsten gestanden, darum wollte er nicht einer der Todesschützen sein, sondern die Flucht vom Tatort organisieren. Doch die langen Jahre der Illegalität, Tod und Verrat hatten tiefe Risse im Nervenkostüm des 42jährigen hinterlassen, »er zitterte am ganzen Leib und war unfähig, das Auto anzulassen. Angewidert stieß Siegel ihn zur Seite, setzte sich hinters Steuer und raste davon.«[183] Dieser Gesichtsverlust unterminierte Terranovas Autorität. »Von diesem Tag an wurde Ciro Terranova Stück für Stück seiner Macht entblößt. Schließlich ging sein Territorium an Mike Coppola.«[184]

1935, Mike Coppola herrschte längst über die Rackets in East Harlem, wurde Terranova per Dekret von LaGuardia gezwungen, sich zu verändern. Er mußte die angestammte Morello/Terranova-Hochburg der 116th Street verlassen und sich außerhalb der Stadtgrenzen New Yorks ansiedeln. Er wählte Pelham Manor, nördlich der Bronx in Westchester County. Zweimal wurde er von der Polizei wegen Landstreicherei *(vagrancy)* festgenommen, als er widerrechtlich das Stadtgebiet betreten hatte. Ende 1937 mußte er Konkurs anmelden und verlor das Haus in Pelham Manor. Daraufhin wurde ihm stillschweigend die Rückkehr in sein altes Domizil

338 East 116th Street gestattet, »weil er kriminell und finanziell ohnmächtig ist«, wie Commissioner Valentine auf Anfrage erklärte.[185]

Mitte Februar 1938 wurde er mit einem Schlaganfall ins Krankenhaus eingeliefert, seine linke Körperhälfte war gelähmt, und er konnte nicht mehr sprechen. Am 20. Februar um die Mittagszeit verschied der erst 49jährige. »Er hatte sein Gesicht verloren, das ging ihm so nahe, daß er an gebrochenem Herzen starb.«[186] Mit diesen geradezu poetischen Reflexionen beschrieb der Gangster Joe Valachi das Ende von Ciro Terranova.

Ignazio Lupos Ende war um nichts erhabener. Aus dem einst furchtverbreitenden Wolf war mit den Jahren ein zahnloser Kläffer geworden, der nur noch nach den kleinen Happen schnappte. Als die von ihm Bedrohten und Ausgebeuteten sein Abdriften in die Bedeutungslosigkeit registrierten und auch den rauhen Wind, der den kriminellen Elementen aufgrund der veränderten politischen Verhältnisse ins Gesicht blies, wurden sie mutig und zeigten ihn wegen Industrie-Racketeering an: Lupo als Kopf der Italian Bakers Association preßte Bäckereibesitzer unter Androhung von Gewalt zum Eintritt in seine Organisation, was die Zahlung eines »Jahresbeitrages« nach sich zog. Die Uneinsichtigen wurden wirtschaftlich ruiniert. In einem Brief vom 24. September 1934 an den Vizejustizminister Joseph B. Keenan beschrieb einer der Geschädigten das Schema. »Der Mann hinter dem Ganzen ist als Lupo the Wolf bekannt, Zeitungsartikel bezeichenen ihn als King of Crime. Um die Zahlungsunwilligen zu ruinieren hat er eine eigene Bäckerei eröffnet, die Backwaren weit unter Marktwert verkauft, gegen alle Gesetzesbestimmungen. Dieses illegale Unterbieten hat den legalen Einzelhandel ruiniert, Großabnehmer sucht Lupo the Wolf persönlich auf, um ihnen deutlich zu machen, was gut für sie ist.«[187] In Lupos »Hochzeiten« wäre ein derartiger Vorgang undenkbar gewesen. Am 16. Juli 1935 wurden er und sein Sohn Rocco festgenommen. Die Anschuldigungen waren für einen Mobster lächerlich, doch zu Lupos Pech setzte sich sofort die Rechtsmaschinerie in Gang und konfrontierte ihn mit den Auflagen seiner vorzeitigen Entlassung aus dem Jahr 1920. Als Anfang 1935 eine Abordnung Brooklyner Bäcker bei Gouverneur Lehmann vorstellig wurde und die Widerrufung der Strafänderung verlangte, ging der Fall nach Washington, da es laut Gesetz dem jeweiligen Präsidenten oblag, eine Entscheidung über Lupos weiteres Schicksal zu fällen.

Wer Roosevelts Antipathie für die Unterwelt kannte, wußte, daß Lupo schlechte Karten hatte. »Die Tore von Atlanta schlossen sich gestern hinter Ignazio (Lupo the Wolf) Saietta, dem ältesten Staatsfeind der Vereinigten Staaten, von dem behauptet wird, er hätte 3.000.000 Dollar auf sizilianischen Konten versteckt, wurde aufgrund eines Entscheids von Präsident Roosevelt ins Gefängnis zurücküberstellt.«[188]

Lupo und seine Anwälte trugen den Fall bis vor den US Supreme Court, wo in allerletzter Instanz die Rechtmäßigkeit von Roosevelts Entscheidung bestätigt wurde.

Das Urteil erging zehn Tage nach Terranovas Tod. Lupo, zu diesem Zeitpunkt bereits 61, blieb bis 1940 im Bundesgefängnis von Atlanta, dann wurde er begnadigt. 1944 verstarb er in seinem Haus 261 Avenue P in Brooklyn.

Lupo und Terranova hatten den Anschluß verloren. Sie hatten den Schritt aus der Tradition der sizilianischen Mafia in die amerikanisierte Unterwelt der La Cosa Nostra (LCN) nicht bewältigt. Der Abtritt der beiden letzten Mustache-Petes ließ die Mafia als dem von Sizilien gegängelten Zweig der Illegalität in den USA verdorren. Die Methode der geschlossenen Gesellschaft (Täter, Opfer und Umfeld bilden eine ethnische Einheit) war obsolet geworden angesichts der neuen Lebensbedingungen.

La Cosa Nostra als restriktiver Terminus hatte nur noch für den innersten Täterkreis Bedeutung (Made man-Status nur für »Vollitaliener«, solche, die entweder in Italien geboren oder deren beide Elternteile aus Italien stammten). In der Interaktion mit der multiethnischen Außenwelt unterschied sich die Geschäftsstrategie von LCN nicht wesentlich von legalen Konzernen, da auch für die kriminelle Ökonomie der Markt alleiniges Kriterium wurde.

»Die Kommission kann die Parallelen zwischen den Monopolisierungsstrategien legaler Unternehmen und organisierter Kriminalität bestätigen, die Professor Thomas Schelling von der Harvard-Universität aufzeigte: Rücksichtslosigkeit, Skrupellosigkeit, Gier, Ausbeutung, Gewissenlosigkeit.«[189]

Organisierte Kriminalität aus dieser Perspektive deckt sich mit den Strategien des Gangsters Charles »Lucky« Luciano in den dreißiger Jahren, dessen Geschäftsverbindungen außerhalb von LCN vom Pragmatismus diktiert wurden.

LaGuardia, Valentine, Dewey

»Be good or be gone.«

(Lewis J. Valentine, In: Valentine, *Night Stick*, Seite 120.)

»Vielleicht war Schultz der Staatsfeind Nummer eins für das FBI, für LaGuardia war ich das«, meinte Luciano.[190] 1924 hatte Präsident Calvin Coolidge die Gründung des »Bureau of Investigation« eingeleitet, mit J. Edgar Hoover an der Spitze. Zehn Jahre später war auch dem letzten Skeptiker klar, daß die Schaffung einer Bundespolizei mit breitgefächerter Befugnisgewalt unumgänglich war. Kurzerhand wurde aus dem Bureau of Investigation das »Federal Bureau of Investigation« (FBI), ohne personelle Umbesetzung an der Spitze. Die Aufgabenstellung sollte über die reine Ermittlungstätigkeit nicht hinausgehen, Schlußfolgerungen aus den ermittelten Daten alleine bei Bundesstaatsanwälten und -gerichten liegen. Dem Bureau wurde Untersuchungsbefugnis über 185 Delikte übertragen, von Bereichen der inneren Sicherheit wie Verrat, Spionage oder Sabotage über »Straßendelikte« wie Bankraub, Entführung, Erpressung und bundesstaatsübergreifendes Glücksspiel (z.B. Pferdewetten mittels Funkübertragung) bis hin zu Diebstahl von Regierungseigentum, grenzüberschreitende Flucht oder Betrug an Bundesbehörden.

J. Edgar Hoover war ein Außenseiter, der als Kompensation für seine abnorme Veranlagung vor aller Welt den missionarischen Eiferer und kompromißlosen Verfechter einer bornierten kleinbürgerlichen Wertvorstellung mimte. Die dunklen Seiten des falschen Saubermannes, seine Spiel- und Wettsucht und seine abartigen sexuellen Neigungen, hermetisch abgeschirmt vor der Öffentlichkeit, beherrschten jahrzehntelang die Haltung der Bundesbehörde zur Problematik von organisierter Kriminalität und, konsequent weitergedacht, deren Verfolgung. In New York und Washington pfiffen es die Spatzen von den Dächern, daß eine Schiene Hoover – Costello existierte, daß Hoover über Strohmänner wie den Journalisten Walter Winchell oder den Nachtclubbesitzer Sherman Billingsley Wetten bei dem Verbrecherkönig plazieren ließ. Darüber hinaus wurde immer wieder vermutet, daß Meyer Lansky kompromittierendes Material über Hoover besaß, das er als Druckmittel gegen den FBI-Boss einsetzte. Nach übereinstimmenden Aussagen von Lansky-Freunden waren es Fotografien, die Hoover in eindeutiger Situation und bizarrer Aufmachung zeigten.[191]

LaGuardia haßte die italienische Subkultur, die seinem Volk das Stigma vom geborenen Kriminellen aufdrückte. Unter dem gängigen Vorurteil Italiener = Sizilianer = Gesetzesbrecher hatte auch er in seiner Jugend gelitten. Die Attacke gegen Costellos Groschengräber sollte nur die Ouvertüre zu einer breiten Kampagne gegen italo-amerikanische Kriminelle sein. Mit dem Steuergesetz war Luciano und Co. nicht beizukommen. Das Urteil des Obersten Gerichtshofes von 1927, wonach auch illegale Einkünfte steuerpflichtig waren, war dem Finanzgenie Meyer Lansky nicht entgangen.[192] Polizeichef Valentine hatte alle Hände voll zu tun, das moralische Niveau seiner Truppe zu heben, da viele seiner Männer noch immer Bürgermeister Walkers Empfehlung befolgten und ihre schmalen Bezüge auf der Straße aufbesserten. Von dieser Seite war also kaum großer Enthusiasmus bei der Verfolgung von stadtbekannten Kriminellen zu erwarten, die für so manchen Polizistenhaushalt die Butter auf dem Brot beisteuerten.

Um Erfolge gegen die Unterwelt zu erzielen, mußte der herkömmliche Weg der Beweisbeschaffung verlassen werden. Korruption lähmte die Polizeistationen, Anzeigen von Betroffenen gab es so gut wie nie. Das neugeschaffene Amt des

Sonderanklägers (Rackets Bureau) mußte einen vollkommen neuen Kurs steuern:

»Traditionell ist es die Aufgabe des Staatsanwaltes, dem Gericht Beweise krimineller Aktivitäten zu präsentieren, die entweder von polizeilichen Ermittlungen oder Anzeigen Geschädigter herrühren. Das Konzept des Rackets Bureau war eine radikale Abkehr von dieser Tradition. In den Jahren 1935 bis 1937 leitete Thomas E. Dewey eine Untersuchung im Bereich Racketeering in New York County. Er erkannte sehr schnell, daß man Beweise im Zusammenhang mit organisierter Kriminalität und Korruption nicht durch bloßes Fragen erhält. Opfer von Unterweltterror verweigern in der Regel die Aussage, Beweise von Erpressungen oder Schmiergeldzahlungen werden durch manipulierte Bücher verschleiert. Dewey begriff, daß die klassische Rolle des Staatsanwaltes – die des Anklägers im Gerichtssaal – obsolet war im Kampf gegen organisierte Kriminalität und Korruption.«[193]

Dutch Schultz erkannte als einer der ersten das Finanzpotential der Gewerkschaften. Die Arbeitnehmervertretungen der Bekleidungsindustrie waren für den Mann auf der Straße kaum wahrnehmbar, anders lag der Fall bei den Gewerkschaften der Gastronomie, für die sich Schultz zu interessieren begann. 1933 hatte einer seiner Strohmänner als Basislager ein Restaurant eröffnet, 1934 hörten bereits zwei Vertretungen des Gaststättengewerbes auf sein Kommando. Wenig später gründete er die Metropolitan Restaurant and Cafeteria Association und zwang Restaurantbesitzer unter massiven Drohungen, der Vereinigung beizutreten: für einen Jahresbeitrag von 5000 bis 25.000 Dollar.[194] Diese Aktivitäten in einem derart exponierten Metier konnten nicht lange verborgen bleiben. Um den Nachstellungen von IRS und Rackets Bureau zu entgehen, tauchte Schultz im benachbarten New Jersey unter. Seine Geschäfte dirigierte er über diverse Partner, seinen Anteil überbrachten Kuriere. Allerdings mußte er die bittere Erfahrung machen, daß Rackets nicht aus dem Hintergrund zu leiten waren und seine Position im illegalen Gefüge gefährlich wankte. Die Anteile, die ihn erreichten, wurden immer marginaler. Präsenz in New York City war unumgänglich. Seinem gerissenen Anwalt Dixie Davis gelang es, die Anklage wegen Steuerhinterziehung an das Gericht von Syracuse zu ziehen, einer Stadt mittlerer Größe im Staate New York. »Schultz tauchte in der Stadt auf und verkündete, das Opfer einer schikanösen Staatsanwaltschaft zu sein. Er hätte nie etwas Illegales getan, außer etwas Bier zu brauen.«[195] Geld trug erheblich dazu bei, seine Glaubwürdigkeit bei den lokalen Juroren zu unterstreichen. Zum Erstaunen von IRS und Unterwelt kam die Jury zu keinem Urteilsspruch. Das Verfahren mußte wiederholt werden, diesmal in Malone, einem obskuren Provinznest an der kanadischen Grenze. Dutch überschlug sich in seinem Bemühen, bieder und harmlos zu wirken. Seine durch Praxis perfektionierte Maskerade war in Malone noch wirkungsvoller als in Syracuse: Die Jury sprach ihn frei, sehr zum Ärger von Syndikat und IRS.

Die Hiobsbotschaft von seinem Freispruch stürzte New Yorks Unterwelt in arge Bedrängnis. Im festen Glauben an eine Verurteilung war man über Schultz' Rackets hergefallen und hatte die Beute unter sich aufgeteilt. Trigger Mike Coppola übernahm das Nummernwettsystem in East Harlem, das Schultz zusammen mit Ciro Terranova betrieb. Lepke Buchalter riß den Bekleidungssektor an sich, Longie Zwillman den illegalen Biervertrieb, Luciano von allem etwas und das Cleveland-Syndikat die Pferderennbahn von Cincinnati. Jeder, der Schultz kannte, wußte, daß er sich nicht widerstandslos würde beiseite schieben lassen. Doch bevor er zum Angriff auf seine ehemaligen Komplizen blasen konnte, mußte sein zweites Problem, Sonderankläger Dewey, gelöst werden. Schultz schwebte etwas Permanentes vor. Er bot den Auftrag Albert Anastasia an.

Über den weiteren Verlauf der Geschichte existieren unterschiedliche Versionen. Variante eins beschreibt, wie Anastasia den Auftrag akzeptierte und zusammen mit Jack Parise, Happy Maione und Sholomon Bernstein das Attentat plante. Als Ort wurde nach längerer Beobachtung von Deweys Tagesablauf ein Drugstore gewählt, »den Dewey täglich zum Telefonieren aufsuchte. Sholomon Bernstein stahl drei Buicks, bis er einen hatte, der schnell genug war. An den montierten sie ein Maschinengewehr. Anastasia sollte im Laden stehen und Dewey im Auge behalten. Am festgesetzten Tag gab es Probleme mit dem Wagen, die Killer kamen fünf Minuten zu spät. Am Abend traf man sich in New Jersey und kam zu der Überzeugung, die Finger davon zu lassen.«[196]

Luciano schrieb in seinen Memoiren: »Wir legen nur unsere eigenen Leute um, wenn sie Probleme machen, und wir töten sie nie, ohne es vor die Commission gebracht zu haben. Wenn jemand Einwände hat, ist die Sache gestorben. Außenstehende umzulegen war strikt verboten. Ich habe diese Regeln gemacht, und niemand sollte es wagen, sie zu brechen. Ich konnte mir einfach nicht vorstellen, wie es uns hätte gelingen sollen, uns von der Polizei freizukaufen, hätten wir Dewey umgelegt.«[197] Möglicherweise war Luciano bei dem erwähnten Meeting in New Jersey anwesend und ächtete dort jeden weiteren Versuch, Dewey zu beseitigen.

Joe Bonannos Variante der Affäre Dewey liest sich ganz anders: »Ich erinnere mich an ein Treffen der Commission Anfang der dreißiger Jahre, wo die Situation seit Deweys Ankunft besprochen wurde. Dewey hatte sehr deutlich gemacht, daß er Charlie Luciano im Knast sehen wollte, den er als Herrscher über Laster und Korruption bezeichnete. Nach längerem hin und her machte Albert Anastasia, Underboss in Vincent Manganos Familie, den Vorschlag, Dewey zu beseitigen. Anastasia stand Lucky Luciano sehr nahe. Der Irrwitz seines Vorschlages ließ die anderen Dons in Sprachlosigkeit erstarren. Charlie Lucky zögerte etwas. Da Albert und Lucky sich sehr nahe standen, konnte es sein, daß Lucky Albert diesen Vorschlag machen ließ, um die Situation auszuloten. Wie auch immer, zumindest waren Albert und Lucky bereit, über diesen Wahnsinn nachzudenken, wohingegen die übrigen absolut dagegen waren.«[198]

Zieht man alle Fakten heran, die über Luciano bekannt sind, muß jeder Ansatz, ihm die Initiative zur Beseitigung Deweys unterschieben zu wollen, ins Reich der Phantasie verbannt werden. Er und Costello waren zu diesem Zeitpunkt noch felsenfest davon überzeugt, genügend politischen Einfluß zu besitzen, um allzu aufdringliche Ermittlungen abschmettern zu können. Hingegen paßt ein Sinnieren über das gewaltsame Ende eines Staatsanwaltes in das Psychogramm des leicht paranoiden Schultz.

Welcher Umstand für die Commission letztendlich den Ausschlag gab, Dutch Schultz zum Abschuß freizugeben – ob es sein Plan zur Ermordung Deweys war oder die Unlust seiner Nachfolger, seine Rackets wieder herauszurücken –, der Beschluß war einstimmig: Schultz muß gehen. »Konfrontiert mit der Option, entweder Schultz die Rackets zurückzugeben, oder ihn umzulegen, fiel die Entscheidung leicht.«

Als am 9. Oktober 1935 ein erneuter Haftbefehl wegen Steuerhinterziehung gegen Schultz erlassen wurde, mußte schnell gehandelt werden. Die Befürchtung ging um, Schultz könnte mit der Staatsanwaltschaft einen Deal aushandeln, der seine ehemaligen Geschäftspartner, die ihn so schnöde betrogen hatten, ins Verderben reißen würde. Vierzehn Tage später, am 23. Oktober, saß Schultz mit drei Gefolgsmännern im Hinterzimmer des Palace Chop House in Newark über seinen Geschäftsbüchern, als zwei Killer das Lokal stürmten und die Viererrunde niedermähten. Schultz war nicht sofort tot, er wurde ins Krankenhaus gebracht, wo er noch etliche Stunden wirr phantasierend dahindämmerte. Ein Stenograph wurde an sein Bett beordert in der Hoffnung, er würde Wesentliches preisgeben. Zur Enttäuschung der Staatsanwaltschaft hatte das Schweigegebot selbst im Delirium Gültigkeit. Zwanzig Stunden nach Einlieferung ins Polyclinic Hospital strich Dutch Schultz die Segel. Sechs Tage später wurde das Strafverfahren gegen ihn nolle prosequi geschlossen.

Meyer Lansky schien der einzige gewesen zu sein, der die voraussichtlichen Konsequenzen eines plötzlichen Heimgangs von Dutch Schultz richtig einschätzte. »Charlie, als dein jüdischer Consigliere muß ich dich an etwas erinnern. Im Augenblick ist Schultz unsere Deckung. Wird Dutch umgelegt, stehst du nackt da. So wie LaGuardia und die anderen Typen gegen dich gewettert haben, wette ich mit dir 10:1, daß du der nächste auf ihrer Liste bist.«[199] Doch der *point of no return* war bereits überschritten.

Nach Bekanntwerden von Schultz' Tod trat Polizeichef Valentine vor die Presse und benannte eine Sechserbande als neue Herren der Unterwelt: Charles (Lucky) Lucania, Charles (Buck) Siegel, Meyer Lansky, Louis (Lefty) Buckhouse, Jacob (Gurrah) Schapiro und Abe (Longy) Zwillman, letzterer aus Newark.[200] Die fehlerhafte Wiedergabe etlicher Namen ist deutliches Indiz dafür, daß man im Polizeipräsidium im Grunde wenig wußte.

Lanskys Prophezeiung bewahrheitete sich wenig später. Kaum war die Akte Dutch Schultz geschlossen, wurde Luciano zum Objekt der Begierde für Dewey und seine Mannschaft. Doch Dewey mußte weit ausholen, um eine Anklageschrift gegen Charlie Lucky zu produzieren. Als er schließlich die Katze aus dem Sack ließ, zählte der Anschuldigungskatalog nicht weniger als 87 Anklagepunkte, ausnahmslos aus dem Bereich der Nötigung zur Prostitution *(Compulsory Prostitution)*. Im Kern wurde Luciano vorgeworfen, das Prostitutionsgewerbe der Stadt systematisch unter seine Führung zu pressen. Zur Untermauerung seiner Theorie konnte Dewey nicht mehr aufbieten als eine halbseidene Zeugenriege aus Prostituierten, drei Zuhältern und einer Bordellmadam.

Der Junggeselle Luciano war im Milieu der käuflichen Liebe kein Unbekannter. Häufig ließ er sich von Polly Adler, einer stadtbekannten Madam, Dirnen ins Waldorf schicken. Etlichen Zeuginnen, die vor Gericht gegen ihn aussagten, war er als Kunde bekannt. Laut Behauptung der Kronzeugin »Cockey« Flo Brown hatte sie Bruchstücke von Konversationen mit Geschäftspartnern aufgeschnappt, die auf eine rigide Organisation des Prostitutionsgewerbes hinausliefen.[201] Das Konzept sah vor, Madams, Dirnen, Zuhälter und Koordinatoren, die die Zirkulationen der Dirnen innerhalb eines Bordellverbandes überwachen, über eine zentrale Organisation zu steuern.

Ins Geschäft mit dem horizontalen Gewerbe war ihm keiner seiner langjährigen Partner gefolgt, auch nicht seine engsten Freunde Lansky und Costello. Neben der Toleranzschwelle, die das Dirnengewerbe nach Ansicht der amerikanischen Gesellschaft deutlich überschritt, war es der Geschäftsbereich selbst, der Lansky und Costello stets abgeschreckt hatte. »Mädchen waren kompliziert und emotional. Obwohl sie Teil eines rationalen Geschäfts waren, reagierten sie nicht geschäftsmäßig.«[202]

Dewey hatte seine Anklageschrift im März 1936 einer Grand Jury präsentiert, die sie in allen Punkten bestätigt an das Gericht weiterreichte. »Die Grand Jury von New York County ... beschuldigt den Angeklagten, eine weibliche Person zum Zwecke der Prostitution in ein Haus verbracht zu haben, damit sie das Leben einer Prostituierten führt.«[203]

Zuerst belächelte Charles Luciano die Anschuldigungen. Nach einem Aufstieg wie dem seinen (schließlich waren die beiden Capi di tutti Capi Masseria und Maranzano auf sein

Geheiß beseitigt worden, ohne daß die Behörden ihm etwas anhängen konnten), war es für Charlie Lucky unvorstellbar, durch das Geschwätz einiger gesprächiger Nutten in ernsthafte Bedrängnis zu kommen.

Der neue Habitus von Grandezza hatte sein Urteilsvermögen derart getrübt, daß er den Haken im Köder nicht erkannte, den Dewey ihm zu schlucken gab. Alle Anschuldigungen waren zum alleinigen Zweck konstruiert, Luciano vor Gericht zu bringen. Lag erst sein Schicksal in den Händen von Geschworenen, würde Dewey diese zu überzeugen wissen, daß New York City von Lucianos Verurteilung erheblich profitieren würde. Als Luciano endlich merkte, wie der Hase lief, floh er Hals über Kopf gegen den ausdrücklichen Rat seines Anwalts Moses Polakoff aus New York nach Hot Springs, Arkansas, zu einem Freund aus Zeiten der Prohibition: Owney »The Killer« Madden. Polakoff befürchtete, daß Dewey im Prozeß aus diesem ungeschickten Manöver ein Schuldeingeständnis konstruieren würde. Am 1. April kabelte Dewey an Sheriff James Floyd von Garland County, Hot Springs, Arkansas: »Charles Luciana alias Lucky gesucht in New York als Kopf eines Prostitutionsringes – stop – Supreme Court setzt Kaution auf 200.000 Dollar fest – stop – festsetzen ohne Kaution bis zur Auslieferung – stop – detaillierte Anklage folgt.«[204]

Luciano wurde festgesetzt, aber nach drei Stunden wieder freigelassen, nachdem er und Madden ihren politischen Einfluß hatten wirken lassen. Als die Anklageschrift bei Carl E. Bailey, dem Justizminister des Bundesstaats Arkansas einging, mußte dieser sich an den Gouverneur des Staates Arkansas mit der Bitte um Einsatz der State Rangers wenden, »weil der Sheriff von Hot Springs sich weigert, ihn festzusetzen.«[205] Nach kurzer Suche fand man Luciano in Gesellschaft des Polizeichefs von Hot Springs und verhaftete ihn. Aufgrund des Auslieferungsantrags von New York State wurde Luciano nach New York überstellt.

Am 18. April plädierte Luciano im Dienstzimmer von Richter Philip J. McCook in Anwesenheit von Dewey und in Begleitung seines Anwalts Polakoff auf nicht schuldig im Sinne der Anklage. Dewey war kein Narr. Er wußte sehr wohl um die Petitesse der Anschuldigungen. Er machte an diesem Tag sehr deutlich, daß er über die wahre Position Lucianos in der Unterwelt genauestens unterrichtet sei, aber nichts gegen ihn in der Hand habe als die Prostitutionsaffäre.

»Lucianos Interessen sind natürlich breiter gestreut, als diese Anklageschrift vermuten läßt. Es ist allgemein bekannt, daß er der Kopf der italienischen Lotterie, einer landesweit operierenden Lotterie, ist. Von ihm wird behauptet, daß er die größte Summe des New Yorker Policy-Rackets abzieht. Er, oder vielmehr seine Gefolgsmänner, kontrollieren eine Anzahl von Industrie-Rackets in New York City. Er handelt mit Drogen, er soll, und ich glaube es auch, der größte Drogenimporteur in diesem Land sein. Er betreibt einige Wettbüros, zumindest gab er das als seine Einnahmequelle an, tatsächlich ist er der Kopf eines nationalen Buchmachersyndikats.«[206]

Der Prozeß begann unter enormer Medienbeachtung am 13. Mai 1936. Gleich zu Beginn des Verfahrens traf die Verteidigung ein Schlag ins Kontor. Drei Mitangeklagte, Dave Miller, Pete Harris und Al Weiner, erklärten sich in allen Anklagepunkten für schuldig und wurden zu Zeugen der Anklage.

Dewey gelang es zu keinem Zeitpunkt des Prozesses, seine These von Luciano als dem Boss der organisierten Prostitution zu untermauern, aber er konnte ein Szenario erschaffen, wo jede Aktion im illegalen Bordellgewerbe Lucianos Geist atmete. Was Dewey indes perfekt gelang und Luciano letztendlich das Rückgrat brach, war Deweys genau kalkuliertes Spiel mit der Bigotterie der zwölf ehrbaren, gutbürgerlichen New Yorker. Er präsentierte Luciano als einen Verfemten, dessen Lebenswandel – die Luxussuite im Waldorf Astoria, Prostituierte, die durch das Hotel flanierten, entweder auf dem

Weg zu ihm oder von ihm – die bürgerliche Moral und alle amerikanischen Tugenden verhöhnte. Als sich Luciano auch noch in Widersprüche über seine kriminelle Vergangenheit verwickelte, konnte auch sein genialer Anwalt Polakoff das Ruder nicht mehr herumreißen. Am 7. Juni fällte die Jury über alle Angeklagten einen Schuldspruch, im Fall Luciano in 62 Anklagepunkten. Am 18. Juni setzte Richter Philip J. McCook das Strafmaß auf unglaubliche 30 bis 50 Jahre und sofortige Deportation nach Verbüßung fest.[207] Die beiden Mithauptangeklagten David »Little Davie« Petillo und Thomas »Tommy Bull« Pennochio (verteidigt vom langjährigen Terranova-Anwalt Caesar B.F. Barra) erhielten 25 bis 40 respektive 25 Jahre. Luciano flog aus dem luxuriösen Waldorf Astoria und landete hart im Staatsgefängnis von Dannemora an der kanadischen Grenze, unter Knastbrüdern besser bekannt unter dem vielsagenden Namen Siberia. Die weitere Perspektive war alles andere als ermutigend.

Meyer Lansky, in späteren Jahren auf diesen Prozeß angesprochen, zeigte sich stets felsenfest von einem Fix zwischen Sonderankläger und Richter überzeugt. Dewey wollte Luciano kriegen, um jeden Preis. Mit seiner Ernennung zum Leiter des Racket Bureau war das Fundament für eine steile politische Karriere gelegt worden, die Verurteilung eines zur nationalen Berühmtheit aufgestiegenen Gangsters konnte ihm nur förderlich sein. Doch ginge die Beschränkung auf das nackte politische Kalkül eines aufstrebenden, geschickt taktierenden Politikers an der Wahrheit vorbei. Ohne Zweifel war die Lust an der Macht eine starke Triebfeder im Charakter des 33jährigen, humorlosen, zu keinerlei Kompromiß bereiten Dewey. Auch die Erkenntnis, daß man in diesen Zeiten gegen die Unterwelt in der Politik eher reüssieren konnte als mit ihr, mag sein Handeln beeinflußt haben. Aber er wurde auch getrieben vom Glauben an seine Mission. Sein Kreuzzug gegen die Unterwelt war auch ein wütendes Ringen um Wiederherstellung amerikanischer Werte, wie er sie begriff, in einem verrotteten Moloch wie New York. Für ihn war Luciano schuldig, wenn auch nicht notwendigerweise im Sinne der Anklage. Er glaubte, Luciano und all das, was er repräsentierte, zum Wohle der Stadt vernichten zu müssen. Er ließ bewußt falsche Zeugenaussagen zu, immer auf das Ziel fixiert, diesen Antipoden jeglicher bürgerlichen Moral zur Strecke zu bringen. Unmerklich tat er damit seinen ersten Schritt in die Welt der urbanen Realität, die ihn mit den Jahren zu einem jener Politiker werden ließ, von denen Luciano in glücklicheren Tagen gemeint hatte, er könne sie an jeder Straßenecke kaufen.

Die Frage, inwieweit Luciano tatsächlich am Bordellgewerbe interessiert war, jenseits seines Kundenstatus und eines gelegentlichen theoretischen Philosophierens über einen »Hurensupermarkt« (»Ich werde die Hurenhäuser wie A&P organisieren«[208]), beantwortete er selbst mit einem klaren Nein. Sein Fehler war ein zu demokratischer Führungsstil, der Männern ohne Traditionsbewußtsein und Intelligenz zu viele Freiheiten ließ. Die Illegalität war für Luciano ein Geschäft, »daraus ergab sich, daß Lucianos Verhältnis zu seinen Männern nicht das eines Paten zu seinen Schützlingen war, sondern das eines Vorstandsvorsitzenden zu seinen leitenden Angestellten.«[209] Vielen, die ihn umgaben, fehlte schlichtweg der Verstand, nach seinem Takt zu marschieren. »Nimm General Motors, weiß der Präsident, was jeder verdammte Autoverkäufer macht? Da gibt es Typen, die herumlaufen und sich als Repräsentanten von General Motors ausgeben. Little Davie Petillo und Tommy Pennochio, die schon seit Jahren mit uns sind, begannen die Huren zu organisieren. Die haben den Madams und den Huren einfach gesagt, ›Charlie Lucky möchte, daß du das so machst‹, oder ›das hat Charlie Luckys Okay‹. Bevor man sich versah, kontrollierten sie eine Reihe von Bordellen in New York, und ich soll der Boss sein.«[210] Seinen Anklägern warf er mangelnde Kenntnisse der sizilianischen Gepflogenheiten vor: »Hätte sich einer die Mühe gemacht darüber nachzudenken, hätte er erkannt, daß für einen sizilianischen Boss ein Typ, der sein Geld mit Huren macht, der letzte Abschaum ist. Wie gesagt, niemand hat das analysiert, und niemand hat sich einen Dreck darum geschert.«[211]

Auch Joe Bonanno, der traditionsbewußteste der fünf New Yorker Bosse, hielt die Anschuldigungen für manipuliert: »Prostitution wird in meiner Tradition geächtet. Es ist ehrlos und unmoralisch für einen Mann, von einer Frau ausgehalten zu werden. Ich bin sicher, als Haupt einer der New Yorker Familien hat Luciano unsere Ressentiments gegenüber Prostitution respektiert. Selbst Al Capone, der seine Karriere in Chicago im Bordellgewerbe begann, distanzierte sich später davon aus Respekt vor unserer Tradition. Deweys Prozeß richtete sich nicht so sehr gegen Luciano als gegen Lucianos Namen. Huren, Madams, Zuhälter, Bordellbesitzer und Kassierer bezeugten, daß sie gehört hätten, Luciano würde das Prostitutions-Racket in der Stadt kontrollieren. Ich glaube, daß die Männer, die das Prostitutions-Racket in Manhattan übernehmen wollten, Lucianos Namen benutzten, um widerspenstige Bordellbesitzer auf Linie zu bringen.«[212]

Die von der Kommission abgesegnete Sukzessionspolitik beinhaltet, daß der Underboss bei absente rege die Führerschaft übernimmt. Lucianos rechte Hand war Vito Genovese, ein gebürtiger Neapolitaner.

Vito Genovese war in seiner mittleren Lebensphase (von 1927 bis zu seiner Flucht nach Italien 1937) kein exaltierter, lebenslustiger Gangster wie etwa Luciano, er lechzte nicht nach gesellschaftlicher Anerkennung außerhalb der italienischen Koterie. Er hatte den Ehrgeiz, trotz des Makels seiner nichtsizilianischen Geburt an die Spitze des Syndikats zu kommen. Privat war er ein Familienmensch, der »nach getaner Arbeit« in eine bürgerliche Existenz zurückkehrte. 1932 hatte er eine Verwandte, Anna Petillo Vernotico, geheiratet (seine erste Frau war 1929 an der Schwindsucht gestorben), deren Mutter Concetta eine Cousine seiner Mutter Nunziata war. Als der Witwer Genovese beschloß, wieder zu heiraten, war die zukünftige Braut mit Gerard Vernotico verheiratet. Genovese ließ den hinderlichen Ehemann am 16. März 1932 kurzerhand erdrosseln, um die junge Witwe dann 14 Tage später zu ehelichen. »Er (Genovese) liebte Drogen über alles, mehr noch als Alkohol – außer vielleicht Anna. Auf der Hochzeitsreise fuhr er mit ihr nach Italien. Während er dort war, knüpfte er einige sehr lohnende Kontakte, obwohl ich ihn davor gewarnt hatte, sich mit italienischen und französischen Rauschgift-Dealern einzulassen.«[213]

Die Kontakte sollten sich bald als lebenswichtig erweisen, denn Genovese mußte 1937 bei Nacht und Nebel das Land verlassen. Die Ursache dieses abrupten Karriereknicks lag drei Jahre zurück und hieß zu Lebzeiten Ferdinand »The Shadow« Boccia. Dieser Kleinkriminelle hatte bereits 1932 Genoveses Zorn auf sich gezogen, als er mit Willie Gallo einen Überfall auf Anthony Strollo, alias Tony Bender, Genoveses rechte Hand, verübte, und mit 5800 Dollar entkam.

1934 hatte Boccia einen spielsüchtigen Geschäftsmann an der Hand, dem man bei einem manipulierten Kartenspiel 160.000 Dollar abnahm. Boccia wollte 35.000 Dollar für sich, der Rest sollte an Genovese und einen Caporegima der Familie, Michele Miranda, gehen. Anstelle Boccia seinen Schnitt zu geben, heuerte Vito Genovese zwei Killer an, Willie Gallo and Ernest »The Hawk« Rupolo, um Boccia umzunieten.«[214] In Wirklichkeit waren es vier Männer, die den Mordauftrag erhielten. Peter »Pete Spatz« La Tempa machte den Lockvogel, der Boccia am 19. September 1934 mit einem Kartenspiel ablenken sollte, die drei anderen würden sich dann seiner annehmen. Sollte diese Inszenierung mißlingen, so sollte Boccia auf jeden Fall zum Abschuß freigegeben werden.[215] Doch George Smurras Kugeln fanden an diesem

19. September zielsicher ihren Weg in den ahnungslos zockenden Boccia. Und weil das Syndikat niemals vergibt oder vergißt, sollte Willie Gallo gleich hinterhergeschickt werden. Der Auftrag ging wiederum an Rupolo, der ihn verpatzte. Gallo, nur leicht am Kopf verwundet, lief in Panik zur Polizei und begann auszupacken. Anfang November 1934 wurde Rupolo wegen der Gallo-Affäre vor Gericht gestellt und auch Genovese und Miranda in dieser Angelegenheit verhaftet. Die Anklagen gegen letztere ließ Richter Casey vor einem Gericht in Brooklyn am 9. November respektive 12. Dezember fallen, Rupolo erhielt neun bis zwanzig Jahre Sing-Sing. Genovese und Miranda, beide zu diesem Zeitpunkt bereits als notorische Kriminelle am oberen Ende der Unterweltshierarchie registriert, gingen frei, weil weder Gallo noch Rupolo den Nerv hatten, sie als Auftraggeber zu benennen.[216] Doch von nun an lebte Genovese auf einem Vulkan. »Aus Angst, der Knast könnte aus Rupolo einen Singvogel machen, lebte Genovese in den nächsten Jahren auf gepackten Koffern.«[217]

Und in der Tat begann Rupolo zu singen. Die Brooklyner Mordkommission kramte den bereits in die Rubrik »ungelöst« eingereihten Boccia-Mord wieder hervor. Rupolo kam als Kronzeuge nicht in Frage, da er kein unbeteiligter Beobachter, sondern Täter war. Als Genovese merkte, daß auch die Staatsanwaltschaft Brooklyn auf Deweys Druck ernsthaft nach Zeugen Ausschau hielt, erkannte er die Zeichen der Zeit und schiffte sich nach Italien ein. Laut Valachi brauchte Don Vitone nicht zu darben. In seinem Gepäck befanden sich 750.000 Dollar, die er größtenteils als Manna über Funktionäre der faschistischen Partei ausschüttete, um sich vom Parteiprogramm der Mafiaverfolgung freizukaufen.

Innerhalb eines Jahres hatten widrige Wechselfälle zweimal die Führung der Familie ausgeschaltet: Der eine saß für viele Jahre im Staatsgefängnis, der andere auf unbestimmte Zeit im Exil in Italien. Aus seiner Zelle gab Luciano Order, Costello als Acting boss anzuerkennen. Costello hatte sich nie danach gedrängt, der Boss zu werden. Sein Geschäftsinteresse lag auf dem Glücksspielsektor, seine Aufgabenstellung innerhalb der Familie war die Pflege von politischen Kontakten. Seine Position in der Hierarchie könnte nachträglich am ehesten mit der des Consigliere umschrieben werden, denn alles, was er tat, tat er im gegenseitigen Austausch von Diensten und Gefälligkeiten für Luciano. Er hatte keinen Draht zu den Soldati in den einzelnen Regimes und wollte auch mit den meisten Formen der Straßenkriminalität nicht in Verbindung gebracht werden. Sein Aufstieg zum Boss war anfangs nicht unumstritten, da man fürchtete, als Kopf würde er den Kontakt zur Basis verlieren. Doch als Albert Anastasia, der gefürchtetste Vollstrecker der Unterwelt, sein Beiname »Lord High Executioner« war die vornehme Umschreibung eines wahrhaft gewalttätigen Lebenskonzeptes, seine hündische Anhänglichkeit für Luciano auf Costello ausweitete, konnte dieser seine Position behaupten.

Costello war in der Kommission und auf der Führungsebene aller amerikanischen Verbrecher-Familien der Angesehenste. Sam Giancana, der nach dem Fall der Capone-Formation zum Boss von Chicago wurde und bis zum heutigen Tag immer wieder mit der Ermordung von John F. Kennedy in Verbindung gebracht wird, gab ein in dieser Welt des Mißtrauens und Verrates ungewöhnliches Zeugnis von Bewunderung für einen Rivalen (Bosse waren in aller Regel Rivalen) ab. »Ich glaube, er war der scharfsinnigste Mann, dem ich je begegnet bin. Er wußte, wie man sich unter den Mächtigen und Reichen bewegt, von Politikern bis Königen. Er nannte die Richter ›meine Jungs‹. Mann oh Mann, ich wollte so mächtig sein wie er ... ich beobachtete jeden seiner Schritte. Wenn es jemals jemanden gab, der ich hätte sein wollen, dann Frank Costello.«[218]

Wie anhänglich »Costellos Jungs« sein konnten, wurde

Ende 1935 auf einer Konferenz zur Verbrechensbekämpfung aktenkundig. Samuel Marcus, Berater der Gesellschaft zur Verbrechensbekämpfung, machte folgendes Statement: »Ich kann bezeugen, in einer der notorischen Spielhöllen gesehen zu haben, wie ein Richter, ein Mitglied der gegenwärtigen Grand Jury und ein stadtbekannter Racketeer pokerten. Ich habe gesehen, daß einige unserer Richter, einige unserer höheren Polizeivertreter auf Veranstaltungen bestimmter politischer Clubs mit dem Mob fraternisierten.«[219]

Costello mußte ab Mitte 1937 eine Organisation führen, die aus sechs Regimes und vermutlich mehr als 350 Made men bestand. »Costello interessierte sich viel mehr für seine Angelegenheiten als für Familienadministration. Seine Geschäfte boomten – seine Groschengräber, Buchmachereien und Kasinos, mit dem berühmten Beverly Club außerhalb von New Orleans als Flaggschiff, und seine stille Partnerschaft an einer Alkoholgroßhandelsfirma, die das alleinige Vertriebsrecht für King's Ransom Scotch in den USA hatte.«[220]

Costello agierte in illegalen Bereichen, für deren Durchsetzung kaum »Muskeln« benötigt wurden, ähnlich wie Meyer Lansky, der von sich stets behauptete, seine Geschäfte in seinem Hut zu haben. Daß er vorerst in Familienangelegenheiten nur die drängendsten Entscheidungen fällte, lag auch daran, daß Luciano seine Verurteilung angefochten hatte und theoretisch Hoffnung bestand, bei einem Verfahren in nächster Instanz frei zu kommen.

Lucianos Anwälte Martin Conboy, David Asch, FWH Adams und Moses Polakoff machten in der Berufung vom 16. Juli 1937 geltend, daß Luciano die für seine Verurteilung herangezogenen Anklagepunkte (Frauen zur Prostitution gezwungen zu haben, etc.) nicht begangen hatte und der Anklagepunkt, der für seine Verurteilung ausschlaggebend war, nämlich der Vorwurf der Verschwörung *(conspiracy)*, nicht in der Anklageschrift erschien. Ferner, daß das gesamte Strafmaß eine unzulässige Summierung aus den einzelnen Anklagepunkten war.

Am 12. April 1938 urteilte das Gericht gegen Luciano. Zu den einzelnen Mängelrügen erging folgendes Urteil: »Wenn eine Konspiration in Tateinheit vorliegt und von der Jury als solche anerkannt wird, muß Konspiration nicht notwendigerweise ein Punkt der Anklageschrift sein.« Und zur Untermauerung dieser Ansicht: »Wenn sich fünf Männer in einem Raum treffen, und der Anführer den ersten beauftragt, eine Bank zu überfallen, einen anderen, in der nächsten Nacht einen Juwelier auszurauben und wieder einen anderen, zwei Nächte später in ein Pelzgeschäft einzubrechen, wird dann der Anführer, der das alles veranlaßt hat, nur wegen Konspiration verurteilt, was ein leichtes Vergehen darstellt? Natürlich nicht. Er ist genau so schuldig wie die anderen, obwohl er den Raum nicht verlassen hat ... Jemanden vor Gericht zu stellen und für jeden einzelnen Anklagepunkt abzuurteilen, ist im Einklang mit der Strafprozeßordnung des Staates New York.«[221]

Ein Antrag auf Akteneinsicht an das Oberste Gericht von New York wurde von diesem am 10. Oktober 1938 abgelehnt. Normalerweise hätte diese letztinstanzliche Abschmetterung eines Wiederaufnahmeantrages für Luciano einen langen, langen Aufenthalt hinter Gittern bedeutet. Doch die Zeiten wurden unruhig, über Europa zogen dunkle Wolken auf, die, ein Treppenwitz der Geschichte, den Verbrecherkönig vor dem Schicksal eines lebenden Leichnams in einem gottverlassenen amerikanischen Gefängnis bewahrten. Doch vorerst hieß es für alle Familienmitglieder, sich auf eine Führerschaft Costellos einzustellen.

Frank Costello, der arme East-Harlem-Sproß, hatte in den Jahren seines Aufstiegs eine Vorliebe für die gepflegte Atmosphäre von Midtown Manhattan entwickelt. Mit seinem Faible für wohltemperierte Genüsse war er nicht mehr der Mann, sich an den Docks von Brooklyn oder der Bensonhurst-Sektion Gehör zu verschaffen. Er mußte sich mit Männern umgeben, die seine Art zu denken verstanden und es vereinfacht an die »Straße« weitergaben. Einer dieser Männer war Anthony Carfano, alias Little Augie Pisano, der Mitte der zwanziger Jahre als Killer bei Frankie Yale eingestiegen war und nach dessen Tod etliche Rackets übernommen hatte. Einige Anzeichen deuten darauf hin, daß Carfano, zumindest zeitweise, Costellos Underboss war. Denn in der eigenen Familie standen Costello Little Augie Pisano, Joe Adonis, Vincent J. »Jimmy Blue Eyes« Alo[222], und Willie Moretti, ein Freund aus gemeinsamen Kindertagen, besonders nahe. Alo war der Verbindungsmann zu Meyer Lansky, dem Banker der Familie, Adonis und Carfano die Brooklyn-Stützpfeiler, und Moretti überwachte die Familieninteressen in New Jersey.

Ein schleichender Zersetzungsprozeß hatte bereits eingesetzt, der die Homogenität der Familie zu unterminieren drohte, da die harte Fraktion Costello nicht rückhaltlos akzeptierte und inbrünstig die Rückkehr Genoveses herbeisehnte. Männer wie Tony Bender, Thomas und Pasquale Eboli, alias Tommy und Patsy Ryan, Gerardo »Jerry« Catena und Mike Coppola waren von Genovese mit dem Bazillus des Rauschgifthandels infiziert worden und wollten nicht mehr davon lassen. »Vito pflegte immer zu sagen, daß die Profite im Junkgeschäft um vieles höher waren als bei jedem anderen Racket, und nach einigen Deals war der Kunde süchtig und kam von ganz alleine.«[223]

Costello wußte von diesen Aktivitäten, ignorierte sie aber, da er keine eigenen Interessen damit verband. Noch funktionierte an der Oberfläche eine friedliche Koexistenz zwischen den Drogen-Dealern und denjenigen, die dieses Geschäft machten. Doch der Konflikt war vorprogrammiert, als Costello unter dem zunehmenden Druck des FBI – Drogenhandel war Bundesangelegenheit – den Drogenhandel für die gesamte Luciano-Familie verbot.

Die Bürgermeisterwahlen von 1937 wurden zu einer weiteren bitteren Niederlage für Tammany Hall und ein triumphaler Sieg für LaGuardia, dem es nicht nur gelungen war, das Rathaus zu halten, sondern auch in allen fünf Wahlkreisen seine Männer durchzubringen.

Nun endlich hatte LaGuardia die Macht, seinen Kreuzzug gegen Laster und Korruption flächendeckend zu führen. Der erste, der unter der republikanischen Moralknute zusammenbrach, war Tammany-Mann Jimmy Hines. Ihm wurde Amtsmißbrauch zum Vorteil notorischer Krimineller vorgeworfen – für New Yorker Verhältnisse bislang ein Kavaliersdelikt. Zum Erstaunen aller brachte ihn das für vier bis acht Jahre nach Sing-Sing. Dieser Machtverlust – seit den 1880ern war kein hochrangiger Tammany-Mann von einem lokalen Gericht für schuldig befunden worden – war ein Gefahrensignal, das von den sensiblen Antennen der Unterwelt sehr deutlich empfangen wurde. Die bange Frage ging um, wer der nächste auf Deweys Liste sein würde: Schultz war tot, Luciano hinter Gittern, Genovese im Exil. Auf der Strichliste mit Namen von stadtbekannten Kriminellen war nur noch einer übrig – Lepke Buchalter.

Buchalter hielt im Garment District Hof und diktierte die Preise für Arbeit. Er war jedoch längst über die Textilarbeitergewerkschaften hinausgewachsen und hatte einen großen Brocken der Bäckergewerkschaften verschlungen. Es hieß, daß bei jedem verkauften Brötchen zwei Registrierkassen klingeln würden: die des Bäckers und die von Lepke. Max Rubin war einer von Lepkes Krisenmanagern an allen Gewerkschaftsfronten. Der altgediente Gewerkschafter hatte irgendwann im Sommer 1937 den Punkt erreicht, wo er es mit seinem Gewissen nicht mehr vereinbaren konnte, Lepke zu folgen. Ende

September stand er vor einer Grand Jury und packte aus. Er beschrieb, wie er 1935 10.000 Dollar von der Gottfried Baking Company erhielt, um einen angedrohten Streik abzuwenden. Das erpreßte Geld nahm er im Büro von William Solomon, einem Tammany-Politiker in Harlem, entgegen, wobei er 1000 Dollar, sprich 10 Prozent, gleich auf dem Tisch des Hauses liegenließ, als Solomons Anteil. Solomon war zu diesem Zeitpunkt die rechte Hand von Jimmy Hines. Vier Tage nach seinem Auftritt war Rubin auf der Straße unterwegs, als einer von Lepkes Killern ihm eine Kugel in den Hinterkopf jagte. Nach 38tägigem Koma war klar, daß Rubin überleben würde.

Lepke Buchalter mußte untertauchen. Albert Anastasia, Louis Capone, Benjamin Siegel, Charles Workman und Emanuel Weiss, alle in unterschiedlichen Graden mit Murder, Inc. verbunden, organisierten Lepkes fünf Verstecke, in denen dieser von April 1938 bis 24. August 1939 zirkulierte: 2780 Stillwell Avenue, Coney Island, 2720 Foster Avenue, 13 Third Street, Clinton Street und in Anastasias eigenem Haus Ocean Parkway Ecke Avenue H, allesamt in Brooklyn.[224] Lepke gab Order, alle möglichen Zeugen gegen ihn zu beseitigen. Seine Mordmaschinerie lief auf Hochtouren. »Einige wurden mit Eispickeln erschlagen, andere erschossen und in Flüssen in den Catskill Mountains versenkt. Einer endete als Scheiterhaufen.«[225]

Doch der Hauptbelastungszeuge Rubin saß – für alle Attentatsversuche unerreichbar – in Deweys Obhut. Aufgrund seiner Aussagen wurde ein Kopfgeld von 25.000 Dollar auf die Ergreifung Lepkes ausgelobt. Die einsetzende Treibjagd lähmte alle illegalen Geschäfte, die Profite sanken gegen null. Lepkes Komplizen signalisierten ihm daraufhin, daß ein Handel mit den Bundesbehörden lief: Würde er sich dem Drogenverfahren stellen, das ebenfalls gegen ihn anhängig war, würden alle New-York-State-Anklagen unter den Tisch fallen. Am 24. August 1939 fuhr ein Wagen mit Lepke und Anastasia die

5th Avenue entlang zur 28th Street, wo eine schwarze Limousine wartete. Passagiere dieser Limousine waren die Vertragspartner des angeblichen Deals, der Journalist Walter Winchell und J. Edgar Hoover. Winchell übergab Lepke offiziell an den FBI-Boss, der nach den medienwirksamen Erfolgen von Dewey dringend dagegenhalten wollte, denn seit der Erschießung des Bankräubers John Dillinger, den Hoover zum »Staatsfeind Nummer 1« hochstilisiert hatte, konnten er und seine Dienststelle keine nennenswerten Erfolge mehr vorweisen.

Am 2. Januar 1940 wurde Lepke wegen Vergehens gegen das Rauschgiftgesetz – 1935 hatte die *S.S. Majestic* 37 Kilo Heroin an Bord, die er an Land schmuggeln ließ – zu vierzehn Jahren Gefängnis verurteilt. Bei guter Führung bedeutete das erträgliche sieben Jahre hinter Gittern.[226] Es war eine herbe Überraschung für ihn, als er nach der Urteilsverkündung nicht den Weg nach Kansas antrat, sondern sofort an den Sonderankläger Dewey übergeben wurde, für dessen Anklage mit 36 Punkten von Erpressung er dreißig Jahre bis lebenslänglich erhielt.

Luciano grübelte in seinen Memoiren über den Fluch seiner Bekanntheit: »Meyer scheute die Öffentlichkeit, er lebte im Hintergrund. Das hatte er mir voraus, denn es war meine Bekanntheit, die mich die zehn besten Jahre meines Lebens gekostet hat.«[227] Lepke kostete sie das Leben.

Max Rubin war Kronzeuge bei Buchalters Racket-Verfahren, doch er wußte viel mehr zu berichten. Was er zu sagen hatte, reichte für die Staatsanwaltschaft Brooklyn unter Staatsanwalt William O'Dwyer aus, Haftbefehle in zweistelliger Anzahl an Polizeichef Valentine auszuhändigen. »Meine Männer schnappten sich Reles, Tannenbaum, Magoon, Vito Gurino, Mendy Weiss, ›Buggsy‹ Goldstein, Louis Capone, Strauss, Maione, Abbandando, ›Duke‹ Maffetores – kaltblütige Killer, die für Lepke arbeiteten.«[228] Burton Turkus, Staatsanwalt am Gericht in Brooklyn gelang es, Abe Reles zu brechen. Er begann zu singen. Lepke und sechs seiner Killer, Mendy Weiss, Louis Capone, Martin Goldstein, Frank Abbandando, Harry Maione und Harry Strauss wurden zum Tod auf dem elektrischen Stuhl verurteilt. Tannenbaum und Magoon schlugen sich ebenfalls auf die Seite der Staatsanwaltschaft und kamen glimpflich davon. Bevor die Verurteilten zwischen 1942 und 1944 einer nach dem anderen auf dem heißen Stuhl endeten, wurden noch unzählige juristische Manöver von seiten der Verteidigung unternommen, alle ohne Erfolg. Lepke hatte noch als *dead man walking* an den Deal mit der Bundesbehörde geglaubt, der ihn retten würde.

Vermutungen machten im Milieu die Runde, daß Lepke bewußt fallengelassen wurde, da Tommy Lucchese eigene Pläne im Garment District hatte und Lepke sich in der unmittelbaren Zeit vor seiner Ergreifung immer reservierter gezeigt hatte, wenn es um den Anteil für das Syndikat ging. Als die Staatsanwaltschaft aufgrund von Reles' Aussagen begann, nach Anastasia und Siegel zu schielen, beschlossen Costello und Lansky, der Sache Einhalt zu gebieten. Costello begab sich mit Lucianos Anwalt Polakoff nach Dannemora, um mit ihm zu konferieren:

»Reles singt«, sagte Frank, »O'Dwyer ließ mich wissen, daß er keine Möglichkeit sieht, die Sache zu unterdrücken.«

»Frank«, sagte Luciano, »Reles muß beseitigt werden. Nur so können wir Benny and Albert retten.«

»Sie halten Reles unter Verschluß wie das Gold in Fort Knox. Er wird Tag und Nacht bewacht, sogar wenn er schläft«, sagte Costello.

»Wir haben die Bullen in Brooklyn seit Jahren auf unserer Gehaltsliste. Wo liegt das Problem?«

»Wir kommen an Reles nicht heran. Die Cops müssen das für uns erledigen.«

»Na und. Solln sie es tun. Verdammt, solln sie doch mal für ihr Knete arbeiten.«

»Okay. Aber denkt daran, es wird höllisch kosten.«

»Es interessiert mich einen Scheißdreck, was es kostet – bezahl es.«

Abe »Kid Twist« Reles war ein pathologischer Krimineller, mit einem ellenlangen Strafregister von nicht weniger als 46 Eintragungen. Die erste Straftat beging er bereits im zarten Alter von dreizehn Jahren, wofür er fünf Monate Jugendgefängnis kassierte. Sein aktivstes Jahr war 1931, als er neunmal vorgeführt wurde, aber auf wundersame Weise jedesmal freikam.[230] Staatsanwalt O'Dwyer, ein zweifelhafter Karrierist, hielt seinen vermeintlichen Kronzeugen in einer schäbigen Absteige, dem Half-Moon-Hotel auf Coney Island interniert, während er vorgab, die Verfahren gegen Anastasia (wegen der Ermordung des starrsinnigen Teamster-Funktionärs Morris Diamond im Mai 1939) und Siegel (wegen des Mordes an Harry Greenberg im November 1939 in Los Angeles) vorzubereiten.

Reles lebte unter der Bezeichnung »Kronzeuge der Staatsanwaltschaft« in diesem Hotel. Das ist die offiziellen Version. Die Unterwelt hat ihre eigenen Bezeichnungen für Überläufer wie ihn: »Ratte«, »Spitzel«, »Judas«. Bewacht wurde er Tag und Nacht von sechs Polizisten, die Tür von Zimmer 623 stand immer offen.

Am Abend des 11. November 1941 erhielt Reles Besuch von seiner Frau. Nach einer hitzigen Auseinandersetzung verabschiedete sich Mrs. Reles kurz vor Mitternacht. Am nächsten Morgen gegen 6:45 hörte der Manager des Hotels einen dumpfen Aufschlag auf dem Dach der vorgebauten Küche, vergaß aber den Vorfall wieder. Um 7:10 trat Detective Victor Robbins an Reles' Bett und fand es leer. Er lief ans offene Fenster und sah den leblosen, vollkommen bekleideten Körper

Reles' auf dem Hotelvorbau liegen. Ein Kabel hing verknotet am Heizkörper unter dem Fenster, zwei verknotete Laken lagen auf dem Vordach neben dem Toten. Um 7:46 meldete ein zufällig aus dem Fenster sehender Nachbar dem Hotelmanager einen leblosen Körper auf dem Küchendach. Dieser verständigte die Wachmannschaft im sechsten Stock. Erst danach bequemte man sich dort, die Angelegenheit zur Kenntnis zu nehmen und die eigene Dienststelle zu verständigen. Der herbeigerufene Amtsarzt stellte ein gebrochenes Rückgrat fest, zugezogen durch einen Fall aus beträchtlicher Höhe.

Die subtile Frage, wieso Reles mit nur zwei Bettlaken versucht haben könnte, die dreizehn Meter bis zum freiheitverheißenden Küchenvordach zu überbrücken, liest sich in der Logik der Staatsanwaltschaft Brooklyn so: Reles wollte sich bis zum darunterliegenden Fenster herablassen, dort einsteigen und auf diese Art entkommen. (Vermutlich aus dem Hauptportal spazierend!) Eine plausible Erklärung für die befremdliche Tatsache, daß Reles Körper in beträchtlicher Entfernung der Hauswand aufschlug, entgegen den Erfahrungen bei vergleichbaren Fällen, konnte oder wollte niemand geben. Es sei ein bedauerlicher Unfall, gab Staatsanwalt O'Dwyer seiner tiefen Bestürzung Ausdruck, und fügte resigniert hinzu: »Eine wasserdichte Anklage (gegen Anastasia) ging mit Reles aus dem Fenster.«[231]

»Ich habe nie jemanden getroffen, der geglaubt hätte, Abe fiel aus dem Fenster, weil er es so wollte«[232], wird Valachi später aussagen. Bleibt die Suche nach dem cui bono, denn in dem Augenblick, da sich der Sargdeckel über dem toten Reles schloß, schloß O'Dwyer den Aktendeckel im Fall Anastasia und ließ verlauten, eine Anklage ohne Reles hätte keine Aussicht auf Erfolg.

Einige Jahre später beleuchtete eine Grand Jury noch einmal jene Vorgänge des November 1941 und kam zu folgendem Schluß: »Wir sind zu dem Ergebnis gekommen, daß Reles kein unbeteiligter Zeuge, sondern Mittäter in diesem Mordfall war. (Morris Diamond). Tatsächlich war er nur einer von vielen Komplizen und folglich für das Verfahren entbehrlich. Für eine Anklage gegen Anastasia hätte es einer unbeteiligten Bestätigung bedurft, die Reles nicht erbringen konnte.«[233]

Bereits unmittelbar nach der fatalen Affäre wurden Vermutungen laut, daß Reles mit Wissen und Plazet von O'Dwyer und in Absprache mit dem Wachpersonal und deren Vorgesetzten zum Bauernopfer wurde, um der Staatsanwaltschaft Brooklyn die Möglichkeit zu geben, den Fall Anastasia ad acta zu legen. Die Frage stellt sich natürlich, welche Interessen da plötzlich Hand in Hand marschierten.[234]

New York befand sich Ende 1941 mitten in einem schmutzigen Wahlkampf. LaGuardia mußte am eigenen Leib erfahren, daß es unendlich viel leichter war, Menschen für eine Idee zu begeistern, als sie langfristig bei dieser Idee zu halten. Es sah so aus, als hätten die New Yorker sein Programm der moralischen Erneuerung satt. Man wollte sich wieder an den kleinen Lastern vergnügen, die er so verteufelte. LaGuardias demokratischer Gegenspieler im Kampf ums Rathaus war kein anderer als William O'Dwyer, der einen riesigen Bedarf an Geld und Stimmen hatte. O'Dwyer suchte beides nach alter Tammany-Tradition in der Subkultur.

Albert Anastasia war der ungekrönte König der Brooklyner Docks, und das bedeutete Wählerstimmen. Sein Bruder Tony führte ein ILA-Lokal und kümmerte sich um die Stellenvergabe bei der Jarka Stevedoring Corporation. Außerdem war es allgemein bekannt, daß der City Democratic Club und sein Präsident Tom Longo, ein Intimfreund von O'Dwyer, seit Anfang der dreißiger Jahre unter dem Einfluß der Brüder standen.

LaGuardia konnte sich noch einmal behaupten, auch wenn sein Stimmenvorsprung auf magere 130.000 geschmolzen war.

Aber der Trend, daß mit Überwindung der Depression eine andere politische Ordnung gewünscht wurde, war nicht mehr zu übersehen. Doch zuerst traf ein Schock die Nation: Am 7. Dezember wurde Pearl Harbor bombardiert; am darauffolgenden Tag erklärte der Kongreß den Achsenmächten den Krieg.

O'Dwyer, der nicht untätig darauf warten wollte, daß eine Untersuchung seine Rolle im Zusammenhang mit dem Reles-Ableben näher beleuchtete, bot Präsident Roosevelt in einem Telegramm seine Dienste in der Armee an. Bevor er im Mai 1942 seinen Stuhl als Staatsanwalt räumte, entfernte seine rechte Hand, James J. Moran, ein dubioser Charakter und dem Vernehmen nach die graue Eminenz bei der Staatsanwaltschaft Brooklyn, den Fahndungsvermerk aus den Unterlagen von Anastasia.

Und auch Anastasia hielt es für klüger, einige Zeit aus der Stadt zu verschwinden. Die Armee hatte immensen Bedarf an Freiwilligen und fackelte nicht lang. Da er bereits in den Straßen von Brooklyn hinlänglich bewiesen hatte, daß die Rolle des Kanonenfutters nicht die seine war, sicherte er sich einen Platz in der Etappe. Er wurde Ausbilder in einem Trainingslager an der Grenze von New Jersey und Pennsylvania, keine 270 Kilometer von den Brooklyner Docks entfernt.

Zehn Jahre später wurde er vor einem Senatsunterausschuß (Kefauver Hearings) zu diesen Vorgängen befragt:

Mr. Halley: »Haben Sie jemandem erzählt, Bill O'Dwyer hätte Ihnen den Rat gegeben, aus New York City zu verschwinden, oder daß Sie zur Armee gegangen sind, um den Problemen aus dem Weg zu gehen?«

Mr. Anastasia: »Nein, Sir.«

Mr. Halley: »Wozu brauchten die Hafenarbeiter Sie?«

Mr. Anastasia: »Sie hatten ein Schulschiff auf dem Trockendock, wo schwarze Truppenteile ausgebildet wurden.«

Mr. Halley: »Und Sie haben diese Truppen ausgebildet?«
Mr. Anastasia: »Man hat mich dazu abkommandiert.«
Mr. Halley: »Wie lange waren Sie dort?«
Mr. Anastasia: »Von 1942 bis Ende 1944.«

Ein zigfacher Mörder, der im Jahr 1921 mehrere Monate in der Todeszelle von Sing-Sing saß, bevor ein erneuter Prozeß in einem Freispruch endete, da in der Zwischenzeit alle Augenzeugen auf wundersame Weise verschwunden waren, als Ausbilder in einem Armee-Camp. Kriegszeiten schreiben bisweilen bizarre Biographien. Auch in der kriminellen Lebensform!

In den ersten drei Monaten nach dem Pearl-Harbor-Desaster verloren die Vereinigten Staaten 120 Versorgungsschiffe in unmittelbarer Küstennähe durch deutsche U-Boote. Hysterie machte sich breit, die überall Kollaboration witterte. Als am 11. Februar 1942 der zum Truppentransporter umgebaute Luxusdampfer *Normandie* an den Hudson Docks Feuer fing und sank, schien der Beweis erbracht, daß Hitlers menschliche U-Boote angetreten waren, durch heimtückische Sabotageakte die Wehrkraft des amerikanischen Volkes zu unterminieren.

Pearl Harbor, der scheinbare Hohheitsverlust in den Küstengewässern, der Sabotageakt am Hudson, all das suggerierte eine stringente feindliche Kriegsplanung, die auf das amerikanische Festland hinzielte. Bereits um die Jahreswende 1941/42 lagen in den Schubladen des Marinenachrichtendienstes (ONI, der Vorläufer der 1947 gegründeten Central Intelligence Agency – CIA) geheime Pläne, die den Einsatz von professionellen Kriminellen bei der Beschaffung von kriegswichtigen Informationen vorsahen. Die Sache war zunächst auf Eis gelegt worden, da man vor möglichen unabsehbaren Konsequenzen zurückschreckte. Nach dem *Normandie*-Fiasko schien die unmittelbare Gefahr einen Vorstoß

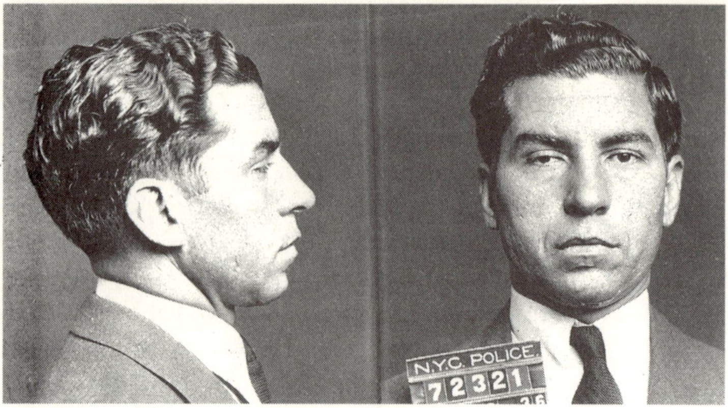

Charles »Lucky« Luciano

in diese Richtung zu rechtfertigen. Ein erstes Treffen fand am 7. März 1942 statt. Beteiligt waren Captain Roscoe C. MacFall und Lieutenant James O'Malley vom ONI, Staatsanwalt Frank Hogan von New York County und Staatsanwalt Murray I. Gurfein, der für das New York County Racket Bureau zuständig war. Laut MacFall war die Marine in erster Linie an Hogans »Untersuchungsergebnissen seiner Ermittlungen an den New Yorker Hafenanlagen interessiert, um so herauszufinden, auf welchem Weg die feindlichen U-Boote mit Informationen und Treibstoff versorgt wurden.«[236] Konkret wurde vereinbart, daß Gurfein und Lieutenant Commander Charles R. Haffenden vom ONI projektverantwortlich waren.

Beim nächsten Treffen Ende März fiel zum ersten Mal der Name Joseph »Socks« Lanza als möglicher Unterweltkooperant. Lanza, ein Luciano-Mann, dessen aufgedeckte Aktivitäten 1931 den Untergang von Staatsanwalt Crain einläuteten, beherrschte nach wie vor den Fulton Fish Market, was einer Kontrolle der gesamten Küste von Manhattan gleichkam. Seine legale Fassade war die eines Funktionärs der Seafood

Meyer Lansky

Workers Union. »Colonel Gurfein schlug vor, mit Joe ›Socks‹ Lanza in Verbindung zu treten, der zu dem Zeitpunkt unter Anklage stand.«[237]

Laut einem Arbeitspapier wollte man Lanzas Milieukontakte in vier Bereichen nutzen:

1. Die Fischereiflotten sollten dem Marinenachrichtendienst alle feindlichen U-Bootbewegungen in Küstennähe unverzüglich melden;
2. Agenten sollten in Transportunternehmen geschleust werden, die an den Long-Island-Häfen zugelassen waren. Die notwendigen Arbeitspapiere würden von Lanza beschafft;
3. Agenten sollten auf Fischereibooten anheuern, die von New Jersey, Long Island, Maine, Nord Carolina und Virginia aus operierten;
4. Achtsamkeit gegenüber allen Vorgängen an der Küste, besonders im Hinblick auf mögliche Sabotageakte oder feindliche Informationsbeschaffung über amerikanische Truppen- und Konvoibewegungen.[238]

Lanza erreichte sehr schnell die Grenzen seiner Effektivität, denn Lanzas Informanten hatten den Verdacht, seine Kooperation mit dem Büro des Staatsanwaltes diene nur dem Eigennutz, um die Ankläger in seinem anhängigen Verfahren milde zu stimmen.

Sollte die Aktion nicht gleich beim Stapellauf auf Grund gehen, mußte eine höhere Instanz der Unterwelt eingeschaltet werden. Es war unzweifelhaft Lanzas Verdienst, Luciano ins Spiel gebracht zu haben. Bei einem Treffen mit Haffenden und Gurfein erklärte er, daß nur Luciano die nötige Autorität besäße, breite Unterweltkreise in eine Kooperation einzubinden. Da alle Bedenken über ein Projekt »Unterwelt« längst über Bord gegangen waren, alarmierte auch der Name Luciano niemanden mehr aus der Riege der Möchtegern-Agenten. Gurfein besprach die Angelegenheit mit Staatsanwalt Hogan, und man kam zu dem Schluß, daß eine Kontaktaufnahme über Lucianos Anwalt Polakoff erfolgen sollte.

Polakoff erinnerte sich seiner Antwort an Gurfein einige Jahre später wie folgt: »Ich erklärte, der Marine in dieser Angelegenheit gerne behilflich sein zu wollen, wies aber darauf hin, daß ich Luciano nicht gut genug kannte, um mich mit einem derartigen Ansinnen direkt an ihn zu wenden. Ich ließ durchblicken, die geeignete Person für diese Aufgabe zu kennen, deren Verehrung für unser Land sehr groß ist, trotz ihres Rufes. Ich bat mir aus, mich erst mit dieser Person zu besprechen, bevor ich eine Zusage machen würde.«[239] Der hier so hochgelobte Patriot war kein anderer als Meyer Lansky, der sich auch nicht lange bitten ließ. Wer sich bitten ließ, war Luciano. Laut Lansky brauchte es bei Luciano erhebliche Überredungskunst: »Über ihm schwebte ein Deportationsbefehl. Er wollte nicht, daß Informationen über seine Kooperation mit der US-Regierung nach außen drangen, er befürchtete, man würde ihn bei seiner Ankunft in Italien lynchen.«[240] Nachdem Lucianos Bedenken zerstreut waren, mußte ein räumliches Problem gelöst werden. Um die Distanz zwischen den Informationsquellen zu reduzieren, holte man Luciano aus »Sibirien« und verlegte ihn in den »eingezäunten Country Club« Great Meadow Prison, 95 Kilometer nördlich von Albany.

Nun setzte ein reges Kommen und Gehen von Unterweltgrößen ein, denn Luciano mobilisierte Freunde und Geschäftspartner für die Aktivitäten von B-3. Neben Lansky und Polakoff zählten zu den regelmäßigen Besuchern Lanza, Costello, Moretti, Miranda und Benny Siegel. Als das Netzwerk auf den unterschiedlichen Informationsebenen verknüpft war, übernahm Lansky »Socks« Lanzas Part als Koordinator aller Unterweltaktivitäten für den ONI. Es war auch Lansky, der den lange zögernden Joe Adonis mit ins Boot holte, nachdem Haffenden auf die Hinzuziehung eines wichtigen Funktionärs von den Brooklyner Docks gedrängt hatte. (Anastasia war zu diesem Zeitpunkt bereits bei der Armee untergetaucht.) Anfang Januar 1943 schied Lanza ganz aus, denn nach einem Schuldbekenntnis saß auch er hinter Gittern.

Aber es waren nicht nur die Unterweltgrößen, zu denen Haffenden Kontakt suchte. Im Hauptquartier des regionalen ONI in der Church Street gaben sich nach Lucianos Plazet alsbald Heerscharen von Sizilianern die Klinke in die Hand, denn der Nachrichtendienst trug alle verwertbaren Hinweise über Land und Leute für eine bevorstehende Invasion zusammen. Als kurz nach Mitternacht des 10. Juni 1943 die alliierte Landung begann, befanden sich vier von Haffendens Männern bei den Truppen, die sofort Kontakt mit den bereits namentlich bekannten Dons vor Ort aufnahmen. Vor dem Untersuchungsausschuß elf Jahre später befragt, ob die Informationen von Luciano essentiell waren, antwortete einer dieser Männer, Lieutenant Paul Alfiere, mit einem klaren Ja.[241]

Von dem Augenblick an, da die Existenz des Projekts »Unterwelt« an die Öffentlichkeit durchgesickert war (Ende der siebziger Jahre mußte die Marineführung das Projekt bestätigen), gab es Zweifel über den wahren Zweck dieser Geheimoperation, zumindest für den Part an der Heimatfront. Nach Durchsicht der Dewey-Papiere wies Dr. Alan Block auf einen bereits frühzeitig einsetzenden Wandel bei der Beschreibung der Ziele hin, die der ONI mittels Unterweltkontakte erreichen wollte: War es in der Anfangsphase die Aufspürung von feindlichen Saboteuren und Kollaborateuren, also einer von außen einwirkenden und eindringenden Gefahr, so trat dieser Aspekt im weiteren Verlauf in den Hintergrund und wich einem Streben nach Stabilität in den eigenen Reihen.

Die anfänglich stur vertretene These über eine mutmaßliche Kollaboration von Teilen der Fischereiflotte mit deutschen U-Booten, »um Treibstoff und Nachschub für feindliche U-Boote zu beschaffen«, wurde schon bald nach Operationsbeginn von Haffendens eigenem Mann, Lieutenant Herbert F. Kemp, ausgeschlossen.

Er hatte mathematische Berechnungen angestellt, ob Fischerboote in der Lage waren, U-Boote auf offener See zu betanken, und war zu einem negativen Ergebnis gekommen. Eine präzise Antwort auf diese Frage wäre beim Marinehauptquartier einfacher einzuholen gewesen, wo aufgrund von Auswertungen deutscher Geheimcodes Dossiers über die einzelnen U-Boottypen und deren Reichweiten angelegt wurden: Die deutsche Kriegsmarine hatte auf den Typ IX-CU umgestellt, dessen Aktionsradius von Lorient und St. Nazaire an der französischen Atlantikküste bis in die Karibik reichte.[242] Das ließ den unzweideutigen Schluß zu, daß eine Betankung auf hoher See, noch dazu unter Zuhilfenahme veralteter Fischerboote, obsolet war. Das bedeutete wiederum, daß deutsche Subversion im Bereich der Fischereiflotten überflüssig war und folglich nicht stattfand. Die Gefahr von Sabotage entpuppte sich ebenfalls als Schimäre. In drei Kriegsjahren wurden genau acht Personen unter Sabotageverdacht festgenommen, vier in

Chicago und vier auf Long Island, 175.000 Dollar wurden dabei sichergestellt.

Was war es also, das den Marinenachrichtendienst in die Gosse trieb? Um diese Frage zu beantworten, bedarf es eines Blicks auf die weltanschauliche Konzeption geheimer staatlicher Organisationen und auf die Beteiligten in diesem Plot. Amerikanische (westliche) Nachrichtendienste und organisierte Kriminelle verband und verbindet eine Wahlverwandtschaft: die Aversion gegen linke Ideologien. Hauptziel linker Agitationen, auch in den Vereinigten Staaten, waren in erster Linie die Gewerkschaften. Und hier war auch das Feld, auf dem sie mit Syndikatsinteressen kollidierten, denn Gewerkschafts-Rackets konnten kein Interesse an einem »gerechten Lohn« haben. Die zwei großen Interessensverbände unter krimineller Kuratel an der Ostküste waren die Transportarbeiter- und die Hafenarbeitergewerkschaft (Teamster und ILA), und die Marine hatte kein Interesse an Problemen während der massiven Transporte nach Großbritannien und Nordafrika.

Harry Bridges (Code-Name: Brooklyn Bridge) war der Präsident der International Longshoremen's and Warehousemen's Union, ILWU, einer Konkurrenzgewerkschaft zur ILA, mit eindeutig kommunistischer Ausrichtung. Die ILWU war zuvor das größte ILA-Lokal an der Westküste gewesen, bevor Bridges einfiel und die Vertreter von ILA-Boss Joseph Ryan zum Teufel jagte. 1934 spielte er eine Schlüsselrolle beim Ausstand der Hafenarbeiter in San Francisco, der in einem Generalstreik mit schwersten Ausschreitungen kulminierte. Dieser Harry Bridges versuchte 1942 an der New Yorker Waterfront Fuß zu fassen und ILA-Boss Ryan erneut herauszufordern. Eine Konfrontation zwischen den beiden tödlich verfeindeten Egomanen Ryan und Bridges hätte zu kriegsähnlichen Zuständen an den Piers geführt, was es aus Sicht des Third Naval District Intelligence Office (ONI New York oder Codename »B-3«) unter allen Umständen zu verhindern galt.

Charles R. Haffenden hatte eine stramme antikommunistische Gesinnung, die er auch beibehielt, als die Vereinigten Staaten und die Sowjetunion Verbündete im Kampf gegen den Faschismus wurden. Der Veteran des ersten Weltkriegs arbeitete bis zu seinem Wiedereintritt in die Armee unter anderem im Bereich der privaten Sicherheitsindustrie und da in erster Linie in der Abwehr kommunistischer Agitation und Infiltration. Durch diese Tätigkeit war der Gewerkschaftsmann Bridges für Haffenden kein unbeschriebenes Blatt. Als dieser nach New York kam, schrillten beim ONI die Alarmglocken. 1954 gab »Socks« Lanza vor dem Untersuchungsausschuß zu Protokoll:

F: »Wollen Sie damit sagen, Haffenden befürchtete, Bridges würde versuchen, die New Yorker Hafenarbeiter in einer kommunistischen Gewerkschaft zu organisieren?«

Lanza: »Ganz recht.«

F: »Und daß er Streiks und Ausschreitungen befürchtete, falls Bridges sich an den Docks festsetzte?«

Lanza: »Ganz recht.«

F: »Haffenden gab Ihnen den Auftrag, das mit allen Mitteln zu verhindern?«

Lanza: »Ganz recht.«

F: »Und haben Sie etwas dagegen unternommen?«

Lanza: »Wir haben ihn daran gehindert, sich festzusetzen.«

F: »Wie haben Sie das erreicht?«

Lanza: »Er berief eine Versammlung nach Webster Hall. Dort schlug ich ihn zusammen, das war alles.«

Der Untersuchungsausschuß förderte erstaunlich wenig zutage, was dem Projekt »Unterwelt« an eindeutig verwertbaren Informationen für den Marinenachrichtendienst zuzuschreiben war. Die nebulösen Maßnahmen wie »Spionage- und Sabotageabwehr« oder »Überwachung von verdächtigen Personen« ohne Angabe von Ergebnissen wären auch ohne Kooperation mit gewerbsmäßigen Gesetzesbrechern durchführbar gewesen.

Der Abstieg in die kriminelle Szene war das Ergebnis einer unseligen antikommunistischen Hysterie im Aufklärungsmilieu. Das anfangs schüchterne Werben um notorische Kriminelle als Schutzwall gegen kommunistische Infiltration, das über weite Strecken wie ein schlechter Agentenreißer daherkommt, konspirative Treffen von Geheimdienst und Unterwelt in schäbigen Hotelsuiten inklusive, entwickelte sich im Zuge der Befreiung Italiens zu einer innigen Umarmung. Die Etablierung und Machterhaltung des politischen Konservativismus beruhte zumindest partiell auf dieser verhängnisvollen Liaison, wie der Fall Andreotti zeigte, dessen politische Fortune sich Jahrzehnte auf die Dreieinigkeit von Konservativismus, Geheimdienst und organisierter Kriminalität stützte.

Bereits nach einem Jahr Kooperation mit dem Marinenachrichtendienst, im Februar 1943, stellte Luciano einen Antrag auf vorzeitige Entlassung aufgrund herausragender Verdienste im Zusammenhang mit den amerikanischen Kriegsanstrengungen. Der Antrag wurde mit dem Verweis abgelehnt, »daß eine Begnadigung etwas später in Betracht gezogen werden könne.«[243]

Der zweite Vorstoß kam zu einem weitaus günstigeren Zeitpunkt. Am 8. Mai 1945, dem Tag der deutschen Kapitulation, reichte Polakoff erneut ein Gesuch um Straferlaß für seinen Klienten Luciano beim Gouverneur des Staates New York ein. Dieser war seit Ende 1943 kein anderer als Thomas E. Dewey. Aus niemals ganz geklärten Gründen hatte Dewey ein starkes persönliches Interesse, den Häftling Nr. 15684 so schnell wie möglich außer Landes und in Vergessenheit zu bringen. Neben einer vagen Korruptionstheorie kann als sicher gelten, daß Dewey, der gerade nach der demokratischen Präsidentschaftskandidatur griff, Luciano nicht in der Nähe haben wollte, »denn die Presse würde im Leben des Präsidentschaftskandidaten Dewey herumschnüffeln, um schmutzige Wäsche ans Licht zu zerren«,[244] und der Prozeß wegen Nötigung zur Prostitution würde viel Raum für Spekulationen lassen, besonders nachdem einige Prostituierte bekannten, ihre Aussagen wären ihnen von Dewey in den Mund gelegt worden.

Der Gouverneur wollte Luciano loswerden, doch plötzlich wollte sich beim Marinenachrichtendienst niemand mehr an diese Mesalliance mit der New Yorker Unterwelt erinnern. Die von Haffenden bezeugte Kooperation (er war kurz vor Kriegsende an die Front gegangen und schwer verwundet worden), tat man als Hirngespinst eines loyalen, aber durch eine Verletzung tief verwirrten Geistes ab. Ohne einen offiziellen Beweis für die Richtigkeit von Polakoffs Angaben waren der Kommission für bedingte Haftentlassungen die Hände gebunden. Da sprang die Staatsanwaltschaft Manhattan (Frank Hogan war der Nachfolger von Dewey) ein und ließ dem Anwalt ein vertrauliches Dossier zukommen, das Lucianos Marinekontakte in allen Punkten bestätigte. Nun war der Weg frei für einen Straferlaß. Am 4. Januar 1946 erhielt der Direktor von Great Meadow die offizielle Nachricht von der Begnadigung, Anfang Februar wurde Charlie Lucky der Immigrationsbehörde auf Ellis Island zur Deportation übergeben.

Lansky besuchte Luciano zweimal auf Ellis Island, am 5. und 7. Februar, Costello verabschiedete sich von Luciano mit einem Dinner auf der *Laura Keene*, dem Schiff, das ihn nach Genua bringen sollte. Lucianos Erinnerungen an ein rauschendes Fest mit Showgirls, Champagner und Kaviar im Kreise seiner Freunde – Costello, Lansky, Siegel, Moretti, Zwillman, Lucchese, Adonis, Bonanno, Anastasia und Magaddino[245] – entsprang wohl eher seinem Wunsch nach einem standesgemäßen Abschied von »seiner« Stadt, in der er eine Blitzkarriere vom bettelarmen Einwandererkind zum mächtigen Herrscher der Unterwelt absolviert hatte, bevor es in die

Ungewißheit eines Landes ging, dessen Andenken besetzt war mit Begriffen wie Armut, Elend und Ohnmacht, dessen Spielregeln er nicht kannte und dessen Sprache ihm nur schleppend über die Lippen ging.

Die Deportation Lucianos war ein vielbeachtetes Spektakel, zumindest für die schreibende Zunft. Dutzende Reporter und Fotografen lagen auf der Lauer nach einem letzten Wort, einer letzten Geste, einem letzten Bild des scheidenden Verbrecherkönigs. Ein Defilee von Unterweltgrößen am Pier 7 des Bush-Terminals wäre nicht unentdeckt oder unkommentiert geblieben. Doch außer Costellos Namen fällt im Zusammenhang mit Lucianos Deportation kein anderer, weder in einer der Tageszeitungen noch in den *Newsreel News*.[246]

Die Ankunft in Genua hielt ein weiteres unerfreuliches Detail der Deportation für Charlie Lucky bereit. Die amerikanischen (italienischen – je nach Standpunkt) Behörden bestanden auf einem Exil in Leccara Friddi, dem erbärmlichen Nest, von wo aus er mit Mutter und Schwester vor 39 Jahren in eine verheißungsvollere Zukunft gestartet war. »Ich erkannte, ich würde immer ein Fisch auf dem Trockenen bleiben, wenn ich nicht aufhörte, mich als einen Amerikaner in einem fremden Land zu sehen. Ich mußte begreifen, daß das Leben in Italien bedeutete, du kannst nicht mit dem Finger schnippen, und Dinge werden sofort erledigt. Zeit bedeutet hier gar nichts oder zumindest nicht dasselbe wie in New York.«[247]

Vito Genovese

V. DIE GENOVESE CRIME FAMILY 1946 – 1968
DAS GESCHÄFT WIRD ABGESICHERT

COSTELLOS REGIME

»The Mob goes where the money is.«

(Hank Messick, Autor der Publikation »J. Edgar Hoover«, in einem Interview für die BBC-Reportage »Der Komplize – FBI-Boss mit der Mafia im Bunde.« 1994.)

Luciano war in den frühen Morgenstunden des 10. Februar 1946 auf eine Reise gegangen, die Vito Genovese unter ähnlichen Umständen (in Handschellen) Ende Mai 1945 in umgekehrter Richtung unternommen hatte. »Don Vitone« war nach seiner überstürzten Flucht aus New York im Jahre 1937 sehr schnell zum Liebling des Mussolini-Clans avanciert. Der Außenminister Italiens und Schwiegersohn des Duce, Graf Ciano, war ein Junkie, und Genovese hatte immer ein offenes Ohr (und die richtigen Kontakte) für die chronischen Nöte des Süchtigen. Er war aber auch noch in manch anderer Hinsicht für das Regime von Nutzen.

Ein Stachel im Fleisch der faschistischen Partei war der streitbare Journalist Carlo Tresca. Mit seiner Publikation *Il Martello* (Der Hammer) polemisierte er seit Jahren von der Ostküste der Vereinigten Staaten aus, wo das Hauptkontingent der italienischen Immigranten gesiedelt hatte, heftigst gegen die Machthaber in Rom. Tresca, nicht unbedingt von friedfertigem Charakter, war bei den New Yorker Behörden kein unbeschriebenes Blatt und wurde polizeiintern bereits seit 1927 als radikal eingestuft. In diesem Jahr stand er wegen versuchten Mordes vor Gericht, nachdem er dem Vorsitzenden der Alliance Fascisti Il Duce Inc., Giatano Caldora, unmißverständlich eine Pistole an die Schläfe gesetzt hatte.[1] Trescas Uhr war am 11. Januar 1943 abgelaufen, als er auf offener Straße von einem unbekannten Attentäter erschossen wurde.[2] Inspector John F. Shanley vom NYCPD sagte 1951 vor dem Kefauver Hearing aus, vertraulichen Informationen zufolge sei der Auftrag direkt von Genovese aus Rom gekommen und an seinen New Yorker Statthalter Michele Miranda weitergegeben worden, der den Todesschützen bestimmte.[3]

Im März 1943 meldete ein Geheimagent aus Neapel nach Washington, daß der amerikanische Staatsbürger Vito Genovese von Mussolini in den Rang eines Commendatore des Königreichs Italien erhoben worden war.[4] Mit jedem Kilometer, den die alliierten Truppen ab Juni 1943 von Sizilien aus in Richtung Norden vorrückten, verkehrte sich soviel Wohlwollen in eine zentnerschwere Last. Durch Vermittlung von Steve Magaddino sandte Genovese Hilferufe an Luciano. »Ich saß in Great Meadow, viertausend Meilen entfernt, und er bittet mich, seine Situation abzuklären! Ich ließ Costello ausrichten, er soll dafür sorgen, daß Vito in Italien wieder ein Bein auf die Erde bekommt. Dabei dachte ich natürlich auch an mich. Ich hatte mich damit abgefunden, daß ich meine nächste Zukunft in Italien verbringen würde. Da traf es sich vorzüglich, daß die Armee Charlie Poletti, einen unserer engen Freunde, zum Militär-Gouverneur für Italien ernannte. Sein Hauptquartier war in Nola, und Vito startete eine neue Karriere als offizieller Übersetzer.«[5]

Der Zivilist Charles Poletti war unter Gouverneur Lehmann stellvertretender Gouverneur des Staates New York und vertrat diesen bei Abwesenheit. Der Soldat Charles Poletti wurde 1944 zum amerikanischen Militär-Gouverneur in Italien ernannt. Als politisch ambitionierter Demokrat gab es zweifellos auch zwischen seinen Amtsräumen in Albany und der New Yorker Unterwelt einen heißen Draht, doch entstünde ein Zerrbild der Realität, würde die gesellschaftspolitische Entwicklung Siziliens nach 1944 primär aufgrund dieses Tatbestandes interpretiert. Poletti kam nach Italien und mußte ein militärisch befreites Land befrieden, das durch die katastrophalen Lebensbedingungen an der Schwelle zum inneren Aufruhr stand.

»Ich sah grauenvolle Dinge – Menschen hungerten, wußten nicht, ob sie es bis zum nächsten Tag schaffen würden. Die meisten waren obdachlos, es gab kaum Jobs und kein Geld. Das Land war in einem Zustand permanenten Chaos, die Regierung drohte unter der Agitation einer militanten kommunistischen Partei zusammenzubrechen.«[6] Das waren Lucianos Eindrücke, als er Anfang 1946 von Genua nach Palermo fuhr, begleitet von einem Leutnant der italienischen Militärpolizei.

Kein Wunder, daß Poletti in der Tradition des Siegers überall diejenigen Gruppierungen zu Erfüllungsgehilfen seiner Aufgabe machte, die die eigentliche Macht in Händen hielten: Auf Sizilien war es die Mafia, der es nach Abschüttelung der faschistischen Daumenschrauben schnell gelungen war, das alte Klientelverhältnis wieder zu beleben und erneut die Kontrolle über weite Teile des gesellschaftlichen Lebens an sich zu bringen. Dieser abermalige Griff nach der Macht wurde nur durch eine aktive Handreichung des Marinenachrichtendienstes möglich. Dort lernte man die ehrenwerten Herren, nachdem sie die New Yorker ONI-Filiale wärmstens empfohlen hatten, als Antifaschisten und -kommunisten schätzen. Unmittelbar nach der Landung wurde die *onorata società* wieder gesellschaftsfähig. 95 Prozent der von den Alliierten nach der Kapitulation Italiens eingesetzten Bürgermeister Siziliens waren Mitglieder oder Sympathisanten der Mafia, unter ihnen der Capo di tutti Capi Don Calogero Vizzini, der ins Rathaus von Villalba einzog. Poletti pflegte intensive Kontakte zu einer ganzen Reihe berühmt-berüchtigter Mafiosi, unter ihnen Genco Russo, der zum unumstrittenen Herrn von Mussomeli aufstieg, nachdem ihn die Amerikaner aus einem faschistischen Gefängnis befreit hatten, oder Dr. Michele Navarra, dem neuen starken Mann von Corleone.

Mit exzellenten Kontakten zu den neuen Machthabern begann Genovese, den Schwarzmarkt zu organisieren. »Genovese war der Boss des Schwarzmarkts, er kontrollierte den Mob, der amerikanische Lebensmitteltransporte überfiel, die Ladungen kassierte und die neuen Armeelastwagen verbrannte.«[7] Seine Erfahrungen als Alkoholschmuggler kamen ihm ohne Zweifel zugute. Es ist unvorstellbar, daß der Armeeführung Genoveses exzessives Treiben verborgen blieb. Alle Indizien sprechen vielmehr dafür, daß er von hoher Stelle gedeckt wurde. Die Gründe dafür konnten nie eindeutig geklärt werden. Vermutlich standen sie aber im Zusammenhang mit seiner Fähigkeit, berauschende Substanzen jeglicher Art in unbegrenzter Menge herbeizuschaffen, wofür es in der Armeeführung rege Nachfrage gab.

Genoveses Glückssträhne endete völlig unerwartet im August 1944 in einer Burleske mit zwei Akten. Der erste Akt hatte seinen Höhepunkt am 7. August 1944. An diesem Tag erging im fernen Brooklyn ein Haftbefehl gegen ihn, Miranda und vier ihrer mörderischen Komplizen. Die Ursache dieser unerfreulichen Entwicklung hieß Ernest Rupolo und war nach neun Jahren Haft für das Gallo-Attentat gerade auf Bewährung entlassen worden. Nach all der Zeit des Schweigens begann er aus mysteriösen Gründen im Mai 1944 Einzelheiten des Boccia-Mordes auszupacken, was zu besagtem Haftbefehl führte. Die in einem solchen Fall obligatorische Fahndungsausschreibung brachte kein Ergebnis, und damit wurden Genovese, Miranda und ihre vier Handlanger offiziell in die Kategorie flüchtig und unauffindbar eingereiht.[8] Einen degoutanten Beigeschmack bekam die ganze Affäre durch das kompromittierende Statement von James J. Moran von der Staatsanwaltschaft Brooklyn, »daß ich (Moran) die Situation so verstand, daß Genovese als Übersetzer für die alliierte Militärregierung in Italien tätig war.«[9] Die Maulwurftheorie bei der Staatsanwaltschaft Brooklyn erhielt weitere Nahrung durch

Mirandas überstürztes Abtauchen. Kurz bevor das Fahndungsplakat an die einzelnen Reviere ging, verkaufte Miranda sein 75.000-Dollar-Haus scheinbar unter erheblichem Zeitdruck für karge 46.000 Dollar und verschwand, wie sich später herausstellte, zu Genovese nach Italien. Miranda war ganz offensichtlich gewarnt worden.

Der zweite Akt begann damit, daß Sergeant Orange C. Dickey, Angehöriger der militärischen Kriminalpolizei der US-Armee, Anfang 1944 mit einer Untersuchung der Schwarzmarktaktivitäten hinter den alliierten Kampflinien betraut wurde. Dickey gelang es, einen Hehlerring aus italienischen Zivilisten und kanadischen Deserteuren auffliegen zu lassen. Die Italiener hielten dicht, einer der Kanadier begann zu singen. Die Angaben, die aus ihm herausgepreßt wurden, ergaben, daß ein geheimnisvoller Mann namens Don Vitone der Drahtzieher des Plots war. »Durch die Wirren des Krieges war es fast unmöglich, Untergetauchte zu lokalisieren, aber am 22. August 1944 bekam Dickey einen heißen Tip, der ihn direkt zu Don Vitone führte.«[10]

Dickey kannte die 1940 in New York erschienene Publikation *Gang Rule* von Craig Thomson und Allen Raymond und, was noch viel wichtiger war, er erkannte Genovese als einen der Männer, dessen Konterfei die Bildunterschrift »New York Crime Big Shot« trug.[11] Dickey wandte sich sofort mit einer Anfrage an die Zentrale des FBI in Washington, ob gegen Genovese in der Heimat etwas vorlag. Sechs Wochen später erhielt er Genoveses »Gesucht-wegen-Mordes«-Steckbrief. Am 11. Oktober teilte der FBI Staatsanwalt Heffernan von der Staatsanwaltschaft Brooklyn mit, daß der wegen Mordes gesuchte Genovese in einem Militärgefängnis in Italien einsitze. »Genovese war wegen Mordes angeklagt. Sein Aufenthaltsort war bekannt. Die Initiative lag nun bei der Staatsanwaltschaft Brooklyn. Deren Aufgabe war durch das Gesetz klar definiert und schien leicht in der Ausführung. Man hätte meinen können, daß würde ausreichen, um den hartnäckigsten Fall von Paralyse zu kurieren, aber weder wurde im Oktober 1944 versucht, des Mannes habhaft zu werden, den man unter Mordanklage hielt, noch im Dezember 1944 oder Januar 1945.«[12]

Agent Dickey hatte erhebliche Schwierigkeiten, jemanden zu finden, der sich für den Fall Genovese verantwortlich fühlte. Er reiste nach Rom, um bei Poletti vorstellig zu werden. Bei dem Versuch, den angeblich stets betrunkenen und indisponierten Militärkommandanten zu sprechen, traf Dickey auf General O'Dwyer. »Ich sprach mit ihm über Vito Genovese und fragte ihn, was Mr. Hughes (Assistant Staatsanwalt Thomas C. Hughes leitete während O'Dwyers Militärzeit die Staatsanwalt Brooklyn) in diesem Fall unternehmen wird ... Er antwortete mir, daß ihn diese ganze Sache nicht interessiere.«[13] Anscheinend war Dickey der einzige, der Interesse an einer Lösung dieser unseligen Affäre hatte.

Aufgrund der Rupolo-Aussagen war Anfang Juli 1944 Peter »Spatz« La Tempa in New York in Gewahrsam genommen worden. Ihm wurde von der Staatsanwaltschaft Brooklyn die Rolle des unbeteiligten Augenzeugen zugedacht.[14] Die Festlegung auf La Tempa als dem Hauptzeugen der Anklagevertretung ist eine weitere dubiose Entscheidung in dem undurchsichtigen Mordfall Boccia, da bei näherer Betrachtung La Tempa die rechtlichen Anforderungen an einen unbeteiligten Augenzeugen nicht erfüllte. »(La Tempa) sagte aus, an etlichen Treffen mit Vito Genovese, Mike Miranda, Gus Frasca, George Smurra and Sally teilgenommen zu haben, bei denen der Mord an Boccia besprochen wurde. Er bekannte, an dem Abend des Mordes mit Boccia am selben Tisch gesessen zu haben.«[15] Die Rolle des heimtückischen Lockvogels wollte La Tempa selbst nicht bestätigen. Wie auch immer, durch seine Kenntnis von der geplanten Ermordung war er aktiver Komplize und nicht passiver Außenstehender. Hätte die

Staatsanwaltschaft ernsthaft nach einem unbeteiligen Augenzeugen gesucht, wäre sie schnell fündig geworden. Das Polizeiprotokoll der Tatnacht listete elf Personen auf, die sich zur fraglichen Zeit am Tatort befanden, darunter Boccias Onkel, dem das Lokal gehörte, und sein Bruder Benjamin. La Tempa mußte eine böse Vorahnung gehabt haben, daß er, ähnlich wie Reles einige Jahre zuvor, das Bauernopfer in einem größeren Spiel werden sollte. Seine Befürchtung wurde zur schrecklichen Gewißheit, als man ihn im Raymond-Street-Gefängnis internierte. Jemand mit seinen Kontakten wußte nur zu genau, daß der lange Arm des Syndikats hineinreichte. »La Tempa flehte und bettelte, in ein anderes Gefängnis verlegt zu werden. Er hatte Todesangst. Er sagte, etwas sei dort nicht in Ordnung. Sein letztes Gesuch an Heffernan um Verlegung stellte er am 15. Januar 1945.«[16]

Am Morgen des 16. Januar wurde La Tempa tot in seiner Zelle aufgefunden. Eine Autopsie ergab Spuren von Barbituraten in seinem Gehirn, Leber und Magen. Ganz offensichtlich war er vergiftet worden.[17] La Tempa litt an Gallensteinen, ein Übel, das ihn zur ständigen Einnahme von Medikamenten zwang. Am Abend des 15. Januar nahm er vor dem Zubettgehen wie gewohnt seine diversen Präparate, schlief ein und wachte nie wieder auf. »Wir hatten jemandem in dem Gefängnis, wo La Tempa in Schutzhaft saß. Anastasia hat einen Haufen Geld in Umlauf gebracht – Vito hat es ihm dann später zurückgezahlt.«[18]

Und wieder stimmte die Staatsanwaltschaft Brooklyn ein theatralisches Wehgeschrei über den Verlust eines Kronzeugen an, ohne den die Anklage nicht das Papier wert sei, auf das sie gedruckt war. La Tempas vorzeitiger Abgang ließ alle anderen möglichen Zeugen verstummen oder Reißaus nehmen.

Anfang Januar 1945 hatte O'Dwyer seinen Abschied von der Armee genommen, Ende Januar kehrte er wieder auf seinen Posten als Staatsanwalt von Brooklyn zurück und unternahm –

nichts. In Italien war Genovese mittlerweile zur persönlichen Angelegenheit von Agent Dickey geworden. Da Genovese wußte, daß seine Freunde in Brooklyn ganze Arbeit geleistet hatten, ließ er sich Ende Mai 1945 von diesem harmlosen Gemüt nach New York zurückbringen.

Am 1. Juni 1945 erreichte Dickey mit seinem Gefangenen die Landungsbrücken von Brooklyn und mußte zur Kenntnis nehmen, daß er nicht erwartet wurde. Die beiden aneinandergeketteten Männer waren gezwungen, ein Taxi zu nehmen, und Dickey brachte Genovese in Heffernans Büro. Heffernan nahm Dickey zur Seite und drückte seine Verwunderung über Genoveses Rückkehr in die Stadt aus. »Wir dachten nicht, diesen Kerl hier noch einmal zu sehen.«[19]

Genovese wurde ins Raymond-Street-Gefängnis gebracht, wo man ihn vorläufig zu vergessen suchte, denn New York befand sich im Wahlkampf, und ohne Skandal standen die Chancen für den Ende August als Staatsanwalt zurückgetretenen Tammany-Kandidaten Bill O'Dwyer überaus gut. Unmittelbar nach O'Dwyers Sieg beantragte Genoveses Anwalt am 4. Dezember 1945 einen Haftprüfungstermin für Vito Genovese.[20] Und plötzlich hatte man es auffallend eilig, den heißen Untersuchungshäftling loszuwerden. Trotz der unvermindert schlechten Beweislage wurde Genovese Anfang Juni 1946 vor Gericht gestellt, zu diesem Zeitpunkt ein sinnloses Unterfangen. Das Verfahren endete erwartungsgemäß mit einem Freispruch. »Das Genovese-Verfahren wurde gegen alle Logik angesetzt.«[21] Das war eine Frage des Standpunktes. Richter Samuel Leibowitz in seinem Schlußwort: »Ich kann hier nicht für die Jury sprechen, aber ich glaube, wenn es den Hauch eines Beweises gegeben hätte, wären Sie zum Tode auf dem elektrischen Stuhl verurteilt worden.«[22] Also doch ein optimaler Zeitpunkt, zumindest für Genovese, denn war erst ein rechtskräftiges Urteil ergangen, konnte Genovese von keinem Gericht erneut wegen des Boccia-Mordes belangt werden, auch nicht aufgrund neuer Indizien; bei elf möglichen Augenzeugen eine Art Lebensversicherung. Kurze Zeit später wurde auch Michele Miranda freigesprochen, da die Anklage gegen ihn auf denselben Verdachtsmomenten beruhte wie bei Genovese.

Um einen derartigen Coup zu landen, mußten Verteidigung und Staatsanwaltschaft dasselbe Ziel verfolgt haben: zum richtigen Zeitpunkt ein Urteil zu erwirken. Ganz offensichtlich war James J. Moran der Brückenkopf zwischen Unterwelt und Staatsanwaltschaft. Er hatte den Fall Genovese auf die Terminliste gesetzt, wohl wissend, daß die Beweislage einen Schuldspruch ausschloß. Als Moran einige Monate nach dem Genovese-Urteil vor eine Grand Jury zitiert wurde, mußte er infolge übereinstimmender Zeugenaussagen einräumen, Anastasia und Adonis persönlich zu kennen und Costello in dessen Apartment aufgesucht zu haben.

Mit Lucianos Deportation wurde Costello mehr als nur der Acting boss. Charlie Lucky, der bekanntlich 1936 die Straßen von New York verlassen hatte, erhielt zwar in seinem neapolitanischen Exil durch Kuriere Informationen über alle Entwicklungen, doch ohne hautnahen Kontakt zur New Yorker Szene erlangte Costellos Wort in Lucianos Familie Gesetzeskraft.

1943 bezeichnete Polizeichef Valentine Costello als »eine Pest, ein Parasit, dessen langer Arm via Schottland über den Atlantik bis hinunter zum Golf von Mexiko reicht.«[23] Valentines Behauptung war zweifellos Übertreibung, doch auch eine bescheidenere Einflußsphäre setzte politische Protektion voraus. Costellos politisches Standbein in New York war und blieb Tammany Hall. Anfang 1942 tobte ein erbitterter Machtkampf um die Führung, nachdem Christopher Sullivan wegen der erneuten Wahlschlappe gegen LaGuardia das Handtuch geworfen hatte. Costello ließ seinen Schützling Michael J. Kennedy zum neuen Tammany-Boss wählen. »Kennedy stand so tief in Costellos Schuld, daß der Unterwelt-Boss de facto auch Boss von Tammany Hall war. Das machte ihn zu einem der mächtigsten Männer New Yorks.«[24]

Im Sommer 1943 erwirkte New-York-County-Staatsanwalt Frank Hogan die Telefonüberwachung von Costellos Apartment. Die Abhörer staunten nicht schlecht, als auf einem der Bänder die joviale Stimme von Thomas Aurelio zu hören war, dem soeben berufenen, aber noch nicht ins Amt eingeführten Richter beim Obersten Gericht des Staates New York:

»Guten Morgen, Francesco«, sagte Aurelio. »Wie geht es dir und danke für alles.«

»Gratuliere«, antwortete Costello. »Es ist doch perfekt gelaufen. Wenn ich dir sage, etwas ist im Sack, dann kannst du dich beruhigt zurücklehnen …«

»Ich möchte dir für alles, was du für mich getan hast, meine tiefe Loyalität versichern. Sie ist unauslöschbar«, sagte der dankbare Richter in spe.[25]

Costello war an einem Punkt in seinem Leben angelangt, den er sich bei seinem Start vor dreißig Jahren in East Harlem, als Laufbursche für Ciro Terranova, in seinen kühnsten Träumen nicht ausgemalt hatte. Er bewohnte ein Sieben-Zimmer-Luxusapartment, war Mitglied des Pomenok Golf Club, und alle lagen vor ihm auf dem Bauch; so auch Sherman Billingsley, der Besitzer des Stork Club und intimer Freund von J. Edgar Hoover. Während der Untersuchung zur Aufdeckung von Steuerhinterziehung im Nachtclubmilieu sagte Billingsley aus, »daß er sich vor Costello fürchte. Gefragt, was er damit meinte, antwortete Billingsley: Käme Costello zu mir und verlangte 5000 oder 10.000 Dollar, ich würde sie ihm ohne Einwände und ohne nach Sicherheiten zu fragen geben. Er fügte hinzu, daß Costello die Art von Person war, die er (Billingsley) nicht zum Feind haben möchte.«[26] Costellos offizielle Steuererklärung für das Jahr 1944 wies Jahreseinnahmen von 71.569,33 Dollar auf, erzielt durch seine beiden legalen Firmen, die Wall Street Corp., ein Immobilienbüro, und die Louisiana Mint Co., in New Orleans, sein Groschengräberimperium.[27] Seine illegalen Einkünfte, nach Abzug aller Aufwendungen, wurden vom IRS auf das Zehn- bis Zwanzigfache geschätzt.

»Um sich ein Bild von Costello zu machen, muß man ihn im Zusammenhang mit Luciano, Lepke, Adonis, Bugsy Siegel und Longy Zwillman sehen. Sie sind alle Partner.«[28] Die Polizeibehörde wußte demnach bereits Mitte der vierziger Jahre von einem komplexen kriminellen Netz, das nicht nur in New York aktiv war, sondern seine Fäden bis an die Westküste, Florida und Kuba gesponnen hatte.

Ben Siegel war Anfang der vierziger Jahre für das Syndikat an die Westküste gegangen, »um sich die Gewerkschaften der Filmindustrie unter den Nagel zu reißen.«[29] Kaliforniens Nachbar Nevada war seit 1931 der einzige Staat der Union, in dem Glücksspiel legal war. »Las Vegas wurde für Gangster das, was Lourdes für Bucklige und Krüppel war.«[30]

Als Siegel 1941 zum erstenmal in die Stadt kam, existierten bereits zwei Casino-Hotels, das El Rancho Vegas und das Last Frontier, die beide satte Gewinne abwarfen. Mit Eintritt der Vereinigten Staaten in den zweiten Weltkrieg errichteten Armee und Luftwaffe einen Gürtel von Stationierungs- und Trainingsstützpunkten im Hinterland von Kalifornien, auf halbem Weg zwischen Las Vegas und Los Angeles. Direkt nach Las Vegas zog die Artillerieschule der US-Armee, was die Einwohnerzahl der Stadt mit einem Schlag verdoppelte. Doch das große Geld begann unmittelbar nach Ende des Krieges zu rollen, als der Wunsch nach Amüsement zum dominierenden Lebensgefühl der Westküste wurde. Erstklassiges Entertainment war von nun an gefragt, nicht mehr die rustikale Zwanglosigkeit.[31] Zusammen mit seinen alten New Yorker Freunden, allen voran Lansky und Costello, und seinen neuen Partnern von der Westküste Gus Greenbaum und Moe Sedway, beteiligte sich Siegel zu 66 Prozent an dem Casino-Projekt von Billy Wilkerson, der in Hollywood etliche schicke Nachtclubs am Sunset Strip betrieb. Eröffnung des Flamingo-Casino-Hotels sollte Weihnachten 1946 sein. Am 26. Dezember schmiß das Betreiber-Konsortium eine rauschende Party mit Jimmy Durante am Mikrophon und der Xavier-Cugat-Band. Der glanzvolle Auftakt konnte jedoch nicht über eine wesentliche Schwachstelle hinwegtäuschen: Das Casino war einsatzbereit, das Hotel nicht. Die Kosten hatten sich bereits auf das Dreifache der ursprünglichen Kalkulation hochgeschraubt, und noch immer machten die beiden anderen Etablissements am Ort das große Geschäft. Bei der Wiedereröffnung Anfang März 1947 traten unter viel Publicity die Andrews Sisters auf, doch für Benny Siegel tickte bereits die Uhr. Als er bei Übernahmeverhandlungen des Wilkerson-Anteils seine Contenance verlor und durch öffentlich ausgestoßene Morddrohungen zum Sicherheitsrisiko wurde, war sein Schicksal besiegelt.

In der Nacht des 20. Juni 1947 erschoß ihn ein Attentäter durch das Fenster von Virginia Hills Salon.[32] Siegels Tod machte Meyer Lansky zum einzigen jüdischen Mobster von Bedeutung. Greenbaum und Sedway übernahmen die Führung des Flamingo. Die New Yorker Unterwelt behielt ihre Anteile, die sich in den nächsten Jahren versilberten. Nach Aufhebung der Prohibition war Las Vegas die zweite Chance für Wiseguys, legal zu werden. Weitere sollte es nicht mehr geben.

Joe Adonis wechselte Anfang der vierziger Jahre ebenfalls in das Glücksspielfach und verlegte Wohnsitz und Aktivitäten von Brooklyn nach New Jersey. Das politische Klima auf dieser Seite des Hudson war ungleich bekömmlicher als auf der New Yorker Seite, wo LaGuardia nach wie vor seinen persönlichen Kreuzzug gegen das Laster führte. Anfang 1945 war Adonis mit seinen Partnern Gerardo Catena, Salvatore

Moretti, Anthony Guarini und James Rutkin an fünf illegalen Casinos beteiligt, die laut einer vertraulichen Informantionsquelle von Juli 1946 bis Juli 1948 etwa 8,9 Millionen Dollar einspielten. »Es wird vermutet, daß auch Frank Costello Anteile an diesen Casinos hält.«[33]

Adonis hatte auch legale Interessen. Gewinne aus seinen illegalen Operationen investierte er zu einem Teil in die Automobils (Automotive) Conveyers, Inc., New Jersey, ein Transportunternehmen, das einen Kontrakt mit der Ford Motor Company hielt, um in Edgewater, N.J., zusammengebaute Fahrzeuge an Händler in neun Bundesstaaten und den District of Columbia zu liefern. Ein Informant, John Palma, ein ehemaliger Bezirkspräsident von Richmond County und davor Secret-Service-Agent in Chicago, äußerte über Adonis' Geschäftsbeziehung zu Ford, »daß Adonis die Gesellschaft zwar finanziert hatte (Conveyers, Inc.) aber in den Papieren nicht als Eigner sondern nur Anteilshalter auftauchte. Als Mr. Ford sen. Wind davon bekam, daß Adonis' Geld in der Firma steckte, veranlaßte er eine Untersuchung, in deren Verlauf Adonis seine Finanzmittel umschichtete, zur Zufriedenheit der Ford Motor Car Company.«[34]

Florida entwickelte sich in der unmittelbaren Nachkriegszeit zu einem gewinnträchtigen Fixpunkt auf der Landkarte des Syndikats. Das Ausharren in den mageren Jahren nach dem großen Hurrikan von 1926 erwies sich als weitsichtige Investition in die Zukunft. »Flitterwöchner, Golfer, flotte Rentner – zu Tausenden zogen sie gen Süden. In Florida dem Winter zu entfliehen wurde zu einer Art Volksbewegung im Nachkriegsamerika. Miami Beach und die umliegenden Orte wurden Ende der vierziger Jahre zu Amerikas bevorzugter Ferienregion.«[35]

Meyer Lansky verlegte seinen Wohnsitz nach Hollywood, Florida. Etwa einen Kilometer Luftlinie von seinem bescheidenen Bungalow entfernt, erstand Vincent Alo, nach wie vor

Lanskys Schatten, ein 100.000-Dollar-Anwesen.[36] Alo war der Statthalter der Luciano-Familieninteressen in Florida und hatte einen direkten Draht zu Costello. Die Lehre aus der verlorenen Zeit in Sing-Sing ließ ihn, wie alle Satelliten um Costello und Lansky, den Schritt in die weniger aufreibende Glücksspiel- und Casinowelt tun. Er war an allen Lansky-Unternehmen finanziell beteiligt (Hallandale, Las Vegas, Saratoga Springs) und zog mit, als Lansky seine Hauptgeschäftsinteressen allmählich wieder nach Kuba zu verlagern begann.

Ende Oktober 1946 war ein Gast auf Kuba angekommen, dem von den Einwanderungsbehörden vorerst keinerlei Aufmerksamkeit geschenkt wurde. Mit einem Paß auf den Namen Salvatore Lucania (er hatte diese Namenskombination seit zwanzig Jahren nicht mehr verwendet) war Charlie Lucky aus Italien gekommen und hatte sich in einem Apartment im Hotel Miramar, auf der Westseite von Havanna, eingemietet. Drei Monate später, im Februar 1947, fand das Bureau of Narcotics (die Drogenfahndung) heraus, daß Luciano Italien verlassen und sich auf Kuba niedergelassen hatte. Harry Anslinger, der Direktor der Drogenfahndung, argwöhnte, daß Luciano auf Kuba eine Umschlagzentrale für europäische Drogen errichten wollte. Anslinger wußte aus Geheimdienstberichten, daß Luciano praktisch alle Geschäftszweige von Genovese in Italien übernommen hatte, »beginnend mit den Kontakten auf der amerikanischen Marinebasis in Neapel. Praktisch alle auf der Basis waren im Schwarzmarktgeschäft. Ein Sergeant konnte zum Beispiel unbegrenzt Waren kaufen, aber wollte nicht selbst an der Straßenecke stehen. Er brauchte einen Mittelsmann, und ich war derjenige, der hinter all den Mittelsmännern stand.«[37]

Die Vermutung lag also nahe, auch die Rauschgiftgeschäfte als Teil des Genovese-Erbes zu betrachten. Luciano selbst beteuerte Zeit seines Lebens, auf diesem Gebiet völlig ohne Schuld gewesen zu sein. »Ich handelte niemals – niemals – mit Drogen. Ich habe alle seine (Genoveses) anderen Geschäfte übernommen, aber nicht das.«[38]

Harry Anslingers Beruf war es, mißtrauisch zu sein. Kurz nach Bekanntwerden von Lucianos Aufenthalt in Havanna drohten die Vereinigten Staaten der Regierung Kubas mit einem Lieferstopp für lebenswichtige Pharmaka, falls der unerwünschte Ausländer nicht umgehend mit dem nächsten Schiff zurück nach Italien geschickt würde. Die Kubaner beugten sich, und abermals machte Charlie Lucky eine Reise über den Atlantik, wieder in einem wenig komfortablen Frachtschiff.

Das Bureau of Narcotics, Vorläufer der heutigen Drug Enforcement Agency (DEA), wurde 1930 im Finanzministerium angesiedelt. »Der Aufgabenbereich des Bureau of Narcotics liegt in der Bekämpfung des Handels mit Opium und seinen Alkaloiden und Derivaten, Coca-Blättern und deren Derivaten, Marihuana und bestimmten Arten von synthetischen Drogen wie Opiate.«[39] Von Anfang an war es eine kleine verschworene Truppe mit nur 433 Mitarbeitern, von denen 297 in weltweit 16 Leitstellen tätig waren, zuständig für die Bereiche Vereinigte Staaten, Europa, Naher, Mittlerer und Ferner Osten sowie Zentral- und Südamerika. Unter der Führung des ersten Commissioner Anslinger wurde bereits der bis heute gültige Verhaltenskodex festgeschrieben: alle gesetzlichen Möglichkeiten rigoros auszuschöpfen und, wenn die Situation es verlangte, auch bedenkenlos darüber hinauszugehen – immer das Feindbild des »Drogenpuschers« vor Augen. »Anders als das FBI, das häufig verächtlich auf die Drogenfahnder herabsah, ist das Narcotics Bureau nicht von einem Informantensystem abhängig, sondern besorgt sich seine Informationen in oft selbstmörderischen geheimen Aktionen selber. Das ist wohl auch der Grund, wieso es ein ziemlich undisziplinierter Haufen ist, zwar immer hochmotiviert und innovativ, aber gelegentlich auch korrumpierbar. Das liegt wohl daran, daß keine andere Abteilung so auf Tuchfühlung mit der Cosa Nostra war, ihre Natur genau kennt und doch so wenig ausrichten kann.«[40]

Der Druck, der vom Narcotics Bureau ausging, veranlaßte Frank Costello, für seine Familie 1948 ein Drogenverbots-Dekret zu erlassen. Das machte viel böses Blut bei Vito Genoveses Parteigängern. Um ihn hatten sich all jene geschart, die von den lukrativen Glücksspielunternehmungen weitestgehend ausgeschlossen waren und durch das Gebot dazu verdammt schienen, mit leeren Taschen mitansehen zu müssen, wie die Spieler ihre satten Gewinne einstrichen. Das schnelle Geld des Rauschgifthandels konnte das gefährliche Wohlstandsgefälle innerhalb der Familie neutralisieren. Der soziale Friede war jedoch nur zum Preis eines erhöhten Risikos zu haben.

Um 1950 mußten in Frankreich für ein Kilogramm Heroin 2500 Dollar auf den Tisch gelegt werden, in New York erzielte dieselbe Menge im Großhandel 11.000 Dollar. Wenn der Stoff nach unzähligen Streckungen schließlich an die Straßenecke kam, betrug der Reinheitsgehalt nur noch 5 Prozent, kostete aber den dreifachen US-Großhandelspreis. Vito Genovese war nicht der Mann, solche Gewinnspannen kampflos aufzugeben.[41]

Frank Costello war zu sehr mit seinen politischen Ränken beschäftigt, um die Gewitterwolken am Horizont zu sehen, und Don Vitone wartete geduldig ab. »Vito, dieser Hurensohn, hatte das Gedächtnis eines Elefanten und die Geduld einer Eidechse – er wartete Jahre auf eine Chance, Frank eine Kugel in den Kopf zu jagen.«[42]

Am 1. Januar 1946 zog Bill O'Dwyer in City Hall ein. LaGuardia hatte die Zeichen einer drohenden Niederlage rechtzeitig erkannt und stand als Kandidat nicht mehr zur Verfügung. Das bedeutete auch das Aus für Polizeichef Valentine, ein Ereignis, das nach außen wieder eine offene Stadt signalisierte. Costello hatte nicht umsonst sein Gewicht in O'Dwyers Waagschale geworfen. »O'Dwyer konnte die finsteren Kräfte nie abschütteln, die ihn ins Rathaus gebracht hatten.«[43]

Captain Frank C. Bals, dessen zweifelhafte Rolle beim Ableben von Abe Reles immer noch Grund für Spekulationen lieferte, James J. Moran, der Kompagnon aus gemeinsamen Tagen in der Staatsanwaltschaft von Brooklyn, und Frank J. Quayle, ebenfalls ein Nachtschattengewächs der Brooklyner Halbwelt, hatten nichts mehr zu befürchten, wurden sogar befördert.

Im September 1949 wurde Ed Reid, Reporter beim *Brooklyn Eagle*, Ohrenzeuge eines brisanten Kneipengesprächs um Buchmachergeschäfte und Bestechung von Polizisten aller Dienstgrade in den Kings-County-Revieren. Seine Artikelserie veranlaßte Richter Samuel Leibowitz, die Frist der Brooklyn Grand Jury zu verlängern, um dem Vorwurf einer flächendeckenden Polizeikorruption nachzugehen. Reids Enthüllungen rüttelten viele New Yorker auf, aber nicht genug, um O'Dwyer Ende 1949 aus City Hall zu vertreiben. Am 1. Januar 1950 legte er erneut den Amtseid als Bürgermeister der Stadt ab. Der Wiedergewählte begann nun, die Grand-Jury-Untersuchungen massiv zu hintertreiben, die mittlerweile für Adonis, Anastasia und Co. langsam zur Bedrohung wurden. Die bereits angeheizte antikommunistische Stimmung benutzte Polizeichef William O'Brien, um die ganze Affäre als kommunistisches Komplott herunterzuspielen. Allmählich begannen sich jedoch Ressentiments in der Bevölkerung breitzumachen, der Bürgermeister wurde zu einem ernsthaften Problem für seine Partei. Nach einer Beratung zwischen Präsident Truman und Edward J. Flynn, einem altgedienten Tammany-Mann, wurde O'Dwyer der Rücktritt nahegelegt. Am 14. August verlautete aus dem Weißen Haus, daß William O'Dwyer das Rathaus zugunsten der Botschafterresidenz der Vereinigten Staaten in Mexiko aufgab.

Die Amtsgeschäfte übernahm Vincent R. Impellitteri, der in einer vorgezogenen Wahl für die verbliebene Amtszeit bestätigt wurde. Polizeichef O'Brien, Bals und der notorische James J. Moran verschwanden von der Bildfläche. Für das Syndikat war dies ein Vorgang ohne jede Bedeutung, denn unzählige Aspiranten auf eine Mob-Beförderung warteten bereits in den Startlöchern.

Die großen urbanen Zentren erlebten in den Jahren seit Kriegsende eine alarmierende Verbrechenszunahme bei gleichzeitig stagnierender oder gar rückläufiger Aufklärungsquote. Bundesjustizminister McGrath trat Anfang 1950 vor die Öffentlichkeit: »Im Winter 1949/50 wandten sich Vertreter der US-Bürgermeisterkonferenz, der American Municipal Association, des National Institute of Municipal Law Officers, der National Association of Attorneys General, und viele andere an mich und drückten ihre Besorgnis über die steigende Kriminalitätsrate in ihren Kommunen aus, besonders im Zusammenhang mit organisiertem Glücksspiel.«[44]

Aus McGraths Situationsbeschreibung ließ sich die direkte Frage nach der Beschaffenheit eines erfolgreichen Unterdrückungsapparats ableiten, eine schwierige Hypothese angesichts der herrschenden Zustände. »Zu glauben, man könnte Kriminalität mit den gegenwärtigen Ordnungskräften tilgen, minimieren oder kontrollieren, ist grotesk. Es ist absurd, Männern ihrer Intelligenz (Unterweltbosse) Staatsanwälte entgegenzustellen, die im Amt sind, weil sie attraktiv aussehen, populär sind oder gute Reden halten können. Diese Art der Fähigkeiten helfen im Kampf gegen organisierte Kriminalität wenig, und dementsprechend ist die Situation in den Städten. Scheinbar haben die Menschen in den Städten kein Interesse daran, jemand Kompetenten ins Amt zu wählen. Ganz offensichtlich ist man in den Städten zwar gegen organisierte Kriminalität, will aber nicht, daß sie bekämpft wird.«[45]

Die Kefauver-Hearings

»Die Kefauver-Hearings waren gute TV-Shows. Einige Leute wanderten durch sie in den Knast. Als sie vorbei waren, starb das öffentliche Interesse an organisierter Kriminalität. Kriminalität ist ein Teil unserer Kultur. Organisierte Kriminalität existiert nun schon eine ganze Weile. Kriminalität ist besser organisiert als unorganisiert. Denn die Bosse stecken Grenzen ab und unterwerfen die Geschäfte ihrer Kontrolle. In jedem Fall gibt es nichts, was Sie, meine Herren, dagegen tun können – außer damit zu leben.«

(Earl Connors, eine undurchsichtige amerikanische Unternehmerfigur, 1956 in einem Interview für die Publikation *Underworld U.S.A.* von Joseph F. Dinnean.)

William »Willie Moore« Moretti, neben Joe Adonis der zweite Caporegima der Familie in den New-Jersey-Rackets, war zweifellos der farbigste Charakter der dortigen Unterwelt. Eine Geschichte über ihn und Frank Sinatra ist bis heute in Umlauf, da sie Mario Puzo in seinem Patenroman in stark romantisierter Form nachstellte: Dem Mobster Moretti fiel Ende der dreißiger Jahre ein junger, talentierter, italienischstämmiger Sänger in einer heruntergekommenen Newark-Spelunke auf, und er beschloß, das schmale Bürschchen mit der großen Stimme unter seine Fittiche zu nehmen. Der junge Sänger stammte aus dem tristen Hoboken, N.J., und hieß Frank Sinatra. Moretti verschaffte Frankie Boy Engagements in passablen Nachtclubs und nach einiger Zeit einen Vertrag für 125 Dollar die Woche mit der Tommy Dorsey Band. Als Hollywood rief, wollte Dorsey seinen Jungstar nicht ziehen lassen. Moretti suchte den Bandleader in seiner Garderobe auf, schlug ihn zu Boden, steckte ihm seine 45er Automatik in den

Mund und machte ihm eines dieser Angebote, die man nicht ausschlagen kann. Er, Moretti, würde Sinatras Vertrag für 1 Dollar übernehmen. Sinatra ging nach Hollywood, der Rest ist Geschichte.

»Willie hatte viele Männer, ungefähr fünfzig oder sechzig in Jersey und Umgebung. Die meisten waren Made men, einige nicht. Moretti war unabhängig, er hatte seine eigene kleine Armee.«[46] Mitte der vierziger Jahre begann Moretti, sonderbar zu werden. Gegen alle Gepflogenheiten begann er, mit wildfremden Menschen seine persönlichen Verhältnisse zu besprechen, und es stand zu befürchten, daß er eines Tages auf jemanden stoßen würde, der mehr war als nur ein höflicher Zuhörer. Ursache seiner geistigen Verwirrung war eine Syphilis im fortgeschrittenen Stadium. »Es war ihm noch nicht ganz zu Kopf gestiegen. Zu manchen Zeiten war er rational wie immer, doch da gab es immer häufiger Momente, wo er Dinge vor sich hinbrabbelte, die besser ungesagt blieben.«[47]

Nach zehnjähriger Abwesenheit von den New Yorker Verhältnissen konnte Genovese nicht erwarten, Macht, Prestige und Einkünfte seiner einstigen Position als Lucianos Underboss sofort wieder einnehmen zu können. Ein Blick in die Runde belehrte ihn, daß in der Zeit seines Italien-Intermezzos Männer an die Schalthebel der Macht gelangt waren, die sich seinen Ambitionen vehement entgegenstemmen würden. »Aufeinanderfolgende Ereignisse deuteten darauf hin, daß er entschlossen war, unter Einsatz von Gewalt wieder an die Spitze zu kommen. Willie Moretti war der erste von denen, die gehen mußten, weil sie in Vito Genoveses Weg standen.«[48]

In dem Konflikt, der sich zwischen Costello und Genovese anbahnte, war Moretti Costellos wichtigster Bündnispartner, denn er verfügte über jene Schlägertruppe, die Genoveses Leuten Paroli bieten konnte.

Ab 1949 begann Don Vitone konsequent gegen Moretti zu agitieren, brandmarkte ihn erst leise, dann immer lauter als wandelndes Sicherheitsrisiko. »Er versuchte, zwei Fliegen mit einem Schlag zu erledigen«, denn die Giftpfeile gegen Moretti zielten auch auf Costello, der sich – so lange er konnte – demonstrativ vor den schubweise Unzurechnungsfähigen stellte. »Vito begann systematisch dafür Stimmung zu machen, Willie Moretti zu beseitigen, und das ließ Frank Costello nicht besonders gut aussehen. Eines Tages hatten wir mit Vito ein Treffen im Village, wo er sagte: ›Was sind wir, Männer oder Memmen?‹ Permanent hetzte er gegen Willie und forderte, ihn zum Abschuß freizugeben, weil er krank war. Ich erinnere mich, daß er zu uns sagte: ›Er hat seinen Verstand verloren, daran ist nichts zu ändern. Wäre ich morgen in der selben Situation, möchte ich erschossen werden, um La Cosa Nostra nicht zu schaden.‹ Nachdem die böse Saat gesät war, begann sie zu sprießen – und die Kommission kam zu dem Schluß – ich meine die Bosse –, daß Vito recht hatte.«[49]

Den letzten Ausschlag, den Stab über dem immer stärker in den Schwachsinn abdriftenden Willie Moretti zu brechen, lieferte er mit seinem Auftritt vor dem Kefauver-Senatsausschuß selbst. Begleitet von seinem Anwalt John T. Sullivan, der von Costello die strikte Anweisung hatte, Moretti nicht zu Wort kommen zu lassen, winkte er beim Verlassen des Gerichtsgebäudes infantil in die Objektive der Nachrichtensender und konnte nur mit Mühe davon abgehalten werden, vor laufenden Kameras über die »guten alten Tage« zu reminiszieren. Danach konnte auch Costello nichts mehr für ihn tun. Der Auftrag, Moretti umzulegen war offen, das heißt, der Auftrag war an niemand Bestimmten ergangen. Am 4. Oktober 1951 hatte Willie ein Treffen mit John »Johnny Roberts« Robilotto, einem Caporegima der Mangano-Familie (später Gambino-Familie) in einem Gangstertreff in Cliffside Park, N.J.: »Willie Moretti bekam zwei Kugeln in den Kopf.«[50]

Harry S. Truman setzte sich bei den Präsidentschaftswahlen Ende 1948 zum größten Erstaunen aller Auguren gegen seinen republikanischen Herausforderer Thomas E. Dewey durch. An den Inaugurationsfeierlichkeiten Anfang 1949 nahm eine starke New Yorker Delegation teil, einer der Stars der Tammany-Abordnung war Frank Costello.

Ende 1949 registrierten zwei Senatsdebütanten, der 41jährige Republikaner Joseph R. McCarthy aus Wisconsin und der 46jährige Demokrat Estes Kefauver aus Tennessee, unabhängig voneinander das besorgte Raunen der Wählerschaft über die beängstigend ansteigende Kriminalität. Auf der Suche nach einer medienwirksamen Plattform wider das triste Dasein eines Hinterbänklers hatten beide Neulinge instinktiv erkannt, daß das Vehikel Kriminalitätsbekämpfung zum Motor einer steilen politischen Karriere werden konnte. Die von Illegalitätsschüben besonders heimgesuchten Metropolen, fast ausnahmslos unter demokratischer Administration, konnten der Vorstellung, von einem republikanischen Schnüffler heimgesucht zu werden, wenig Positives abgewinnen. Darum herrschte allgemeines Aufatmen, als der Demokrat Kefauver am 5. Januar 1950 mit seiner Senatsvorlage 202 das Problem an sich riß. Ziel seines Antrags war die Berufung eines Sonder-Untersuchungsausschusses für bundesweit organisiertes Verbrechen. Am 3. Mai 1950 nahm der Senat Vorschlag 202 an, auf der ersten Sonderausschußsitzung in der darauffolgenden Woche wurde Kefauver zum Vorsitzenden gewählt. Ihm zur Seite standen die Demokraten Herbert R. O'Connor (Maryland) und Lester C. Hunt (Wyoming), sowie die Republikaner Charles W. Tobey (New Hampshire) und Alexander Wiley (Wisconsin). Bei der Zusammensetzung fällt auf, daß kein Komiteemitglied einen Bundesstaat mit massiven Kriminalitätsproblemen repräsentierte. Es ist nicht schwer, Absicht dahinter zu vermuten. »Im Mai 1950 hatte er (Kefauver) es geschafft und vor Joseph McCarthy dieses Territorium besetzt, so daß dem Senator von Wisconsin nichts anderes übrigblieb, als auf Kommunisten Jagd zu machen.«[51]

Der Wanderzirkus »Verbrechensausschuß« gastierte am 11. Juli 1950 zum erstenmal in New York City.[52] Vorgeladen war, mit wenigen Ausnahmen (Vito Genovese, Vincent Mangano, Thommy Lucchese, Joseph Bonanno), das komplette *Who is Who* der New Yorker Unterwelt. Dem staunenden amerikanischen Fernsehpublikum wurden Männer mit zumeist feudalem Lebensstil präsentiert, deren Erinnerungsvermögen immer dann nebulös wurde oder ganz versagte, wenn die Sprache auf Einkünfte und Tätigkeiten kam. Die Befragungen von Frank Livorsi (Chauffeur von Ciro Terranova, dann im Coppola-Regime) und Albert Anastasia sind Paradebeispiele hierfür:

Halley: »Wovon haben Sie seit 1947 Ihren Lebensunterhalt bestritten?«

Livorsi: »Ich folgte den Pferden ... Ich fuhr von Rennbahn zu Rennbahn. Zwischen New York und Florida.«[53]

Halley: »Sie (Anastasia) waren ILA-Mitglied. Mal sehen; im Jahre 1919 hörten Sie auf, als Werftarbeiter zu arbeiten; ist das korrekt?«

Anastasia: »Ich glaube, ich arbeitete zwei Jahre auf den Piers.«

Halley: »Was taten sie danach?«

Anastasia: »Ich kann mich nicht mehr erinnern.«

Halley: »Nun gut, zwischen 1919 und 1948 müssen sie doch irgend etwas getan haben. Können Sie dem Komitee irgendeine Beschäftigung zwischen 1919 and 1948 nennen?«

Anastasia: »Nun, ich trat 1942 in die Armee ein und musterte 1944 aus. Ich glaube, danach arbeitete ich vier oder fünf Monate für meinen Bruder. Ich kann mich an die exakte Zeit nicht mehr erinnern.«[54]

Frank Costello war der einzige, der sich gegen eine landesweite Ausstrahlung seiner Befragung stemmte. Statt seines

Gesichts flimmerten seine manikürten Hände über die Mattscheiben der amerikanischen Haushalte. Diese Hände in Verbindung mit einer beunruhigend heiseren Stimme, das Ergebnis einer mißglückten Mandeloperation in seiner Kindheit, die einen Kommentator zu dem lyrischen Vergleich »das Todesröcheln einer Möwe«[55] inspirierte, wirkten wie eine einzige Herausforderung an das bürgerliche Amerika. Unter dem Druck der Medien schoß sich das Komitee auf ihn als der zentralen Figur der Subkultur ein. Der schwache Punkt in Costellos behördlich registrierter Biographie war sein Einbürgerungsverfahren. Nicht nur, daß er auf dem Antrag unterlassen hatte, Angaben über eine Straftat unter dem Pseudonym Francisco Saverio (Saverio war der Mädchenname seiner Mutter) zu machen, auch seine beiden Leumundszeugen Frank H. Goss und Harry C. Sausser entpuppten sich bei genauerer Untersuchung als windige, wenn nicht gar kriminelle Charaktere.

Halley: »Wer war die Person, von der sie während der Prohibition den Alkohol erwarben? War das der selbe Harry Sausser, von dem wir hier sprechen?«

Costello: »Nein.«

Halley: »Wer ist der andere Harry Sausser?«

Costello: »Ich weiß, es war nicht der Harry Sausser. Es gibt viele Saussers.«

Halley: »Wo ist jener Harry Sausser, der Ihren Einbürgerungsantrag unterschrieben hat?«

Costello: »Ich habe keine Ahnung. Ich glaube, er ist tot.«

Halley: »Senator, es sieht so aus, als wäre der Immobilienmakler Harry Sausser, der Mr. Costellos Einbürgerungsantrag unterschrieben hat, derselbe Harry Sausser, von dem Mr. Costello 1947 behauptete, während der Prohibition Alkohol gekauft zu haben.«

Senator Tobey: »Hätte das nicht Elemente einer Konspiration zweier Parteien zum Zwecke der Begehung einer strafbaren Handlung gegen die Gesetze dieses Landes?«

Halley: »Ich glaube schon. Ich glaube, es hat Elemente einer Konspiration zur betrügerischen Erlangung der Einbürgerung.«

Senator Tobey: »Nun – lassen sie mich laut denken –, wenn es eine Konspiration zweier Parteien gegeben hat, die Gesetze dieses Landes zu brechen, und wenn die Einbürgerung durch einen Meineid erschlichen wurde, fällt dann nicht derjenige, der diese falschen Angaben wissentlich als rechtmäßig ausgab, ebenso unter das Deportationsgesetz wie jemand, der Unterlagen fälscht?«[56]

So kurzweilig Senator Tobeys Ironie für das Publikum war, Costello drohte, daran zu ersticken. Die Aufdeckung seiner möglicherweise durch betrügerische Manipulation erlangten Einbürgerung löste bei der Einwanderungsbehörde eine Untersuchung aus. Der daraus resultierende Rechtsstreit ging über Jahre. Letztendlich wurde Costello am 9. März 1959 die amerikanische Staatsbürgerschaft aberkannt.[57]

Doch die unmittelbare Auswirkung für Costello war eine vierzehnmonatige Haftstrafe im Bundesgefängnis von Milan, Michigan, »wegen Mißachtung des Senats aufgrund unerlaubten Fernbleibens von den Anhörungen.« Das war seine erste Haftstrafe seit Jugendtagen.

Der zweite Leidtragende der kollektiven Neugierde wurde William O'Dwyer, den man aus Mexiko herbeizitierte. Der einstige Bürgermeister wurde persönlich wie beruflich vernichtet. O'Dwyer mußte eingestehen, Costello 1943 in seinem Apartment aufgesucht zu haben.

O'Dwyer: »Ich traf Costello. Ich habe ihn in seinem Apartment aufgesucht, ich erinnere mich, daß ich ihn in einer bestimmten Angelegenheit zweimal traf.«

Senator Tobey: »Begleitete Sie Mr. Moran, als sie Costello aufsuchten?«

O'Dwyer: »Er begleitete mich beim ersten Mal.«

Senator Tobey: »Warum das, um Ihre Tasche zu tragen? Ich frage mich, warum er mitging. War er Ihr Botenjunge, Ihr Partner, Ihr Berater?«

O'Dwyer: »Senator, wenn diese Frage ernst gemeint ist und nicht sarkastisch, werde ich mich bemühen, sie zu beantworten.«

Halley: »Wer arrangierte das Treffen, Mr. O'Dwyer?«

O'Dwyer: »Ich glaube, es war Sherman, aber es hätte auch Moran sein können. Ich glaube, Sherman war anwesend, Bert Stand und ein Richter namens Saverese.«

Halley: »Mike Kennedy auch?«

O'Dwyer: »Ja, auch Abgeordneter Michael Kennedy, der zu diesem Zeitpunkt Bezirksverordneter war.«

Halley: »Und der auch Tammany-Boss war. Wußten Sie, warum Kennedy und Stand dort waren?«

O'Dwyer: »Nein.«[58]

Keines der Komitee-Mitglieder hatte auch nur den Anflug einer Vorstellung, welche Erkenntnisse die eher willkürlichen denn methodischen Befragungen suspekter Elemente zutage fördern sollten. Dementsprechend verliefen auch die einzelnen Verhöre. Die Antworten auf die Schwerpunktfragen ließen jedoch in den urbanen Zentren engmaschige Netzwerke erkennen, die in vielen Fällen auch vor Stadt- oder Landesgrenzen nicht haltmachten. Die Schlußfolgerung der simplen Rechenaufgabe A kennt B, B kennt C, folglich muß A C kennen, hieß Konspiration. »Das Kefauver-Komitee witterte überall Verschwörung. Die zwei großen Gefahren unserer Gesellschaftsordnung, Kriminelle und Kommunisten, arbeiten immer häufiger Hand in Hand«, erklärte Senator Tobey alarmiert. »Argwohn und eine gute Nase machen den findigen

Ermittler. Aber Estes Kefauver ließ sich von seinem Mißtrauen überwältigen, was seine Urteilskraft erheblich minderte, er verwechselte Ursache und Wirkung. Denn organisierte Kriminalität von der Mafia herzuleiten ist genau so, als würde man den Rassismus im Süden für ein Produkt des Ku-Klux-Klan halten.«[59]

Organisiertes Glücksspiel wurde als finanzielles Rückgrat der organisierten Unterwelt entlarvt und zwei Formationen ausgemacht: das Accardo-Guzik-Fischetti-Syndikat mit Sitz in Chicago, das Interessen in Chicago, Kansas City, Dallas, Miami, Las Vegas und der Westküste hielt; und das Costello-Adonis-Lansky-Syndikat mit Schwerpunkten in New York City, Saratoga, Bergen County (New Jersey), New Orleans, Miami, Las Vegas, der Westküste und Havanna. Man munkelte von 20 Milliarden Dollar Jahresumsatz im Bereich des illegalen Glücksspiels – sieben Prozent des Bruttonationalprodukts. »Die Mafia ist die Klammer, die diese beiden großen Syndikate zusammenhält, die den illegalen amerikanischen Markt dominieren.«[60]

J. Edgar Hoover zeigte sich von den Befunden der Kefauver-Hearings wenig beeindruckt. »Wenn die Gesetze in bezug auf illegales Glücksspiel landesweit rigoros angewandt würden, gäbe es binnen 48 Stunden keine illegalen Spielhöllen in diesem Land.«[61] Das Komitee hatte es erst nach einem Jahr und unzähligen zurückgelegten Meilen für nötig befunden, die Meinung des FBI-Bosses einzuholen. Hoover tat Kefauvers Konspirationstheorien mit einer lässigen Handbewegung ab, es gäbe kein nationales, sondern nur ein lokales Problem, dem mit lokalen Ordnungskräften beizukommen sei.

Fakten konnte nur das Narcotics Bureau liefern. Hauptakteure einer aufgedeckten Drogenkonspiration via Italien waren Mitglieder des berüchtigten 107th Street Mob (die ehemalige Morello/Terranova-Formation) unter Michael Coppola und Dominick Petrelli. Der Stoff wurde über ein pharmazeutisches Unternehmen in Triest beschafft und in Genua für den New Yorker Markt eingeschifft. Die italienischen Hintermänner waren Cesare Melli und Riccardo Morganti (ein Vetter von Rocco Morganti, einem Murder, Inc.-Opfer). Die Übernahme der heißen Ware an den New Yorker und Brooklyner Docks überwachten Frank Livorsi, Charles Albergo und Joseph Gagliano, alle Soldiers im Coppola-Regime.[62]

Mitte 1951 gab Estes Kefauver den Vorsitz an den farblosen Senator O'Connor ab. Das Komitee dümpelte dann noch einige Monate kläglich dahin, bis es in der Provinz sang- und klanglos unterging. Das schrecklich-schöne Schaudern beim Anblick des wackeren Senators im Kampf gegen urbane Kriminelle war vorbei, »das Menschen stundenlang in klirrender Kälte vor Fernsehern hinter Schaufenstern ausharren ließ, Kneipen füllte und Hausfrauen anfeuerte, ihre Kanastanachmittage in Kefauver-Parties umzubenennen.«[63]

Kefauver war im März 1951 bereits eine nationale Berühmtheit. Sein Bild, als Pfadfinder mit Biberfellmütze, zierte die Titelseite des *Time Magazine*. Der Zeitpunkt schien gekommen, politisch Kasse zu machen. 1952 war er ein aussichtsreicher Anwärter auf die demokratische Präsidentschaftsnominierung. Vier Jahre später ging er als Bewerber auf die Vizepräsidentschaft an der Seite von Adlai Stevenson ins Rennen.

1952 war das Jahr des Fulgencio Batista. Nach einer Auszeit von acht Jahren putschte sich der mittlerweile 51jährige Anfang März erneut in Kubas Präsidentenpalast. Die zurückliegenden Jahre waren für die Insel kommerziell durchaus erfolgreich, eine dollarschwere Spieler- und Amüsierindustrie, das Paris der Neuen Welt, hatte sich unter Palmen etabliert. Die Inhaber öffentlicher Ämter waren durch die Bank korrupt, so daß es völlig belanglos war, ob Wahlurne oder Militär sie legitimierte.

Der Präsident wollte die Profite aus dem Tourismus und seinen Nebeneffekten zur Haupteinnahmequelle Kubas – und seiner eigenen – machen. Kubas Klima und Strände, seine Nähe zu New York und Miami, die atemberaubende Schönheit seiner Frauen und die traditionelle Gastfreundlichkeit seiner Bewohner wurden seiner Meinung nach noch ungenügend vermarktet. Als Spezialisten für den Casinobereich holte er seinen alten Freund Meyer Lansky wieder ins Land. Lansky träumte davon, ein Kasino unter eigener Regie im Nacional zu führen, dem besten Hotel der Insel. Und seine Träume gingen noch viel weiter, als 1955 ein Gesetz ratifiziert wurde, das jedem Investor, der eine Million Dollar oder mehr in Tourismusunternehmen investiert, eine Glücksspiellizenz und das Recht zum Betreiben eines eigenen Casinos zusicherte. Das Nacional, dessen Wert weit über eine Million Dollar lag, war das erste Unternehmen, das diese Lizenz erhielt.[64]

Anfang 1956 begann Lansky mit dem Bau eines eigenen Hotels. Das Riviera war bei der Fertigstellung mit seinen 21 Stockwerken und 440 Zimmern das größte Hotel-Casino Kubas. »Das Nacional ist distinguiert. Die Menschen, die man in der Lobby beobachten kann, stammen aus Philadelphia oder der Back Bay Area, sie haben Klasse, Geld und besuchten die besten Schulen. Der Klientel im Riviera sieht man an, daß ihr Geld aus windigen Geschäften stammt oder sie vor aller Welt mit ihrem Reichtum prahlen wollen.«[65] Meyer Lansky konnte es egal sein, er verdiente an beiden Gesellschaftsklassen.

Mit den Jahren besaß jeder bedeutende New Yorker Mobster ein Stück vom kubanischen Glücksspielkuchen. Bald gehörten auch kubanische Gewerkschaftsangelegenheiten zu Ganginteressen, nachdem Batista die Arbeitsbeschränkungen für ausländische Arbeitnehmer aufhob. Anfangs durften die Hotels nämlich keine Amerikaner beschäftigen. Dann ließ sich Batista erweichen und erlaubte den Unternehmen, ihre eigenen Leute mitzubringen.

Laut einem UP-Bericht wurde 1955 eine Milliarde Dollar in den Casinos der Insel umgesetzt. Nur Brosamen dieser Summe fanden den Weg in die staatlichen Kassen des Landes. Geld versickerte in privaten Taschen, entweder als Bestechungsgelder auf der Konzessionsbasis oder als Schmiergeld auf dem Arbeitssektor. Unzufriedenheit machte sich breit. Brennpunkt der Desillusionierten wurde Fidel Castro. Da auch die Mobilisierung von gescheiterten Hoffnungen Geld benötigt, fand Castro nichts dabei, dieses von Costello anzunehmen. Der Mobster wollte Castros Zusicherung, nach einem erfolgreichen Putsch die etablierten Konstellationen im Casinobereich unangetastet zu lassen. Laut einem Informanten steckte Frank Costello Geld in eine Castro-Initiative, um sicherzustellen, daß ein politischer Wechsel keine Auswirkungen auf das Glücksspiel haben würde.[66]

Sichere Investitionen außerhalb der USA lautete seit der unfreiwilligen Fernsehwerbung Gebot Nummer eins der Unterwelt. Denn die Verhältnisse drohten noch weiter zu eskalieren. An Costellos Fersen hatten sich Einwanderungs- und Steuerbehörde geheftet, ein Schicksal, das er mit Joe Adonis teilte. In New York und New Jersey wütete überdies seit dem 30. Januar 1953, dem Tag der Annahme der Senatsvorlage 41, die Waterfront Investigation, eine Senatsinitiative zur Untersuchung von Hafen-Rackets. Den Vorsitz führte ein alter Bekannter aus Kefauver-Hearings-Tagen, Senator Charles W. Tobey, der zum Entsetzen der gesamten Subkultur eine Mission und keine politische Karriere verfolgte.

Während im New Yorker Hafen nach wie vor die bereits enttarnten Gruppierungen rund um die Anastasia-Brüder und Abteilung 1814 der ILA operierten, erlebte der seit dem Ende der Prohibition verhältnismäßig racketfreie Hafen von New Jersey einen dramatischen Einfall von kriminellen New Yorker Elementen. Ein Paradebeispiel für die Vorgehensweise der Unterwelt war das Claremont Terminal in Jersey City.

Ende 1950 lancierten die Vereinigten Staaten ein streng geheimes Projekt, das den Aufbau von strategischen Luftwaffenstützpunkten in einigen Staaten Nordafrikas vorsah. Das war eine Angelegenheit von höchster Priorität, denn die Militärs wollten diese Basen. Schnelligkeit war oberstes Gebot, dem sich alles andere unterzuordnen hatte. Um Verzögerungen aufgrund schleppender Materialanlieferungen zu minimieren, sollte ein zentrales Sammellager errichtet werden, in das alle beauftragten Firmen ihre Bauteile zu liefern hatten. Zu diesem Zweck mietete das Army Corps of Engineers von der Dade Bros., Inc. das Claremont Terminal am Hudson an. Der erhöhte Bedarf an Arbeitskräften öffnete der ILA, in diesem Fall Abteilung 1247, Tür und Tor.

John V. Kenny, der Bürgermeister von Jersey City, hatte seinem Wahlkampfgehilfen Anthony »Tony Cheese« Marchitto für seine Unterstützung im Kampf um das Rathaus die Präsidentschaft von Abteilung 1247 zugesagt. Nach etlichen Raufhändeln und ausgeschlagenen Zähnen gab sich Marchitto mit dem Posten des Geschäftsführers zufrieden, was die Leidenschaft für Bürgermeister Kenny kurzzeitig abkühlen ließ. Doch erkannten beide sehr schnell, daß nur im gemeinsamen Marschieren der Erfolg lag.

Ab Mitte Juli 1951 ließ die Armee Nachtschichten fahren. Als Boss der Nachtschicht holte sich Marchitto John »Johnny Duke« DeNoia, Eigentümer von Duke's Bar and Grill, dem notorischen Jersey-Treffpunkt solcher Unterweltgrößen wie Joe Adonis, Albert Anastasia, Anthony »Tony Bender« Strollo, Vito Genovese, den Morettis und Frank Erickson.[67] John DeNoia hielt sich nicht lange auf diesem Posten, er wurde auf Betreiben von Dade Bros. entfernt, da er zigarrenrauchend und in teuren Anzügen auf dem Gelände herumstolzierte. Sein Nachfolger wurde Dominick Strollo, »Tony Benders« Bruder. Die einzige Qualifikation, die Strollo vorweisen konnte, war ein dreimonatiges Arbeitsverhältnis als Aufseher am Brooklyner Hafen – vor sieben Jahren. Mit Strollo als Anheuerer intensivierte sich der stete Zuzug von schweren Jungs aus New York. Mitte 1952 gehörten 160 Personen mit umfangreichem Strafregister zur Belegschaft. Unter dem Einfluß der Strollos begann Marchitto, die Personalvorschläge des Bürgermeisters zu ignorieren, und setzte immer mehr Strollo-Protegés auf die Gehaltsliste. Kenny fühlte sich um seinen Anteil betrogen, und es kam zum Streit zwischen den einstigen Partnern. In der folgenden Auseinandersetzung benutzte der Bürgermeister bedenkenlos die Polizeitruppe von Jersey City für seinen privaten Fehdezug.[68]

Als Kenny erkannte, daß er trotz seiner Position gegen die Strollos und ihre mörderischen Verbindungen machtlos war, traf er sich mit Tony Bender in New York zu einer geheimen Konferenz.

Das Treffen fand am 14. März 1952 in einem beliebten Gangster-Treff, dem Hotel Warwick, in Midtown Manhattan statt. Einer von Staatsanwalt Hogans Männern lag an diesem Abend auf der Lauer und vermerkte die Einzelheiten der zwielichtigen Zusammenkunft. Es ließ sich unschwer erahnen, daß die Situation des Claremont Terminals Hauptgesprächspunkt der beiden Verschwörer war. Das Kenny/Bender-Treffen brachte kein Übereinkommen, es kam zum offenen Krieg der beiden Fraktionen.

Ende 1952 sah sich Dade Bros., Inc. gezwungen, die Nachtschichten zu streichen und Leute zu entlassen. Die Armee hatte eine Kostenüberprüfung angeordnet und war zu einem bedenklichen Ergebnis gekommen: Mit dem Arbeitspensum war man Monate im Rückstand, doch die Personalausgaben hatten sich inzwischen verdreifacht. An diesem Umstand war auch das Dade-Management nicht unschuldig, das Lohngelder systematisch zweckentfremdete: Als versteckte Positionen wurden auf Armeekosten eine Vergnügungsjacht für Kunden gekauft, Tausende World-Series (Baseball-Spitzenspiele) –

Eintrittskarten geordert, unter Dades Namen für wohltätige Zwecke gespendet und einem Armeeoberst silberne Kerzenleuchter zum Geschenk gemacht. Es ist bezeichnend, daß nach Aussetzung der Nachtschichten, was die Lohnkosten halbierte, die Leistung, gemessen in Raumtonnen, unbeeinflußt blieb.[69]

Das katastrophale Ergebnis der Revision führte dazu, daß sich die Armee aus dem Claremont Terminal zurückzog und die dortigen Aufgaben an rein militärische Einrichtungen übergab. Der Verlust durch illegale Manipulationen hatte zu diesem Zeitpunkt bereits neun Millionen Dollar weit überschritten.

Tony Bender und Bürgermeister Kenny wurden vor den Untersuchungsausschuß zitiert und zu ihrem berüchtigten Treffen befragt. Kenny brach unter der Wucht der Beweise zusammen. Nicht so Bender, der eindrucksvoll demonstrierte, welche Eigenschaften einen Topmobster ausmachen und wo die Grenzen der Untersuchungsbehörden lagen: »Er erwies sich als der kaltblütigste Zeuge, der dem Untersuchungsausschuß bis zu diesem Zeitpunkt Rede und Antwort stand. Er weigerte sich, über das Warwick-Hotel-Treffen zu sprechen – er war nicht einmal bereit auszusagen, ob er Kenny kannte oder nicht, da er sich durch eine derartige Aussage möglicherweise selbst belasten könnte. Das einzige, was er nach langer Befragung zugab, war, daß er wußte, wer der Bürgermeister von Jersey City war, und daß er ihn erkennen würde, wenn er ihn sähe.«[70]

Staatsanwalt Hogan präsentierte ein wenig aufmunterndes Resümee über die Situation der Ostküstenhäfen. »Es ist eine erschreckende Machtdemonstration der Unterwelt, die von den Behörden stillschweigend geduldet wird, zur Wahrung des sozialen Friedens an den Docks.«[71]

Mitte der fünfziger Jahre roch Vito Genovese Morgenluft. Frank Costello war am 17. Mai 1954 wegen Steuerhinterziehung in den Jahren 1947-49 zu fünf Jahren Haft verurteilt worden. Bereits Mitte sechzig, fürchtete Costello nichts so sehr wie einen abermaligen Gefängnisaufenthalt. Er trieb sein Verfahren durch alle Instanzen und appellierte als allerletzte Möglichkeit an den Obersten Gerichtshof. Solange das Verfahren anhängig war, befand er sich gegen Kaution auf freiem Fuß. Am 5. März 1956 bestätigte das Gericht das Urteil, nachdem die eigentliche Streitfrage, »ob ein Angeklagter aufgrund einer Beweislage, die nur auf Hörensagen beruht, rechtskräftig verurteilt werden kann«,[72] mit einem Ja beantwortet wurde. Hintergrund war der Umstand, daß im Verfahren gegen Costello die einzigen Beweise für seinen Steuerbetrug Zeugen lieferten, in diesem Fall drei Bundesagenten, die die Tatumstände nur vom Hörensagen kannten. Am 14. Mai 1956 nahm Costello unfreiwillig Quartier im Bundesgefängnis Atlanta.

Anfang Mai 1954, genau eine Woche vor dem ersten Costello-Prozeß, stand mit Joe Adonis der zweitwichtigste Mann der Luciano Family wegen Meineid vor Gericht, allerdings in Washington und nicht in New York. Bei seinem Auftritt 1951 vor dem Kefauver-Ausschuß hatte er sein Geburtsjahr mit 1901, seinen Geburtsort mit Passaic, New Jersey, angegeben. Damit wäre er automatisch ein Bürger der Vereinigten Staaten. Die Überprüfung seiner Personalien entlarvte diese Angaben als reines Phantasieprodukt. Die Realität machte ihn ein Jahr jünger und zu einem italienischen Staatsbürger, der als Kleinkind nach New York gekommen war. Für diese kleine Ungenauigkeit erhielt er acht Monate bis zwei Jahre Gefängnis. Adonis appellierte sofort an die nächsthöhere Instanz und verlor. Als im Oktober 1955 das Urteil letztinstanzlich bestätigt wurde, entdeckte Adonis in sich eine überwältigende Sehnsucht nach dem Land seiner Väter. Er bot einen Deal an, der den amerikanischen Steuerzahler Tausende von Dollar sparen helfen sollte: »Adonis bot an, die Vereinigten Staaten freiwillig zu verlassen, würde seine Freiheitsstrafe ausgesetzt. Die Regierung nahm an, und Adonis verließ amerikanische Gefilde standesgemäß. Als Okkupant der Luxussuite auf der *SS Conte Biancamano* machte er sich am 3. Januar 1956 Richtung Italien auf.«[73]

In Kenntnis von Adonis' Handel bot Costello der Staatsanwaltschaft von New York County ebenfalls freiwilliges Exil an und holte sich eine herbe Abfuhr. Ab dem 14. Mai 1956 saß er in Atlanta ein. Sein Strafantritt hatte eine extrem destabilisierende Wirkung auf die New Yorker Unterwelt. Vito Genovese war dem fatalen Irrtum aufgesessen, in Costello das einzige Hindernis auf seinem Weg zur subkulturellen Führerschaft zu sehen. Doch kaum hatten sich hinter diesem die Gefängnistore geschlossen, da meldete Albert Anastasia vehement seine Ansprüche an, vielleicht auch mit der Absicht, für Costello den Statthalter zu machen. Denn nach Morettis Tod waren Costello und Anastasia eng zusammengerückt, um gemeinsam Genoveses Ambitionen niederzuhalten. Joe Bonanno schilderte die New Yorker Verhältnisse Anfang der fünfziger Jahre: »Eine Zeitlang benahm sich Genovese gegenüber Costello loyal, doch unter der Oberfläche brodelte es bereits. Sah man Costello oft in Begleitung von Moretti, so steckten Genovese und Tommy Lucchese, der zu einer anderen Familie gehörte, die Köpfe zusammen. Von Albert Anastasia, wieder von einer anderen Familie, hieß es, daß er Costello nahestand, während Carlo Gambino, Mitglied der Familie von Anastasia, ein inniges Verhältnis zu Lucchese hatte. Diese transfamiliären Beziehungen waren typisch für New York und komplizierten unser aller Leben.«[74]

Von Atlanta aus beauftragte Costello einen neuen Anwalt. Edward Bennett Williams schien auch tatsächlich Ende 1956 ein gesetzliches Schlupfloch für seinen Mandanten entdeckt zu haben. Er machte eine Eingabe bei Gericht, argumentierend, daß unter bestimmten Voraussetzungen, wie im Fall seines Klienten, Steuerhinterziehung ein Vergehen *(misdemeanor)* und kein Verbrechen *(felony)* sei. Die Höchststrafe für ein Vergehen betrug maximal ein Jahr Gefängnis und 1000 Dollar Geldstrafe. Das Gericht nahm die Auslegung zur Überprüfung an, und Costello wurde am 11. März 1957 für die Findungsdauer auf Kaution entlassen. Genovese, der bereits Schritte zur Übernahme der Familie eingeleitet hatte, mußte sofort handeln.

Über das Vorspiel, das zu den Ereignissen des 2. Mai führte, existieren zwei Versionen: eine allgemein bekannte und eine FBI-interne. Presseberichten zufolge verbrachten Costello und seine Frau den Abend mit Freunden in einem Restaurant in Manhattan. Als die ausgelassene Gruppe noch zu einem Nachtclub weiterziehen wollte, verabschiedete sich Costello. Begleitet von einem Freund, William »Phil« Kennedy, dem Besitzer einer Fotomodellagentur, nahm er ein Taxi bis vor sein Apartmenthaus. Dort plauderten die beiden noch unter dem Vordach, ohne zu bemerken, daß eine schwarze Limousine in der Nähe des Eingangs parkte. Die FBI-Version: »Am 2. May 1957 hatte Costello eine Verabredung mit Anthony (Tony Bender) Strollo, dem Caporegima, der für die Familie Greenwich Village kontrollierte. Das Treffen in Chandler's Restaurant auf der East 49th Street hatte der Underboss der Familie, Vito Genovese, arrangiert. Neben Strollo war noch Vincent Mauro anwesend. Mauro verließ die Runde vorzeitig, um Costello bei Verlassen des Restaurants besser folgen zu können. Er sollte sofort Nachricht geben, wenn Costello Anstalten machte, zu seinem Central-Park-West-Apartment zurückzukehren.«[75] An diesem Punkt treffen sich beide Versionen: Als sich Costello Richtung Eingang bewegte, entstieg der Limousine ein schwergewichtiger Mann und folgte ihm. Costello hatte die Lobby auf dem Weg zu den Aufzügen halb durchschritten, als in seinem Rücken eine heisere Stimme »Das ist für dich, Frank« hervorpreßte und ihn gleich darauf ein Schuß am Kopf traf. »Costello ließ sich in einen Lederstuhl fallen, als Mr. Kennedy, der den Schuß gehört hatte, in die Lobby stürzte. Costello schrie, ›jemand wollte mich umlegen‹, sagte Mr. Kennedy. Der Täter war inzwischen auf die Straße gerannt und in das wartende Auto gesprungen, das mit hoher Geschwindigkeit davonraste.«[76]

Kennedy brachte den aus einer Fleischwunde blutenden Costello ins Roosevelt Hospital. Gegenüber der sofort angerückten Polizei äußerte der nur leicht Verletzte, er habe weder einen Blick auf den Schützen werfen können, noch den Schuß richtig wahrgenommen. Die Kugel hatte Costellos Kopf in Höhe des rechten Ohres bis hin zum Genickansatz gestreift, nach Meinung des Arztes ließ die Verletzung den Schluß zu, daß Costello den Kopf in Richtung des Attentäters drehte, während auf ihn geschossen wurde. Trotz dieses eindeutigen Befundes blieb Costello bei seiner Aussage, den Schützen nicht erkannt zu haben.

Während der Blessierte vom Notarzt versorgt wurde, interessierte sich die Polizei für den Inhalt seiner Jackentaschen. Zum Vorschein kamen verklausulierte Notizen und Zahlenreihen, die einen Aufteilungsschlüssel für illegale Casinogewinne nahelegten. Aus dem, was dekodiert werden konnte, ging hervor, daß von den Einnahmen der ersten 24 Betriebstage des Tropicana Hotels in Las Vegas vom Syndikat 651.284 Dollar illegal abgeschöpft wurden.[77] Dieser aufschlußreiche Inhalt aus Costellos Taschen ging an den Nevada Gaming Control Board, der Kontrollinstanz für Glückspiele, wo man eine Untersuchung einleitete.

Am 7. Mai wurde Costello von einer Grand Jury über die Hintergründe des Attentats befragt. Für sein beharrliche Festhalten an der Aussage, den Täter nicht erkannt zu haben, erhielt er 30 Tage Arbeitshaus. Als die Sprache auf die Papiere in seiner Jackentasche und die illegalen Gewinne von 651.284 Dollar kam, berief er sich auf sein Recht, die Aussage zu verweigern.

Ein Mordanschlag auf die Spitze der US-Unterwelt war

alles andere als eine alltägliche Affäre. Einen derartigen Anschlag konnte nur die Kommission abgesegnet haben, was Differenzen auf der Führungsebene des Syndikats offenbarte. Durch Identifizierung und Zuordnung des Attentäters erhofften sich die Ermittlungsbehörden Einblicke in die rivalisierenden Fraktionen der Subkultur. Norvel Keith, der Türsteher von 115 Central Park West, hatte noch in der Tatnacht eine ziemlich genaue Beschreibung des Schützen geliefert.

Etwa Mitte Juli begann sich die Polizei für Vincent »The Chin« Gigante zu interessieren. Der 29jährige ehemalige Boxer war kein unbeschriebenes Blatt, sein Strafregister reichte bereits zwölf Jahre zurück. Seine Anschrift lieferte den ersten Hinweis für eine mögliche Verbindung zur Genovese-Fraktion. 134 Bleeker Street lag im Herzen des Downtown-Territoriums von Don Vitone, der sein Hauptquartier praktisch um die Ecke, in einem Club in der Thompson Street hatte. Am 19. August stellte sich Gigante, vier Tage später stand er vor einer Grand Jury. Außer dem Türsteher, der ihn eindeutig als Täter identifizierte, konnte oder wollte sich niemand zu einer präzisen Aussage hinreißen lassen. Costello bestätigte lediglich einen Anschlag auf sein Leben, ohne jeden Kommentar. Gigantes Anwalt plädierte, »daß das Verbrechen, wenn es denn überhaupt eines gab, bestenfalls tätlicher Angriff war.«[78]

Die Jury legte dem Gericht dennoch eine Anklage wegen vorsätzlichen Mordes nahe, was bei einer Verurteilung zwölf bis zwanzig Jahre Haft bedeuten konnte. Am 23. August beantwortete Gigante vor Gericht die Schuldfrage erwartungsgemäß mit »nicht schuldig«. »Gigante ließ das Verfahren völlig unbeeindruckt, er lächelte Reporter an und winkte seiner Verwandschaft im Gerichtssaal zu.«[79] Richter Irvin D. Davidson setzte eine Kaution von 150.000 Dollar fest.

Staatsanwalt Alexander Herman, der Anklagevertreter von New York County, mußte gegen den hartnäckigen Widerstand des Opfers und das beharrliche Leugnen des Täters eine stringente Beweiskette aufbauen. Als nach fast einem Jahr der eigentliche Prozeß begann, hatte der vormals 220 Pfund schwere Gigante beträchtlich abgespeckt, was den Zeugen der Anklage, Keith, in erhebliche Zweifel stürzte. Gigantes Anwalt erbrachte auch noch den für die Staatsanwaltschaft vernichtenden Beweis, daß dieser vermeintliche Augenzeuge auf einem Auge vollständig erblindet und auf dem anderen erheblich sehbehindert war. Nachdem dieser Sachverhalt von einem Arzt bestätigt wurde, war das Verfahren zugunsten Gigantes gelaufen.

Der Anschlag auf Costello war eine mehr als deutliche Herausforderung. Costello selbst wußte natürlich, von wem die Botschaft kam und auch, daß sie über die Grenzen der eigenen Familie hinaus in der Unterwelt auf partielle Zustimmung stieß. De facto war es die Rebellion der Drogenschieber gegen die Spieler. Costello hatte für seine Familie ein verbindliches Drogenverbot erlassen, was besonders Genovese und seine Fraktion verbitterte. Auf der Commission-Ebene versuchte er, auf andere Bosse einzuwirken, sich der Drogenächtung anzuschließen, da politischer Schutz für diesen illegalen Geschäftsaspekt nicht zu haben war. »Costello hatte erkannt, daß es Rackets und Rackets gab. Alkoholschmuggel und Glücksspiel erfreuten sich einer gewissen Akzeptanz oder zumindest Gleichgültigkeit, während Rauschgifthandel von der Gesellschaft geächtet wurde und die Untersuchungsbehörden zu genauerem Hinsehen auch in anderen Bereichen ermunterte.«[80] Bei etlichen Bossen, wie etwa Joe Bonanno oder Tony Accardo von Chicago, der seinen Leuten wöchentlich 200 Dollar bezahlte, damit sie die Finger von Drogen ließen, stieß er auf offene Ohren. Andere, wie Tommy Lucchese oder Steve Magaddino von Buffalo, die beide beträchtlich in den Drogenhandel investiert hatten, stellten sich taub. Da Costello in der Kommission bestenfalls der Primus inter pares war, der Vorschläge unterbreiten, aber strikte Einhaltung nicht durchsetzen konnte, konzentrierte er sich auf seine unmittelbare Umgebung. Die Tatsache, daß Anastasia, der tief im Drogenracket verstrickt war, auf Costellos Seite stand, hatte neben einer persönlichen Affinität auch handfeste ökonomische Hintergründe: Costello bremste durch sein Verbot Genoveses Möglichkeiten auf dem heißumkämpften New Yorker Markt.

Costello, der sich nach dem mißglückten Attentat schon halb in die Rolle des Entmachteten ergeben hatte, wurde von Anastasia aufgestachelt, sich nicht so sang- und klanglos ins Aus drängen zu lassen. »Albert A. begann laut über einen Krieg nachzudenken, um seinen alten Freund wieder an die Macht zu bringen. Ein rasender Anastasia machte auch jemanden wie Genovese nervös.«[81] Alles spricht dafür, daß Carlo Gambino, Anastasias zweiter Mann (Gambino wurde nach Anastasias Tod mit Genoveses Billigung das Oberhaupt der Familie), Genovese die geheimen Treffen zwischen seinem Boss und Costello gesteckt hatte, über deren Inhalt man sich im Genovese-Lager im klaren war: Es konnte sich dabei nur um eine gemeinsame Strategieabstimmung gegen die immer offensichtlicher werdenden Boss-Allüren von Don Vitone handeln. Genovese mußte handeln, bevor ein gegnerischer Aktionsplan greifen konnte.

Bei seinem erneuten Vorstoß sollte diesmal nicht Costello, sondern Anastasia das Bauernopfer sein. Genoveses Kalkül war, daß ohne Anastasias Unterstützung Costello relativ schnell und kampflos weichen würde, hingegen bei einer Beseitigung Costellos das Menetekel blutiger Familienfehden über den Straßenschluchten New Yorks hängen würde.

Doch auch Anastasia war ein Boss und seine Beseitigung eine äußerst heikle Angelegenheit, die die Commission absegnen mußte. Da traf es sich gut, daß Anastasia durch sein ungestümes Manöver, mit mehr als nur einem Anteil im Kuba-Geschäft präsent zu sein, sich gerade viele Feinde gemacht hatte. Außerdem paßte sein Image des notorischen Gewalttäters nicht mehr in die Welt der in die Legalität drängenden Kasinounternehmer vom Schlage eines Meyer Lansky. An Anastasias Händen klebte zu viel Blut, das jeden Vorstoß in die seriösere Unterhaltungsindustrie unterminieren mußte.

Der Hilton-Konzern ließ 1957 im Franchise-Verfahren mit kubanischen Gewerkschaftsgeldern ein Luxushotel in Havanna errichten. Um die Kasino-Konzession wetteiferten sechs Konsortien. Die aussichtsreichste Position hielt die Gruppe um Santos Trafficante, ein enger Geschäftspartner Meyer Lanskys in Florida und auf Kuba. Ähnlich seinem großen Vorbild Lansky hatte er seit vielen Jahren systematisch Beziehungsketten im kubanischen Politmilieu aufgebaut. Nach Aussage eines anonymen Informanten kontrollierten Meyer Lansky und sein Bruder Jake das gesamte Kasinowesen auf Kuba, mit Billigung und unter dem Schutz von General Roberto Fernandez Miranda, dem Schwager von Batista.[82]

Ein Konsortium mit ähnlich guten Erfolgsaussichten war das mit Joe Rivers (Joseph Silesi) als Frontmann, einem Mitglied der Lucchese-Familie. Hinter seinem Finanzvolumen verbargen sich neben einflußreichen kubanischen Geschäftsleuten die persönlichen Interessen des kubanischen Gewerkschaftsbosses Aguerre und des Bautenministers Arroyo. Von kubanischer Regierungsseite wurde dem Hilton-Konzern signalisiert, man würde einem kubanisch-amerikanischen Zusammenschluß den Vorzug geben. Da laut Insider-Information nichts ohne Kopfnicken von Lansky lief, war anzunehmen, daß dieser mit den beiden Konsortien um Trafficante und Rivers dem Hilton-Management unternehmerische Vielfalt vorgaukeln wollte. Der erste, der ein Gebot machte, war Rivers.[83]

Anastasia wollte sich mit Vehemenz in das Rivers-Konsortium drängen. Er drohte, durch seine New Yorker Gewerkschaftskanäle in der kubanischen Hotel- und Gaststättengewerkschaft Unruhe zu stiften, was ein leichtes gewesen wäre angesicht der explodierenden Baukosten. Von ursprünglich veranschlagten 17.000.000 Dollar war schon lange nicht mehr die Rede. Anfang 1957 waren bereits 23.000.000 Dollar verbaut und noch immer keine Fertigstellung in Sicht. Ein enormer Schuldenberg rollte auf den Pensions- und Streikfonds der kubanischen Gewerkschaft zu.

Im Oktober 1957 konferierte Rivers mit vier seiner aufs äußerste besorgten kubanischen Geschäftspartner in einer Suite des Hotels Warwick in Manhattan, das bereits 1952 für das konspirative Treffen zwischen Tony Bender und Bürgermeister Kenny gedient hatte. Ein ungebetener Albert Anastasia sprengte das Meeting. In seinem Schlepptau befand sich Anthony »Little Augie« Carfano, einer der letzten eingeschworenen Costello-Parteigänger, was darauf schließen ließ, daß Anastasia auch Costellos Interessen vertrat.[84] In Begleitung Rivers befand sich wiederum Anthony »Cappy« Coppola, der Bruder von »Trigger Mike« Coppola, einem der engsten Genovese-Vertrauten. Es wurde zum offenen Geheimnis, daß Tommy Lucchese die Ambitionen von Genovese und Gambino förderte, sich ihrer Bosse auf die eine oder andere Art zu entledigen.

Albert Anastasia änderte nie seine tägliche Routine. Auch am 25. Oktober 1957 begab er sich wie jeden Vormittag in den Frisiersalon des Park-Sheraton-Hotels an der 55th Street Ecke 7th Avenue, schräg gegenüber dem Hotel Warwick, um sich rasieren zu lassen. Danach beabsichtigte er, ein vertrauliches Gespräch mit vier kubanischen Geschäftspartnern zu führen, die die Stadt noch im Laufe des Tages verlassen wollten.

Kurz nach zehn Uhr saß Albert A. entspannt im Stuhl Nummer vier, das Gesicht unter heißen Tüchern verborgen. Das war auch der Grund, weshalb er das Unheil nicht herannahen sah. Zwei Männer, der eine etwa vierzig, der andere ungefähr dreißig Jahre alt, in dunklen Anzügen, die Hüte tief ins Gesicht gezogen, betraten den Salon und bewegten sich zielsicher auf Stuhl Nummer vier zu. Als die Distanz zwischen ihnen und Anastasia kaum mehr als eine Armeslänge betrug, zogen beide ihre Waffen, eine 38er und eine 32er, und feuerten auf ihr ahnungsloses Opfer, bis die Magazine leer waren. Dann verschwanden sie genauso still und schnell, wie sie gekommen waren. In kaum mehr als dem Bruchteil einer Sekunde hatte das Schicksal Albert A. an jenem Ort in den Tod gerissen, an dem vor 29 Jahren und zehn Tagen bereits der große Arnold Rothstein sein vorzeitiges Ende gefunden hatte.

Als die Polizei erschien, lag Anastasia mit dem Gesicht nach unten zwischen den Stühlen. Der Polizeiarzt stellte sechs Einschüsse fest, von denen derjenige am Hinterkopf tödlich war.[85]

Der Mord an Anastasia sorgte für erhebliche Spannung in der Unterwelt, denn jeder kannte den Initiator. Doch niemand wußte so genau, wohin Vito Genovese steuern würde. Das Legalisierungskonzept Costellos war ganz offensichtlich gescheitert, die Straße hatte über den Konferenzraum obsiegt. Ein wesentlicher Faktor dieses Umschwungs war Rauschgift.

Gegen Ende der fünfziger Jahre wurde eine Entwicklung absehbar, an deren Ende die traditionellen Unterweltgeschäfte nicht mehr wie bisher in der Lage sein würden, ihren Mann zu ernähren: Dem Glücksspiel der breiten Massen wurde Zug um Zug von staatlichen Lotterien der Boden entzogen. Die Gewerkschaftsbewegung hatte längst das obere Ende der Ausbaufähigkeit erreicht. Der Zinswucher verlor viele Kunden an Banken, die die Auflagen für ihre Kreditvergabe lockerten, selbst die Prostitution wurde durch eine freizügigere Sexualmoral zum stagnierenden Metier. Lediglich die Schutzgeldsparte konnte sich einigermaßen halten. Vom unternehmerischen Standpunkt war eine Diversifizierung in gewinnträchtigere Bereiche notwendig, wollte man nicht Bankrott anmelden. Der Rauschgifthandel mit seinen phänomenalen Gewinnspannen bot sich als Rettungsanker an. Die

Zahl der Drogenkonsumenten war seit Ende des Zweiten Weltkrieges kontinuierlich gestiegen, Heroin zur Nummer eins unter den Drogen geworden.[86]

Vito Genovese, der Mann mit den guten Kontakten zu den europäischen Drogenproduzenten, empfahl sich als Drahtzieher, der der Subkultur phantastische Gewinne ermöglichen würde, ähnlich wie Luciano einst zum Messias der Prohibition geworden war. Genovese wußte, daß ihn seine Bedeutung als Geschäftemacher nach der Eliminierung Anastasias und dem freiwilligen Rückzug Costellos ins Privatleben de facto zum inoffiziellen Capo di tutti Capi machte. Doch er war klug genug, sich diese nicht unumstrittene Position durch eine allgemeine Akklamation bestätigen zu lassen, auch wenn viele Traditionalisten an diesem Brocken fast zu ersticken drohten. Denn er war Neapolitaner, das konnte er nicht vergessen, und die anderen erst recht nicht. Luciano wiederum mußte in Italien verbittert zur Kenntnis nehmen, wie schnell seine Ächtung einer autokratischen Hierarchie über den Haufen geworfen wurde. Er ließ sich vorerst jedoch nur zu allgemeinen Ressentiments gegen Neapolitaner hinreißen, die von vielen sizilianischen Unterweltgrößen geteilt wurden: »Es gibt einen wesentlichen Unterschied zwischen Juden und Italienern: Juden töten füreinander, Italiener einander. Aber diese verdammten Neapolitaner töten einander, indem sie sich in den Rücken schießen.«[87]

Die Konferenz von Apalachin

»Ich wäre niemals so ein verdammter Idiot gewesen, eine Konferenz aller Bosse einzuberufen. Wäre ich in den Staaten gewesen, hätte ich mich mit kleinen Gruppen an öffentlichen Orten getroffen, wie wir es früher in Atlantic City gemacht haben. Aber das war nicht Vito. Sein Ego lechzte nach einem großen Treffen, mit allen um einen Tisch und jeder vor ihm katzbuckelnd, als wäre er Maranzanos Messias. Ich glaube, er wollte zum König ausgerufen werden, denn Capo di tutti Capi war nicht imposant genug für den kleinen fetten Bastard.«

(Lucky Lucianos Kommentar zum Apalachin Meeting, *The Last Testament of Lucky Luciano*, Seite 398.)

Das Begräbnis von Anastasia war für die Ermittlungsbehörden ein untrügliches Indiz dafür, daß sich ein radikaler Kurswechsel in der italienischen Subkultur vollzog. Keiner der großen Bosse ließ sich am Grab von Albert A. sehen, um dem so plötzlich Dahingegangenen die letzte Ehre zu erweisen. Salvatore Maranzano war 1931 der erste gewesen, der im Tod auf ähnlich demonstrative Weise von seinen ehemaligen Partnern verstoßen wurde. Anastasias Begräbnis fehlte die Opulenz früherer Unterweltbegräbnisse. Die zwölf Trauergäste waren ausschließlich Familienangehörige. Ein Dutzend Beamte war ebenfalls anwesend. Anastasias Bruder Anthony »Tough Tony«, Funktionär der ILA, mobilisierte einige seiner Getreuen zu seinem Schutz, denn er fühlte sich gefährdet.

Doch Genovese hatte andere Sorgen, als sich mit dem mediokren Anthony Anastasio[88] zu befassen. Jeder wußte ohnehin, daß die wilden Vergeltungsgebärden von »Tough Tony« nichts weiter als heiße Luft waren.

Für Don Vitone galt es, seine Herrschaft innerhalb der Familie zu zementieren und gleichzeitig den Anspruch auf die subkulturelle Führerschaft anzumelden. Um ersteres zu erreichen, ernannte er Gerardo Catena, den einflußreichen und finanzstarken Statthalter der Familie in New Jersey, zu seinem Underboss und machte Michele Miranda zu seinem Consigliere. Letzteres mußte von den Mitgliedern der Commission und den Bossen aller US-Familien bestätigt werden.

Genovese plante seine Inthronisation in angemessenem Rahmen. Das feudale, einsam gelegene Anwesen von Joseph Barbara bei Apalachin, N.Y., schien dafür der perfekte Ort. Keine drei Wochen nach Anastasias jähem Abgang sollte das ersehnte Ereignis stattfinden. Die Spitzen der italienischen Unterwelt fand sich am 14. November 1957 in der ländlichen Gegend von Tioga County ein.

»Am 14. November 1957 fanden sich 65 Individuen auf dem Anwesen eines gewissen Joseph Barbara in Apalachin, N.Y., unweit der Stadt Binghamton, ein. Background und Ruf dieser Individuen, einschließlich ihres Gastgebers Barbara, war von solcher Art, daß Ermittlungsbeamte, als sie von dem Vorgang Wind bekamen, von einer Konferenz aller Unterweltbosse des Landes sprachen.«[89]

Der naive Glaube, ein scharenweises Einfallen von schwarzen Luxuslimousinen der neuesten Bauart mit auswärtigen Kennzeichen würde in dieser abgeschiedenen Gegend unentdeckt bleiben, bewirkte dreierlei:

1. die Untermauerung der These von der Existenz einer straff organisierten, landesweit operierenden kriminellen Vereinigung;
2. das Ende des hartnäckigen Leugnens einer solchen durch J. Edgar Hoover;
3. ein Waterloo für Vito Genovese.

Der blinde Zufall wurde zum schonungslosen Enthüller. Die »Heile-Welt-Illusionen« jener berufsmäßigen Bagatellisierer, die das Phänomen organisierte Kriminalität zum Produkt paranoider Halluzinationen chronischer Schwarzmaler oder Panikmacher stempelten, platzten wie Seifenblasen.

Die Ursache für die Entdeckung des Mob-Konklaves war ein nichtiger Anlaß und lag fast genau ein Jahr zurück. Am 18. Oktober 1956 hatte der Streifenpolizist F.W. Leibe auf der Bundesstraße 17 östlich von Binghamton einen Wagen mit New-Jersey-Nummernschildern wegen einer belanglosen Geschwindigkeitsüberschreitung angehalten. Der Fahrer des Wagens, im nachhinein als Carmine Galante identifiziert, präsentierte einen Führerschein auf den Namen Joseph DiPalermo. Die Beschreibung von DiPalermos Physiognomie im Führerschein paßte offensichtlich nicht zum Inhaber. Galante mußte aufgrund dieses deutlichen Mißverhältnisses das Fahrzeug wechseln, den beiden anderen Fahrgästen, Frank Garafolo und John Bonventre, wurde befohlen, Leibe zur nächsten Polizeistation nach Vestal zu folgen. Diese Aufforderung ignorierten beide. Bonventre machte sich ganz aus dem Staub, Garafolo erschien erst am nächsten Morgen, in Begleitung eines Anwalts.

In der Zwischenzeit kursierte bereits Galantes wahre Identität samt seinem umfangreichen Strafregister in dem kleinen Provinznest.

Sergeant Edgar D. Croswell erfuhr im Verhör, daß Galante, Garafolo und Bonventre den Abend vor dem Vorfall in der Gesellschaft von Joseph Barbara im Hotel Arlington verbracht hatten. Die brisante Konstellation des Dreiergespanns war zu dem Zeitpunkt noch nicht bekannt. Galante war der Underboss, Bonventre der Vetter und Garafolo die rechte Hand von Joe Bonanno. Joseph DiPalermo, dessen Führerschein so leichtfertig die Runde machte, war ein Mitglied der Lucchese-Familie. Auch ohne die Prominenz seiner Klientel zu kennen, folgerte Croswell, der Barbaras Vorleben kannte, daß dieser trotz legaler Fassade seine illegalen Kontakte weiterpflegte.

Barbara hatte vor einigen Jahren bereits einmal Croswells Argwohn erregt, als er sich standhaft weigerte, einen Diebstahl auf seinem Anwesen zur Anzeige zu bringen. Der bodenständige Beamte konnte sich keinen Reim auf dieses Verhalten machen und begann, sich privat für den Lebenslauf Barbaras zu interessieren. Was Croswell entdeckte, waren zwei Anklagen wegen Mordes, die beide aus Mangel an Beweisen niedergeschlagen worden waren, und ein ellenlanges Register von Prohibitionsvergehen. Das Auftauchen der zwielichtigen New Yorker Gestalten, alle drei ähnlich massiv vorbelastet, bestärkte Croswell in seinem Mißtrauen. Barbara hingegen ahnte nicht einmal, daß Croswell ihn bereits jahrelang im Visier hatte.

Am 13. November 1957 wurde Croswell wegen eines geplatzten Schecks zu einem Motel in der Gegend um Binghamton gerufen. Dort wurde er Zeuge, wie Joseph Barbara, jr., sämtliche Zimmer auf Rechnung der Canada Dry Bottling Co. reservierte, der Scheinfirma seines Vaters. Da Sgt. Croswell den Background von Barbara Senior kannte, schloß er aus dem Verhalten des Sohnes, daß erhöhte Wachsamkeit angesagt war.

Als am nächsten Morgen unzählige Luxuslimousinen in der Gegend gesichtet wurden, wußte Croswell sofort, wo er zu suchen hatte. Mit zwei Mann Verstärkung fuhr er zum einsam gelegenen Anwesen von Joseph Barbara, sen. Es war später Vormittag, als sie beim Haupthaus vorfuhren und acht bis zwölf große, teure Limousinen mit unbekannten Nummernschildern sichteten. Um zu wenden, fuhren sie auf den Hof und entdeckten weitere fünfzehn bis zwanzig Wagen in einiger Entfernung vom Haus geparkt.

Was dann geschah, kann nur als blinde Panik bezeichnet werden. Unmittelbar nachdem die Mob-Späher den Polizeiwagen ausgemacht und ihre Entdeckung gemeldet hatten, stürzten 65 meist nicht mehr ganz junge, überaus elegant gekleidete Herren aus dem Haus, entweder zu einem der Fahrzeuge oder in Richtung Unterholz.

Croswell blockierte mit seinem Streifenwagen die einzige Zufahrtsstraße. Ein Chrysler Imperial Baujahr 1957 kam die Straße entlang. Gefahren wurde die Limousine von seinem Besitzer Russel Buffalino, im Fond saßen Vito Genovese, Joseph Ida und Gerardo Catena, auf dem Beifahrersitz saß Dominick Oliveto. Sgt. Croswell befragte Buffalino und seine Passagiere, stellte die Personalien sicher, durchsuchte die Männer und ließ sie weiterfahren. Zu diesem Zeitpunkt warteten bereits vier oder fünf Wagen, um die Straßensperre Sgt. Croswells zu passieren.[90]

Um die zu Fuß Geflüchteten aus dem Unterholz zu treiben, forderte Croswell Verstärkung an. Der letzte »Delegierte« wurde kurz vor Mitternacht in desolatem Zustand aufgegriffen, er war stundenlang im Wald herumgeirrt.

Keiner der 65 Gestellten trug eine Waffe, aber alle hatten zwischen 2000 und 3000 Dollar Bargeld in der Tasche. Keiner wurde zu diesem Zeitpunkt steckbrieflich gesucht, doch hatten nur neun kein Vorstrafenregister. Die restlichen 56 teilten sich nicht weniger als 100 Verurteilungen und 275 Festnahmen. Aber ohne einen eindeutigen Beweis, daß sich diese Männer zum Zweck der Planung oder Begehung von Straftaten zusammengefunden hatten, konnte Sgt. Croswell keinen von ihnen in Untersuchungshaft nehmen. Aus den Aussagen der Festgenommenen ließ sich keine Verschwörungstheorie konstruieren, wie berechtigt der Verdacht auch sein mochte. Als Grund für ihre Anwesenheit in Apalachin gaben alle unisono an, ihrem alten Freund Barbara, der nach einem Herzinfarkt rekonvaleszent war, einen Besuch abgestattet zu haben. Alle leugneten, das Treffen geplant zu haben, alle leugneten, von der Anwesenheit der anderen gewußt zu haben. Croswell gelang es nicht, diese hanebüchenen Geschichten zu widerlegen, und mußte alle laufenlassen.

Die Aufdeckung des Mob-Konklaves, dem von den großen Bossen nur der Nichtitaliener Lansky ferngeblieben war (Frank Costello befand sich im Gefängnis, um die Reststrafe seiner Verurteilung wegen Steuerhinterziehung abzusitzen. Er wurde erst Mitte 1961 entlassen), schlug hohe Wellen, die bis ins Weiße Haus hineinschwappten. Präsident Eisenhower beschwor eine harte Vorgehensweise gegen notorische Kriminelle, warnte aber gleichzeitig vor einer allgemeinen Hatz auf italienischstämmige Mitbürger.[91]

Ein sofort einberufener Untersuchungsausschuß des Staates New York sollte Licht in die Apalachin-Affäre bringen. Die nichtöffentlichen Befragungen begannen am 21. November 1957, die öffentlichen am 12. Dezember 1957.[92] Sämtliche Teilnehmer wurden vorgeladen. Dreien von ihnen, Joseph Barbara, Carlo Gambino und Salvatore Tornabe, war der Schreck über ihre Zurschaustellung dermaßen in die Glieder gefahren, daß ernsthafte Gesundheitsschäden zu befürchten waren. Ein Arzt stellte ihre Vernehmungsunfähigkeit fest. Tornabe verstarb noch vor Ablauf des Jahres. Die meisten Vorgeladenen verweigerten die Aussage. Bis auf zwei Ausnahmen waren diejenigen, die aussagten, insgesamt neun oder zehn, eher unbedeutende Figuren.

Eine sensationelle Enthüllung lieferte John C. Montana. In Buffalo, N.Y., wunderte man sich, was John Montana, ein ehemaliger Ratsherr und Besitzer eines Fuhrunternehmens, in Apalachin zu suchen hatte, in Gesellschaft notorischer Gangster. Montana, einer der größten Rauschgiftvertreiber im Mittleren Westen, war ein Jahr zuvor von der Handelskammer Buffalo zum Mann des Jahres gewählt worden. Er hatte sich eine perfekte legale Fassade aufgebaut.

Da es noch keine rechtliche Handhabe gegen die Zusammenrottung notorischer Krimineller gab, blieb das landesweit publizistisch in extenso ausgeschlachtete Apalachin-Spektakel ohne unmittelbare strafrechtliche Konsequenzen. Wenn Apalachin dennoch zum Anfang vom Ende für die gesamte Subkultur wurde, dann durch den Wandel in der Beurteilung, der nun in Gang kam und der Denkansätze ermöglichte, die zuvor als undenkbar galten.

Mittelbare Konsequenzen hatte die fatale Medienberühmtheit für drei Apalachin-Delegierte: Vito Genovese, Natale Evola und John Ormento. Am 7. Juli 1958 wurde gegen sie und 34 Komplizen Anklage wegen Konspiration zur Begehung von Straftaten gegen das Betäubungsmittelgesetz erhoben.

In den Jahren von 1945 bis 1950 hatte sich die Zahl der registrierten Drogenabhängigen verdreifacht. Vor Annahme des Boggs Act im Jahre 1951 betrug die durchschnittliche Haftstrafe für Drogenvergehen 25 Monate. Der Boggs Act verschärfte das Strafmaß um ein Drittel. Abschreckung konnte auch damit nicht erzielt werden. Am 18. Juli 1956 wurde ein neues Gesetz zur Drogenkontrolle (Boggs-Daniel Act) in Kraft gesetzt, der neben einer erneuten Anhebung des Strafmaßes für Erst- und Wiederholungstäter (das Durchschnittsstrafmaß lag inzwischen bei 80 Monaten) eine Einschränkung bei bedingt verhängten Strafen vorsah und den Spielraum des Bureau of Narcotics erweiterte: Die Rolle des Agent provocateur wurde gerichtlich verwertbarer.

Vito Genoveses Sturz begann bereits im März 1955. Damals suchte der Gelegenheitsgauner Nelson Cantellops Finanzmittel für die Produktion eines technischen Hilfsmittels zur Manipulation bei illegalen Kartenspielen. Er geriet an Charles Barcelona, einen Drogengroßhändler und Kredithai der Anastasia-Familie. Cantellops lieh sich das Geld und kam mit den Rückzahlungen in Verzug. Barcelona bot ihm an, seine Schulden abzuarbeiten. Da er keine Drogenvergangenheit hatte, sollte er als Kurier eine Lieferung Heroin nach Las Vegas bringen. Barcelona war mit seinem neuen Schützling dermaßen zufrieden, »daß er Cantellops in seine Drogen-Aktivitäten in Harlem einbezog und ihn darin unterwies, mit Milchpulver und Chinin Heroin zu strecken und Drogenabhängige für den Straßenverkauf zu rekrutieren.«[93]

Cantellops Fähigkeiten sprachen sich im Milieu schnell herum, so daß er im Juni 1955 für Joseph DiPalermo von der Lucchese-Familie Drogen aus Kuba in Miami entgegennehmen und nach New York bringen sollte. Neben seiner Bezahlung erhielt er als Bonus eine Unze Heroin, die er in Eigenregie verkaufen konnte. Das interfamiliäre Lucchese/Anastasia-Drogengeschäft lief dermaßen gut, daß DiPalermo im November 1955 seinen Caporegima John »Big John« Ormento einschaltete, da man an eine Ausweitung des Marktes auf die spanischstämmige Bevölkerung dachte und Puerto Rico neben Kuba zu einem weiteren Drogeneinfallstor ausbauen wollte. (1963 stellten Mexikaner und Puertoricaner neben Afro-Amerikanern die zweitgrößte Gruppe unter den Süchtigen.) Zur Tarnung des Drogenhandels sollten in den spanischen Vierteln Wettbüros eröffnet werden. Doch die ganze Angelegenheit war für Ormento eine Nummer zu groß. Man kam in der Sache zu keiner Einigung, sondern wollte die Angelegenheit erst mit dem »Right Man« (Vito Genovese) erörtern. Gab er dem Geschäft sein Okay, wollte man weitermachen.[94]

Genovese billigte die Vorschläge und stieg mit eigenem Kapital ein. Cantellops wurde von da an zu einem Dauerreisenden in Sachen Drogen, der zwischen Miami, New York, Cleveland und Las Vegas pendelte. Immer mehr Personen drängten in das lukrative Geschäft. Neben Genovese und Ormento stießen Natale Evola, ein weiterer Caporegima der Lucchese-Familie, und Rocco Mazzie, ein Caporegima der Anastasia-Familie und Parteigänger des ambitionierten Carlo Gambino, hinzu. Von Lucianos Familie (solange der Boss Costello hieß, blieb Luciano der Namensgeber) war neben

Genovese nur Vincent Gigante, Genoveses Chauffeur und späterer Costello-Attentäter, an dem Drogendeal beteiligt.

Der Ablauf eines Deals verlief in der Regel so, daß Cantellops den Stoff in Miami entgegennahm und in New York an DiPalermo übergab. Dieser verteilte das New Yorker Quantum an »nichtfamiliäre« Zwischenhändler, mit dem Rest des Stoffs schickte er Cantellops in Richtung Westen weiter. Joseph Basile, einer dieser freischaffenden Zwischenhändler, der nach seiner Verhaftung zum Kronzeugen wurde, beschrieb vor Gericht, »daß er von DiPalermo die Drogen monatlich bezog. Am Anfang sagte ihm DiPalermo, er könne Kokain und Heroin liefern, und er (Basile) bestellte Heroin und fünf Unzen Kokain für eine Gesamtsumme von 4000 Dollar.«[95]

Im Mai 1956 beging Rosario Coletti, ein anderer Zwischenhändler, einen folgenschweren Fehler. Er verkauft Drogen an einen verdeckten Ermittler. Drogenfahnder Consoli wollte an Colettis Hintermänner heran und stellt einen großen Deal in Aussicht. Trotz erheblicher Bedenken nahm Coletti den vermeintlichen Großkunden mit ins Drogenhauptquartier im Haus 87 East 4th Street.

Das war der entscheidende Durchbruch. Eine monatelange Überwachung des Grundstücks führte zur Aufdeckung eines gutorganisierten Drogenkartells mit hochrangigen Mitgliedern. »Right Man« Vito Genovese selbst konnte in zwei Fällen vor Ort observiert werden.

Ende Mai 1957 konstatierte DiPalermo dicke Luft. Der Mordanschlag auf Frank Costello Anfang Mai hatte zu erheblichen Irritationen im Gangland geführt und Genovese-nahe Fraktionen für den Augenblick in Deckung gehen lassen. Als Drogenfahnder Gibbons Ende Juni Anzeichen für einen Rückzug vom Grundstück 87 East 4th Street registrierte, war das das Signal für einen großangelegten polizeilichen Zugriff. Am 6. Juli 1957 wurde das Drogenversteck gestürmt und Cantellops festgenommen. Der »freischwebende« Cantellops begann, hemmungslos auszusagen. Nach und nach erging Anklage gegen 37 Tatbeteiligte. Am 8. Juli 1958 wurde Genovese aufgrund eines Haftbefehls vorgeführt.

Der gesamte Prozeß stand unter dem Eindruck des Apalachin-Meetings. Der Verteidigung gelang es zu keinem Zeitpunkt, die Jury von der Harmlosigkeit ihrer Klientel zu überzeugen. Das Urteil vom 17. April 1959 spiegelt diese Erfolglosigkeit wider. Genovese und DiPalermo erhielten jeweils 15 Jahre, Rocco Mazzie 12 Jahre, Natale Evola 10 Jahre, Vincent Gigante 7 Jahre. John Ormento, der sich dem Verfahren durch Flucht entzogen hatte, war Ende März 1959 von Drogenfahndern gestellt und dem Haftrichter vorgeführt worden. Das Verfahren gegen ihn wurde vom Hauptverfahren abgetrennt. Mitte 1961 befand er sich noch immer in Untersuchungshaft.[96]

Luciano tischte über die Umstände, die zu Genoveses Verurteilung führten, eine ganz andere Geschichte auf. Nach seiner Version war es eine Falle, um Genovese aus dem Verkehr zu ziehen. Drahtzieher sei Carlo Gambino gewesen. »In Sing-Sing saß ein kleiner puertoricanischer Gangster namens Nelson Cantellops wegen Drogenhandels ein. In früheren Jahren war er gelegentlich für Sam Giancana von Chicago oder Meyer Lansky als Botenjunge unterwegs. Es war Gambinos Idee, Cantellops als Werkzeug gegen Genovese zu benutzen. Natürlich kostete es viel Schmiermittel. Er wollte 100.000 Dollar in bar. Eine Hälfte kam von Gambino, die andere von mir, die Lansky für mich hinblätterte. Dazu noch den besten Anwalt. Costello übernahm einen Teil von mir, um sicherzustellen, daß dieser Fettsack Gigante mit Vito gehen würde.«[97] Das Narcotics Bureau habe einen heißen Tip erhalten und zugegriffen.

Die Tatsache, daß die offizielle und Lucianos Version außer den Akteuren und dem Ergebnis wenig verbindet, muß nicht gegen Lucianos Fassung sprechen. Bei den undurchsichtigen

Aktionen des Narcotics Bureau ist es durchaus vorstellbar, daß man sich auf eine gemeinsame Aktion mit einer der Unterweltfraktionen einließ, um aus den Zerwürfnissen des Mob Vorteile zu ziehen. Lucianos Darstellung gewann in späteren Jahren noch an Glaubwürigkeit, als Genovese einige Monate vor seinem Tod einem Zellengenossen anvertraute, daß er mit der Rauschgiftanklage geleimt wurde. »Sie haben mich wie einen Idioten vorgeführt. Es hätte mich nicht gestört, hätten sie mich wegen Steuerhinterziehung drangekriegt, das wäre fair gewesen.«[98] Von wem auch immer die Initiative ausgegangen war, das Ergebnis konnte sich sehen lassen: Genovese und mehr als zwei Dutzend weitere Gauner machten die Straßen von New York für viele Jahre nicht mehr unsicher.

Genovese ließ natürlich nichts unversucht, um dem Strafantritt zu entgehen. Bei seinem Verfahren vor dem Berufungsgericht ließ er sich von Edward Bennett Williams vertreten, der bereits zuvor vergeblich versucht hatte, Frank Costello aus Atlanta herauszuhalten. Auch im Fall von Don Vitone war Williams keine glückliche Hand beschieden.

Genovese wußte, daß sein Leben auf dem Spiel stand. Costellos Entlassung war absehbar, und viele derjenigen, die noch vor kurzem ihre Fortune mit der seinen verbunden hatten, träumten nach dem Apalachin-Debakel von den Zeiten der risikoarmen, diskreten Rackets der Costello-Ära. Wollte er überleben, mußte Genovese, bevor sich die Gefängnistore hinter ihm schlossen, seine Machtbasis auf der Familienebene zementieren. Gleich nach seinem »Putsch« 1957 hatte er alle wichtigen Positionen der Familie mit seinen Parteigängern besetzt – alle bis auf eine.

Anthony Carfano, alias »Little Augie Pisano«, war einst eine legendäre Größe im Brooklyner Gewerkschafts-Racket und seit einigen Jahren der Statthalter der Familie in Florida. Little Augie war Costello in devoter Hingabe zugetan und konnte – wenn nötig – noch immer genügend Macht einsetzen, wenn die Lage schwierig wurde. Das war Grund genug, ihn auszuschalten. Am 25. September 1959 lud Tony Bender den in New York weilenden Carfano zum Abendessen ein. Am nächsten Morgen wurden Carfano und seine weibliche Begleitung in einem geparkten Auto in der Nähe des LaGuardia-Flughafens erschossen aufgefunden. Anscheinend hatte Carfano instinktiv die Gefahr gewittert und noch verzweifelt versucht, auszufliegen. Danach verspürte niemand mehr den Drang, Don Vitones Stellung anzufechten. Für Vito Genovese selbst schlossen sich 1959 die Gefängnistore in Atlanta, doch er hatte den Machtkampf keineswegs aufgegeben.

Joseph Valachi, Ende der zwanziger Jahre unter Maranzano angeworben, stand nach 30 Jahren immer noch auf der untersten Ebene der kriminellen Hierarchie: Er war Soldier unter dem Caporegima Tony Bender. Neapolitaner wie Genovese, hatte er wie dieser nie die spirituellen Dimensionen von La Cosa Nostra erfahren. »Er wurde rekrutiert, weil der Krieg frische Körper brauchte. Viele dieser Rekruten waren Nicht-Sizilianer. Im nachhinein war diese Assimilation eine Aushöhlung unserer Tradition, denn diese Männer waren nicht in unsere Kultur hineingeboren.«[99]

Valachi wurde der Zellengenosse von Vito Genovese. Er saß wie sein Boss wegen eines Drogendelikts ein. Genovese hatte ihn zu sich verlegen lassen, doch wurde Don Vitone immer mißtrauischer. Überall witterte er Verrat. Tony Bender, jahrelang sein zuverlässigster Krisenmanager, wurde das erste Opfer dieses quälenden Mißtrauens. Aus seiner Zelle gab Genovese den Auftrag für dessen Beseitigung. Tony Benders Leiche wurde niemals gefunden.[100]

Als Nächsten verdächtigte Genovese seinen Zellengenossen Valachi. Genovese argwöhnte auch bei ihm eine Spitzeltätigkeit für die Feds und signalisierte Valachi sein Mißtrauen durch eine kleine Parabel: »Weißt du, manchmal, wenn ich einen Korb Äpfel hatte und einer war angefault, habe ich ihn entfernt, damit er mit seiner Fäulnis nicht die anderen verdirbt.«[101]

Dann gab er Valachi den Todeskuß – und Valachi erwiderte ihn. Damit waren die Fronten geklärt. Ab diesem Zeitpunkt war Valachi in Panik. Er aß und schlief kaum noch, mied die Duschräume und hielt sich von den anderen Gangstern fern, von denen neben ihm und Genovese noch etliche andere einsaßen, wie etwa Mike Coppola, Joseph und Charles DiPalermo, Johnny Dioguardio, Charles Barcelona und Pete LaPlaca.

Als seine physische und psychische Anspannung durch den Essens- und Schlafentzug unerträglich geworden war, bat er um Verlegung ins »Loch« (Einzelhaft).

Am 22. Mai 1962, einige Tage nach seiner Rückkehr in den normalen Vollzug, drehte ein übersensibilisierter Valachi im Hof seine täglichen Runden und registrierte dabei, daß Joseph DiPalermo ihn unablässig beobachtete. Da wußte Valachi, daß Genoveses Mordauftrag an DiPalermo gegangen war. Also wollte er zuerst zuschlagen. Auf seiner nächsten Runde löste er ein Rohr aus einem Baugerüst und schlich sich an den Mann heran, den er für DiPalermo hielt. Er schlug mit der Eisenstange zu. John Joseph Saupp sank tödlich getroffen zu Boden. Doch von diesem bedauerlichen Irrtum erfuhr Valachi erst im Büro des Gefängnisdirektors.

Gewaltakte unter Häftlingen sind im Strafvollzug an der Tagesordnung. Die Unzulänglichkeiten einer standardisierten Beurteilungsroutine führten dazu, daß Valachis fatale Tat vorschnell als typische Überreaktion eines Langzeithäftlings auf seine unbewältigte Lebenssituation abgetan wurde. Der Gefängnispsychologe stellte in seinem Bericht resigniert fest: »Ob seine Wahnideen, als ›Ratte‹ gebrandmarkt zu sein, bloße Einbildung waren oder einer Realität entsprangen, konnte der Untersuchende nicht ergründen.«[102]

Da jede Verletzung der Disziplin in einem Hochsicherheitsgefängnis wie Atlanta zu einem ernsthaften Risiko werden kann, forderte die Bundesstaatsanwaltschaft von Atlanta, bei der die Jurisdiktion über das Bundesgefängnis mit seinen Insassen lag, die Todesstrafe für Valachi »wegen der besonderen Brutalität und Sinnlosigkeit der Tat.«

Der um seine Rache betrogene Valachi nahm über einen Mittelsmann Kontakt zu Bundesstaatsanwalt Robert Morgenthau auf und bot ihm einen denkwürdigen Deal an: Würde die Anklage wegen vorsätzlichen Mordes in eine wegen einfachen Totschlags umgewandelt, würde er, Valachi, mit den Bundesbehörden kooperieren. Die ganze Tragweite dieser Offerte wurde den Verantwortlichen erst ganz allmählich bewußt. Nur so läßt es sich erklären, daß in der ersten Phase von Valachis Seitenwechsel nur das Bureau of Narcotics von dieser Entwicklung unterrichtet wurde. Wenigstens wußte man dort um seine Gefährdung und holte ihn aus Atlanta, der unmittelbaren Reichweite Vito Genoveses, heraus.

Unter dem Pseudonym Joseph DeMarco übersiedelte er in den festungsgleichen Krankenhaustrakt des Westchester-County-Gefängnisses in New York. Über Valachis mentalen Zustand konnte nur spekuliert werden. Registrieren ließen sich lediglich die äußeren Merkmale seiner Verfassung, wie eine emotionale Blockade, wenn die Sprache auf seine gegenwärtige Situation kam.

Mit jedem zurückgelegten Kilometer, der Distanz zwischen ihm und Genoveses mörderischer Autorität schuf, schwand Valachis Mitteilsamkeit. Dazu kamen heftige Aggressionsschübe gegen Frank Selvagi. Der ihm vom Bureau of Narcotics zugeteilte Agent hatte bei Valachis verlorenem Drogenprozeß eine nicht unerhebliche Rolle gespielt, und Valachi machte ihn für seine augenblickliche Situation verantwortlich.

Als man beim FBI von der Brisanz der Valachi-Affäre Wind bekam, begann ein heftiges Tauziehen zwischen den beiden

Bundesbehörden. Bundesjustizminister Robert Kennedy hielt dem Bureau of Narcotics weiterhin die Stange, weil er bei der Anslinger-Behörde, im Gegensatz zum Hoover-Imperium, mehr Zugriffsmöglichkeiten hatte. Doch als immer klarer wurde, daß Valachi mit den Drogenfahndern nicht kooperieren würde, durfte auch das FBI an den Informationstrog.

James P. Flynn, ein Top-Agent der New Yorker FBI-Filiale, brachte den verstockten Valachi Schritt für Schritt zum Reden. Seine außergewöhnliche Fähigkeit, die vertrackten Befindlichkeiten dieses aus seinem Umfeld gerissenen Gangsters bis in den letzten Winkel auszuloten und sich dabei in der Sprache der Straße, Valachis Sprache, glaubhaft zu artikulieren, machte den Durchbruch möglich. »Wenn Valachi in eine seiner häufigen Depressionen verfiel, fand er (Flynn) immer das richtige Mittel, ihn da wieder herauszuziehen. Häufig brachte er Leckereien mit – verschiedene Käsesorten oder pikante Würste –, die Valachi gerne aß. Das mag banal klingen, aber es machte den Unterschied aus.«[103]

Durch Flynns gekonnte Seelenmassage wurde Valachi zum sprudelnden Entertainer einer betroffenen Zuhörerschaft: »Die wichtigste Lektion, die wir aus Valachis Enthüllungen lernten, war, daß die Arbeit, die vor uns lag, langwierig und mühselig sein würde.«[104]

Die McClellan-Hearings

»In Valachi einen zuverlässigen Interpreten unserer Tradition zu sehen, wie es Polizei, Presse und Politiker taten, ist so, als würde man einen neu zum Christentum Konvertierten in Neuguinea bitten, die inneren Mechanismen des Vatikans zu erklären.«

(Joseph Bonanno, *A Man of Honor*, Seite 119.)

Am 1. Januar 1961 verwandelte sich das Weiße Haus für 1056 Tage in das Camelot des 20. Jahrhunderts. John F. Kennedy, der zweitjüngste Präsident der Supermacht USA (nur Theodore Roosevelt war bei seinem Amtsantritt jünger) und sein Justizminister gingen daran, die verrotteten Wurzeln zu kappen, die das Land im Morast der abgehalfterten Politpragmatiker der Jahrhundertwendegeneration hielten, um es emporsteigen zu lassen in die Sphären immerwährender Adoleszenz und Glückseligkeit.

Das Geld der Kennedys war jüngeren Datums und dubioser Herkunft. 1957, als Robert Kennedy als junger Anwalt bei den McClellan-Hearings assistierte, mußte er sich von dem zwielichtigen Gewerkschaftsboss Jimmy Hoffa in einem Interview an den Kopf werfen lassen, »wenn man Kennedy beobachtet, wie er sich vor dem McClellan-Komitee in Rage redet, könnte man meinen, ich (Hoffa) hätte ebensoviel aus dem Pensionsfonds der Teamster herausgeholt, wie die Kennedys aus ihren illegalen Whiskygeschäften.«[105]

Im Mai 1961, nur Monate nach seinem Amtsantritt, stellte Robert Kennedy sein Programm zur Bekämpfung von organisiertem Verbrechen vor und erklärte vor dem zuständigen Ausschuß: »Organisierte Kriminalität hat heute ein anderes

Gesicht. Es gibt zwar immer noch Straftaten unter Einsatz von Gewalt, doch geht der moderne Kriminelle kommerzieller an die Planung seiner Aktivitäten im Bereich Glücksspiel, Rauschgift, Prostitution, Bestechung, Betrug und Diebstahl. Er hat legale Geschäftsbereiche und Gewerkschaften infiltriert, wo er Kapital veruntreut oder Streikkassen manipuliert.«[106] Robert Kennedy wußte also in groben Zügen, worum es ging, noch bevor Joseph Valachi zum Verräter wurde. Und daß die Zeit drängte.

Eile war in der Tat geboten. Zweieinhalb Jahre waren seit jenem verhängnisvollen Jahreswechsel 1958/59 vergangen, der als »Schwarzer Freitag« in die Annalen der Unterwelt einging. Damals hatte in der Nacht zum 1. Januar Fidel Castro die Macht auf Kuba übernommen. Dieser Staatsstreich kostete die Subkultur Millionen. Der Rückstoß der kubanischen Einbußen hatte durch Freisetzung krimineller Energien, die zuvor auf der Sonneninsel gebunden waren, unmittelbare Auswirkungen auf die amerikanische Gesellschaft.

Um ihre Verluste auszugleichen, traten die Spieler einen Verdrängungsprozeß los, der ein mörderisches Klima schuf. In dieser brisanten Situation schlug die Nachricht vom Verräter Valachi wie eine Bombe ein. Nicht, daß es nicht schon früher immer wieder »Singvögel« gegeben hatte. Das Schicksal von Abe Reles war in der Unterwelt so etwas wie das Lehrstück par excellence für die unumstößlichen Prinzipien des Verhaltenskodex. Was diesmal so verhängnisvoll anders war, war die Unerreichbarkeit des Pentito, des reuigen, aussagewilligen Gangsters: Valachi befand sich in der Obhut der Feds, und dorthin gab es keine Drähte.

1959 war bei der New Yorker Dependance des FBI die wahrlich aufschlußreiche Anzahl von vier Agenten für den Tatbereich der organisierten Kriminalität abgestellt. Demgegenüber schnüffelten im selben Büro 400 Agenten heimischen Kommunisten hinterher.

Obwohl FBI-Direktor J. Edgar Hoover nominell dem Justizminister unterstellt war, führte er seine Amtsgeschäfte unter einer Reihe von ihnen so, als wären sie nicht existent. Kennedy änderte das, zumindest während seiner Amtszeit. Er war nicht nur gut informiert in Sachen organisierter Kriminalität, er war auch gewillt, das hemmungslose Wachstum zu beschneiden, und er hatte einen Bruder im Weißen Haus. Auf Kennedys Druck untersuchten Anfang 1962 bereits 150 Agenten die Aktivitäten der kriminellen New Yorker Subkultur.

Am 25. September 1963, nachdem sich seit Monaten Agenten jeglicher Provenienz in Joseph Valachis Versteck die Klinke in die Hand gegeben hatten, wurde er der Öffentlichkeit präsentiert. Der Untersuchungsausschuß unter Vorsitz des Demokraten John L. McClellan tastete sich in die lichtscheue Welt der Subkultur vor, selbstverständlich begleitet von den Medien. Das Senatssitzungszimmer war bis zum letzten Platz gefüllt. Die Schaulustigen wollten den Justizminister sehen und einen Blick auf Joseph Valachi erhaschen, das Cosa-Nostra-Mitglied, das zum Informanten wurde.

Robert Kennedys Auftritt war perfekt inszeniert. Er begann seine Ausführungen damit, den Blick seiner Landsleute auf ihre empfindlichste Stelle, ihre Brieftasche, zu lenken: »Cosa Nostra ist die ›private Regierung‹, zuständig für organisierte Gesetzlosigkeit. Es ist eine Regierung mit Milliardeneinkünften aus menschlichem Elend und moralischer Verwahrlosung.«[107] Dann ging er dazu über, bei seiner Zuhörerschaft die Illusion von einem stereotypen Kriminellen zu zerstören, der anhand bestimmter Attribute, Kainsmalen gleich, für seine Umwelt leicht erkennbar ist: »Ein Racketeer ist nicht jemand in einem schwarzen Hemd, weißer Krawatte und einer Diamantnadel. Viel eher ist er jemand in einem grauen Flanellanzug, und sein Einfluß ist genauso groß wie der eines einflußreichen Industriellen.«[108] Kaum, daß seine Zuhörer das

Gesagte verdaut hatten, machte seine Schilderung eine abrupte Kehrtwende. Minutiös beschrieb er die Geschäftspraktiken dieser so seriös wirkenden Unterweltsunternehmer. Ein Schaudern ging durch die Zuhörerschaft, als Mr. Kennedy auf das vorzeitige Ende Vincent J. Squillantes, dem ehemaligen Boss des 50-Millionen-Dollar-Müllrackets von New York zu sprechen kam. Squillante, 1957 Zeuge vor einem Senatsuntersuchungsausschuß, war gefoltert, zerstückelt, verbrannt und in Connecticut entsorgt worden.[109] Schließlich beschwor er ein aktuelles Schreckensszenario mit 37fachem ungeklärtem Mord herauf, wo die Umstände allesamt ein Tatmotiv in der kriminellen Subkultur nahelegten.

Als Justizminister Kennedy nach zwei Stunden verstummte und ein sichtlich schockiertes Auditorium zurückließ, packte Senator McClellan die Gelegenheit beim Schopf. Auf dem so vorzüglich bereiteten Boden der Beunruhigung säte er das Begehren nach effektiveren Gesetzen: »Mir schwebt ein Gesetz vor, daß direkt auf ein Verbot der Mitgliedschaft in einer kriminellen Vereinigung wie Cosa Nostra abzielt. Ich werde auch empfehlen, die Restriktionen in bezug auf elektronische Telefonüberwachung neu zu überdenken. Diesen Vorschlag unterstützt auch New Yorks Polizeichef Michael J. Murphy.«[110]

Valachis Auftritte waren immer von enormen Sicherheitsmaßnahmen begleitet, besonders nachdem bekannt wurde, daß das Syndikat 100.000 Dollar auf seinen Kopf ausgelobt hatte. (Je mehr er aussagte, desto höher ging die Summe – zum Schluß waren es 250.000 Dollar.) Der kleine Gangster selbst genoß ganz offensichtlich seinen Starstatus. Hatte er bereits während der früheren Verhöre geschickt die Agenten der einzelnen Behörden gegeneinander ausgespielt, tat er dies nun mit den Mitgliedern der Senatskommission. Erbarmungslos führte er ihre Profilierungssucht vor, was gelegentlich in absurden Situationen gipfelte. »Die Senatoren erhielten jeweils vor den Auftritten kurze Einführungen über Valachis Kenntnisse, und jedesmal, wenn die Scheinwerfer angingen, bombardierten sie ihn mit Fragen, die auf ihre Wähler zu Hause abzielten. Der Höhepunkt an Absurdität wurde erreicht, als Senator Carl Curtis von Nebraska Valachi nach dem Stand der organisierten Kriminalität in Omaha fragte. Nach einem Moment des Nachdenkens deckte Valachi sorgfältig seinen Mund mit einer Hand ab und flüsterte einem Justizbeamten neben ihm etwas zu. Zeugen dieses Vorgang mußten annehmen, Senator Curtis habe eine heikle Sache angesprochen, die Valachi zuerst mit jemandem abklären wollte. Tatsächlich fragte er: »Wo zum Teufel ist Omaha?«[111]

Valachis persönliche Reflexionen kreisten ständig um die Person seines übergroßen Antipoden Vito Genovese. Wann immer es ging, biß sich seine Schilderung am Gegenstand seines Hasses fest. Die Frage, ob ihm niemals in den Sinn gekommen war, Genovese direkt anzugreifen, wies er weit von sich. »Für Valachi, ganz trotziges Kind, sollte Vito vor La Cosa Nostra dastehen wie einer, der seine Männer ohne Anhörung zum Tode verurteilt und sich dann rechtfertigt, indem er sie Verräter nennt.«[112]

Ein ungläubiges Raunen ging durch den Saal, als Valachi die aktuelle Personalhierarchie seiner Familie beschrieb und behauptete, daß trotz der Unterbringung im Hochsicherheitsgefängnis von Atlanta Genovese aus seiner Zelle, über seinen Acting boss Tommy Eboli, alias Tommy Ryan, die Geschicke der Familie fest im Griff habe und alle bedeutenderen Aktivitäten selbst dirigiere. Einer, der von Berufs wegen vehement gegen diese Behauptung angehen mußte und damit seine Ignoranz aktenkundig machte, war James B. Bennett. Er bezweifelte, daß Vito Genovese die kriminelle Organisation Cosa Nostra von seiner Zelle aus kontrollierte. Wer würde schon Befehle von jemandem annehmen, der zu fünfzehn Jahren verurteilt war?

Vier Tage nach Beendigung der ersten Hearing-Runde zog Robert Kennedy eine erste Bilanz in der *New York Times*. Unter dem Motto »Wenn es wahr ist, daß jede Gesellschaft die Kriminellen hat, die sie verdient, dann ist es auch wahr, daß jedes Gemeinwesen die Instrumente zu deren Bekämpfung hat, die sie einfordert«, resümierte er die wichtigsten Punkte aus der Sicht des Justizministeriums: »Organisierte Kriminalität zu bekämpfen ist ein Puzzlespiel. Jedes Teil am richtigen Platz sagt etwas über das Ganze und ermöglicht das Erkennen neuer Strukturen. Valachis Informationen gaben vielem, was wir schon wußten, die richtige Bedeutung und haben das Gesamtbild deutlicher gemacht.«[113]

Neben den alarmierenden Zuwachsraten bei Rauschgiftdelikten nannte Kennedy das Einsickern der kriminellen Subkultur in legale Wirtschaftsbereiche als weitere große Gefahr, auf die es schnell zu reagieren galt: »Erpressung ist nicht nur direkte Einnahmequelle, sondern ist ein Instrument, um Kontrolle über legale Unternehmen zu erlangen. Ein anderes Schema, um in legale Bereiche einzudringen, ist betrügerischer Bankrott. Racketeers haben Geschäftsinteressen in vielen legalen Bereichen – der Bekleidungsindustrie, dem Baugewerbe, dem Alkoholgroßhandel, Immobilien, Musikautomaten, Verkaufsautomaten und etlichen anderen.«[114]

Der Griff nach Gewerkschaftskontrolle wurde überall dort betrieben, wo er der Unterwanderung weiterer Geschäftsbereiche diente: »Gewerkschaftsmanipulation ist Teil der kriminellen Strategie, um in legalen Bereichen Fuß zu fassen.«[115]

Kennedy ließ nicht den geringsten Zweifel daran, daß er auf seiner Suche nach erfolgversprechenden Bekämpfungsstrategien auch vor der »heiligen Kuh« Verfassung nicht haltmachen würde: »Wir werden an den Kongreß mit dem Wunsch nach neuen rechtlichen Möglichkeiten herantreten: Zeugenschutz in Fällen von organisierter Kriminalität und Revision des Telefonüberwachungsgesetzes.«[116] Der Justizminister malte ein düsteres Bild von der Zukunft, sollten seine Empfehlungen ungehört verhallen: »Wir sind mit einem Problem konfrontiert, das immer größer wird. Entweder wir beschließen die erforderlichen Gesetze, um dagegen anzugehen, oder wir schlittern ins Verderben.«[117]

Der Kampf gegen die Drogenkriminalität hatte 1961 durch die Entscheidung des Obersten Gerichtshof im Rechtsstreit Mapp v. Ohio einen empfindlichen Rückschlag erhalten. Der höchste amerikanische Gerichtshof verneinte das Recht von einzelstaatlichen und lokalen Ermittlungsbehörden, Beweismaterial in Gerichtsverfahren zu präsentieren, das unter Mißachtung von Bundesstatuten gesammelt wurde. Im Klartext bedeutete das, daß Durchsuchungen von Personen und Räumlichkeiten, auch in Fällen von dringendem Tatverdacht, ohne Durchsuchungsbefehl unzulässig waren und Beweismittel aus widerrechtlichen Durchsuchungen, selbst wenn sie im strafrechtlichen Sinn den Eingangsverdacht untermauerten, aufgrund dieses Urteils nun auch vor den lokalen Gerichten keine Beweiskraft mehr hatten.

Genovese war nach Bekanntwerden der Hintergründe von Valachis sinnloser Bluttat von Atlanta nach Leavenworth, unter Häftlingen bekannt als »Hot House«, verlegt worden und mußte von dort mit ansehen, wie ein »ehrloses« Familienmitglied seine Organisation dem Justizministerium auf einem Silbertablett servierte.

Charles »Lucky« Luciano erlebte dieses Desaster nicht mehr. Am 26. Januar 1962 starb er auf dem Flughafen von Neapel an einem Herzinfarkt. »Luciano hatte einst augenzwinkernd gescherzt, einmal als Betonpfeiler zu enden. Nun lag er da, auf dem Betonboden des Flughafenparkplatzes, in einem maßgeschneiderten Blazer und grauen Hosen, den Hemdkragen offen und die blaugestreifte Krawatte gelockert. Jemand hatte einen giftgrünen Regenmantel über den Körper geworfen. Für das Gesicht hatte es nicht gereicht. Stundenlang, bis die Verantwortlichen gefunden waren, die den Abtransport in Leichenschauhaus anordnen konnten, lagen die sterblichen Überreste von Lucky Luciano auf dem Parkplatz, bedeckt mit einem Regenmantel, die gebrochenen Augen auf den nächtlichen Himmel gerichtet.«[118] Erst als Leichnam durfte er wieder in das Land seiner einstigen Notorität zurückkehren. Er wurde in der pompösen Familiengruft der Lucanias auf dem St. John's Friedhof in Queens begraben, die er 1935 für seine Eltern hatte errichten lassen.

Luciano tot, Costello im Ruhestand, Genovese unter intensiver Beobachtung in Leavenworth und die zweite Garnitur am Ruder – die Zukunft sah nicht gerade rosig aus. Laut Valachis Aussage vor dem McClellan-Ausschuß hatte Genovese Tommy Eboli zum Acting boss ernannt. Zweifel an dieser Version gab es nicht, da anderslautende Informationen nicht vorhanden waren oder aus ermittlungstechnischen Gründen nicht preisgegeben wurden. Ein noch heute beim FBI kursierender unveröffentlichter Abriß zur Geschichte der Genovese-Familie operiert indes mit anderen Fakten für die Zeit von Genoveses Haft. Vincent Cafaro, alias Fish, ein medial vernachlässigter Pentito, beschrieb ein von Valachis Darstellung völlig abweichendes Führungsprofil der Organisation. Cafaro hielt engeren Kontakt zur Befehlsebene und war an diversen Familien-Unternehmen beteiligt, wohingegen Valachi aussagte, daß er zwar zum Village (Hauptquartier) gehörte, aber in Harlem oder der Bronx herumhing. Er sei nie ins Village gekommen, es sei denn, man habe ihn gerufen.[119]

Während Genoveses Inhaftierung wurde die Familie von Philip (Benny Squint, Ben Turpin, Cockeyed Phil) Lombardo geführt, mit Thomas (Tommy Ryan) Eboli als Underboss und Anthony »Fat Tony« Salerno als Consigliere. Lombardo war sehr um Abschirmung bemüht. Er wollte im Hintergrund bleiben, um nicht zur Zielscheibe polizeilicher Neugierde zu

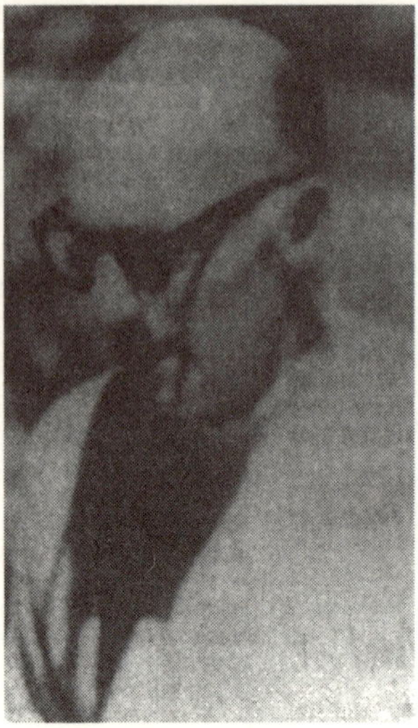

Linke Seite: Philip Lombardo auf seinem Fahndungsfoto

Rechte Seite: Mike Coppola

werden. Tommy Eboli war sein Mittelsmann, über den die Befehle liefen. Unter Lombardo dirigierte Gerardo Catena die Familien-Interessen in New Jersey.[120]

Philip Lombardo war wie John C. Montana ein Paradebeispiel für die perfekte Verschleierung des eigenen Ranges. Über den Mann, der, wie es scheint, 1959 die Führung der größten und einflußreichsten Cosa-Nostra-Familie übernahm, wußten die Ermittlungsbehörden 1957 so gut wie nichts. Im Zuge der Anastasia- und Apalachin-Ermittlungen wurde zu Lombardo notiert: »Wohnort: unbekannt; Beschäftigung: unbekannt. Schlußfolgerung: Individuum wurde nicht im Zuge dieser Untersuchungen observiert. Lebensumstände sind zum Zeitpunkt dieses Berichts nicht näher bekannt (1946). Vertrauliche Ermittlungen und diskrete Befragungen ergaben, daß das Individuum geschäftliche Beziehungen im Raum Florida mit Mike Coppola unterhält.«[121]

Nicht einmal über sein Alter herrschte Einigkeit, lediglich seine diversen Aliases waren bekannt: Benni Lombardi, Ben Grasso, Benny DeMaio. Über einen Zeitraum von 11 Jahren – von 1946 bis 1957 – konnten über Lombardo keine Informationen gespeichert werden, obwohl nicht anzunehmen war, daß er sich von illegalen Geschäften fernhielt, besonders da er mit Coppola in Verbindung gebracht wurde. Auch sieben Jahre später blieb er eine schemenhafte Figur. Lediglich seine physiognomische Eigenart, ein schielendes linkes Auge, und eine Adresse in der Bronx wurden vermerkt und der aufschlußreiche Satz: »Individuum ist ein respektiertes und gefürchtetes Mitglied der Unterwelt.«[122]

Da es Lombardo gelang, sich gegen allzu neugierige Blicke erfolgreich abzuschotten, wurde Tommy Eboli automatisch zur Schlüsselfigur für polizeiliche Nachstellungen. Eboli hatte ein explosives Temperament. Dem ehemaligen Box-Promoter, der in früheren Jahren den Preisboxer und späteren Costello-

Attentäter Vincent Gigante gemanaged hatte, war 1952, nach einem tätlichen Angriff auf einen Schiedsrichter, vom Boxverband die Lizenz entzogen worden. Der zweite Akt der impulsiven Meinungsäußerung fand vor Gericht statt, wo Eboli zu 60 Tagen Haft verurteilt wurde – trotz seiner langen Karriere im kriminellen Milieu die einzige jemals gegen ihn verhängte Gefängnisstrafe.

Catena, Lombardo oder Eboli – vermutlich führte ein Triumvirat die Familie, zumindest in den ersten Jahren von Genoveses unfreiwilliger Abwesenheit. Catena, der alte »Staatsmann«, kontrollierte die Familieninteressen in New Jersey; Lombardo, der »Gefürchtete«, diejenigen in der Bronx, in Brooklyn und in Florida. Eboli besaß Genoveses Vertrauen und hatte ein Auge auf Don Vitones ureigenste Interessen in Midtown und Lower Manhattan. Es war ein offenes Geheimnis, daß Eboli über unzureichende Führungsqualitäten verfügte.

Don Vitone machte sich Anfang 1962 noch Hoffnungen, bei Wiederaufnahme seines Verfahrens freigesprochen zu werden. In diesem Fall würde Eboli wesentlich leichter zur Seite zu schieben sein als etwa Michele Miranda, von dem Genovese nur allzu gut wußte, wozu er fähig war. Als nach dem Valachi-Vorfall Genoveses Antrag auf Wiederaufnahme endgültig abgeschmettert wurde, stand die nunmehr als Genovese-Familie durch alle Medien geisternde Organisation mit einer schwierigen Führungsstruktur da. Die instabilen inneren Verhältnisse und der enorme Druck von außen weckten Ambitionen bei anderen Familien. Die bisher unangefochtene Vormachtstellung der Genoveses, basierend auf einer stets innovativen Führungsspitze, gehörte der Vergangenheit an. Es begann das einzutreten, was Luciano vor Jahren vorausgesagt hatte: Gambino war der Mann der Zukunft.[123]

Am 22. November 1963 endete der Traum von einem neuen Amerika. Die Frage nach einer Beteiligung des Mob am Dallas-Attentat blieb bis heute reine Spekulation, die Frage nach Unterstützung seitens des Mobs im Kennedy-Wahlkampf muß bejaht werden. Nachdem Al Smith Anfang der dreißiger Jahre als erster katholischer Kandidat gescheitert war, vergingen beinahe 30 Jahre, bis der erste katholische Präsident ins Weiße Haus einzog. »Kennedy brauchte einen deutlichen Wahlsieg in West Virginia, um zu zeigen, daß ein Katholik in einem protestantischen Staat wählbar war. Nach Aussage von Skinny D'Amato (Manager der Cal-Neva Lodge am Lake Tahoe, einem beliebten Gangstertreff, an dem Sinatra finanziell beteiligt und wo Ted Kennedy häufiger Gast war) bat Joe Kennedy ihn um Hilfe. D'Amato sagte unter der Bedingung zu, daß Kennedy, einmal im Weißen Haus, dem (1955) deportierten Joe Adonis die Rückkehr ermöglichte.«[124]

Zum wichtigsten Wahlkampfhelfer Kennedys wurde Frank Sinatra, der weitere Mob-Kanäle öffnete. Als Sam Giancana (Mob-Boss von Chicago) zum Kennedy-Troß stieß, war das Weiße Haus so gut wie gewonnen. Sam Giancanas politische Organisation in Cook County lieferte Stimmen unter Verwendung von Methoden, die besser unerforscht bleiben. Chicago ging zu 60 Prozent an Kennedy, der Staat Illinois mit weniger als 9000 Stimmen. Giancana konnte mit Fug und Recht behaupten, Kennedy den Staat überreicht zu haben.

Um so unverständlicher war es für die Unterwelt, daß nach der Wahl Robert Kennedy als Justizminister wie ein Rasender auf die Hand einzuschlagen begann, die seinem Bruder den Weg ins Weiße Haus geebnet hatte. In einem vom FBI mitgehörten Gespräch zwischen Giancana und einem altgedienten Capone-Mann, Johnny Roselli, ging es um enttäuschte Hoffnungen:

»Wenn ich von jemandem Geld nehme, sorge ich dafür, daß dieses Geld etwas bewirkt. Wenn das Geld angenommen wird, tut mir der Kerl vielleicht eines Tages einen Gefallen ... Er macht sich große Hoffnungen, Frank (Sinatra), meine ich, er denkt an den Posten eines Botschafters oder etwas ähnliches ... Sie wollen ihn nicht. Sie behandeln ihn wie eine Nutte. Du fickst sie, du bezahlt sie, du vergißt sie ... Er glaubt immer noch, daß sie ihn nicht fallenlassen.«[125]

»Ich bin Vizepräsident. Somit bin ich nichts, aber ich könnte alles sein.«[126] Dieser Ausspruch von John Adams, dem ersten Vizepräsidenten der Vereinigten Staaten, wurde für Lyndon B. Johnson Wirklichkeit. Und Johnson schlug markige Töne an, wenn es um organisierte Kriminalität ging: »Die abscheulichste Manifestation von Kriminalität in Amerika ist organisierte Kriminalität. Sie zerfrißt unser Rechtssystem. Es ist schlimm genug, daß Individuen kriminell werden, weil sie falschen Idealen folgen oder verzweifelt sind. Es ist aber unerträglich, daß kriminelle Syndikate unsere Gesetze systematisch vorführen.«[127]

Das medienwirksame Säbelgerassel der Politiker stand in eklatantem Widerspruch zur Realität. Der McClellan-Senatsausschuß, der periodisch bis Mitte 1964 tagte, hatte außer einem gewissen aufklärerischen Moment keinerlei direkte Auswirkungen. Obwohl Valachi einen »Hierarchienbaum« der Familienstruktur lieferte, mit Namen, Positionen, Aufgaben und Aktionsgebieten und, wo er konnte, eine Tat-Täter-Zuordnung bei ungeklärten Straftaten, zielte letztendlich doch alles ins Leere. Keine einzige Offenlegung resultierte in einer Verhaftung, auch nicht in Fällen von nicht verjährtem Mord. Das Unangenehmste, was den Mobstern wiederfuhr, war ein Bekanntheitsgrad über den harten Kern der Eingeweihten hinaus.

Wenn die Unterwelt damals unter Druck geriet, dann durch eigenes Verschulden. Vito Genoveses Gesundheitszustand gab Anlaß zu ständigen Spekulationen. Mitte der sechziger Jahre wurde es immer offensichtlicher, daß Don Vitone das Bundesgefängnis Leavenworth wenn vorzeitig, dann in einer Holzkiste verlassen würde.

Ende 1968 verschlechterte sich sein Befinden dramatisch, woraufhin er ins Gefängniskrankenhaus in Springfield, Mo., verlegt wurde. Dort verstarb er am 14. Februar 1969. Der Nachruf der *New York Times* stand unter dem Motto »Cruel and Greedy«, grausam und geldgierig, ging aber auch auf seine Fähigkeit ein, der legalen Umwelt den harmlosen Nachbarn und Geschäftsmann vorzugaukeln.[128]

Ein fast spürbares Aufatmen ging durch die italienische Unterwelt, als Don Vitones Ableben bekannt wurde, auch wenn niemand so recht wußte, wie es weitergehen sollte. Die Ermittlungsbehörden legten sich bei Genoveses Einsegnung auf die Lauer, um anhand von Höflichkeitsriten und Respektsbezeugungen den neuen Spitzenmann auszumachen. Sie wurden bitter enttäuscht. Nicht einer der möglichen Kandidaten auf die Capo-Position ließ sich sehen, auch sonst gab niemand aus der Führungsriege der New Yorker Unterwelt dem heimlichen Capo di tutti Capi das letzte Geleit. In der 500 Personen fassenden Kirche waren kaum mehr als 100 Plätze besetzt.[129]

1) SALERNO, ANTHONY

2) Fat Tony, Anthony Orr, Anthony Russo, Tony Palermo

3) GENOVESE/Consiglieri

4) 15/8/11

5) New York, New York

6) 5'7", 235 Pounds, Bald, Brown Eyes

7)

8[redacted]

9[redacted] 12/62

»Fat Tony« Salernos Archivkarte im NYPD

VI. DIE GENOVESE CRIME FAMILY 1968 – GEGENWART
ÜBERLEBEN

TITLE III UND RICO

»Wir müssen endlich anfangen, organisierte Kriminalität als solche zu sehen und nicht als Einzeltäter, die Einzelstraftaten begehen. Die Öffentlichkeit verlangt von uns, daß wir erkennen, daß das Recht des Bürgers auf Sicherheit das Recht des Kriminellen auf Freiheit durchkreuzt.«

(G. Robert Blakey, In: Fox, *Blood and Power*, Seite 396.)

Wenn Valachi vor dem Senatsausschuß aussagte, waren die ersten acht Reihen von Sheriffs und Polizei besetzt.[1] In den Reihen hinter diesem Sicherheitsriegel saßen Rechtsexperten aus Kommunen mit heftigem Cosa-Nostra-Befall.[2]

Einer dieser Experten war G. Robert Blakey, der geistige Vater des späteren RICO-Gesetzes (Racketeer Influenced and Corrupt Organisations Act), aber das war zu diesem Zeitpunkt noch kühnste Utopie. Er war dort in seiner Eigenschaft als Sonderstaatsanwalt bei der Abteilung für organisierte Verbrechen des Justizministeriums. Auf Blakey, den Augenzeugen, hatte dieses Spektakel eine elektrisierende Wirkung. Er erkannte, »daß Gesetze sich nicht von selbst vollstrecken. Damit Strafgesetze greifen, ist es notwendig, eine gerichtsverwertbare Beweislage zu schaffen.«[3] Valachi hatte die Namen von Spitzenmännern der Hierarchie des Syndikats genannt, deren Vorstrafenregister in krassem Gegensatz zu ihrem zweifelhaften Ruf standen. Dieser Mauer der Isolation war mit existierenden Rechtsmitteln nicht beizukommen.

1961 und 1962 brachte die Kennedy-Administration zwei Gesetzentwürfe im Kongreß ein, »die elektronische Überwachung bei Fällen nationaler Sicherheit, organisierter Kriminalität und anderer Kapitalverbrechen gestatten«,[4] die beide scheiterten.

Ein allmähliches Umdenken setzte nach Valachis Auftritten ein, der im Verlauf der letzten Hearing-Runde 1964 aussagte, daß 95 Prozent der kriminellen Aktivitäten im Bereich von Zinswucher und illegalen Wetten über das Telefon abgewickelt wurden. »Ohne Telefon wäre das Geschäft zu Ende. Es wäre zu Ende. Ohne Telefon wäre es sehr schwer weiterzumachen.«[5]

Nach Lyndon B. Johnsons Einzug ins Weiße Haus kam das Thema »Lauschangriff« bis Anfang 1967 nicht mehr hoch. In den ersten Tagen des neuen Jahres brachte Senator McClellan (Demokrat) einen Gesetzesantrag im Senat ein, der das Gerüst von Title III, dem Gesetz zur Regelung von Abhören und elektronischer Überwachung Verdächtiger, wurde. Doch der Präsident, gestützt auf seinen Justizminister Ramsey Clark, widersetzte sich jedweder Aufweichung von bestehenden Gesetzen, außer im Falle von nationalen Sicherheitsinteressen.

Blakey, der nach Robert Kennedys Rücktritt als Justizminister ebenfalls aus seinem Amt schied, nahm Ende 1964 eine Professur an der juristischen Fakultät der Universität von Notre Dame, Indiana, an. Anfang 1965 gab Präsident Johnson den Startschuß für die »President's Commission on Law Enforcement and Administration of Justice« (die Gesetze in der Praxis durchsetzen sollte), allerdings ohne Finanzmittel und Personal für die Erforschung von organisierter Kriminalität.[6] Damit der Schuß nicht ganz ins Leere ging, wurde auf Drängen von Lewis Powell, einem Kommissionsmitglied und späteren Richter am Obersten Gerichtshof, ein Nachtrag von 30.000 Dollar bewilligt, um eine Expertengruppe zu finanzieren. Ihr gehörten neben Blakey Donald R. Cessey, Soziologe an der University of California, John Gardier, Politwissenschaftler an der University of Wisconsin; Rufus King, Anwalt in Washington; Ralph Salerno, Central Intelligence Bureau,

NYCPD, und Gus Tyler, Gewerkschafter der International Ladies' Garment Workers' Union, New York, an.

Salerno wird über diese Summe viele Jahre später sarkastisch feststellen: »30.000 Dollar wurden bewilligt, um organisierte Kriminalität zu erforschen. Diese Summe war die einzige Finanzierung des Projekts für 1966. Die Absurdität des Vorgangs wird deutlich, wenn man bedenkt, daß ein einziger Heroinsüchtiger in einem Jahr mehr als 30.000 Dollar beschaffen muß, um seine Sucht zu finanzieren .«[7]

In dieser Eigenschaft als Berater machte Blakey, der liberale Demokrat und Mitglied der American Civil Liberties Union, vor dem Senat 1967 folgende Aussage:

»Nimmt man als Vergleich die Situation von vor einigen Jahren, kann man von einem Erfolg des Projekts sprechen. Setzt man dem Erreichten das Mögliche entgegen, muß man von einem kolossalen Mißerfolg sprechen. Ich werde ihnen sagen, wieso.

Das Justizministerium konnte 5000 Cosa-Nostra-Mitglieder identifizieren. In den Jahren 1961 bis 1966 wurden ungefähr 200 von ihnen angeklagt und 100 verurteilt. Das sind gerade einmal zwei Prozent. Setzt man dem den Aufwand entgegen: 20 Millionen Dollar jährlich über einen Zeitraum von fünf Jahren für FBI, Steuerfahndung und Top-Anwälte beim Justizministerium, dann werden Sie verstehen, warum ich von einem kolossalen Mißerfolg spreche. Und der Grund, wieso wir diese magische 2-Prozent-Hürde nicht überschreiten, ist, daß wir unseren besten Männern nicht die notwendigen rechtlichen Werkzeuge geben.«[8]

Und in der Tat war die Zeit reif für Title III. In der Erklärung zu diesem Gesetz hieß es: »Organisierte Kriminelle machen intensiven Gebrauch von Telekommunikation zur Begehung ihrer Straftaten. Die Überwachung dieser Gespräche zur

Sicherung der Beweislage oder zur Verhinderung von Straftaten ist ein unerläßliches Werkzeug für Ermittlungsarbeit und Rechtsprechung.«[9]

Am Tag der Ratifizierung des Gesetzes gab ein sichtlich enttäuschter Johnson folgendes Statement ab: »Ich fordere den Kongreß noch einmal auf, jeden Gesetzesentwurf zur elektronischen Überwachung zurückzuweisen. Meiner Meinung nach hat der Kongreß durch die Sanktionierung von elektronischer Überwachung auf bundes-, einzelstaatlicher und lokaler Ebene einen gefährlichen Weg beschritten. Wenn wir nicht mit äußerstem Bedacht vorgehen, produzieren wir eine Nation von Schnüfflern, die durch die Schlüssellöcher von Wohnungen und Büros ihre Nachbarn ausspionieren.«[10]

Blakey hingegen begrüßte Title III als erstes wirksames Instrument gegen eine immer unangreifbarer werdende kriminelle Landschaft. »Ich unterstütze das System der richterlich angeordneten elektronischen Überwachungen, gerade weil ich die Privatsphäre jedes einzelnen respektiere.«[11]

Es war ein offenes Geheimnis, auch in der Unterwelt, daß Bundes- und lokale Ermittlungsbehörden illegal Büros und Lokale von Unterweltgrößen abhörten. Diese Art der Informationsbeschaffung wurde seit Jahrzehnten stillschweigend praktiziert, wie im Gegenzug jeder Versuch seit Jahrzehnten abgeschmettert wurde, auf diese Weise erlangte Informationen in einem Gerichtsverfahren zu präsentieren. Man wußte, was man nicht wissen durfte, konnte aber nichts damit anfangen. Die Unterwelt wußte, daß die Behörden ihre Informationen nicht verwerten konnten.[12]

Mit Title III sollte sich alles ändern. Stattdessen wurde es sehr schnell klar, daß legales Abhören alleine kein adäquates Mittel gegen eine eng vernetzte, organisierte Unterwelt war. Die Umwandlung von erlauschten Informationen in prozeßfähiges Beweismaterial mittels Title III mußte so lange Fiktion bleiben, solange keine Zeugenaussagen beigebracht werden konnten. Die Erfahrung hatte gezeigt, daß bestätigende Aussagen in der Regel nur Mitangeklagte/Mitverdächtigte liefern konnten, doch dafür bot der Gesetzgeber keinerlei Anreize. »Jede Frage, mit deren Beantwortung sich ein Zeuge selbst belasten würde, muß nicht beantwortet werden, es sei denn, aus freiem Willen.«[13]

Um freiwillige Aussagen anzuregen (der nächste bedeutende Überläufer, Vincent Cafaro, verwendete in seiner eidesstattlichen Erklärung die Formel *»freely and voluntarily make the following statement«*[14]) war ein Zeugenschutzprogramm vonnöten, das auf die besondere Gefährdung von Kronzeugen im Bereich der organisierten Kriminalität einging. Auf der anderen Seite mußte der Gesetzgeber sicherstellen, daß ein »Läuterungsinstrumentarium« geschaffen wurde, das Abtrünnige des Milieus in wahrheitsliebende Zeugen verwandelte. Bei Strafminderung oder -erlaß für den eigentlichen Rechtsbruch mußte ein anderer prozessualer Weg gefunden werden, »um der Wahrheitsliebe in Verfahren gegen organisierte Kriminelle zum Durchbruch zu verhelfen.«[15]

Es drängte sich eine Neuregelung des Meineidparagraphen auf, mit deutlicher Anhebung des Strafmaßes für Falschaussagen. Analysen von Zeugenbefragungen im Dunstkreis organisierter Kriminalität attestierten diesen eine extrem hohe Bereitschaft zum Meineid: »Falschaussagen sind ein Charakteristikum praktisch jedes Verfahrens im Bereich der organisierten Kriminalität.«[16]

Und noch etwas wurde überdeutlich: Das Anzapfen von Telefonen, Immunität des Zeugen und falsche Aussagen würden so lange lose Glieder bleiben, solange der politische Wille fehlte, Rumpf und Kopf zu diesen Gliedern zu erschaffen. »Die körperliche Mitte« jedes Organized Crime Control Law, eines Gesetzes zur Bekämpfung organisierter Kriminalität, mußte eine genaue strafrechtliche Definition des Tatbestandes sein (Rackets, Struktur eines Rackets), der Kern eine Klärung des Begriffs »organisierte Kriminalität«.

Richard Nixon nahm 1968 seine Nominierung als republikanischer Präsidentschaftskandidat, laut James Reston von der *New York Times* das erstaunlichste Comeback seit Lazarus, mit einer provokanten Rede an: »Wenn wir in diesem Land wieder Ordnung und Respekt vor dem Gesetz wollen, gibt es einen Ort, wo wir damit beginnen sollten: im Justizministerium – Amerika braucht einen neuen Justizminister.«[17]

Nixon war kaum im Amt, als Mitte März 1969 ein neuer Vorstoß in Richtung Organized Crime Control Law gestartet wurde. Unter Vorsitz von Senator McClellan wurden Title I bis Title VIII des Senatsbeschlusses 30 vorgestellt. Es sollten jedoch noch weitere 18 Monate vergehen, bis das Organized Crime Control-Gesetz von 1970, erweitert um Title IX – Racketeer Influenced and Corrupt Organizations –, ratifiziert wurde. Das Kernstück von RICO waren § 1961, Definition und § 1962, verbotene Aktivitäten.[18] Die Anwendung des Gesetzes vollzog sich nur sehr schleppend, RICO versank eine Dekade lang im Dornröschenschlaf.

Durch Valachi und die Folgediskussionen waren Italo-Amerikaner wieder monatelang in den Schlagzeilen. Joseph Colombo, der sich in der Profaci-Familie vom Soldier zum Caporegima hochgearbeitet und nach Joe Profacis Tod 1962 die Familie übernommen hatte, fühlte sich Ende der sechziger Jahre aufgerufen, den angekratzten Ruf seiner Landsleute reinzuwaschen – nicht ganz uneigennützig, denn einige seiner illegalen Aktivitäten sollten durch die Fassade eines gemeinnützigen Vereins kaschiert werden. Unter viel Getöse gründete er 1969 die Italian-American Civil Rights League »zur Wahrung des italienischen Erbes und zur Bekämpfung des Vorurteils, alle Italiener wären Mitglieder von La Cosa Nostra.«[19]

Und Erstaunliches geschah. Trotz Colombos zweifelhaftem Leumund nahmen an der ersten öffentlichen Demonstration am 29. Juni 1970 50.000 Menschen teil, gleichzusetzen mit 50.000 Wählerstimmen. Zum selben Ergebnis dieser einfachen Gleichung war auch Gouverneur Nelson Rockefeller gekommen und nahm die Ehrenmitgliedschaft der Liga an. Colombos Aktivitäten zogen als unliebsame Nebenwirkung viel Aufmerksamkeit auf die italo-amerikanische Unterwelt – zuviel für den Geschmack der diskreten Bosse vom Schlage eines Carlo Gambino, Gerardo Catena oder Philip Lombardo.

Den zweiten Jahrestag überlebte Colombo nur als hirngeschädigter Korpus. Mit einer abtrünnigen Fraktion seiner Familie, dem Gallo-Mob, vereinbarte die Kommission, daß der allzu mediengeile Boss zum Abschuß freigegeben war. Ein schwarzer Auftragskiller aus Harlem wurde angeheuert, der jedoch den Auftrag versaute. Tadel dafür gab es nicht mehr, da Colombos Bodyguards den Attentäter noch an Ort und Stelle hinrichteten. Die kurze Geschichte der Italian-American Civil Rights League endete am 28. Juni 1971 mit einem Toten und einem Komatösen auf dem Asphalt des Columbus Circle.

Colombos bestellte Eliminierung war jedoch nur der sichtbare Ausdruck einer zutiefst irritierten Subkultur. Es war abermals ein Punkt erreicht, der nach einer Klärung der Fronten verlangte. Der Vietnamkrieg und seine Folgeerscheinungen ließen die Zahl der Rauschgiftsüchtigen auf 600.000 ansteigen. Der Handel mit Drogen war zum lukrativsten, aber zugleich gefährlichsten illegalen Racket geworden. Das Rauschgiftgesetz von 1965 hob das Strafmaß für Rauschgiftvergehen abermals drastisch an, was wiederum die Gefahr erheblich vergrößerte, daß Festgenommene aussagen würden. Aus diesem Grund erging 1966 an alle Mitglieder des Syndikats zum zweiten Mal seit 1948 ein verbindliches Drogenverbot. Bei Zuwiderhandlung drohte sofortige Exekution, ohne Anhörung vor einem »Kangaroo-court«, dem familieninternen Tribunal.

Diese Richtlinien wurden bei einem Essen im Herbst 1966 im Restaurant La Stella in Queens beschlossen.

Seit Valachis Aussagen standen alle bedeutenden New Yorker Unterweltgrößen unter permanenter Polizeibeobachtung. Am 22. September 1966 war das Erstaunen groß, als sich die »Schatten« von Michele Miranda, Tommy Eboli, Carlo Gambino und Joseph Colombo vor einem Restaurant in Queens wiederfanden. Die Beamten schlossen daraus, daß ein hochkarätiges Mob-Meeting im Gange war, und erbaten Instruktionen vom Polizeihauptquartier. Sie erhielten Order, alle Teilnehmer zu verhaften.[20] In einem Separatzimmer des Restaurants wurden dreizehn Männer angetroffen, vor sich auf dem Tisch Unmengen von Antipasti. Einer Eingebung folgend machten die Polizisten ein Diagramm der Sitzordnung für eine eventuelle Hierarchieanalyse. Ralph Salerno, langjähriger Beobachter der New Yorker Cosa-Nostra-Szene, berichtete 1978 dem House Select Committee on Assassinations, daß die Sitzordnung des La-Stella-Meetings genauso formell war, als hätte sie der Protokollchef des State Department arrangiert.[21]

Die vorgeschriebene Abstinenz vom Drogenmarkt wurde zum Problem, als nachdrängende Gruppen durch die enormen Einkünfte des Rauschgifthandels den Cosa-Nostra-Familien auch auf anderen Gebieten den Fehdehandschuh hinwarfen.

Carlo Gambino, seit mehr als zwölf Jahren Boss seiner Familie, hatte große Pläne. Nach Genoveses Tod war die Position des Capo di tutti Capi vakant, und Gambino hatte ein Auge darauf geworfen. Er brauchte Geld, um seine Macht zu sichern. Ein großer Drogendeal konnte ihm das verschaffen. Da traf es sich, daß Tommy Eboli einen Partner suchte, um einen Riesendeal mit Louis Civillo durchzuziehen, der von den Bundesbehörden als größter Drogengroßhändler Amerikas geführt wurde. Gambino investierte vier Millionen Dollar. Kurze Zeit später wurde Civillo verhaftet, und Gambino mußte sein Geld abschreiben. Jeder im Milieu wußte, wie schmerzhaft der Verlust von Geld für den Mann mit der fest zugekniffenen Brieftasche war. Doch anstelle sich das Geld von Eboli zurückzuholen, verfiel Gambino auf die Idee, diesen beseitigen zu lassen und eine Marionette an der Spitze der Genoveses zu installieren. In der Nacht des 16. Juli 1972 wurde Thommy Eboli, auch bekannt als Tommy Ryan, ein New Yorker Top-Mafioso, in traditioneller Unterweltmanier in einer beschaulichen Wohngegend von Crown Heights/Brooklyn erschossen.[22]

Eboli war das 15. Opfer in nur dreizehn Monaten. Begonnen hatte die Todesserie mit der Erschießung von Joseph Gallo, einem Rivalen von Colombo, der in einem Restaurant in Manhattans Little Italy niedergeschossen wurde, während er seinen 43. Geburtstag feierte.[23] In Polizeikreisen sah man keinen direkten Zusammenhang zwischen Ebolis Abgang und den unzähligen Morden der unmittelbaren Vergangenheit, die laut Expertenmeinung ihren Ursprung im Machtkampf um die vakante Führungsposition in der Colombo-Familie hatten.

Doch Ebolis Beseitigung machte Sinn. Obwohl laut offizieller Darstellung der Tote in keine Unterweltsfehden verstrickt war, war der Zeitpunkt gleichwohl perfekt gewählt. Denn der zweite Frontmann der Familie, Gerardo Catena, befand sich zu diesem Zeitpunkt wegen Aussageverweigerung in Haft. Wer immer ein Interesse an einer einschneidenden Autoritätsverschiebung innerhalb der Genovese-Familie hatte, ob die nebulöse graue Eminenz Philip Lombardo oder der intrigante Carlo Gambino, er hatte die Situation präzise erfaßt. Doch vorerst wurde, zur Beruhigung der einzelnen Fraktionen der Familie (immerhin hatte der Hofstaat von Eboli viel zu verlieren), der fast 80jährige Michele Miranda aus der Versenkung geholt. Kaum neun Monate dauerte Mirandas »Wiederbelebung«, Zeit genug, um erhitzte Gemüter abzukühlen. Der alte Mann starb im Frühjahr 1973. Und damit war der Weg frei für neue Machtverhältnisse.

Laut Vincent Cafaro war es Lombardo, der Frank Alphonse (Funzi) Tieri als neue Fassade installierte, andere Quellen sprechen von Carlo Gambino als dem Steigbügelhalter für Tieri.[24] Der neue Genovese-Scheinboss hatte eine rasante Karriere hinter sich. 1964 noch Soldier im Miranda-Regime, durfte er acht Jahre später bereits den Boss mimen.

Wieder war ein Mann an die Spitze gelangt, der es verstanden hatte, die Spuren seiner jahrzehntelangen Notorität perfekt zu verwischen. Er lebte unauffällig, bewohnte ein bescheidenes Haus in Brooklyn, und sein Strafregister zeigte einen einzigen nennenswerten Zusammenstoß mit dem Gesetz. Im Jahre 1922, kaum 18jährig, hatte er einen Raubüberfall mit tätlichem Angriff verübt, wofür er einige Monate sitzen mußte. Danach wurde er 1945 wegen Vergehen gegen die Alkoholsteuer verhaftet, aber sofort wieder auf freien Fuß gesetzt und 1946 wegen Buchmacherei vorgeführt und zu einer lächerlichen Geldstrafe von 50 Dollar verurteilt.

Als der 68jährige Tieri 1972 den Gipfel seiner Laufbahn erklommen hatte, war er jedoch ein kranker Mann. Wie bei vielen seiner Unterweltgenossen hatten die Jahre der Illegalität ihre Spuren hinterlassen.

1976 wurde Eli Zaccardi Underboss, Lombardo blieb der Boss und »Fat Tony« Salerno blieb Consigliere.[25] Tieri war schon entmachtet, als sich die vereinigten Ordnungsmächte (FBI, NYCPD, die Staatsanwaltschaft für das Südliche New York) auf ihn stürzten. 1978 hatte er die zweifelhafte Ehre, der erste Boss unter RICO-Anklage zu sein. Ihm wurde vorgeworfen, »eine kriminelle Vereinigung zu leiten und Rackets zu betreiben, inklusive Mord und Erpressung.«[26] Ende 1980 wurde er schuldig gesprochen, am 23. Januar 1981 das Strafmaß verkündet: zehn Jahre Haft in Atlanta. »Funzie« Tieri kam nicht mehr bis Georgia. Am 31. März verstarb er im Mount Sinai Hospital in New York.

Die nachfolgenden Jahre bis 1982 waren gekennzeichnet

von innerer Unruhe. Das Führungskarussell drehte sich unablässig, blieb aber ohne nennenswerte Auswirkungen auf die Geschäftsangelegenheiten der Familie. 1977 wurde Salerno Underboss, Antonio (Buckaloo) Ferro Consigliere. 1978 wurde Dominick Alongi Consigliere. Laut Cafaro wurde sein Mentor »Fat Tony« nach einem Herzinfarkt 1981 von Lombardo entmachtet. Vor seiner Krankheit wurde Salerno allgemein als der Boss angesehen, da er unter anderem die Familie bei Cosa-Nostra-Kommissionstreffen repräsentierte. Cafaro selbst hatte Salerno einige Male zu hochkarätigen Mob-Treffen gefahren. Doch trotz dieser scheinbaren Machtfülle bestand Cafaro darauf, daß »Fat Tony« nur eine Marionette und Lombardo die wirkliche Macht hinter dem Thron war.[27]

»Fat Tony« Salerno war das genaue Gegenteil des in den siebziger Jahren kreierten Hollywood-Mythos Don Vito Corleone. Klein, unförmig und laut, hatte er nach Mike Coppolas Ableben 1966 die Rackets in East Harlem rund um die 116th Street übernommen, seit den Tagen des Morello/Terranova-Clans ein Eldorado für Mob-Interessen. Er selbst war seinem alten Bezirk auch persönlich treu geblieben. Anders als die meisten seiner Zunftgenossen, die nach Long Island oder Palisades, N.Y., auswanderten, wohnte er weiter in der East 114th Street, obwohl sich die Anwohnerstruktur vollkommen verändert hatte: Statt Italo-Amerikanern bevölkerten die Gegend Latinos und Schwarze, die jedoch wie zuvor die Dagos (Slangausdruck für Italiener) ihr Kleingeld auf eine Nummer setzten.

Salerno hatte nicht den Sinn für die großen Geschäfte, seinem Wesen nach blieb er immer einer, der im Ghetto die kleinen Leute schröpfte. Aber das mit enormem Erfolg, auch wenn die gehandelte Summe von jährlich 50 Millionen Dollar ins Reich der Phantasie gehört. Ein Ausflug in die Unterhaltungsbranche scheiterte 1974 kläglich, als in der CBS-Sendung »The Trouble with Rock« bekannt wurde, daß CBS-Mitarbeiter im Tausch gegen Rauschgift »große Mengen populärer

Alben, die leicht zu Geld zu machen waren,«[28] an die Unterwelt weitergaben. Das Rauschgift sollte einige CBS-Musikstars bei Laune halten. Fat Tony hatte wohl weiterreichende Pläne, denn er wollte den direkten Kontakt zu den Künstlern. »David Wynshow, Assistent des ehemaligen Präsidenten von CBS-Records, Clive Davis, suchte persönlich für die CBS-Stars O.C. Smith und Jeff Beck um Schutz an vor Anthony Salerno, dem mutmaßlichen Mafia-Boss.«[29] Damit endete »Fat Tonys« Ausflug in die Welt des Show-Bizz. Auch sonst liefen die interessanten, semilegalen Geschäfte der Familie, etwa der Racket im Baugewerbe, weitestgehend ohne ihn, wenngleich er an jedem Vorgang beteiligt war.

Die Bauindustrie boomte in New York Ende der siebziger, Anfang der achtziger Jahre. Generalunternehmer waren deshalb häufig gewillt, bei Auftragsvergabe beide Augen zuzudrückten, auf die Zusicherung hin, das Projekt ohne größere Verzögerungen durchziehen zu können. Der 2-Prozent-Club, ein illegaler Zusammenschluß von Mob-dominierten Bau- und Betonfirmen der Genovese- und Gambino-Familie, traf regelmäßig Preisabsprachen. Wurde eine Firma des kriminellen Kartells beauftragt, mußten 2 Prozent des Auftragsvolumens in eine schwarze Kasse eingezahlt werden, um die Leerausgegangenen zu entschädigen. Da einer vorsichtigen Schätzung zufolge 75 Prozent der New Yorker Bauindustrie Mob-hörig waren, stiegen nicht nur die Preise für den verbauten Quadratmeter in luftige Höhen, sondern auch die Schmiergelder. Besaß ein unwilliger Bauherr die Dreistigkeit, nach günstigeren Möglichkeiten Aussschau zu halten, hing sofort Unheil in der Luft. Sammy Gravano, der Gambino-Mann in der Bauindustrie, beschrieb den Vorgang:

»Nehmen wir an, ich biete für einen Auftrag, und Mr. Trump, nicht wirklich Mr. Trump, ich nehme ihn nur als Beispiel, will seine eigenen Leute nehmen. Er ist in der Gewerkschaft.

Darum geht ein Typ von 282 zu ihm und flüstert ihm ins Ohr, daß es besser wäre, eine bestimmte Firma zu beauftragen. Er schaltet noch immer auf stur. Auch gut.

Dann rufe ich meinen Faularsch von Neffen, der in seinem ganzen Leben noch keinen vollen Tag gearbeitet hat und der Vorarbeiter von 282 ist. Ich sage ihm, er soll sich ans Tor der Baustelleneinfahrt stellen und jeden Wagen untersuchen, der herein will: ob er gewerkschaftszugelassen ist, er soll sich vom Fahrer sein Gewerkschaftsbuch zeigen lassen. Er geht ans Telefon, um zu überprüfen, ob der seine Gewerkschaftsbeiträge bezahlt hat. Okay, hat er. Nun beginnt er, sich die Reifen anzusehen, die Bremsleuchten, er kommt vom Hundertsten ins Tausendste. In der Zwischenzeit reihen sich bereits 40 Wagen auf, und mein Neffe, dieser Lahmarsch, steht nach wie vor am Tor. Mr. Trump erkennt sehr schnell, was gespielt wird. Er ruft bei Bobby Sasso an (Boss von 282) und sagt: ›Bobby, dieser Typ ruiniert mich, ich habe großes Geld geborgt, wenn das so weiter geht, ist das Projekt nicht in zwei, sondern in fünf Jahren fertig.‹ Bobby sagt ihm: »Ich habe gehört, du hast noch ein anderes Projekt, wo du eine Baufirma brauchst. Vielleicht hörst du diesmal auf meinen Rat.‹ – ›Ja, ja, alles was du willst.‹ Und ich sage meinem Neffen, er soll noch drei Stunden weitermachen und dann abhauen.«[30]

In einer Phase der wirtschaftlichen Hausse war nicht nur durch, sondern plötzlich auch wieder mit Gewerkschaften Geld zu machen. »Unsere Familie kontrollierte fast die gesamten Hafenanlagen, weil wir die International Longshoremen's Association, oder ILA, kontrollierten. Viele Jahre kontrollierten Doug Rago und George Barone, beides Soldiers in unserer Familie, die ILA und ihren Präsidenten Teddy Gleeson.«[31] Alleine an Schmiergeldern kamen jedes Jahr 500.000 Dollar in die Kassen der Genoveses. Nicht zu vergessen die Reihendiebstähle, die nur durch systematisches Wegsehen von ILA-Offi-

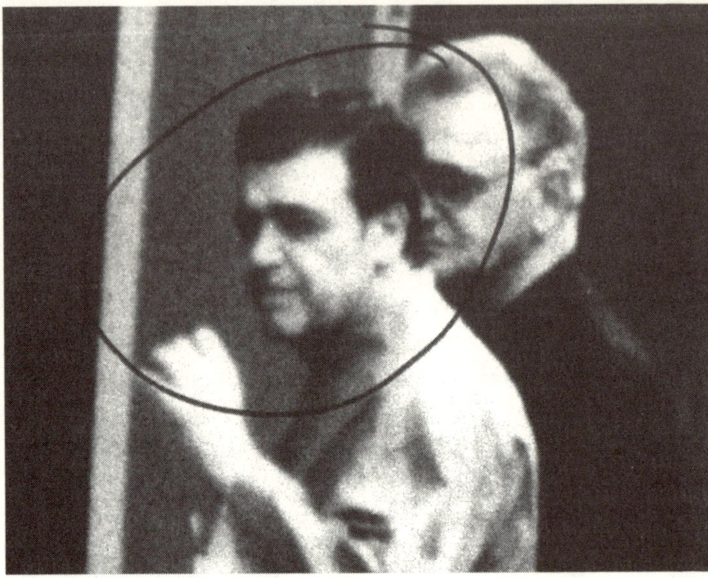

Vincente »the Chin« Gigante

ziellen möglich waren. Ganze Containerladungen von Luxusgütern aus Europa und Japan, mit Vorliebe Automobile und Unterhaltungselektronika der gehobenen Preisklasse, lösten sich während des Entladevorgangs in Luft auf.

Selbst so obskure Gewerkschaften wie die Rettungswagenfahrer waren vor Unterwelt-Begehrlichkeiten nicht sicher. »Joe Zucco brachte uns das Geld – zwischen 1000 und 1500 Dollar. Wir machten nur wenig Geld mit dieser Gewerkschaft, deswegen sprachen wir darüber, uns zurückzuziehen, entschieden uns aber dagegen – um nicht einer anderen Familie die Möglichkeit zu geben, das Vakuum auszufüllen. Vielleicht brauchten wir eines Tages diese Gewerkschaft.«[32]

1981 stand es schlecht um »Fat Tonys« Gesundheit. Ein Infarkt zwang ihn, im New York University Hospital Quartier zu nehmen. »Ich (Cafaro) war bei einer Gelegenheit abwesend, als der rekonvaleszente Salerno von Gigante, Caporegima Sammy Santora und Consigliere Bobby Manna besucht wurde. Lombardo war auch leidend und hatte sich ebenfalls ins University Hospital einweisen lassen.«[33] Quasi von Krankenbett zu Krankenbett wurde über die zukünftige Führungsspitze der Familie konferiert. »Salerno sagte mir später, daß bei diesem Treffen vereinbart wurde, daß Salerno und Lombardo von nun an Gigante als neuen Boss der Familie akzeptierten.«[34]

Lombardo zog sich endgültig zurück, Salerno wollte sich mit dem Status eines »Ehemaligen« noch nicht abfinden. Nach einer mehrmonatigen Rekonvaleszenz auf seinem Landgut in Upstate New York ließ er bei Gigante vorsichtig anfragen, ob er zurückkommen könne, um für ihn den Frontmann zu machen. Gigante muß sich seiner neuen Position als Boss sehr sicher gewesen sein, denn er gab sein Plazet, allerdings mit der Einschränkung, »daß Salerno keine weitreichenden Entscheidungen treffen durfte, ohne mich (Gigante) zu unterrichten.«[35]

Salerno dürfte diese Entscheidung in der Folgezeit bitter bereut haben. Die fünf weiteren Jahre an der Macht sollten ihm schließlich eine gewaltige Haftstrafe einbringen. »Fat Tony« hatte nicht geahnt, welche Entschlossenheit Rudolph »Rudy« Giuliani, der Neue im Büro der Staatsanwaltschaft für den District von New York, zeigen würde.

Stagnation?!

»Diese Individuen haben eine Mentalität, die uns völlig fremd ist, unsere Mentalität ist dem, was für sie normal ist, völlig fremd, denn wir stehen jeden Morgen auf, gehen zur Arbeit, ziehen unsere 40 Stunden durch, machen gelegentlich auch Überstunden; wir kommen unseren Verpflichtungen nach – eben diese ganze bürgerliche Chose. Für sie sind wir jämmerliche Opfer, Gefangene einer trostlosen Existenz. Ihr Ding ist, spät aufzustehen, einen großen Schlitten zu fahren, sich von niemandem herumkommandieren zu lassen oder Rechenschaft geben zu müssen. John Gotti sitzt in Marion in Einzelhaft. Würden wir ihn fragen: Hey, du kamst vor deinem 50. Geburtstag ins Gefängnis – für den Rest deines Lebens –, war es das wert, wie ein Mobster zu leben und sieben Jahre der Boss der größten Crime Family zu sein? Ich bin todsicher, er würde antworten: Jede Minute davon war es wert.«

(John Miller, Ex-Deputy Police Commissioner, NYCPD, In: Zion, *The Story of the American Mob*, Seite 143.)

Rudolph Giuliani wurde in Brooklyn in unmittelbarer Nähe zum Milieu geboren. Dort betrieb sein Vater ein Pizza-Restaurant. »Es gab eine Sache, die zwischen mir und meinem Vater stand. Er war italophil, und ich verstand es nicht. Ohne überhaupt die Sprache zu können, liebte er alles Italienische. Auch die Dinge, die man nicht lieben sollte.«[36] Noch in den Mittvierzigern ließen die Nachbarschafts-Mechanismen einem »vielversprechenden« Jugendlichen genau zwei Möglichkeiten: entweder dabei zu sein oder dagegen zu sein. Vincent Cafaro und Rudolph Giuliani sind typische Beispiele für diese Gesetzmäßigkeit.

Für Giuliani endete der Respekt für die eigenen ethnischen Wurzeln mit ihren kulturellen Eigenheiten dort, wo die Unterwelt begann. Früh ließ er sich von der Gedankenwelt des Katholizismus anstecken, vielleicht betört vom simplen Dogmatismus des klaren Gut und Böse. Was lag näher als der Wunsch, Priester zu werden? Selbst seine Physiognomie schien diesem Verlangen ganz offensichtlich zuzuarbeiten. »Giuliani ist ein blasser, aber leidenschaftlicher Mann, dessen Aussehen den Betrachter unwillkürlich an Fresken mittelalterlicher Heiliger denken läßt.«[37] Aber die Vorsehung entschied dagegen, und so wurde aus dem Beinahe-Gottesmann ein Mann des Gesetzes. Seinen Kreuzzug gegen das Böse führte er statt mit Kruzifix und Weihwasser mit Strafgesetzbuch und Haftbefehl.

Über eine Station als freiberuflicher Anwalt in New York City kam er ans Justizministerium in Washington, wo er sich energisch hocharbeitete. Unter der Reagan-Administration wurde der bekehrte Republikaner zuständig für den Bereich der organisierten Kriminalität. Seine Einheit zur Bekämpfung des organisierten Verbrechens und des Rauschgifthandels wurde Anfang 1982 mit 100 Millionen Dollar und einer beinahe uneingeschränkten Erlaubnis zum Einsatz elektronischer Überwachung ausgestattet. Er selbst hatte es bereits zur Nummer drei in der Hierarchie des Ministeriums gebracht. All das ließ er sausen, als im Frühjahr 1984 die Position des Bundesstaatsanwalts für den Southern District von New York vakant wurde. »New York mit seinen fünf Crime families war die Frontstadt im Krieg gegen den Mob, und statt in Washington Papiere zu wälzen, wollte er an die Front.«[38] Giuliani wurde der erste Staatsanwalt italienischer Abstammung in New York City.

Rudy Giuliani kehrte in seine Geburtsstadt zurück, mit Joe Bonannos Lebenserinnerungen *A Man of Honor* in seinem Gepäck, »das freimütig die Existenz einer US-weiten Mafia-Führungsebene bestätigte – ein kontinuierliches kriminelles

Unternehmen.«[39] RICO-Verfahren gegen die Unterwelt waren in der New Yorker Gerichtsstatistik (und nicht nur dort) noch immer exotische Ereignisse – bis Giuliani kam.

Paul Castellano, nach Carlo Gambinos Ableben neuer Boss der Gambino-Familie, war der erste, gegen den Giuliani eine RICO-Attacke ritt. Die Anklageschrift gegen ihn und zwanzig Mitglieder seiner Organisation zählte 51 Racketeering-Punkte. Das war die Ouvertüre.

Das eigentliche Schauspiel sollte eine Anklage gegen alle fünf New Yorker Bosse und ihre Stellvertreter sein, der Commission-Fall. Den ganzen Herbst und Winter 1984/85 war in den Büros des FBI, der Organized Crime Task Force und der Bundesstaatsanwaltschaft Manhattan die Hochspannung beinahe physisch spürbar. Die legendäre Rivalität schien vergessen angesichts des gemeinsamen Ziels, das es zu erreichen galt. Es waren Giulianis Visionen, die diese atypische Eintracht bewirkten. »Er war perfekt für diese Aufgabe – ein Italo-Amerikaner mit dem inbrünstigen Feuer des Kreuzritters und dem Marketinginstinkt eines Impresarios.«[40]

Der 25. Februar 1985 war der Tag des großen Fischzuges. Obwohl Hunderte von Personen an dem Fall arbeiteten, war bis zuletzt nichts nach außen gedrungen, weder in Richtung Mob noch in Richtung Medien, wo es doch ein offenes Geheimnis war, daß beide ihre bezahlten Informanten in den Dienststellen sitzen hatten. »Der 25. Februar wurde zum schwärzesten Tag für La Cosa Nostra. ›Fat Tony‹ Salerno wurde vorgeführt, ebenso der geckenhafte Gerry Lang. Tony ›Ducks‹ Corallo, Boss der Lucchese, blieb nicht verschont, auch nicht Colombo-Boss Carmine ›the Snake‹ Persico. Scopo, Santoro, Gambino-Underboss Aniello Dellacroce – alle wurden an diesem Abend zusammengetrieben.«[41]

Am nächsten Tag veröffentlichte die Staatsanwaltschaft Manhattan (Southern District) eine Zusammenfassung der Anklage für das Verfahren United States v. Anthony Salerno, et al., von den Medien sofort als »Commission Case« etikettiert. »Die Anklage beschuldigt die Commission, als Gremium zu fungieren, das die Beziehungen der Familien untereinander reguliert und innerfamiliäre Konflikte beilegt. Ferner, daß die Commission die Geschäftsbedingungen aller Mafia-Aktivitäten festlegt, namentlich Zinswucher, illegales Glücksspiel, Drogenhandel und Gewerkschaftsmanipulation; gewaltsame Konfliktlösungen müssen von der Commission gutgeheißen werden, das betrifft den Mord an Carmine Galante im Jahre 1979, vier weitere Morde und einen Mordversuch. Weiter, daß die Commission ein Zig-Millionen-Dollar-Erpressungs-Racket betreibt – genannt der ›2-Prozent-Club‹, das weite Teile der Bauindustrie kontrolliert.«[42]

Daß die Lage ziemlich trostlos war, wußten die Mobster spätestens in dem Augenblick, als bekannt wurde, wo und bei wem die Ermittlungsbehörden in den letzten Monaten und Jahren mitgelauscht hatten. Schon zu Valachis Zeiten war man sich der Tatsache bewußt, daß viel und intensiv mitgehört wurde, und traf Gegenmaßnahmen in Form einer eigenen Kürzelsprache. Die Phantasie der Mafiosi in bezug auf Wanzen ging jedoch über Büro und Geschäftslokal nicht hinaus. Alle waren sich sicher, für die Abschottung ihrer Privatsphäre ausreichende Maßnahmen getroffen zu haben. Ein fataler Fall von Überheblichkeit, der sich bitter rächen sollte: Die Feds saßen seit 1983 an Paul Castellanos heimischem Eßtisch, dort, wo er seine heikelsten Geschäft besprach; sie fuhren in Tony »Ducks« Corallos Cadillac mit, und sie waren immer dabei, wenn in »Fat Tony« Salernos Palma Boy Social Club in East Harlem und dem Ravenite Social Club der Gambinos in der Mulberry Street brisante Geschäfte besprochen wurden.

Für die Agenten gingen an jenem 25. Februar vier Jahre aufreibendster Arbeit zu Ende. Das ständige Schwanken zwischen Euphorie und Depression wich einem Gefühl wohliger Genugtuung, als man das Netz mit reicher Beute einholte.

»Das Haus eines Mannes zu verwanzen! Entschuldigt Leute, ich weiß, daß ihr nur euren Job macht, aber ich finde das nicht richtig. Geschäftslokal, okay. Social Club, all right. Aber das Heim eines Mannes? Das ist Intimsphäre.«[43] Paul Castellanos Protest ging unter in den Stunden des Triumphes. Alle »ehrenwerten« Herren verbrachten die Nacht im MCC (Metropolitan Correctional Center).

Der Kautionsverhandlung am nächsten Tag saß Richter Michael Dolinger vor. Neun Angeklagte und ihre Anwälte saßen dicht an dicht auf der Anklagebank und zeigten alles andere als frohe Mienen. James La Rossa, Paul Castellanos Anwalt, hatte beträchtliche Mühe, sein geschworenenerprobtes Hohnlächeln, »ein Grinsen, das nur an den besseren Jurafakultäten gelehrt wird«[44], nicht zur steinernen Grimasse verkommen zu lassen, »Fat Tonys« Beistand, der berüchtigte Roy Cohn, wirkte dünner und seine Gesichtsfarbe gelber als sonst. »Am Ende der Anhörung waren ›Fat Tonys‹ schlaffe Wangen aschfahl, und auch Langella (Lang) hatte viel von seinem Glanz verloren. Die Mitglieder von La Cosa Nostras höchstem Gremium sahen ausgewrungen und desolat aus, so als hätten sie nach einem Krieg gerade den Waffenstillstand für die Verliererseite unterschrieben.«[45]

An diesem Absturz war die Höhe der jeweils festgesetzten Kautionssumme bei gleichzeitigem Einfrieren des sichtbaren Vermögens nicht ganz unbeteiligt. Ein Underboss ging für eine Million Dollar, ein Familienoberhaupt für zwei Millionen, die temporäre Freiheit von Big Paul Castellano, dem Kopf der Kommission, war nicht unter vier Millionen zu haben.

Ein in den USA weitverbreitetes Sprichwort besagt, daß die Justiz schnell, das Gesetz jedoch langsam sei. Bis März 1987 bewegte sich im Commission Case kaum etwas. Zu diesem Zeitpunkt lebte der Hauptangeklagte des Verfahrens, Big Paul Castellano, seit mehr als einem Jahr nicht mehr. Der kranke alte Mann mit seinen zwei RICO-Anklagen war für die Familie nur noch Ballast und ein ganz persönliches Hindernis auf dem Weg an die Spitze für einen ehrgeizigen Caporegima, nämlich John Gotti.

»Der Mord an Paul Castellano war wie eine Szene aus einem Film noir. Da liegt er, ermordet, mitten auf einer belebten Straße, einige Tage vor Weihnachten. Überall Festbeleuchtung, seine Limousine auf Hochglanz poliert, aus unzähligen Lautsprechern dudeln Weihnachtslieder – und er liegt tot auf der Straße und ringsum leere Patronenhülsen. Sein Fahrer liegt tot auf der anderen Seite des Wagens. Alles sieht aus wie arrangiert, die Toten, die Beleuchtung, die Musik, reinstes Hollywood. Und dann holt dich die Wirklichkeit ein, und du begreifst, daß das nicht irgendein Mob-Anschlag ist – der da liegt, ist der Boss der größten Crime family in den Vereinigten Staaten, und das hier ist der spektakulärste Mord seit Jahrzehnten –, und jemand, um das mal klarzustellen, hat gerade einen sehr riskanten Zug gemacht. Irgendwer zog mich zur Seite und flüsterte, ›Hör zu, merk dir den Namen John Gotti.‹ Und ich sagte, ›Wer zum Teufel ist John Gotti?‹ Und er sagte, ›Ein Typ aus dem Mittelbau, aus Queens; er hat seit längerem irgend etwas Großes geplant. Das war es wohl.‹«[46]

Damit war die Gambino-Familie de facto aus dem Commission Case raus, denn Underboss Aniello Dellacroce war 14 Tage zuvor, am 2. Dezember 1985, an Krebs gestorben. Das machte »Fat Tony« Salerno automatisch zum »ranghöchsten« Angeklagten. Der Prozeß verlief nach Giulianis Planung, die Staatsanwaltschaft hatte ihre Lektion aus vielen verlorenen LCN-Prozessen gelernt. Am 22. April 1987 verkündete Richter Vincent L. Broderick das Urteil gegen die sechs verbliebenen Angeklagten. Nach Addition aller 15 Anklagepunkte, die meisten lauteten auf Erpressung/Nötigung, stand unter dem Strich die ungeheuerliche Summe von 100 Jahren Haft, die der 75jährige Salerno mit bleichem Gesicht, doch ohne

Lamentieren annahm. Alle Angeklagten im Commission-Prozeß wurden verurteilt. Anthony »Fat Tony« Salerno, 75 Jahre bei Prozeßbeginn, erhielt 100 Jahre, ebenso Anthony »Tony Ducks« Corallo, Salvatore »Tom Mix« Santoro, Gennaro »Gerry Lang« Langella, und Ralph Scopo. Carmine »the Snake« Persico, der dem Gericht einige unvergeßliche Momente bescherte, da er sich selbst verteidigte, faßte ebenfalls 100 Jahre.[47]

Neben diesem Verfahren gegen die Führungsspitze lief ein weiteres gegen den Mittelbau der Familien. Einer, der dort unter Anklage stand, war Vincent Cafaro, in vielen Fällen der Chauffeur von »Fat Tony« und aus diesem Grund, trotz seines untergeordneten Rangs, eine relevante Größe. Auch Cafaro war im Verlauf des großen Fischzugs von 1985 ins Netz der Fahnder gegangen. Die Information über eine bevorstehende Verhaftung war über nebulöse Kanäle bereits zwei Wochen vor dem festgesetzten Termin zu ihm durchgedrungen. Doch er tauchte nicht unter, weil er nur mit einer Anklage wegen Buchmacherei und illegalem Glücksspiel rechnete.[48] Doch Cafaro wurde ein Kautionsverfahren verwehrt, was bedeutete, daß er bis zum Beginn seines Verfahrens im MCC in Untersuchungshaft verblieb. »Fat Tonys« und Cafaros greifbares Vermögen war von den Behörden eingefroren worden, weshalb beide finanziell etwas klamm waren und Salerno überdies Schwierigkeiten hatte, die festgesetzte Kautionssumme zu stellen. So nahm das Schicksal seinen unbarmherzigen Lauf. Denn kurz vor seiner Ergreifung hatte sich Cafaro von »Fat Tony« Salerno 65.000 Dollar geliehen, die dieser nun umgehend zurückverlangte.

»Im MCC machte Tony (Salerno) ständig Terror wegen der 65.000 Dollar, die ich (Cafaro) von seinem Geld genommen hatte, bevor ich erfuhr, daß ich nicht auf Kaution gehen kann. Wäre ich auf Kaution rausgekommen, hätte ich das Geld leicht beschafft ... Aber wenn sie dich kassieren und die Kaution verweigern, leiht dir niemand mehr etwas, dann kennen sie dich nicht mehr.

Ich schuldete ihm also 65.000 Dollar, und wir zankten uns täglich deswegen. Schließlich bezahlte ich meine Schuld. Wir betrieben einige Glücksspielautomaten, das heißt, ich hatte einige und gab Tony ein Drittel der Gewinne.

Eines Tages sagte ich ihm, daß meine Schuld nun beglichen sei und er kein Geld mehr aus meinen Automaten ziehen könne. Er sagte, ›Du irrst dich, es ist mein Racket.‹ Ich sagte nein, es ist nicht dein Racket, es ist meines, da ich es aufgezogen habe«.[49]

Als »Fat Tony« ihm physische Gewalt androhte, sprang Cafaro ab. Er ließ Salerno wissen, daß er gerade den größten Fehler seines Lebens begangen hatte. Denn Cafaros nächste Unterhaltung war mit einem FBI-Agenten. Im Oktober 1986, einige Monate nach seiner Verhaftung, begann Cafaro mit den Bundesbehörden zu kooperieren. Auf Verlangen der Ermittler trug er über Monate einen Recorder am Körper, um Gespräche mit Mitgefangenen aufzunehmen.[50]

Für »Fat Tony« mit seiner Jahrhundertstrafe hatte Cafaros »Gesang« bis auf einen schmerzlichen Gesichtsverlust jegliche Bedeutung verloren, für den Rest der Genovese-Familie wog die Offenbarung indes um so schwerer. Die meisten Informationen, die in den Etagen von FBI und NYCPD zu aktuellen Mob-Aktivitäten zirkulierten, waren in aller Regel unreflektierte Mitschnitte, die Ausbeute versteckter Wanzen und angezapfter Telefone. Dieses Halbwissen wurde nun durch Cafaros Aussagen gefiltert. Das Resultat war ein Konzentrat aus relevanten Geschäfts- und Personenverbindungen, was wiederum einen Abzug von Energie und Personal bei den als irrelevant diagnostizierten Bereichen zuließ, zum Nachteil der gesamten Unterwelt und der Genovese-Familie im besonderen. Cafaro trat vor dem Senatsausschuß auf, »um seine Informationen betreffend La Cosa Nostra offenzulegen, im besonderen Struktur und Personenebene der New Yorker Genovese-Familie.«[51]

Boss Vincent »the Chin« Gigantes Fassade begann zu bröckeln, Stück für Stück. Denn die persönliche Nähe Cafaros zu Front-Boss Salerno ermöglichte Insider-Informationen über Führungsstrukturen und Geschäftsschwerpunkte, die selbst ranghöheren Caporegima nicht unbedingt zur Verfügung standen.

Gigante hatte sich nach dem Treffen im Krankenhaus und seiner Akklamation zum Boss der Genoveses einen Habitus von absonderlicher Skurrilität zugelegt: Er bemühte sich nach Kräften, für verrückt zu gelten. Gigante kultivierte mit Hingabe eine Fassade des Schwachsinns, was Leute verleitete, ihn zu unterschätzen (das war nicht allzu schwer, denn Gigante, ein ehemaliger Boxer, sieht in der Tat einfältig aus). Diesen naiven Debilitätsallüren verdankte er es letztendlich, die unruhigen Zeiten nach Genoveses Tod überlebt zu haben. Mit Beharrlichkeit erwarb er sich den Ruf eines erstklassigen Geldvermehrers, was ihn nach einigen riskanten Manövern an die Spitze der Familie brachte.

Während all dieser Zeit hielt Gigante am absonderlichsten Habitus in der Geschichte von organisierter Kriminalität fest: er insistierte, schwachsinnig zu sein. Wohl wissend, daß Polizei und FBI ihm auf Schritt und Tritt folgten, wanderte er in seiner Nachbarschaft in Bademantel und Pantoffeln durch die Straßen und führte Selbstgespräche. Als FBI-Agenten ihm eine Vorladung aushändigen wollten, stelzte er nackt mit einem Regenschirm unter die Dusche. Jedesmal, wenn der Arm des Gesetzes ihm gefährlich nahe kam, ließ ihn seine Familie (die Blutsfamilie) für unzurechnungsfähig erklären.[52]

Ärger war vorprogrammiert, als erkennbar wurde, daß John Gotti seine erputschte Autorität an der Spitze der Gambinos zu konsolidieren vermochte. Damit hielten mit Gigante und

Gotti zwei Charaktere die Toppositionen der beiden größten und mächtigsten Cosa-Nostra-Familien in urbi et orbi, wie sie unterschiedlicher nicht sein konnten.

Auf der einen Seite Gigante, der die Öffentlichkeit mied und bei seinen seltenen Auftritten mit großer Hingabe und Kunstfertigkeit die Symptome des Schwachsinns in allen Schattierungen vorlebte und der seinen Leuten aus Angst vor Polizeiwanzen verbot, seinen Namen zu nennen. »Genovese-Mitglieder wurden eindringlich ermahnt, in Gesprächen niemals seinen (Gigantes) Namen auszusprechen, sondern ihr Kinn zu berühren, wenn die Rede von ihm war.«[53]

John Gottis erklärtes Ziel wiederum war es, das Tagesgespräch von New York zu sein. »Plötzlich stürmt John Gotti die Szene. Er sieht aus wie Al Capone. Er spricht und kleidet sich wie ein Gangster made in Hollywood. Die 2000-Dollar-Anzüge, der Brilli am kleinen Finger, ein Schwarm Leibwächter. Direkt vom Drehort eines B-Movie.«[54] Der Gambino-Boss suchte die Öffentlichkeit, wie vor ihm nur Al Capone und Lucky Luciano. Er gab Interviews, er hielt sich Hofberichterstatter und frequentierte die Treffs der Schönen und Reichen der Stadt. Für die Hochzeit seiner Tochter mietete er den Ballsaal des Helmsley Palace, wo man auf seine Forderung hin die italienische Flagge hißte, was bis dahin nur Staatsgästen vorbehalten war – und er drehte den Ermittlungsbehörden die lange Nase. Im Klartext der Subkultur hieß das: *Gotti brings heat to the mob.*

Und er beging den folgenschweren Fehler, Gigantes absurde Fassade für real zu nehmen. Um »Chin« anzutesten, streckte Gottis Bruder Gene die Hand nach den lukrativen New-Jersey-Rackets der Genoveses aus.

Nach Gerardo Catenas Rückzug aufs Altenteil hatte dort Louis Antonio »Bobby« Manna das Sagen, Gigantes neuer Consigliere und Street boss in Personalunion. Manna, auch »Skinny Guy« genannt, war, wie diese Charakterisierung bereits erahnen läßt, alles andere als ein anheimelndes Individuum. In Casellas Restaurant in Hoboken hatte das FBI die Damentoilette verwanzt, nachdem ein vertraulicher Tip eingegangen war, der die bizarre Lokalität als einen Genovese-Konferenzraum enttarnt hatte. »Im August 1987 trafen sich Louis (Bobby) Manna, New-Jersey-Beauftragter der Genoveses, Martin Casella, Frank Danello und Richard DeSisco, der Vollstrecker der Familie, in Casellas Restaurant in Hoboken. Wie üblich tagte man in der Damentoilette, die man vor FBI-Wanzen sicher wähnte ... Manna und die drei Männer konferierten über Gottis Beseitigung.«[55]

Das brachte das FBI in eine äußerst heikle Lage: Würde man Gotti warnen, war die Wanze tot – tat man es nicht, war Gotti tot. Und wiewohl niemand im Bureau über den Abgang Gottis eine Träne vergossen hätte, wurde entschieden, an ihn heranzutreten. »Wir haben keine andere Wahl«, erklärte James Kossler, Spezialist für organisierte Kriminalität des FBI, seinen Männern. »Selbst auf das Risiko hin, diese unschätzbare Quelle zu verlieren, sind wir verpflichtet, Gotti zu warnen.«[56]

Als der Plot aufflog, verstärkte Gigante die Mauern seiner Isolation, um Gottis Vergeltung zu entgehen, eine Maßnahme, die den Geschäftsgang nicht gerade erleichterte. Überhaupt hatte sich die Struktur der Familie in den letzten zehn Jahre einschneidend verändert, und alle getroffenen Maßnahmen liefen auf ein einziges Ziel hinaus: das Leben des Bosses zu verlängern.

Bis weit in die siebziger Jahre war das gesamte Fußvolk der Familie (bei den vier anderen New Yorker Familien war es vergleichbar) in sechs großen Regimes zusammengefaßt. Das bedeutete für jeden Caporegima Befehlsgewalt über 60-80 Mann. Das wiederum stattete einen ambitionierten Lieutenant mit einer ansehnlichen Hausmacht aus, mit der sich Machtträume verwirklichen ließen. Gelang es ihm, einen oder zwei weitere Caporegima auf seine Seite zu ziehen, war der Putsch perfekt: Der Aufstieg von John Gotti steht als ein beredtes Beispiel für diese Gesetzmäßigkeit.

Ob der Strukturwandel noch von Philip Lombardo eingeleitet wurde oder auf Gigantes Anstoß geschah, ist unklar, jedenfalls wurden die sechs großen Regimes in vierzehn besser kontrollier- und überschaubare Einheiten aufgeteilt. Die einzelnen Caporegima erstatteten Bericht an den Consigliere Manna und den neuen Underboss Venero Mangano, die beide direkten Zugang zu Gigante hatten.

Bevor Giuliani sein Amt als Staatsanwalt niederlegte, um als republikanischer Kandidat bei den Bürgermeisterwahlen von 1989 gegen David Dinkins anzutreten, hatte er immer wieder versucht Gigante anzuklagen – immer erfolglos. Gigante legte Gutachten um Gutachten vor, die ihn als verhandlungsunfähig auswiesen. Robert J. Kelly, Soziologieprofessor am Brooklyn College und davor Präsident der International Association for the Study of Organized Crime, bezeichnete »Mr. Gigantes Schwachsinnstheater als verblüffenden Bruch mit der traditionellen Machismo-Kultur der Mafia.«[57]

Zum ersten Mal eng wurde es für Gigante, als Vincent Cafaro 1988 dem Senatsausschuß eine eidesstattliche Erklärung vorlegte: »Außenstehende kennen Gigante wegen seiner bizarren und verrückten Auftritte. In Wahrheit ist er ein gerissenes und erfahrenes Mitglied der Familie, das durch die Ränge (Soldier und Caporegima) zum Boss aufgestiegen ist. Sein verrücktes Gehabe soll der Außenwelt suggerieren, er sei unzurechnungsfähig, was die Behörden auf Distanz hält. In Wahrheit kontrolliert er die Familie mit eiserner Faust.«[58] Offenbar war der Bruch mit der Machismo-Kultur für die Subkultur weniger verblüffend als für die sie interpretierende Außenwelt. Jedenfalls kam Gigante mit seiner Irren-Finte auch diesmal wieder davon, weil Cafaro einräumen mußte, in den letzten Jahren niemals etwas anderes als Konversationen trivialsten Inhalts mit »Chin« geführt zu haben.

Gigantes Werdegang ist der eines typischen »Nachbarschafts«-Produkts. Aufgewachsen in den Straßenzügen zwischen Greenwich Village und Little Italy, dem klassischen Machtzentrum der Genoveses, kam er schon früh mit dem Gesetz in Konflikt und blieb diesem Verhaltensmuster treu. Treu blieb er, bis in die jüngste Vergangenheit, auch seinem Viertel, auch dann noch, als es die meisten seiner Berufskollegen ab Mitte der fünfziger Jahre ins (polizei-)ruhigere Umland zog, in erster Linie nach Long Island und Palisades, N.J., den bekanntesten Mob-Kolonien an der Ostküste. Als er 1957 zum ersten Mal wegen des Costello-Attentats groß in die Schlagzeilen geriet, gab er seine Anschrift mit 134 Bleecker Street an. Danach bewohnte er viele Jahre mit seiner Mutter ein Apartment in den Silver Towers, einem Apartmenthauskomplex, 505 LaGuardia Place, der fast exakt an der Stelle steht, wo einst das für die Gegend typische schmucklose dreigeschossige Backsteinhaus stand.

Gigantes Einkünfte können sicher nicht der Grund für die Beibehaltung seiner äußerst frugalen Lebensweise gewesen sein. Neben seinen Einkünften aus allen laufenden Familiengeschäften hatte er sich nach Ebolis Tod dessen lukratives Kredithai-Geschäft unter den Nagel gerissen.[59]

Mit Giulianis Ausscheiden aus dem Amt übernahm die Staatsanwaltschaft Kings County (Brooklyn) die enervierende Aufgabe, an Gigantes Irren-Fassade zu rütteln. 1991 mußte sich »Chin« einer 15tägigen psychiatrischen Untersuchung im Kings County Hospital unterziehen. Der Befund diagnostizierte, daß »Mr. Gigante an paranoider Schizophrenie und möglicherweise an einem organischen Gehirnschaden leidet.«[60]

Sammy »the Bull« Gravano, John Gottis Totengräber in dem wohl spektakulärsten und in dieser Form wohl auch letzten großen Mafia-Prozeß in den USA, wäre beinahe auch Gigante zum Verhängnis geworden.[61] »Die Staatsanwaltschaft ließ verlauten, daß Mafia-Überläufer Salvatore Gravano, ehemaliger Underboss der Gambino-Familie, aussagte, Mr. Gigante hätte Anfang der neunziger Jahre an etlichen Commission-Meetings teilgenommen, wo er klar Verständliches von sich gegeben habe.«[62]

Gigantes Anwalt Michael Shapiro schoß zurück: »Ich halte den Fähigkeiten Gravanos, psychische Probleme zu diagnostizieren, die Befunde jener Ärzte entgegen, die Mr. Gigante wochenlang, Tag für Tag, untersucht haben.«[63]

George A. Stamboulidis, Staatsanwalt von Kings County, machte 1994 erneut einen Vorstoß. Er zitierte Gigante Ende September abermals zur Untersuchung. Dr. Francis Weld fand Gigantes physischen Zustand stabil genug, um einem Verhör standzuhalten, über seinen psychischen wollte er kein verbindliches Urteil abgeben. »Dr. Weld sagte auf Befragen, daß Mr. Gigantes psychische Verfassung erheblich beeinträchtigt sein könnte und von einem Spezialisten auf diesem Gebiet untersucht werden sollte.«[64]

Stamboulidis stellte daraufhin bei Richter Eugene H. Nickerson den Antrag, Gigante für 28 Tage in die medizinische Abteilung des Metropolitan Correctional Center zur psychiatrischen Beobachtung einweisen zu lassen. Richter Nickerson wies den Antrag der Staatsanwaltschaft zurück.

The Oddfather?

»Würden diese Typen nicht Leute umlegen, könnten sie glatt als Komödianten durchgehen.«

(Steve Dunleavy, Journalist, *New York Post*, 3. Juli 1997.)

Richter Jack Weinstein, ein 75jähriger Veteran beim US District Court Brooklyn, hat sehr konkrete Vorstellungen von einem Angeklagten. So war es nicht verwunderlich, daß Vinnie »Chin« Gigantes Äußeres ihn heftigst erregte, obwohl der Genovese-Boss seiner Lieblingsgarderobe, zerschlissener Bademantel und Pantoffel, an jenem 23. Juni 1997 abgeschworen hatte und in angemessenerer Aufmachung vor Gericht erschienen war. Doch auch diese fand keine Gnade vor Richter Weinstein, er ordnete Konservatives an.

»Ich bin mit der Erscheinung des Angeklagten noch immer nicht zufrieden. Ich habe angeordnet, daß man ihn rasiert. Warum ist er nicht rasiert? Außerdem bin ich mit seiner Kleidung nicht einverstanden. Sein offenes Hemd, aus dem ein schmutziges Unterhemd hervorschaut – vielleicht ist es nicht schmutzig, sondern sieht nur von meinem Platz so aus –, und diese völlig unangebrachte Windjacke.«[65]

Die Feststellung von Gigantes Verteidiger Michael Marinaccio, daß Gigante »nun einmal ist, was er ist«, ließ Weinstein nicht gelten und ordnete zum nächsten Termin an, daß der Angeklagte rasiert, in blauem Blazer, dunklen Hosen, weißem Hemd und Krawatte erscheinen sollte, widrigenfalls er den weiteren Verlauf des Verfahrens aus dem Videoraum verfolgen würde.

Über die Frage, was Gigante eigentlich wirklich »ist«, wurde jahrelang erbittert Disput geführt. Für seine Familie

(Blut) ist er ein Individuum im vegetativen Zustand. (»Chins« 94jährige Mutter in einem Interview kurz vor ihrem Tod: »Boss? Kein Boss. Er ist der Boss der Toilette, der Boss von Scheiße. Jeden Tag füttere ich ihn, wasche ihn, weine über ihn.«[66]) Für die Ermittlungsbehörden ist er ein gerissener Fuchs, der die Farce »geistige Inkompetenz« seit nunmehr drei Jahrzehnten zum Besten gibt. »Er ist wahrscheinlich der cleverste Mob-Boss, dem ich jemals begegnet bin«[67], so die Aussage eines früheren Mitarbeiters des FBI-Genovese-Squad. Für seine Familie (die kriminelle) waren seine Irren-Aktivitäten ein Glückspiel mit ungewissem Ausgang, wie eine FBI-Wanze bereits 1985 aus »Fat Tony« Salernos Palma Beach Social Club rückmeldete.[68]

Ob genial oder geistesgestört, darüber brüteten seit Jahren unzählige Gutachter – ohne eine auch nur annähernd verbindliche Wahrheit freizulegen. Der kleinste gemeinsame Nenner aller Diagnosen war die Feststellung, daß Gigante »möglicherweise« verrückt sei. Dieses »möglicherweise« bewahrte ihn aber davor, 1986 im Commission Case auf die Anklagebank zu müssen, und führte dazu, daß ein Verfahren wegen Racketeering 1990 ausgesetzt wurde, nachdem ihn eine neuerliche Untersuchung für nicht verhandlungsfähig befand. Seitdem produzierten die New Yorker Staatsanwaltschaften, allen voran Brooklyn, Jahr um Jahr neue Anklageschriften gegen Gigante, und dieser konterte mit immer neuen Gutachten.

Einer nach dem anderen um ihn herum wurde kassiert, während er seelenruhig durchs Village schlurfte. Seinen Underboss »Benny Eggs« Mangano erwischte es, ebenso seinen Consigliere Jimmy Ida, seinen Underboss Michele Generoso und den neuen kommenden Mann, Acting boss Liborio »Barney« Bellomo. Aufgrund einer 60 Punkte umfassenden Anklageschrift der Staatsanwaltschaft Manhattan waren Ida, Generoso und Bellomo zusammen mit 16 weiteren Individuen im Juni 1996 verhaftet worden. Ida stand unter Verdacht, das traditionsreiche alljährliche San-Gennaro-Festival in der Mulberry Street zu manipulieren, die Straßenverkäufer zu Schutzgeldzahlungen zu nötigen und die Einnahmen an der Steuer vorbei zu bewegen. Selbst die Geldscheine, die Prozessionsteilnehmer an der Heiligenfigur des San Gennaro befestigten, waren nicht sicher vor Mob-Begehrlichkeiten.

Viel schwerwiegender war die Beschuldigung gegen Ida, Generoso und Bellomo, 1991 den Mord an Ralph Desimone angeordnet zu haben, den sie im Verdacht hatten, mit den Behörden zu kooperieren.[69]

Generoso und Bellomo bestritten stets eine Verbindung mit Desimones Ableben, und Bellomo erkämpfte sich das Recht auf einen Lügendetektortest, eine Novität in Bundesstrafrechtsverfahren. Grundlage seiner Eingabe waren FBI-Direktor Freehs Aussagen über die Zuverlässigkeit dieser Methode, die laut FBI-Statistik bei 96 bis 98 Prozent liegt. Das Gericht folgte der Argumentation von Bellomos Verteidiger Benjamin Brafman und wollte ein Ergebnis als vorläufiges Beweismittel zulassen. Die Resultate der Testreihe von Mitte Juli bis Mitte August 1996 sprachen Bellomo vom Vorwurf einer Verstrickung am Desimone-Mord frei. Was nun folgte, war eine weitere kleine Episode in der Endlos-Seifenoper »Feds versus Mob«: Ein Gefängnis-Informant hatte den Behörden gesteckt, daß Bellomo eine psychoaktive Droge eingenommen habe, um die Tests zu bestehen.

»Ende September, zehn bzw. sechs Wochen nach der Testreihe, fielen FBI-Beamte, bewaffnet mit Rasierern und einer gerichtlichen Anordnung, in Otisville, New York, ein und verwandelten den angeblichen Acting boss der Genovese Crime family in einen Skinhead und verhalfen sich noch zu einigen Haaren von seinen Armen und Beinen. Was die Beamten suchten, war Lithium, eine reaktionsdämmende Psychodroge, die in Haaren nachzuweisen ist.«[70]

Die Laboruntersuchungen waren negativ, aber nun hatte

Richter Lewis Kaplan ernsthafte Bedenken, die Lügendetektortestergebnisse in der Hauptverhandlung zuzulassen. Um nicht mit einer möglichen Mordanklage unterzugehen, handelte Bellomo Anfang Februar 1997 mit der Staatsanwaltschaft ein Abkommen aus, das ihn bei einem Schuldbekenntnis für Racketeering maximal 10 Jahre hinter Gitter bringt. Bei 50 Tagen Straferlaß pro Jahr für gute Führung wird der erst 40jährige Bellomo spätestens 2005 wieder auf der Straße zurückerwartet. Und obwohl für einen 79jährigen 15 bis 21 Monate Haft die Ewigkeit sein können, war auch für Michele Generoso das Angebot der Staatsanwaltschaft eines, das er nicht ablehnen konnte. Nur Jimi Ida lehnte die ihm angebotenen 15 Jahre dankend ab und entschloß sich, das Verfahren durchzufechten, selbst auf die Gefahr hin, lebenslänglich zu bekommen.

Als sich für Bellomo und Generoso erste Silberstreifen am Horizont abzeichneten, wandte sich das Glück vollends ab von »Chin« Gigante. Bereits im Spätsommer 1996 unterlag seine Fortune seit langem erstmals wieder der irdischen Gerichtsbarkeit. Am 6. September hatte Richter Nickerson eine Anhörung festgesetzt, bei der über Gigantes Prozeßtauglichkeit entschieden werden sollte. »Chins« 12minütiger Auftritt war herzzerreißend: »Er zuckte und zitterte, seine Lippen bebten und seine Arme baumelten. Er spielte mit seinem Ohr, er rieb sich das Kinn. Er wackelte mit dem Kopf, er kraulte sein Kinn und kratzte sich fortwährend.«[71] Trotz dieses offensichtlichen »Außer-sich-seins« wurde Gigante per Gerichtsbeschluß für zurechnungsfähig genug für ein Strafverfahren diagnostiziert. In den darauffolgenden Wochen verschlechterte sich sein Gesundheitszustand, Ende 1996 mußte er am offenen Herzen operiert werden.

Ein Verfahren basierend auf der Anklageschrift von 1993 wegen Racketeering und Anstiftung zum Mord, Mord in sieben Fällen und Anstiftung zum Mord in drei Fällen, das für

März 1997 angesetzt war, mußte wegen der schlechten körperlichen Verfassung Gigantes verschoben werden. Laut Aussage seines Arztes hörte »Chin« Stimmen und hielt seinen Anwalt für Gott (man könnte meinen, es handelt sich dabei um ein durchaus typisches Mob-Delirium, bedenkt man, was Mob-Anwälte kosten und was von ihren Fähigkeiten abhängt). Der nächste Termin wurde auf den 23. Juni 1997 festgelegt.

Richter Weinstein hatte alle Mühe, aus einem 200-Personen-Pool seine 12 Juroren auszuwählen. Jeder mußte einen 45seitigen Fragebogen beantworten, der neben den persönlichen Daten auch Auskunft darüber verlangte, ob der Kandidat an die Existenz von La Cosa Nostra oder Mafia glaube, ob er/sie die Sammy-Gravano-Biographie *Underboss* gelesen habe oder Mario Puzos *Godfather*-Trilogie kenne. Nach einem aufreibenden Selektionsprozeß blieben acht Frauen und vier Männer übrig. Und Richter Weinstein bat in die Arena.

Die Anklagevertretung fuhr alles auf, was sie an Mob-Überläufern auftischen konnte. Sechs Gangster, die zusammen 61 Individuen ins Jenseits befördert hatten und dadurch, »trotz ihrer Ergebenheit gegenüber der katholischen Kirche und deren Dogmen in Bezug auf die Erhaltung menschlichen Lebens viel zur Drosselung der Bevölkerungsexplosion beigetragen haben,«[72] betraten nacheinander den Zeugenstand und erzählten von »Chins« Mordaufträgen.

Und Gigante saß stumpfsinnig und vollkommen unbeteiligt in seinem Rollstuhl am Tisch der Verteidigung. Während seine Anwälte mit Richter, Staatsanwaltschaft und Zeugen sprachen, sprach »Chin« mit sich selbst. Seine Tochter Yolanda teilte der Presse mit, man habe ihn mit Thorazine ruhiggestellt, um zu verhindern, daß er plötzlich aus seinem Rollstuhl aufstehe und den Raum verlasse.

Mit Spannung wurde Sammy Gravano erwartet, der mit 19 Morden die Hitparade der schweren Jungs anführt. Seit seinem spektakulären Deal von 1991 mit der Staatsanwaltschaft, der John Gotti lebenslange und ihm bescheidene fünf Jahre Haft einbrachte, ist er ein Mann der Öffentlichkeit geworden. »Mr. Zeugenschutzprogramm« tritt in den besseren TV-Shows auf, für seine Biographie *Underboss* wird von 250.000 Dollar Tantiemen gemunkelt, weitere 500.000 bis 1.000.000 Dollar sollen der Fox die Filmrechte wert sein.

Doch weder Sammy »Bull« Gravano, nach dessen neuen Reichtümern Familienangehörige seiner Opfer die Finger ausstrecken, noch Phil Leonetti, der Ex-Philadelphia-Underboss, dessen mörderische Karriere über zehn Leichen ging und der »Chin« als den Urheber von sechs tödlichen Anschlägen benannte (nämlich alle Beteiligten der unsanktionierten Morde an den Philadelphia-Bossen Angelo Bruno und dessen Nachfolger Phil Testa), noch Carmine Sessa, auf dessen Habenseite ebenfalls zehn Verblichene stehen, konnten »Chin« Gigante mit mehr als Gerüchten aus zweiter Hand in die Nähe der ihm angelasteten Taten rücken. FBI und Staatsanwaltschaft gerieten unter enormen Druck, was Richter Weinstein veranlaßte, von einem schwachen Fall zu sprechen und die Presse zu bissigen Kommentaren verführte.

»Das FBI ist davon besessen, einen Schuldspruch zu erwirken. Sie hätten ›Chin‹ vor Jahrzehnten krallen sollen, bevor er zum Kretin wurde. Millionenausgaben für Überwachungen und Prozesse, Massenmörder freizulassen für Mickymaus-Aussagen, all das läßt die Feds ziemlich dumm aussehen. Wenn diese Farce je verfilmt wird, sollte niemand verwundert sein, wenn die Staatsanwälte die Hanswurstrollen spielen.«[73]

Als die Anklägerseite gewahrte, wie dünn das Eis war, auf dem sie sich bewegte, versuchte sie, an »Benny Eggs« Mangano heranzukommen. Der 76jährige Genovese-Underboss, der wegen Erpressung und krimineller Angebots- und Marktmanipulation 1991 zu 15 Jahren Haft verurteilt worden war, wurde kurzerhand aus seiner Zelle in Loretto, Pennsylvania, gezerrt und nach Brooklyn gebracht. Über den Zweck dieser

Aktion unterrichtete die Staatsanwaltschaft Richter Weinstein: Man erwarte von Mangano keinerlei Aussagen, wolle aber der Jury das Schauspiel seiner Zufluchtnahme zum Recht auf Verweigerung der Aussage nicht vorenthalten. Weinstein widersetzte sich dem Vorhaben der Anklagevertretung, Mangano den Juroren ohne vorherige Anhörung zu präsentieren. Unter Ausschluß der zwölf Geschworenen fand die erste Befragung Manganos statt, und in der Tat verweigerte er, ganz Mobster der alten Schule, die Antwort unter Berufung auf seine verfassungsmäßigen Rechte in bezug auf Selbstbezichtigung. Selbst die Frage, ob sein Spitzname »Benny Eggs« sei, wollte er nicht beantworten. Und es ging für ihn wieder zurück nach Loretto.

Von den 40 Zeugen, die die Staatsanwaltschaft aufrief (die Verteidigung lud nicht einen), konnten nur zwei für sich in Anspruch nehmen, mit Gigante jemals von Angesicht zu Angesicht kriminelle Aktivitäten besprochen zu haben: Peter Savino, ein ehemaliges Genovese-Mitglied, und Peter Chiodo, ein ehemaliger Lucchese-Capo. Das Geschäft, das sie miteinander verband, war illegale Absprache bei der Vergabe von New York City Housing Authority (NYCHA)-Aufträgen für die Fenstererneuerung bei kommunalen Gebäuden und Wohnhäusern. Und noch eine Episode verband »Chin« mit Peter Savino, die nun ins Unerfreuliche umschlug.

»Zwischen November 1987 und Juni 1989 kooperierte Peter Savino mit dem FBI. Während dieses Zeitraums schnitt er hunderte Gespräche mit Made men und Associates mit. Im Juni 1989 wurde seine Kooperation mit den Behörden im Milieu ruchbar, den Angeklagten Vincent Gigante, auch bekannt unter dem Namen ›Chin‹, mit eingeschlossen. Gigante und andere versuchten daraufhin, Savino aufzuspüren und zu ermorden.«

Ende 1990 trafen sich Jimmy Ida, Consigliere der Genovese Crime Family, und Alphonse D'Arco, ein Capo der Lucchese

Family. Ida verlangte im Namen Gigantes »Unterstützung bei der Lokalisierung Savinos.«[74]

Da sich inzwischen auch Alphonse D'Arco in einen »braven Bürger« verwandelt hatte, bestätigte er diesen Tatbestand, auch wenn er Gigantes Rolle als Auftraggeber des Komplotts gegen Savino nur von Ida vom Hörensagen kannte. Aber D'Arco wußte noch mehr. Der vierte Anklagepunkt gegen Gigante, die Verschwörung zur Ermordung von John Gotti, beruhte auf mitgeschnittenen Gesprächen, die eine Wanze von der Damentoilette in Casellas Restaurant geliefert hatte.

»Im Sommer 1987 traf sich Louis ›Bobby‹ Manna, der Consigliere der Genoveses, mit einigen Individuen und besprach den Plan zur Ermordung von John Gotti und Gene Gotti. 1990 übermittelte Vittorio Amuso, Boss der Lucchese, an Alphonse D'Arco den Auftrag der Commission, John Gotti zu beseitigen.«[75]

Das war die Beweislage, als sich nach 19 Verhandlungstagen die Jury am 23. Juli zur Urteilsfindung zurückzog. Auch wenn es der Staatsanwaltschaft kaum gelungen war, Aussagen gegen Gigante zu präsentieren, so zeigte doch das Gesamtbild – vom FBI beobachtete nächtliche Märsche Gigantes zu öffentlichen Telefonzellen, diskrete Besprechungen im Morgengrauen und die Besuche bei seiner Geliebten in Uptown Manhattan ohne die Bademantelnummer –, daß es jemanden zu richten galt, der nicht so verrückt war, wie er sich präsentierte.

Am 25. Juli, nach 16stündiger Beratung, in der sich die Jury noch einmal drei Beweismittel hatte vorlegen lassen (die Gravano-Aussage, den Autopsiebericht der sechs toten Philadelphia-Gangster und den Geschäftsbericht der Housing Authority), verlas die Jurysprecherin das Urteil: schuldig in 37 Punkten, mit einem Strafhöchstmaß von 20 Jahren Haft.

Gigante wurde der Straftat des Racketeering in 33 von 41 Punkten für schuldig befunden, weiters wurde er schuldig befunden der Verschwörung zur Ermordung von John und Gene Gotti, schuldig befunden der Verschwörung zur Ermordung von Peter Savino, schuldig befunden der Wettbewerbsverzerrung bei der Auftragsvergabe der Housing Authority und schuldig befunden der Gewerkschaftsmanipulation im Zusammenhang mit der Auftragsvergabe der Housing Authority. Die sechs toten Philadelphia-Gangster wurden ihm nicht angelastet.

Richter Weinstein setzte keinen Termin für die Strafmaßverkündung fest, sondern ordnete an, daß sich Gigante binnen 24 Stunden in der Krankenabteilung des Bundesgefängnisses Butner, North Carolina, einzufinden habe. Im Dezember 1997 wurde dann das Strafmaß bekanntgegeben: Vicente »Chin« Gigante soll für zwölf Jahre in Haft. Wie viele Jahre er aufgrund seiner U-Haft und seines Gesundheitszustand tatsächlich hinter Gittern verbringen wird, weiß niemand.

Das Urteil löste sehr kontroverse Gefühle aus: Trauer und Bestürzung bei der (Bluts-) Familie, die kommentarlos das Gerichtsgebäude verließ, und tiefe Genugtuung bei den Behörden. Stellvertretender Bundesstaatsanwalt George Stamboulidis: »Seine kriminelle Maskerade ist endlich vorbei, seine Behinderung der Justiz ist endlich vorbei.«[76] Louis Schiliro, Leiter der New Yorker FBI-Abteilung für organisierte Kriminalität, nannte das Urteil »historisch.«[77] Valerie Caproni, Leiterin der OK-Abteilung bei der US-Staatsanwaltschaft Brooklyn, nannte die siebenjährige Anstrengung bis zu Gigantes Aburteilung eine »Herkulesarbeit.«[78]

Teile der Presse waren ganz anderer Ansicht. »Vinnie mit dem IQ eines dreizehigen Faultiers … drei Mordkomplotte und nicht eine Leiche. Und um das zu beweisen, brauchten Ermittlungsbehörden und Staatsanwaltschaft sechs Mob-Ratten, die zusammen 61 Mitmenschen ins Jenseits befördert haben. Ich glaube, man sollte die Jury zum selben Schneider schicken, der Vinnie seinen gestreiften Anzug verpaßt, in dem er sich auch höchstwahrscheinlich ins Nirwana verabschieden wird.«[79]

Die ganze Stadt fragte sich, welche Auswirkungen »Chins« Wohnortwechsel auf die Familiengeschäfte haben würde. Staatsanwalt Zachary W. Carter: »Wir dürfen davon ausgehen, daß seine Verurteilung ein verheerender Verlust für die Genovese Crime family und für organisierte Kriminalität generell ist.«[80]

Andere Behördeneinschätzungen waren weniger enthusiastisch. Beobachtungen hätten gezeigt, daß Gigante, bedingt durch seinen schlechten Gesundheitszustand, durch die Gerichtsauflagen, die seine Bewegungsfreiheit auf ein Karree von zehn Blocks beschränkten, und die permanenten Überwachungen seine aktive Rolle über die Jahre mehr und mehr reduziert hatte.

»Gigante übertrug einen guten Teil seiner Macht an die Capos, und diese Capos führten ihre Einheiten so, als wären sie Bosse ihrer eigenen Familie«, erklärte Robert T. Buccino, stellvertretender Direktor der New Jersey Organized Crime and Rackets Abteilung, »und somit ist keine große Veränderung in der Familienpolitik zu erwarten.«[81]

Experten gehen davon aus, daß Gigante trotz Inhaftierung der nominelle Boss der Genoveses bleiben wird, zumindest bis zur Entlassung von »Barney« Bellomo, in dem viele nicht nur den kommenden Boss der Familie sehen, sondern die zukünftige Spitze des New Yorker Mobs – oder bis zu einem jener Rundumschläge, die wie Schlagwetter die komplexen illegalen Verflechtungen sprengen und jede Prognose zu Makulatur machen.

Zu seinem Street boss, der das Tagesgeschäft kontrolliert und rückmeldet, hatte Gigante bereits vor einiger Zeit Dominick »Quiet Dom« Cirillo ernannt, einen Liebhaber unauffälliger Anzüge und ebensolcher Automobile und, wie aus Polizeikreisen zu hören war, mit einem für diese Position erstaunlich unscharfen erkennungsdienstlichen Profil. Die Frage wird sein, ob diese Qualifikationen ausreichen, eine ins Trudeln gekommene Organisation zu stabilisieren, für die die letzten Jahre organisatorisch und finanziell eine Katastrophe waren.

Das Wissen um die Tatsache, daß La Cosa Nostra kein sicherer Arbeitgeber ist, hat sich auch in der Unterwelt herumgesprochen. Ronald Goldstock, ehemaliger Direktor der New York State Organized Crime Task Force: »Die Infrastruktur von La Cosa Nostra bricht zusammen. Die Intelligentesten und Fähigsten unter ihnen drängen nicht mehr in Führungspositionen, weil sie wissen, daß sie sofort zu Zielscheiben werden.«[82]

Der wirtschaftliche Niedergang, der Weg zurück zu den Straßenrackets, begann mit der Zerschlagung des 2-Prozent-Clubs, der die Bauindustrie lange im Würgegriff gehalten hatte. »Um ihren (LCN) Einfluß zu reduzieren, muß man ihre finanzielle Basis zerstören«[83], erklärte Louis Schiliro die Bekämpfungsstrategie des FBI und verwies auf eine reibungslose Zusammenarbeit seiner Behörde mit den Verantwortlichen der Stadt.

Nächstes Ziel der Ermittlungen waren seit Mitte der neunziger Jahre die New Yorker Großmärkte mit ihren 7300 Beschäftigten und einem Jahresumsatz von 2,6 Milliarden Dollar. Die Giuliani-Administration konnte Ende 1995 vermelden, daß mehr als 65 Jahre Mobkontrolle des Fulton Fish Market unwiderruflich zu Ende waren. Nächstes Ziel des großen Reinemachens war der Gansvoort Market in Greenwich Village, größter Fleischgroßmarkt der Stadt. Im Juni 1996 forderte Bürgermeister Giuliani vom Stadtrat Vollmachten, alle Händler und Arbeitnehmer des Marktes erkennungstechnisch zu behandeln, das heißt Fingerabdrücke zu nehmen, Lebensläufe zu durchleuchten und alle Betriebe und Individuen mit nachweisbaren Mob-Kontakten oder die die Gewerbeauflagen der Stadt nicht erfüllen, aus dem Marktgeschehen zu verbannen. Etliche Händler versuchten, das Vorgehen der Stadtverwaltung als nicht im Einklang mit der Verfassung über den Rechtsweg zu stoppen – ohne Erfolg.

Von den großen kommunalen Wirtschaftsbereichen war dem Mob somit nur noch die Müllbeseitigungsindustrie verblieben, mit einem Jahresvolumen von 1,5 Milliarden Dollar. Mitte 1996 wurde die »Trade Waste Commission« ins Leben gerufen, die neue Richtlinien für diesen Wirtschaftszweig erließ und damit auch dieser letzte Bastion kriminellen Unternehmertums den Boden entzog. Gegen vom Mob kontrollierte Firmen und Gewerbeverbände wurden Anfang 1997 mehrere Strafverfahren wegen Bildung eines krimineller Kartells und illegaler Preisabsprachen eingeleitet.

Von den ursprünglich 17 Angeklagten bekannten sich 14 nach einem Handel mit der Staatsanwaltschaft bis Mitte Juli 1997 schuldig, ein Angeklagter scherte aus, weil ihm der Deal nicht vorteilhaft genug erschien: Er sollte für fünf Jahre hinter Gitter und 10 Millionen Dollar Strafe zahlen. Die beiden Köpfe des Kartells, Joseph Francolino, Direktor der Greater New York Waste Paper Association und Gambino-Capo, und Alphonse Malangone, Leiter der Kings County Trade Waste Association, ein Genovese-Capo, weigerten sich standhaft, eine Vereinbarung mit der Staatsanwaltschaft einzugehen. Bei Verurteilung droht ihnen eine Haftstrafe von bis zu 25 Jahren.

Der Traum vom semilegalen Unternehmer ist ausgeträumt. Was bleibt, sind die klassischen Bereiche subkulturellen Wirtschaftstreibens: Schutzgelderpressung, illegales Glücksspiel, Zinswucher, etwas Rauschgift, Pornographie – Straßenrackets.

»La Cosa Nostra wird niemals mehr das sein, was sie einmal war.«[84]

Die Gruft der Genoveses. St. John's Cementery, New York

Nachwort

Kein Racket war zu gering, keines zu groß. Für Peanuts (1500 Dollar Gewinn monatlich) wurde die Gewerkschaft der Ambulanzwagenfahrer manipuliert, gleichzeitig die Wahl des Präsidenten der Vereinigten Staaten durch politisches Muskelspiel beeinflußt. Es gab Verrat, sinnloses Töten, Korruption, Eigensucht, Gier und Desorganisation, zusammengehalten von einem primitiven Dogma namens Omertá.

»Ein Wiseguy kann heute 1.5 Millionen Dollar abgestaubt haben und nächsten Monat pleite sein – alles verspielt, versoffen, verhurt. Wir sind nicht die Leute mit dem Sparbuch«, erläuterte der Ex-Mobster und 26fache Mörder Benjamin »Lefty« Ruggiero die Lebensphilosophie seiner Unterweltgenossen vor einem Senatsuntersuchungsausschuß.

Al Pacino in der Rolle dieses abgehalfterten Gangsters Lefty, eines kriminellen Spießers mit Filzpantoffeln und Ohrensessel, der seinen Lebensunterhalt in Mangelzeiten durch das Leeren von Parkuhren bestreitet – der tragischkomische Jäger eines Nickel- und Dimeschatzes –, stimmt wehmütig. Vorbei sind die Glanzzeiten der Corleones, als Politik gemacht, Richter gekauft und Staatsanwälte bestochen wurden. Die Figur Leftys signalisiert: nie wieder Godfather. Für Hollywoods Trendauguren ist La Cosa Nostra als Machtfaktor gestorben. Das Genre eignet sich bestenfalls noch für bizarre Komödien – die Realsatire des Gigante-Prozesses läßt grüßen.

Verfahren gegen Mafiosi unter RICO-Statuten (Racketeer Influenced and Corrupt Organisation Act, Kernstück der US-amerikanischen Gesetzgebung zur Bekämpfung von organisierter Kriminalität) entarten immer mehr zu Selbstdarstellungsplattformen für Überläufer. Ein Mobster erfährt heute mehr Gerechtigkeit vor einem »Kangaroo-Court« (Unterweltsgerichtsbarkeit) als vor einem Bundesgericht. John Gotti sitzt im Gefängnis, »Chin« Gigante wird ihm bald Gesellschaft leisten, während die Sammy Gravanos und Phil Leonettis, zig-fache Mörder, frei herumlaufen. Es gibt heute mehr Mafiosi im Zeugenschutzprogramm als auf der Straße oder im Knast. Ist das Fortschritt? Sind wir so naiv zu glauben, daß mit den hart erkämpften Verurteilungen der Gottis oder Gigantes die Drogen, das Glücksspiel, der Zinswucher, die Prostitution und Pornographie, die Hehlerei verschwinden?

Organisierte Kriminalität ist ein internationales Geschäft. Die Kolumbianer kontrollieren den Kokainhandel, die Südostasiaten, Chinesen, Russen und Türken den Heroinhandel. Gegen diese neue Brut von Kriminellen nimmt sich La Cosa Nostra aus wie ein Verein angegrauter Spitzbuben. Die neuen Bosse an den Schalthebeln der Kriminalität sind längst unantastbar, weil sie Regierungen geschmiert oder eigene Marionetten an der Regierung haben. Alles, was sich im Netz westlicher Fahnder verfängt, sind Handlanger und Laufburschen, für deren Verurteilung Bürgerrechte aufgegeben werden. Wandert einer in den Knast, steht schon ein anderer in den Startlöchern.

Dieser Teufelskreis wird nicht durchbrochen, denn wir verlangen nach den Dienstleistungen organisierter Krimineller. Wir wollen Drogen, wir wollen Pornographie und Prostitution, wir brauchen Kredithaie und Hehler. Daran wird sich nichts ändern, weil wir keine Anstalten machen, es zu ändern, weil wir immer noch glauben, Unmoral mittels Strafgesetzen oder Verboten regulieren zu können.

1988 kam das amerikanische Justizministerium angesichts der Internationalisierung von organisierter Kriminalität zu einem ernüchternden Fazit:

Jede Strafgesetzgebung kann immer nur eine Seite der OK-Gefahr berücksichtigen. Denn anders als bei herkömmlichen Straftaten beruht organisierte Kriminalität, wie jeder legale Wirtschaftsbereich, auf Konsumentenakzeptanz und Patronage.

Dienstleitungen wie Rauschgifthandel, illegales Glücksspiel, Zinswucher, Prostitution und Pornographie existieren aufgrund williger Käufer und Konsumenten.

Welche Maßnahmen der Gesetzgeber gegen organisierte Kriminalität auch trifft, sie werden immer nur die Versorgungsseite berühren, die Bedarfsseite kann nur über das Verhalten der Öffentlichkeit, das heißt des Einzelnen selbst, reguliert werden.

Anmerkungen

I. Konstellationen

1 Petacco, Arrigio, *Joe Petrosino*, New York 1974, Seite 16.
2 Mangione/Morale, *La Storia, Five Centuries of the Italian-American Experience*, Seite 250.
3 Die Society of St. Tammany wurde 1789 als Reaktion auf die anglikanische Feudalgesellschaft gegründet. Der Name Tammany oder Tamanend geht zurück auf einen indianischen Häuptling des 17. Jahrhunderts, um dessen Existenz sich viele Legenden ranken. Die Parteizentrale Tammany Hall wird in Anlehnung an die Abkunft des Namensgebers auch Wigwam genannt. Siehe: Myers, Gustavus, *The History of Tammany Hall*, New York 1971.
4 Auszug aus dem Bericht, *New York Times*, 3. Februar 1895.
5 Abdruck des Briefes, *New York Times*, 27. November 1900.
6 *New York Times*, 24. Juni, 18. September, 2. Oktober 1900; Peterson, Virgil W. *The Mob*, Ottawa, Ill. 1983, Seite 96.
7 *New York Times*, 9. März 1900.
8 Statistik des Immigration Bureau für das Jahr 1903.
9 Train, Arthur, Courts, *Criminals and the Camorra*, New York 1912, Seite 214.
10 Zeugenaussage von Ciro Terranova vor dem Circuit Court, Docket No. 2/347, 1910.
11 Der Totenschein für den am 15. August 1930 ermordeten Peter Morello, ...cause of his death was bullet wounds of the chest, neck, right cheek, both lungs, avita at flank, right hip, and small intestine at 352 East 116th Street ... trägt den offiziellen Vornamen Giuseppe. Certificate of Death, Department of the City of New York, No. 19631, Municipal Archives of the City of New York.
12 Passagierlisten für das Jahr 1898, M715, Rolle 45, Code E-13, Vol 84 1899, M715, Rolle 97, Code B-1 Vol. 163 1901, M715, Rolle 183, Vol. 301 1902 M715, Rolle 253, Code CC-26, Vol 408 National Archives for the North-Eastern Regions, New York, N.Y.
13 Census von 1920, Eight Assembly District, Enum. Distr. 619, Sheet 8, No. B.
14 Passagierlisten für das Jahr 1912, M715, Rolle 1815, Vol. 4017, Seite 20.
15 *New York Times*, 21. Juli 1907.
16 Passagierlisten für das Jahr 1898, M715, Rolle 45, Code E-13, Vol 84 1902 M715, Rolle 253, Code CC-26, Vol 408, National Archives for the North-Eastern Regions, New York, N.Y.
17 *New York Times*, 13. Mai 1906.

18 *New York Times*, 21. März 1909.
19 *New York Times*, 16. März 1909.
20 *New York Times*, 13. Januar, 14. Juni, 25. Juni 1909.
21 *New York Times*, 1. Juni 1908.
22 *New York Times*, 6. Januar 1908, 21. Juni 1908.
23 Hess, Henner, *Mafia*, Freiburg im Breisgau 1993, Seite 166; *New York Times*, 21. März 1909.
24 Lowi, Theodore J., *At the Pleasure of the Mayor, Patronage and Power in New York City*, London 1964, Seite 36.
25 *New York Times*, 21.Juni 1908.
26 Immigration and Naturalization Service, Washington 1980.
27 Stoddard, Lothrop, *Master of Manhattan: The Life of Richard Croker*, New York 1931, Seite 168.
28 *New York Times*, 9. Januar 1901.
29 *New York Times*, 10. Januar 1901.
30 Peterson, Virgil W., *The Mob*, Ottawa, Ill. 1983, Seite 97.
31 Peterson, *The Mob*, Seite 99.
32 *New York Times*, 11. Oktober 1903.
33 Werner, M.R., *Tammany Hall*, New York 1928, Seite 493.
34 Pitkin, Thomas Monroe/Cordasco, Francesco, *The Black Hand*, Totawa, N.J. 1977, Seite 51.
35 *New York Times*, 14. September 1904.
36 Pitkin/Cordasco, *The Black Hand*, Seite 37; *New York Times*, 22. September 1903; Peterson, *The Mob*, Seite 89; *New York Times*, 16. Januar, 10. April 1907, 2. Juli 1909.
37 Peterson, *The Mob*, Seite 107.
38 Ebda., Seite 107; *New York Times*, 30. April 1907.
39 *New York Times*, 23. April, 28. März, 29. März 1907.
40 *New York Times*, 22., 23., 24. März, 1. Mai 1908.
41 *New York Times*, 7. Februar, 17. Dezember 1908.
42 *New York Times*, 30. Januar, 20 Februar 1909.
43 *New York Times*, 3. Juli 1909.
44 Peterson, *The Mob*, Seite 107.
45 *New York Times*, 18. November 1909.
46 *New York Times*, 31. Oktober, 1909; Lowi, *At the Pleasure of the Mayor*, Seite 91.
47 Pitkin/Cordasco, *The Black Hand*, Seite 15; *New York Times*, 4. August 1903.
48 *New York Times*, 13. Oktober 1905.
49 *New York Times*, 7. Februar 1908.
50 Veröffentlichung der Polizeistatistik mit besonderer Berücksichtigung der Black Hand-Deliktik für das Jahr 1908, *New York Times*, 6. Januar 1909.
51 Train, *Courts, Criminals and the Camorra*, Seite 231-238.
52 *New York Times*, 15. März 1906.
53 *New York Times*, 25.,26. Januar 1908.
54 *New York Times*, 6. Januar 1908; Pitkin/Cordasco, *The Black Hand*, Seite 52-53.

New York Times, 30.+ 31. Mai 1904, *New York Times* 25. Februar 1907.

55 *New York Times*, 13. Mai 1906, *New York Times*, 23. März 1905, 15. April 1909.

56 *New York Times*, 19. Dezember 1905.

57 *New York Times*, 17. März 1906.

58 *New York Times*, 19. Dezember 1905; Pitkin/Cordasco, *The Black Hand*, Seite 60; *New York Times*, 22. September 1905; *New York Times*, 8. Februar 1908, *New York Times*, 20. Januar 1908, *New York Times*, 13. Januar 1909.

59 *New York Times*, 14., 15. Juni, 7., 8. Juli 1908.

60 Hess, *Mafia*, Seite 93ff; Pitkin/Cordasco, *The Black Hand*, Seite 117-19; Peterson, *The Mob*, Seite 111.

II. Definition und Struktur

1 *New York Times*, 21. Dezember 1906.

2 *New York Times*, 29. November 1930.

3 Zion, Sidney, *The Story of the American Mob*, San Francisco 1994, Seite 40. Kobler, John, *The Life and Time of Al Capone*, New York 1993, Seite 129.

4 Joseph Valachi, Neapolitaner, Button man der Genovese Family, der erste Mobster, der als Zeuge der Anklage auftrat, während einer Befragung vor dem McClellan-Senatshearing von 1963 über die Situation vor 1931. Subcommittee of Investigations, Organized Crime and Illicit Traffic in Narcotics, 88th Congress, U.S.G.P.O., Washington 1963, Teil 1, Seite 156.

5 Senate Hearing, Organized Crime and Illicit Traffic in Narcotics, Teil 1, Seite 123.

6 Senate Hearing before the Special Committee to Investigate, Organized Crime in Interstate Commerce, Teil 7, 88th Congress, U.S.G.P.O., Washington 1951, Seite 877.

7 The Gotti Tapes, New York 1992, Seite 118-121.

8 The President's Commission on Law Enforcement and Administration of Justice, The Impact, U.S.G.P.O., Washington 1986, Seite 58.

9 The President's Commission on Law Enforcement and Administration of Justice, Task Force Report: Organized Crime, U.S.G.P.O., Washington 1967, Seite 30.

10 Gosch/Hammer, *The Last Testament of Lucky Luciano*, Seite 145-146.

11 The President's Commission on Law Enforcement and Administration of Justice, Task Force Report: Organized Crime, U.S.G.P.O., Washington 1967, Seite 8.

12 Senate Hearing, Organized Crime and Illicit Traffic in Narcotics, Teil 1, Seite 182-184.

13 Ebda., Seite 137+116.

14 Senate Hearing, Organized Crime and Illicit Traffic in Narcotics, Teil 1, Seite 114-115, Valachi war bis ca. 1930 »freischaffender Krimineller« und wurde

erst im Verlauf des Castellammarese-Kriegs 1930/31 als Made man angeworben.

15 1930 wurde zuerst Peter Morello (Underboss), kurz danach Giuseppe Masseria, erschossen, 1951 verschwand Vincent Mangano (Boss), sein Bruder Phil (Underboss) wurde erschossen aufgefunden, 1957 wurde Frank Scalise (Underboss) erschossen, kurz danach Albert Anastasia, 1986 starb Paul Castellano zusammen mit seinem Underboss Thomas Bilotti im Kugelhagel vor einem New Yorker Restaurant.

16 John Miller, Deputy Commissioner, Public Relations NYCPD, In: Zion, *The Story of the American Mob*, Seite 136.

17 Senate Hearing, Organized Crime and Illicit Traffic in Narcotics, Teil 1, Seite 116.

18 The Gotti Tapes, Seite 124.

19 Nash, Robert Jay, *World Encyclopedia of Organized Crime*, New York 1992, Seite 122+182.

20 The Gotti Tapes, Seite 43.

21 Bonanno, *A Man of Honor*, Seite 148.

22 Gosch/Hammer, *The Last Testament of Lucky Luciano*, Seite 139.

23 Senate Hearing, Organized Crime and Illicit Traffic in Narcotics, Teil 1, Seite 215.

24 Gosch/Hammer, *The Last Testament of Lucky Luciano*, Seite 147.

25 Abadinsky, Howard, *Organized Crime*, Boston 1981, Seite 59.

26 Senate Hearing, Organized Crime and Illicit Traffic in Narcotics, Teil 1, Seite 236.

27 Ebda., Seite 274.

28 The Gotti Tapes, Seite 110.

29 *New York Times*, 2. Februar 1910.

30 U.S. Circuit Court, Docket No. C 2870 Coroners Court, No. 42814, 1903 U.S. Circuit Court, Docket No. 2/266, 1910 Court of General Sessions of the County of New York, Cal. No 23838, 1918 Court of General Sessions of the County of New York, Cal. No. 355334, No. 143024, 1922 Supreme Court of the State of New York , case 213-BCI-28, 1936.

31 Senate Hearing, Organized Crime in Interstate Commerce, Seite 157-158.

32 Lestingi, Giuseppe, Archivo di Psichiatria, Scienze Penali, Band V., Seite 458.

33 U.S. Circuit Court, Docket No. 2/266, Seite 407, 1910 *New York Times*, 27.+ 29. Februar 1930 Senate Hearing, Special Hearing to Investigate Organized Crime: 25 Years After Valachi, U.S.G.P.O., Washington 1989, Seite 772.

34 Hess, *Mafia*, Seite 88.

35 Train, *Courts, Criminals and the Camorra*, Seite 237. Obwohl Train in vielen seiner Aussagen unüberhörbar rassistische Töne anschlägt und er überdies beträchtliche Schwierigkeiten hatte, die kriminellen Kräfte der italienischen Ghettos zu differenzieren, zeichnen sich seine Schilderungen der subkulturellen Beziehungsverhältnisse doch durch Akkuratesse aus.

36 Senate Hearing, Organized Crime in Interstate Commerce, Seite 278 – 270.

37 Ebda., Seite 83.

38 Ausspruch von Meyer Lansky, vom FBI abgehörtes Gespräch zwischen Lansky und seiner Frau, Juni 1962, Live, Mobsters in the Market Place, 8. September 1967, Seite 98 Robert Lacey, Little Man, Boston 1992, Seite 284.

39 Zion, *The Story of the American Mob*, Seite 39.

III. Die Genovese Crime Family 1900 – 1920

1 *New York Times*, 13. November 1909.

2 Lupo wurde am 12.3.1899 in Italien wegen vorsätzlichen Mordes in Abwesenheit zu einer langen Haftstrafe verurteilt. United States vs. Giuseppe Calichio, Giuseppe Morello, Ignazio Lupo and others, Prozeßunterlagen, Docket Nr. 2/347, 1910, Seite 450, National Archives for the North-Eastern Regions.

3 Ebda., Kreuzverhör Ignazio Lupo, Docket Nr. 2/347, 1910, Seite 464-466.

4 17. April 1903, The People vs. Tomasso Petto, Court of General Session, Prozeßunterlagen, File Nr. 42841, 1903, National Archives for the North-Eastern Regions.

5 United States vs. Giuseppe Calichio, Giuseppe Morello, Ignazio Lupo and others, Zeugenaussage Ciro Terranova, Januar 1910, Prozeßunterlagen, Docket Nr. 2/347, Seite 456, National Archives for the North-Eastern Regions.

6 *New York Times*, 15.-17. April 1903.

7 The People vs. Tomasso Petto, Court of General Session, Prozeßunterlagen, File Nr. 42841, 1903, National Archives for the North-Eastern Regions.

8 The People vs. Tomasso Petto, Court of General Session, Anklageschrift, File Nr. 42841, 1903, National Archives for the North-Eastern Regions.

9 *New York Times*, 24.+ 25. Juli 1902; Pitkin/Cordasco, *The Black Hand*, Seite 38.

10 *New York Times*, 4. Januar 1903.

11 *New York Times*, 15.-23. April 1903; *The Brooklyn Eagle*, 14.-20. April 1903.

12 *New York Times*, 28. April 1903.

13 The People vs. Tomasso Petto, Court of General Session, Anklageschrift, File Nr. 42841, 1903, New York City Municipal Archives.

14 The United States of America vs. Ignazio Lupo, Pietro Inzarillo and Salvatore Matisi, alias Andrea Polara, United States Circuits Court, Docket Nr. C 2870, 1903, National Archives for the North-Eastern Regions.

15 The United States of America vs. Ignazio Lupo, Pietro Inzarillo and Salvatore Matisi, alias Andrea Polara, Antrag der Anwälte von Pietro Inzarillo, United States Circuits Court, Docket Nr. C 2870, 1903, National Archives for the North-Eastern Regions.

16 *New York Times*, 30. Januar 1904.

17 United States vs. Giuseppe Calichio, Giuseppe Morello, Ignazio Lupo and others, Prozeßunterlagen, Docket Nr. 2/347, 1910, Seite 392, National Archi-

ves for the North-Eastern Regions; *New York Times*, 16. November 1909.

18 Pitkin/Cordasco, *The Black Hand*, Seite 135; Peterson, *The Mob*, Seite 127; *New York Times*, 16. November 1909.

19 Der spektakulärste Fall dieser Art war 1942 die Aufforderung von Staatsanwalt William O'Dwyer, der steckbrieflich gesuchte Albert Anastasia solle unverzüglich die Stadt verlassen, anderenfalls drohe ihm ein Verfahren.

20 United States vs. Giuseppe Calichio and others, Zeugenaussage Ciro Terranova und Antrag der Verteidigung auf Writ of error, Docket Nr. 2/347, 1910, National Archives for the North Eastern Regions.

21 United States vs. Giuseppe Calichio and others, Zeugenaussage Ciro Terranova und Antrag der Verteidigung auf Writ of error, Docket Nr. 2/347, 1910, National Archives for the North-Eastern Regions.

22 *New York Times*, 17. März 1909.

23 United States vs. Giuseppe Calichio, and others, Zeugenaussage Ciro Terranova und Antrag der Verteidigung auf Writ of error, Docket Nr. 2/347, 1910, National Archives for the North-Eastern Regions.

24 *New York Times*, 5. Dezember 1908.

25 *New York Times*, 5. Dezember 1908.

26 Petacco, Arrigo, Joe Petrosino, New York 1974, Seite 118.

27 *New York Times*, 23. April 1907.

28 *New York Times*, 17. März 1909.

29 Petacco, Joe Petrosino, Seite 133; *New York Times*, 7.+ 8. April 1909.

30 Pitkin/Cordasco, *The Black Hand*, Seite 111; *New York Times*, 13. Mai 1909.

31 *New York Times*, 3. Mai 1909.

32 *New York Times*, 17. März 1909.

33 *New York Times*, 16. November 1909.

34 *New York Times*, 17. November 1909.

35 United States vs. Giuseppe Calichio, and others, Prozeßniederschrift, Zeugenaussage Ignazio und John Lupo, Docket Nr. 2/347, 1910, Seite 450ff, National Archives for the North-Eastern Regions.

36 *New York Times*, 23. November 1909.

37 *New York Times*, 24. November 1909.

38 Hess, *Mafia*, Seite 113.

39 Train, *Courts, Criminals and the Camorra*, Seite 223.

40 Ebda., Seite 234.

41 United States Circuit Court of Appeals, Giuseppe Calicchio, et al., vs. The United States, Brief for the United States, Docket Nr. 4207, 1911, Seite 13, National Archives for the North-Eastern Regions.

42 United States vs. Giuseppe Calichio and others, Prozeßabschrift, Aussage des Kronzeugen Antonio Comito, Docket Nr. 2/347, 1910, Seite 93, National Archives for the North-Eastern Regions.

43 United States vs. Giuseppe Calichio, and others, Prozeßabschrift, Aussage des Kronzeugen Antonio Comito, Docket Nr. 2/347, 1910, Seite 30, National Archives for the North-Eastern Regions.

44 *New York Times*, 28. Januar 1910.

45 United States vs. Giuseppe Calichio, and others, Prozeßabschrift, Aussage des Kronzeugen Antonio Comito, Docket Nr. 2/347, 1910, Seite 32, National Archives for the North-Eastern Regions.

46 United States vs. Giuseppe Calichio, and others, Prozeßabschrift, Aussage des Kronzeugen Antonio Comito, Docket Nr. 2/347, 1910, Seite 45, National Archives for the North-Eastern Regions.

47 Ebda., Seite 71.

48 Ebda., Seite 75.

49 United States vs. Giuseppe Calichio, and others, Prozeßabschrift, Aussage des Kronzeugen Antonio Comito, Docket Nr. 2/347, 1910, Seite 77, National Archives for the North-Eastern Regions.

50 United States vs. Giuseppe Calichio, and others, Prozeßabschrift, Aussage des Zeugen der Verteidigung Ciro Terranova, Prozeßniederschrift, Docket Nr. 2/347, 1910, Seite 458, National Archives for the North Eastern Regions.

51 United States vs. Giuseppe Calichio, and others, Prozeßabschrift, Aussage des Zeugen der Verteidigung Ciro Terranova, Prozeßniederschrift, Docket Nr. 2/347, 1910, Seite 458, Aussage des Zeugen der Anklage William J. Flynn, Prozeßniederschrift, Seite 295, National Archives for the North Eastern Regions; *New York Times*, 11. Januar 1910.

52 United States vs. Nicolas Terranova, and others, Prozeßunterlagen, Docket Nr. 2/266, 1910, National Archives for the North-Eastern Regions.

53 *New York Times*, 20. Januar 1910.

54 *New York Times*, 20. Februar 1910.

55 *New York Times*, 20. Februar 1910.

56 Ebda.

57 *New York Times*, 21. Februar 1910.

58 *New York Times*, 25. Februar 1910.

59 United States vs. Nicolas Terranova, and others, Prozeßunterlagen, Docket Nr. 2/266, 1910, National Archives for the North-Eastern Regions; *New York Times*, 8. März 1910.

60 Pitkin/Cordasco, *The Black Hand*, Seite 138; *New York Times*, 10. März 1910.

61 United States Circuit Court of Appeals, Giuseppe Calicchio, et al., vs. The United States, Brief for the United States, Docket Nr. 4207, 1911, Seite 9, National Archives for the North-Eastern Regions.

62 *New York Times*, 3. April 1910.

63 *New York Times*, 2. Dezember 1910.

64 *New York Times*, 17. Januar 1911.

65 *New York Times*, 24. Mai 1914.

66 Ebda.

67 Court of General Sessions, People of the State of New York against John Fetto, Cal. No. 23837, 1918, New York City Municipal Archives.

68 Court of General Sessions, People of the State of New York against Rocco Valente, Cal. No. 23838, 1918, New York City Municipal Archives.

69 *New York Times*, 8. September 1916.

70 *New York Times*, 16. Februar 1918.

71 *New York Times*, 28. November und 1. Dezember 1917.

72 Court of General Sessions, People of the State of New York against John Fetto, Cal. No. 23837, 1918, New York City Municipal Archives.

73 People vs. Ciro Terranova, Memorandum, June 6, Cal.No. 23837, 1918, New York City Municipal Archives.

74 Werner, *Tammany Hall*, Seite 534-536.

75 Gosch/Hammer, *The Last Testament of Lucky Luciano*, Seite 5-6.

76 Ebda., Seite 8.

77 Peterson, *The Mob*, Seite 136.

78 Senate Hearing, Organized Crimes and Illicit Traffic in Narcotics, Teil 3, Seite 771.

79 Verfahren gegen Charles Luciano u.a. wegen Compulsory Prostitution, Box 13, Folder 2. Lucania cross-examination by Mr. Dewey, 6006-6016, New York City Municipal Archives.

80 Gosch/Hammer, *The Last Testament of Lucky Luciano*, Seite 19.

81 Ebda., Seite 24.

82 Lacey, *Little Man*, Seite 32.

83 Gosch/Hammer, *The Last Testament of Lucky Luciano*, Seite 24

84 Ebda., Seite 88.

85 Court of General Sessions, The People of the State of New York against Pietro Lagatutta, Salvatore Rufino, Giuseppe Rufino and Giuseppe Masseria, Cal. No. 10788, Docket No. 93779, Juni 1923, New York City Municipal Archives; *New York Times*, 9. Mai 1922.

86 *New York Times*, 16. April 1931.

87 Census von 1920, Second Assembly District, Enum. Distr. 615, Sheet 5, No. B, National Archives for the North-Eastern Regions.

88 Gosch/Hammer, *The Last Testament of Lucky Luciano*, Seite 64.

89 *New York Times*, 13. November 1909.

IV. Die Genovese Crime Family 1920 – 1945

1 *New York Times*, 11. Februar 1908.

2 Fox, Stephen, *Blood and Power*, New York 1989, Seite 13.

3 Roosevelt, Theodore, *Historic Towns – New York, New York 1898*, Seite 210.

4 Zu Geschichte und Problematik der Prohibition: Asbury, Herbert, *The Great Illusion: An Informal History of Prohibition*, New York, 1968 Cashman, Sean Dennis, *Prohibition. The Lie of the Land*, New York, 1981, Coffey, Thomas M., *The Long Thirst: Prohibition in America 1920-1933*, New York, 1975.

5 Lippmann, Walter, The Underworld as Servant, In: Gus Tyler, Hrsg., *Organized Crime in America*, University of Michigan Press 1962, Seite 65.

6 Taylor, Gus, The Big Fix, In: Gus Tyler, Hrsg., *Organized Crime in America*, University of Michigan Press 1962, Seite 17.
7 Gosch/Hammer, *The Last Testament of Lucky Luciano*, Seite 45.
8 Auf Maranzanos Totenschein ist 1921 als das Jahr seiner Ankunft in New York vermerkt. Luciano spricht dagegen von einem ersten Zusammentreffen gleich nach Ende des Ersten Weltkrieges. Maranzano hatte 1930 einen Antrag auf Einbürgerung gestellt, der noch im selben Jahr positiv beschieden wurde, obwohl sein krimineller Hintergrund den Behörden hinlänglich bekannt war. Nach seinem gewaltsamen Tod im September 1931 verschwanden alle Unterlagen zu seiner Person, bis auf den Totenschein, aus den Archiven. Death certificate # 22124, 1931, New York City Municipal Archives.
9 Gosch/Hammer, *The Last Testament of Lucky Luciano*, Seite 46.
10 Lacey, *Little Man*, Seite 62.
11 Mitteilung des U.S. Department of Justice, Federal Bureau of Prisons, Brief vom 22. Juni 1995.
12 Wortwörtlicher Abdruck des Dekrets anläßlich der Widerrufung durch Präsident Roosevelt, *New York Times*, 16. Juli 1936.
13 Die Unterlagen über Giuseppe Morellos Entlassung aus dem Federal Penitentiary Atlanta sind nicht mehr vorhanden, laut Auskunft des Federal Bureau of Prisons kann mit großer Wahrscheinlichkeit von einer Entlassung um die Jahresmitte 1921 ausgegangen werden. Brief vom 22. Juni 1995.
14 *New York Times*, 16. April 1903.
15 *New York Times*, 23. Februar 1938.
16 *New York Times*, 9. Mai 1922.
17 *New York Times*, 10. Mai 1922.
18 *New York Times*, 11. Mai 1922.
19 *New York Times*, 12. Mai 1922.
20 Court of General Sessions New York County, The People of the State of New York against Joseph Masseria, Cal.No. 35292+35333, No. 142969 1/2, Mai 1922, New York City Municipal Archives.
21 Passagierliste der Einwanderungsbehörden, 13. Mai 1922, Roll M715, List 9, Line 25, Natinal Archives for the North-Eastern Regions.
22 *New York Times*, 13. Juni 1922.
23 Court of General Sessions New York County, The People of the State of New York against Joseph Masseria, Cal.No. 35292+35333, No. 142969 1/2, Recommendation, Staatsanwalt, 22. Juli 1922, New York City Municipal Archives.
24 *New York Times*, 9. August 1922.
25 *New York Times*, 9. August 1922.
26 Bonanno, *A Man of Honor*, Seite 85.
27 *New York Times*, 12. August 1922.
28 Gosch/Hammer, *The Last Testament of Lucky Luciano*, Seite 34.
29 Ebda., Seite 57.
30 Ebda., Seite 58.
31 Ebda., Seite 53.

32 Messick, Hank, *Secret File*, New York 1969, Seite 124.
33 Gosch/Hammer, *The Last Testament of Lucky Luciano*, Seite 59.
34 Davis, Richard (Dixie), Things I Couldn't Tell Till Now, in: *Collier's*, 5. August 1939, Seite 44.
35 Gosch/Hammer, *The Last Testament of Lucky Luciano*, Seite 49.
36 Ebda., Seite 33.
37 Gosch/Hammer, *The Last Testament of Lucky Luciano*, Seite 48.
38 Thompson, Craig/Raymond, Allen, *Gang Rule in New York*, New York 1940, Seite 360.
39 Gosch/Hammer, *The Last Testament of Lucky Luciano*, Seite 73.
40 Verfahren gegen Charles Luciano u.a. wegen Compulsory Prostitution, Box 13, Folder 2, Lucania cross-examination by Mr. Dewey, 6024-6026, New York City Municipal Archives.
41 United States vs. Frank Costello, United States District Court, Southern District of New York, Civil No. 133-28, 1959, National Archives for the North-Eastern Regions.
42 Gosch/Hammer, *The Last Testament of Lucky Luciano*, Seite 71.
43 Bonanno, *A Man of Honor*, Seite 127.
44 Peterson, *The Mob*, Seite 142.
45 Ebda., Seite 144 Valentine, *Night Stick*, Seite 117.
46 United States vs. Innelli, 286 Fed. 731, 1922.
47 United States against Robert Semone, Michael Coppola and Frank Palmier, United States District Court Eastern District of New York, Crim. Docket: 9336, 1923, National Archives for the North-Eastern Regions.
48 Ebda., Plädoyer der Verteidigung.
49 Ebda.
50 Ebda., Urteil vom 27. Juni 1923.
51 *New York Times*, 15. September 1929.
52 *New York Law Journal*, 21. Januar 1929, Seite 35.
53 *New York Times*, 25. Juni 1929.
54 Bonanno, *A Man of Honor*, Seite 84.
55 Ebda., Seite 86.
56 Gosch/Hammer, *The Last Testament of Lucky Luciano*, Seite 88.
57 Ebda., Seite 61.
58 Ebda.
59 Ebda.
60 Ebda., Seite 66.
61 Ebda., Seite 67.
62 Gosch/Hammer, *The Last Testament of Lucky Luciano*, Seite 93; Peterson, *The Mob*, Seite 157; Messick, *Secret File*, Seite 97.
63 Gosch/Hammer, *The Last Testament of Lucky Luciano*, Seite 82.
64 Ebda., Seite 88.
65 Ebda., Seite 88.
66 Ebda., Seite 102.

67 Ebda.

68 Verfahren gegen Charles Luciano u.a. wegen Compulsory Prostitution, Box 10, Folder 5, Luciano-Strafregister, New York City Municipal Archives.

69 Gosch/Hammer, *The Last Testament of Lucky Luciano*, Seite 103.

70 Befragung des Zeugen Charles Luciano vor dem Richmond County Court im Zusammenhang mit dem Verfahren People of the State of New York against John Doe, Assault First Degree, In: Verfahren gegen Charles Luciano u.a. wegen Compulsory Prostitution, Box 10, Folder 5, New York City Municipal Archives.

71 Gosch/Hammer, *The Last Testament of Lucky Luciano*, Seite 103.

72 Ebda., Seite 126.

73 Court of General Sessions, County of New York, People of the State of New York against George McManus, Hyman Biller, John Doe & Richard Roe, Index No. 175485, 1928, New York City Municipal Archives.

74 *New York Times*, 15. Mai, 1929.

75 *New York Times*, 23. September 1929.

76 Crouse, Russel, The Murder of Arnold Rothstein, In: *Sins of New York*, Crane, Milton, Edt., New York 1947, Seite 200.

77 John Savino, alias Zackie, und Paul Marchione sind noch Mitte der 60er Jahre Soldiers der Genovese Family, im Regime von James Angelina. Senate Hearing, Organized Crime and Illicit Traffic in Narcotics, Teil 1, Seite 21.

78 *New York Times*, 14. Dezember 1929.

79 Peterson, *The Mob*, Seite 166.

80 *New York Times*, 17. Januar 1930.

81 *New York Times*, 30. Dezember 1929.

82 Fowler, Gene, *Beau James*, New York 1949, Seite 270.

83 *New York Times*, 18. März 1930.

84 Thompson/Raymond, Gang Rule in New York, Seite 215.

85 Messick, Secret File, Seite 140.

86 Gosch/Hammer, *The Last Testament of Lucky Luciano*, Seite 104.

87 Ebda., Seite 105; Peterson, *The Mob*, Seite 158.

88 Gosch/Hammer, *The Last Testament of Lucky Luciano*, Seite 107.

89 Ebda., Seite 116.

90 Gosch/Hammer, *The Last Testament of Lucky Luciano*, Seite 117.

91 Ebda., Seite 118.

92 Befragung des Zeugen Charles Luciano vor dem Richmond County Court, In: Verfahren gegen Charles Luciano u.a. wegen Compulsory Prostitution, Box 10, Folder 5, New York City Municipal Archives.

93 Gosch/Hammer, *The Last Testament of Lucky Luciano*, Seite 119.

94 *New York Times*, 18. Oktober 1929.

95 Befragung des Zeugen Charles Luciano vor dem Richmond County Court In: Verfahren gegen Charles Luciano u.a. wegen Compulsory Prostitution, Box 10, Folder 5, New York City Municipal Archives.

96 Gosch/Hammer, *The Last Testament of Lucky Luciano*, Seite 126.

97 Ebda.
98 Ebda.
99 Polizeiliches Formblatt D.D. 5, Classification: Homicide, Shot, Police Department City of New York, Bronx County, Complaint Numer 315/1930, Herausgabe unter Berufung auf F.OL. (Freedom of Information Law), NYCPD.
100 Bonanno, *A Man of Honor*, Seite 99.
101 Ebda., Seite 101.
102 *New York Times*, 16.+17. August 1930.
103 *New York Times*, 6. September 1930.
104 Bonanno, *A Man of Honor*, Seite 117.
105 Ebda., Seite 120.
106 Senate Hearing, *Organized Crime and Illicit Traffic in Narcotics*, Teil 1, Seite 173.
107 *New York Times*, 6. November 1930.
108 Gosch/Hammer, *The Last Testament of Lucky Luciano*, Seite 129.
109 Senate Hearing, *Organized Crime and Illicit Traffic in Narcotics*, Teil 1, Seite 188.
110 Maas, Peter, The Valachi Papers, New York 1968, Seite 102.
111 *New York Times*, 7. Februar 1931.
112 Gosch/Hammer, *The Last Testament of Lucky Luciano*, Seite 129.
113 Ebda.
114 Bonanno, *A Man of Honor*, Seite 122.
115 Gosch/Hammer, *The Last Testament of Lucky Lucian*o, Seite 131.
116 Gosch/Hammer, *The Last Testament of Lucky Luciano*, Seite 131.
117 Ebda., Seite 132.
118 *New York Times*, 16.-21. April 1931; *Brooklyn Eagle*, 16.-21. April 1931.
119 Senate Hearing, *Organized Crime and Illicit Traffic in Narcotics*, Teil 1, Seite 211.
120 *New York Times*, 21. April 1931.
121 Gosch/Hammer, *The Last Testament of Lucky Luciano*, Seite 128; Bonanno, *A Man of Honor*, Seite 124.
122 Ebda., Seite 136.
123 Vertraulicher Behördenbericht zur Geschichte und Entwicklung der Cosa Nostra in New York seit 1931. Erstaunlich ist, daß dieser Darstellung über weite Strecken Joe Bonannos Biographie »A Man of Honor« zugrunde liegt.
124 Gosch/Hammer, *The Last Testament of Lucky Luciano*, Seite 98.
125 *New York Times*, 9. April 1931.
126 *New York Times*, 9. April 1931.
127 Peterson, *The Mob*, Seite 174.
128 Gosch/Hammer, *The Last Testament of Lucky Luciano*, Seite 102.
129 Senate Hearing, *Organized Crime and Illicit Traffic in Narcotics*, Teil 1, Seite 221.
130 Bonanno, *A Man of Hono*r, Seite 139.
131 Gosch/Hammer, *The Last Testament of Lucky Luciano*, Seite 139.
132 *New York Times*, 11. September 1931.
133 Senate Hearing, Organized Crime and Illicit Traffic in Narcotics, Teil 1, Seite 231.
134 *Brooklyn Eagle*, 11. September 1931.

135 *New York Times*, 12. September 1931.
136 Bonanno, *A Man of Honor*, Seite 140/41.
137 Gosch/Hammer, *The Last Testament of Lucky Luciano*, Seite 79.
138 Bonanno, *A Man of Honor*, Seite 161.
139 Gosch/Hammer, *The Last Testament of Lucky Luciano*, Seite 163.
140 Bonanno, *A Man of Honor*, Seite 160.
141 Gosch/Hammer, *The Last Testament of Lucky Luciano*, Seite 146.
142 Ebda.
143 Bonanno, *A Man of Honor*, Seite 159.
144 Gosch/Hammer, *The Last Testament of Lucky Luciano*, Seite 145.
145 Maas, *The Valachi Papers*, New York 1968, Seite 118.
146 Kobler, John, *Capone: the Life and World of Al Capone*, New York 1971; Schoenberg, Robert J., *Al Capone*, New York 1992.
147 Bonanno, *A Man of Honor*, Seite 160.
148 Lacey, *Little Man*, Seite 64.
149 Gosch/Hammer, *The Last Testament of Lucky Luciano*, Seite 159.
150 Thompson/Raymond, *Gang Rule in New York*, Seite 366.
151 Gosch/Hammer, *The Last Testament of Lucky Luciano*, Seite 160.
152 Mitgang, Herbert, *The Man Who Rode the Tiger*, New York 1963, Seite 264; Peterson, *The Mob*, Seite 194.
153 Gosch/Hammer, *The Last Testament of Lucky Luciano*, Seite 162; Peterson, *The Mob*, Seite 195; Thompson/Raymond, *Gang Rule in New York*, Seite 244.
154 Gosch/Hammer, *The Last Testament of Lucky Luciano*, Seite 164.
155 Ebda.
156 Ebda., Seite 165.
157 Ebda., Seite 159.
158 Zion, *The Story of the American Mob*, Seite 104.
159 Gosch/Hammer, *The Last Testament of Lucky Luciano*, Seite 166-67.
160 Walsh, George, *Gentleman Jimmy Walker*, New York 1974, Seite 315-16; Peterson, *The Mob*, Seite 193.
161 Mitgang, *The Man Who Rode the Tiger*, Seite 264.
162 Magruder, Frank Abott, *American Government*, RP. 1986, Seite 354.
163 *New York Times*, 14. Januar 1930.
164 Ebda.
165 *New York Times*, 18. Mai 1930.
166 *New York Times*, 1. Januar 1930.
167 *New York Times*, 4. März 1931.
168 Gosch/Hammer, *The Last Testament of Lucky Luciano*, Seite 99.
169 Ebda., Seite 121.
170 Gosch/Hammer, *The Last Testament of Lucky Luciano*, Seite 123.
171 Ebda., Seite 77.
172 *New York Times*, 19.-21. Juni 1931.
173 Bonanno, *A Man of Honor*, Seite 155.
174 Auf der Suche nach den sterblichen Überresten von Peter Panto, dem Vorsit-

zenden des Rank and Files Committee on the Waterfront to Investigate Irregularities and Kick-backs, einem der vielen Opfer von Murder, Inc., wurden Ende April 1940 unzählige Hinterhöfe in der Union Street, Brooklyn, umgegraben. *Brooklyn Eagle*, 23. – 30. April 1940.

175 Gangland Slayings, Statistics for the Years 1917-1962, Senate Hearing, Organized Crime and Illicit Traffic in Narcotics, Teil 1, Exhibit 14.

176 Lacey, *Little Man*, Seite 101.

177 Flynn, J. Edward, *You're the Boss*, New York 1947, Seite 135.

178 Valentine, *Night Stick*, Seite 122.

179 United States, Congress, Senate, Committee of Comerce, Subcommittee to Investigate the Matter of So-Called »Rackets« with a View to Their Suppression, Hearings, 73rd Congress, U.S.G.P.O., Washington 1933, Seite 134.

180 Ebda, Seite 189.

181 *New York Times*, 26. Juli 1935.

182 State of New York, Proceedings of the Governor's Conference on Crime, the Criminal and Society, Albany, New York, Seite 721.

183 Gosch/Hammer, *The Last Testament of Lucky Luciano*, Seite 132.

184 Senate Hearing, *Organized Crime and Illicit Traffic in Narcotics*, Teil 1, Seite 211.

185 *New York Times*, 14. Januar 1937.

186 Senate Hearing, *Organized Crime and Illicit Traffic in Narcotics*, Teil 1, Seite 211.

187 Brief von Victor Sabatino an Assistant Attorney General Joseph B. Keenan, 24. September 1934, Division of Records, Department of Justice, File No. 114-70, National Archives and Record Administration, College Park, MD.

188 *New York Times*, 16. Juli 1936.

189 President's Commission on Organized Crime, Report to the President and the Attorney General, *The Edge: Organized Crime, Business and Labor Unions*, U.S.G.P.O., Washington 1986, Seite XVI.

190 Gosch/Hammer, *The Last Testament of Lucky Luciano*, Seite 179.

191 In einer BBC-Reportage von 1993 kommen Zeugen zu Wort, die Hoover, bekleidet mit einem schwarzen Chiffonkleid, in delikater Situation beschreiben. Beim FBI ist Hoovers Homosexualität längst allgemein bekannt, auch, daß er von der Unterwelt damit erpreßt wurde. Dementiert wird lediglich das schwarze Chiffonkleid. Joseph Coffey, Organized Crime Task Force New York State.

192 Das Urteil verneint auch den Anspruch auf Berufung auf das 5th Amendment (nor shall any person … be compelled, in any criminal case, to be a witness against himself …) um kriminelle Einkünfte zu unterschlagen. United States v. Sullivan, 274 U.S. 259.

193 The President's Commission on Law Enforcement and Administration of Justice, Task Force Report: Organized Crime, U.S.G.P.O., Washington 1967, Seite 12.

194 Peterson, *The Mob*, Seite 207.

195 Messick, *Secret File*, Seite 70.

196 Dieses Statement gab Staatsanwalt O'Dwyer Ende November 1945 vor einer

Grand Jury, die den Tod des Kronzeugen Abe Reles von 1941 erneut untersuchten sollte. O'Dwyer hatte die Information über das Dewey-Mordkomplott von Reles. People v. John Doe, William O'Dwyer, witness, Do.No. 1377/1945, Brooklyn D.A.'s Papers, Murder, Inc., Boxes 5-5, 1945, New York City Municipal Archives.

197 Gosch/Hammer, *The Last Testament of Lucky Luciano*, Seite 186.

198 Bonanno, *A Man of Honor*, Seite 156.

199 Gosch/Hammer, *The Last Testament of Lucky Luciano*, Seite 187.

200 *New York Times*, 26. Oktober 1935.

201 Lacey, *Little Man*, Seite 94.

202 Lacey, *Little Man*, Seite 143.

203 Anklageschrift, The People of the State of New York against Charles Luciano et. al., Charles Luciano, Box 3, Folder 5, New York City Municipal Archives.

204 Telegramm der Western Union, Charles Luciano, Box 8, Folder 11, New York City Municipal Archives.

205 Kautionshearing vor Richter McCook, 18. April 1936, Charles Luciano, Box, 6, Folder 3, New York City Municipal Archives.

206 Ebda.

207 Am 16. Juni erarbeitete das Racket Bureau eine Suggested Formula for Sentencing für alle 87 Anklagepunkte und gab sie Richter Philip J. McCook an die Hand. Das Prinzip dieser Strafmaßtabelle war, daß jeweils drei Anklagepunkte zusammengenommen wurden, die mit einer Haftstrafe »not less than five years, the maximum of which shall be ten years« gesühnt werden sollten, Charles Luciano, Box 7, Folder 12, New York City Municipal Archives.

208 Gosch/Hammer, *The Last Testament of Lucky Luciano*, Seite 207.

209 Bonanno, *A Man of Honor*, Seite 163.

210 Gosch/Hammer, *The Last Testament of Lucky Luciano*, Seite 188.

211 Ebda., Seite 189.

212 Bonanno, *A Man of Honor*, Seite 165.

213 Gosch/Hammer, *The Last Testament of Lucky Luciano*, Seite 173.

214 Ebda., Seite 174.

215 Statement Ernest Rupolo, 1944, Albert Anastasia Files, Accession #89-8, Box 5, Miranda Folder, New York City Municipal Archives.

216 Vor dieser Anklage stand Genovese bereits zweimal wegen Mordes vor Gericht (1924, 1925); auch diese Verfahren waren niedergeschlagen worden. Insgesamt wies Genoveses Strafregister zu diesem Zeitpunkt zehn Vergehen auf, nur für zwei (1917 und 1927) wurde er verurteilt. In beiden Fällen handelte es sich um unerlaubten Waffenbesitz, im ersten Fall erhielt er 60 Tage Arbeitshaus, im zweiten 30 Tage Stadtgefängnis und eine Geldstrafe von 250 Dollar. Criminal Record Vito Genovese, Police Department City of New York, Albert Anastasia files, Accession #89-8, Box 6, Folder Genovese, New York City Municipal Archives.

217 Gosch/Hammer, *The Last Testament of Lucky Luciano*, Seite 174.

218 Sam and Chuck Giancana, *Double Cross*, New York 1992, Seite 132.

219 Bis auf das Vier-Dollar-Pokerspiel hatte Samuel Marcus die Situation treffend geschildert. Laut Informationen aus der Unterwelt waren diese Marginalbeträge nur Fassade, in Wirklichkeit waren die Einsätze weitaus höher. State of New York, Proceedings of the Governor's Conference on Crime, the Criminal and Society, Albany, New York, Seite 725.

220 Maas, *The Valachi Papers*, Seite 152.

221 People v. Luciano, 277 N.Y. 348, Reports of Cases, Court of Appeals of the State of New York, Volume 277, Albany 1938, Seite 350, 359.

222 Vincent Alo ging als Mario Puzos Johnny Ola, »als sizilianischer Botenjunge des Juden aus Miami« in die Hollywoodgeschichte ein. Jimmy »Blue Eyes« Alo hatte keine blauen Augen, auch wenn Robert Lacey ihnen »a blue of the most compelling clarity and strenght« zuschreibt. Lacey, *Little Man*, Seite 291. Aus der Personenbeschreibung des New York Police Department geht unzweifelhaft hervor, daß sie braun waren. Der Beiname »Blue Eyes« stammt höchstwahrscheinlich aus seiner Sing-Sing Zeit, wo er ab 1923 für etliche Jahre wegen eines Raubüberfalls einsaß. Police Record Vincent J. Alo, Albert Anastasia Files, Accession #89-8, Box 7, Folder Alo, New York City Municipal Archives.

223 Gosch/Hammer, *The Last Testament of Lucky Luciano*, Seite 122.

224 United States v. Albert Anastasia et al., United States District Court, Eastern District of New York, Docket No. C 38348, 1941, National Archives for the North-Eastern Regions.

225 Valentine, *Night Stick*, Seite 137.

226 United States of America vs. Louis Buchalter, et al, United States District Court for the Southern District of New York, Crim. Docket: C 101-308/326/331, 1937-1940, National Archives for the North-Eastern Regions.

227 Gosch/Hammer, *The Last Testament of Lucky Luciano*, Seite 173.

228 Valentine, *Night Stick*, Seite 138.

229 Gosch/Hammer, *The Last Testament of Lucky Luciano*, Seite 251.

230 Criminal Record Abe Reles, Police Department City of New York, Brooklyn D.A.'s Papers, Murder, Inc., Boxes 5-5, 1945, New York City Municipal Archives.

231 Block, Allan, *East Side – West Side, Organizing Crime in New York 1930-1950*, New Brunswick 1983, Seite 114.

232 Maas, *The Valachi Papers*, Seite 173.

233 Block, *East Side – West Side*, Seite 106.

234 Nach einer gängigen Version bestätigte Luciano in späteren Jahren eine Summe von 50000 Dollar, die der Fenstersturz von Reles gekostet haben soll, worauf Meyer Lansky, als ihm das zu Ohren kam, angeblich erwiderte: Nonsense, it cost 100000 Dollar. Eine solche Aussage hätte Lansky nie gemacht. Zion, *The Story of the American Mob*, Seite 87.

235 Senate Hearing, *Organized Crime in Interstate Commerce*, Seite 675+78.

236 Block, Alan A., *Modern Convenience: A Collaboration Between Organized Crime and U.S. Intelligence*, In: Kelly, Robert J., Edt., *Organized Crime, A Global Perspective*, Totowa, New Jersey 1986, Seite 60.

237 Ebda., Seite 61.

238 Block, *Modern Convenience: A Collaboration Between Organized Crime and U.S. Intelligence*, Seite 64.

239 Block, *Modern Convenience: A Collaboration Between Organized Crime and U.S. Intelligence*, Seite 66.

240 Lacey, *Little Man*, Seite 119.

241 Eine Untersuchung zum *underworld project* fand 1954 auf Betreiben des damaligen New York State Gouverneurs Dewey unter William B. Herlands von der Staatsanwaltschaft Manhattan statt. Der Bericht wurde nie veröffentlicht und bis 1977 geheimgehalten. Er befindet sich unter den persönlichen Papieren von Gouverneur Dewey, die er der Universität Rochester vermachte. Siehe dazu: Lacey, *Little Man*, Seite 470.

242 Block, *Modern Convenience: A Collaboration Between Organized Crime and U.S. Intelligence*, Seite 71.

243 *New York World Telegram*, 22. Mai 1945.

244 Gosch/Hammer, *The Last Testament of Lucky Luciano*, Seite 269.

245 Gosch/Hammer, *The Last Testament of Lucky Luciano*, Seite 286. Joe Bonanno schrieb in seinen Memoiren, daß er mit Luciano nach dessen Verurteilung im Jahre 1936 niemals wieder zusammentraf noch ihn jemals wiedersah. Bonanno, *A Man of Honor*, Seite 165. Moses Polakoff bestätigte Lanskys Abwesenheit am fraglichen Tag. Lacey, *Little Man*, Seite 128.

246 Lacey, *Little Man*, Seite 128; *New York Times*, 10-12. Februar 1946; Informationen des National Archives at College Park, National Archives and Records Administration. Vor Laceys Publikation scheint es allgemeine Praxis gewesen zu sein, Lucianos Beschreibung seines Abschiedsbacchanals ungeprüft zu übernehmen.

247 Gosch/Hammer, *The Last Testament of Lucky Luciano*, Seite 294.

V. Die Genovese Crime Family 1946 – 1968

1 *New York Times*, 15. Mai 1927.

2 Der Interim-Report of the Joint Legislative Committee in Government Operations on the Gangland Meeting in Apalachin, New York, bezeichnet Carmine Galante als den eigentlichen Todesschützen. Galante wurde in späteren Jahren der Underboss von Joseph Bonanno. U.S.G.P.O., Washington 1958, Seite 15.

3 Senate Hearing, *Organized Crime and Illicit Traffic in Narcotics*, Teil 1, Seite 249.

4 Radio Address of George J. Beldock, D.A. of Kings County, »Mystery in the D.A.'s Office.«, 18. Oktober 1945, Brooklyn D.A.'s Papers, Murder, Inc., Boxes 5-5, 1945, New York City Municipal Archives.

5 Gosch/Hammer, *The Last Testament of Lucky Luciano*, Seite 273.

6 Gosch/Hammer, *The Last Testament of Lucky Luciano*, Seite 295.

7 Radio Address of George J. Beldock, *»Mystery in the D.A.'s Office.«*, Brooklyn

D.A.'s Papers, Murder, Inc., Boxes 5-5, 1945, New York City Municipal Archives.

8 Ebda.

9 Ebda.

10 Maas, *The Valachi Papers*, Seite 192.

11 Aussage von O.C. Dickey vor der Staatsanwaltschaft Brooklyn. Brooklyn D.A.'s Papers, Murder, Inc., Boxes 5-5, 1945, New York City Municipal Archives.

12 Radio Address of George J. Beldock, *»Mystery in the D.A.'s Office.«*, Brooklyn D.A.'s Papers, Murder, Inc., Boxes 5-5, 1945, New York City Municipal Archives.

13 Block, *East Side – West Side*, Seite 110.

14 Ebda, Seite 112.

15 Case of Ferdinand Boccia, Summary for Assistant D.A. Julius Helfand, Brooklyn D.A.'s Papers, Murder, Inc., Boxes 5-5, 1945, New York City Municipal Archives.

16 Radio Address of George J. Beldock, *»Mystery in the D.A.'s Office.«*, Brooklyn D.A.'s Papers, Murder, Inc., Boxes 5-5, 1945, New York City Municipal Archives.

17 Police Department City of New York, Death of Material Witness Peter La Tempa, 10. Februar 1945, Brooklyn D.A.'s Papers, Murder, Inc., Boxes 5-5, 1945, New York City Municipal Archives.

18 Gosch/Hammer, *The Last Testament of Lucky Luciano*, Seite 276.

19 Radio Address of George J. Beldock, *»Mystery in the D.A.'s Office.«*, Brooklyn D.A.'s Papers, Murder, Inc., Boxes 5-5, 1945, New York City Municipal Archives.

20 Petition of Hyman Barshay to the Supreme Court of the State of New York, Kings County, Brooklyn D.A.'s Papers, Murder, Inc., Boxes 5-5, 1945, New York City Municipal Archives.

21 Block, *East Side – West Side*, Seite 111.

22 Maas, *The Valachi Papers*, Seite 195.

23 Untersuchung über Costellos Verwicklung in die Aurelio-Affäre, 1943, New York DA's files, Box 410, New York City Municipal Archives.

24 Peterson, *The Mob*, Seite 235.

25 *Time*, 28. November 1949; Lacey, *Little Man*, Seite 186.

26 Bericht der Nightclub Investigation, Lt. Joseph Bonanno, Criminal Alien Squad, New York Police Force, New York DA's files, Box 410, New York City Municipal Archives.

27 Frank Costello, Analyses of Reported Annual Income, New York DA's files, Box 410, New York City Municipal Archives.

28 Bericht der Nightclub Investigation, Lt. Joseph Bonanno, Criminal Alien Squad, New York Police Force, New York DA's files, Box 410, New York City Municipal Archives.

29 Ebda.

30 Pileggi, Nicolas, Drehbuch für den Film *Casino* von Martin Scorsese, Dezem-

ber 1995.

31 Lacey, *Little Man*, Seite 153.

32 *Los Angeles Times*, 22. Juni 1947.

33 Memorandum, New Jersey gambling, 1950, New York DA's files, Box 304, New York City Municipal Archives.

34 Joe Adonis and the Mafia, Oktober 1950, New York DA's files, Box 304, New York City Municipal Archives.

35 Lacey, *Little Man*, Seite 142.

36 Laut Lacey porträtierte Mario Puzo in seinem Paten II. Jimmy »Blue Eyes« Alo in der Figur des schweigsamen und finsteren Johnny Ola, Bodyguard von Hyman Roth. Lacey, *Little Man*, Seite 291.

37 Gosch/Hammer, *The Last Testament of Lucky Luciano*, Seite 303.

38 Ebda., Seite 304.

39 Senate Hearing, Organized Crime and Illicit Traffic in Narcotics, Teil 3, Seite 643.

40 Maas, *The Valachi Papers*, Seite 232.

41 Senate Hearing, Organized Crime and Illicit Traffic in Narcotics, Teil 3, Seite 639.

42 Gosch/Hammer, *The Last Testament of Lucky Luciano*, Seite 40.

43 Peterson, *The Mob*, Seite 244.

44 Congress and the Nation, Volume III, 1969-1972, Washington 1973, Seite 274.

45 Dinnean, Joseph F., The Hierarchy of Crime, In: Gus Tyler, Hrsg., *Organized Crime in America*, University of Michigan Press, 1962, Seite 255.

46 Maas, *The Valachi Papers*, Seite 209.

47 Maas, *The Valachi Papers*, Seite 210.

48 Senate Hearing, *Organized Crime and Illicit Traffic in Narcotics*, Report Together with Additional Combined Views and Individual Views, 89th Congress, U.S.G.P.O., Washington 1965, Seite 16.

49 Maas, *The Valachi Papers*, Seite 211.

50 Senate Hearing, Organized Crime and Illicit Traffic in Narcotics, Report, Seite 16.

51 Moore, William Howard, *The Kefauver Committee and the Politics of Crime, 1950-1952*, University of Missouri Press, 1974, Seite 49.

52 Das Komitee tagte in dreizehn weiteren Städten: Washington D.C., Tampa, Miami, Cleveland, St. Louis, Kansas City, New Orleans, Chicago, Detroit, Philadelphia, Las Vegas, Los Angeles und San Francisco.

53 Kefauver, Estes, Into Seventy Businesses, In: Gus Tyler, Hrsg., *Organized Crime in America*, University of Michigan Press 1962, Seite 285.

54 Senate Hearing, Organized Crime in Interstate Commerce, Part 7, Seite 675.

55 Moore, *The Kefauver Committee and the Politics of Crime, 1950-1952*, Seite 190.

56 Senate Hearing, Organized Crime in Interstate Commerce, Part 7, Seite 890-91.

57 United States vs. Frank Costello, United States District Court Southern

District of New York, Civil No. 133-28, 1959, National Archives for the North-Eastern Regions, New York.

58 Senate Hearing, Organized Crime in Interstate Commerce, Part 7, Seite 1370-1373.

59 Lacey, *Little Man*, Seite 202.

60 Senate Hearing, Organized Crime in Interstate Commerce, Third Interim Report, Seite 1-3.

61 Lacey, *Little Man*, Seite 203.

62 Aussage von Samuel Levine, Bureau of Narcotics, Senate Hearing, Organized Crime in Interstate Commerce, Part 7, Seite 1086-1089.

63 Lacey, *Little Man*, Seite 195.

64 Résumé of Cuban Gambling Situation, Police Department City of New York, Albert Anastasia Files, Accession #89-8, Box 2, New York City Municipal Archives.

65 Résumé of Cuban Gambling Situation, Police Department City of New York, Albert Anastasia Files, Accession #89-8, Box 2, New York City Municipal Archives.

66 Ebda.

67 Senate Hearing, Committee on Interstate and Foreign Commerce, Waterfront Investigation: New York-New Jersey, 83rd Congress, U.S.G.P.O., Washington 1953, Interim Report, Seite 16-19.

68 Senate Hearing, Committee on Interstate and Foreign Commerce, Waterfront Investigation: New York – New Jersey, 83rd Congress, U.S.G.P.O., Washington 1953, Interim Report, Seite 22.

69 Senate Hearing, Committee on Interstate and Foreign Commerce, Waterfront Investigation: New York – New Jersey, Interim Report, Seite 33.

70 Ebda., Seite 28.

71 Ebda., Seite 29.

72 Supreme Court of the United States, No. 72. October Term, 1955, Frank Costello v. United States of America, C 141-9, 1956, National Archives for the North-Eastern Regions.

73 Peterson, *The Mob*, Seite 313.

74 Bonanno, *A Man of Honor*, Seite 166.

75 FBI-interner Bericht zur Geschichte der Genovese-Familie.

76 Diese Aussage machte der einzige Augenzeuge Norval Keith, *New York Times*, 16. Mai 1958. Das Docketbuch des Jahres 1958 für die Buchstaben G-M ist aller Wahrscheinlichkeit nach vernichtet. Laut Aussage von Kenneth Cobb, Direktor des New York City Municipal Archives, wurden die über tausendseitigen Prozeßakten (laut Information der *New York Times* vom 23. Mai 1958) noch niemals untersucht oder ausgewertet. Alle Informationen zum Costello-Attentat stammen fast ausnahmslos aus den Printmedien der Zeit.

77 Peterson, *The Mob*, Seite 317.

78 *New York Times*, 23. August 1957.

79 *New York Times*, 24. August 1957.

80 Maas, *The Valachi Papers*, Seite 231.

81 Maas, *The Valachi Papers*, Seite 242.

82 Re: Umberto Anastasia Homicide, Edward Alvarez, Résumé of Cuban Gambling Situation, Police Department City of New York, Albert Anastasia Files, Accession #89-8, Box 2, New York City Municipal Archives.

83 Memorandum der Befragung von Joe Rivers durch Assistant Staatsanwalt Scotti, 10. Februar 1958, Albert Anastasia Files #89-8, Box 3, New York City Municipal Archives.

84 Memorandum der Befragung von Joe Rivers. Albert Anastasia Files #89-8, Box 3, New York City Municipal Archives. Joe Rivers identifizierte Anthony Carfano als Anastasias Begleiter, damit wird die Mär von Anastasia als dem Auftraggeber des Costello-Attentats ad absurdum geführt.

85 Résumé of homicide case 4571, Umberto Anastasia, Police Department City of New York, Albert Anastasia Files #89-8, Box 3, New York City Municipal Archives.

86 Senate Hearing, Organized Crimes and Illicit Traffic in Narcotics, Teil 3, Seite 771.

87 Gosch/Hammer, *The Last Testament of Lucky Luciano*, Seite 386.

88 Albert Anastasia hatte nach seiner ersten Verhaftung Anastasio in Anastasia ändern lassen, um seine Familie, unter denen sich ein Priester befand, nicht zu kompromittieren.

89 Joint Legislative Committee on Government Operations, Interim Report on the Gangland Meeting in Apalachin, New York, U.S.G.P.O., Washington 1958, Seite 1.

90 Russel Buffalino war einer der drei Mob-Bosse von Pennsylvania, Joseph Ida der Boss von Philadelphia.

91 *New York Times*, 27. November 1957.

92 Parade, June 14, 1959, Seite 9.

93 U.S. vs. Alfredo Aviles, Court of Appeals for the Second Circuit, U.S. Attorney Case Files, Case No. 20778, 1958, Seite 35, National Archives for the North-Eastern Regions.

94 United States vs. Alfredo Aviles, et al., U.S. Attorney Case Files, Case No. 20778, Seite 43.

95 United States vs. Alfredo Aviles, et al., U.S. Attorney Case Files, Case No. 20778, Seite 45.

96 The United States vs. Alfredo Aviles, et al., United States District Court for the Southern District of New York, Crim. Docket No. Cr 156-157, 1958, Seite 16, National Archives for the North-Eastern Regions.

97 Gosch/Hammer, *The Last Testament of Lucky Luciano*, Seite 404.

98 *New York Times*, 15. Februar 1969.

99 Bonanno, *A Man of Honor*, Seite 119.

100 Zur Thematik des Strafvollzuges: Jacobs, James B., *Stateville – The Penitentiary in Mass Society*, University of Chicago Press 1977; Early, Pete, *The Hot House – Life Inside Leavenworth Prison*, New York 1992. Earlys signifikanteste Aussage

zum Status von Wiseguys in der Gefängnishierarchie: »The Mafia could reach out into the streets, and that made guards and other convicts nervous.« Seite 106.
101 Senate Hearing, Organized Crimes and Illicit Traffic in Narcotics, Teil 1, Seite 94; Maas, *The Valachi Papers*, Seite 268.
102 Maas, *The Valachi Papers*, Seite 31 f.
103 Maas, *The Valachi Papers*, Seite 34 f.
104 The President's Commission on Law Enforcement and Administration of Justice, *Task Force Report: Organized Crime*, Seite 33.
105 Fox, *Blood and Power*, Seite 330.
106 Senate Hearing, Committee on the Judiciary, The Attorney General's Program to Curb Organized Crime and Racketeering, 87th Congress, U.S.G.P.O., Washington 1961, Seite 8.
107 *New York Times*, 26. September 1963.
108 Ebda.
109 *New York Times*, 27. September 1963.
110 *New York Times*, 27. September 1963.
111 Maas, *The Valachi Papers*, Seite 47.
112 Ebda., Seite 30.
113 *New York Times*, 13. Oktober 1963.
114 Ebda.
115 Ebda.
116 *New York Times*, 13. Oktober 1963.
117 Senate Hearing, Organized Crime and Illicit Traffic in Narcotics, Report, Seite 51.
118 Gosch/Hammer, *The Last Testament of Lucky Luciano*, Seite 448.
119 Senate Hearing, *Organized Crimes and Illicit Traffic in Narcotics*, Teil 1, Seite 110.
120 FBI-interner Bericht zur Geschichte der Genovese-Familie. Das Festhalten an Valachis Version muß in der Tat als bewußte Finte gesehen werden mit dem Ziel, von anderslaufenden Ermittlungen abzulenken. Die polizeiinterne »Bildergalerie« zur Genovese-Familie zeigt bereits im Jahre 1965, daß man den Valachi-Angaben nicht traute, sie aber gezielt in Umlauf brachte.
121 Albert Anastasia Files, Accession #89-8, Box 5, Lombardo Folder, New York City Municipal Archives.
122 Senate Hearing, Organized Crime and Illicit Traffic in Narcotics, Teil 3, Seite 1034.
123 Gosch/Hammer, *The Last Testament of Lucky Luciano*, Seite 403.
124 Fox, *Blood and Power*, Seite 334.
125 Fox, *Blood and Power*, Seite 338-39.
126 Magruder, Frank Abott, *American Government*, RP. 1986, Seite 361.
127 The President's Commission on Law Enforcement and Administration of Justice, Task Force Report: Organized Crime, Seite 80.
128 *New York Times*, 15. Februar 1969.
129 *New York Times*, 18. Februar 1969.

1 *New York Times*, 28. September 1963.
2 Ebda.
3 G. Robert Blakey, Aspects of the Evidence Gathering Process in Organized Crime Cases: A Preliminary Analysis, In: The President's Commission on Law Enforcement and Administration of Justice, Task Force Report: Organized Crime, Seite 81.
4 Congress and the Nation, Vol II, 1965-68 U.S.G.P.O., Washington 1969, Seite 320.
5 Senate Hearing, Organized Crimes and Illicit Traffic in Narcotics, Report, Seite 53.
6 Statement von Ralph Salerno vor dem Senate Hearing before the Permanent Subcommittee on Investigations of the Committee on Governmental Affairs, Organized Crime: 25 Years After Valachi, 100th Congress, S.S., U.S.G.P.O., Washington 1988, Seite 999.
7 Senate Hearing, Organized Crime: 25 Years After Valachi, Seite 999.
8 United States Code, Congressional and Administrative News, 90th Congress, 1968, Volume II, Laws, West Publishing Co., St. Paul, Minn., Seite 2275.
9 Ebda., Volume I, Laws, Seite 253.
10 Public Papers of the Presidents of the United States, Lyndon B. Johnson, 1968-69, U.S.G.P.O., Washington 1970, Seite 726.
11 Fox, *Blood and Power*, Seite 397.
12 Senate Hearing, Organized Crimes and Illicit Traffic in Narcotics, Teil 1, Seite 316.
13 Malloy v. Hogan, 378 U.S. 1, 8, 1964.
14 Vincent Cafaro, Senate Hearing, *Organized Crime: 25 Years After Valachi*, Seite 866.
15 Blakey, Aspects of the Evidence Gathering Process in Organized Crime Cases: A Preliminary Analysis, In: The President's Commission on Law Enforcement and Administration of Justice, Task Force Report: Organized Crime, Seite 88.
16 Ebda.
17 Congress and the Nation, Vol II, 1965-68, Seite 332.
18 Im Verfahren United States gegen John Gotti, Frank Locascio, Salvatore Gravano und Thomas Gambino lautet die Begründung der Anklage: »The members and associates of the Gambino Organized Crime Family of La Cosa Nostra (»the Gambino Family«) constituted an »enterprise,« as that term is defined in Title 18, United States Code, Section 1961 (4), that is, a group of individuals associated in fact.« United States District Court Eastern District of New York, Cr. No. 90 CR 1051 (S-1), Anklageschrift, Seite A1.
19 Nash, Robert Jay, *World Encyclopedia of Organized Crime*, New York 1992, Seite 111.
20 Davis, John H., *Mafia Dynasty, The Rise and Fall of the Gambino Crime Family*, New York 1993, Seite 122.

21 Ebda., Seite 122.
22 *New York Times*, 17. Juli 1972.
23 *New York Times*, 18. Juli 1972.
24 FBI-interner Bericht zur Geschichte der Genovese-Familie, Davis, *Mafia Dynasty, The Rise and Fall of the Gambino Crime Family*, Seite 147.
25 FBI-interner Bericht zur Geschichte der Genovese-Familie.
26 Senate Hearing, Organized Crime: 25 Years After Valachi, Seite 339.
27 FBI-interner Bericht zur Geschichte der Genovese-Familie.
28 *New York Times*, 10. August 1974.
29 Ebda.
30 Mass, Peter, *Underboss*, New York 1997, Seite 118.
31 Senate Hearing, Organized Crime: 25 Years After Valachi, Seite 585.
32 Ebda., Seite 883.
33 Ebda., Seite 891.
34 Ebda.
35 Ebda., Seite 892.
36 Fox, *Blood and Power*, Seite 399; Cateura, Linda Brandi, *Growing Up Italian*, New York 1987, Seite 232.
37 Fox, *Blood and Power*, Seite 398.
38 Davis, *Mafia Dynasty, The Rise and Fall of the Gambino Crime Family*, Seite 181.
39 Cummings, John/Volkman, Ernest, *Goombata – The Improbable Rise and Fall of John Gotti and His Gang*, New York 1992, Seite 190.
40 Fox, *Blood and Power*, Seite 390.
41 Ebda., Seite 324.
42 United States Attorney Southern District of New York, Outline of an Indictment, 26. Februar 1985, In: Senate Hearing, 25 Years After Valachi, Seite 944.
43 O'Brien/Kurins, *Boss of Bosses – The FBI and Paul Castellano*, Seite 334 .
44 Ebda., Seite 349.
45 Ebda., Seite 350.
46 John Miller, Deputy Commissioner, New York City Police Department, In: Zion, *The Story of the American Mob*, Seite 136.
47 O`Brien/Kurins, *Boss of Bosses – The FBI and Paul Castellano*, Seite 365.
48 Senate Hearing, 25 Years After Valachi, Seite 257.
49 Ebda., Seite 259.
50 Ebda., Seite 220.
51 Ebda.
52 Cummings/Volkman, *Goombata – The Improbable Rise and Fall of John Gotti and His Gang*, Seite 262-263.
53 *New York Times*, 11. Dezember 1994.
54 Zion, *The Story of the American Mob*, Seite 138.
55 Cummings/Volkman, *Goombata – The Improbable Rise and Fall of John Gotti and His Gang*, Seite 264-265.
56 Ebda., Seite 265.
57 *New York Times*, 11. Dezember 1994.

58 Senate Hearing, 25 Years After Valachi, Seite 893.
59 Senate Hearing, 25 Years After Valachi, Seite 229.
60 *New York Times*, 11. Dezember 1994.
61 United States vs. John Gotti et al., United States District Court Eastern District of New York, Cr. No. 90 CR 1051 (S-1)
62 *New York Times*, 28. August 1992.
63 Ebda.
64 *New York Times*, 11. Dezember 1994.
65 *New York Post*, 27. Juni 1997.
66 Online Kolumne »Gangland« von Jerry Capeci, Journalist bei der New York Post, in Kooperation mit Stanford University, 18. November 1996.
67 *New York Times*, 26. Juli 1997.
68 United States of America against Vincent Gigante, also known as »Chin«, Cr. No. 93-0368, Audiobänder, Prozeßverlauf.
69 United States District Court, Southern District of New York, United States of America v. Liborio Bellomo, et. al., Cr. No. 96 Cr. 430, Seite 48.
70 Online Kolumne »Gangland« von Jerry Capeci, Journalist bei der *New York Post*, in Kooperation mit Stanford University, 21. Oktober 1996.
71 Ebda., 6. September 1996.
72 *New York Post*, 26. Juni 1997.
73 *New York Post*, 7. Juli 1997.
74 United States of America against Vincent Gigante, also known as »Chin«, Cr. No. 93-0368, Anklageschrift, Seite 13.
75 Edba., Seite 14-15.
76 *New York Times*, 26. Juli 1997.
77 Ebda.
78 *Newsday*, 27. Juli 1997.
79 *New York Post*, 26. Juli 1997.
80 *New York Times*, 26. Juli 1997.
81 *New York Times*, 26. Juli 1997.
82 *New York Post*, 27. Juli 1997.
83 *New York Post*, 27. Juli 1997.
84 Ronald Goldstock in einem Interview mit der *New York Post*, 27. Juli 1997.

Bibliographie

REGIERUNGS- UND BEHÖRDENPUBLIKATIONEN:

British Columbia, Criminal Justice Division; The Business of Crime: An Evaluation of the American R.I.C.O. Statute from a Canadian Perspective, Ministry of Attorney-General, Criminal Division, British Columbia, 1980.

FBI Transcripts on Exhibit in U.S.A. v. De Cavalcante, Vastola, and Annunziata, U.S. District Court, District of New Jersey, New York 1970.

FBI Criminal Investigative Division, Organized Crime Intelligence and Analysis Unit; Chronological History of La Cosa Nostra in the United States: January 1920 – August 1987. In: U.S. Congress Senate, Organized Crime – Twenty-five Years After Valachi, Hearings before the Permanent Subcommittee on Investigations of the Committee on Governmental Affairs, 100th Congress, First Session, Washington, U.S. Govt. Print. Off. (U.S.G.P.O.), 1988.

Governor Rockefeller's Conference on Crime; Report, New York City, April 21-22, 1966, Albany, 1966.

National Conference on Organized Crime, Washington D.C.; Report of the National Conference on Organized Crime, U.S. Dept. of Justice, Law Enforcement Assistance Administration, Washington, U.S.G.P.O., 1976.

New Jersey, Commission of Investigation; Report to the Governor and the Legislature, Trenton, The Commission, 1969.

- Report and Recommendations of the State of New Jersey, Commission of Investigation on Organized Crime Infiltration of Dental Care Plan Organisations, Trenton, The Commission, 1981.

New Jersey, Legislature, General Assembly; Special Committee to Review Allegations of Assemblyman Vito A. Albanese, Trenton, 1967.

- Judiciary, Law, Public Safety and Defense Committee, Committee Meeting on A-1079 (Racketeer Influenced and Corrupt Organisations Act), Trenton, New Jersey, 1980.

New York, Temporary State Commission of Investigation; Racketeer Infiltration into Legitimate Business, A Report by the New York State Commission of Investigation, New York, 1970.

Public Papers of the Presidents of the United States; John F. Kennedy, Washington, U.S.G.P.O., 1963.

- Lyndon B. Johnson, Washington, U.S.G.P.O., 1970.
- Richard M. Nixon, Washington, U.S.G.P.O., 1973.
- Ronald W. Reagan, Washington, U.S.G.P.O., 1987.

United States, Congress, House, Committee of Alcoholic Liquor Traffic; Survey of Alcoholic Liquor Traffic and the Enforcement of the Eighteenth Amendment, Subcommittee, Hearings, 68th Congress, Second Session, Washington, U.S.G.P.O., 1925.

United States, Congress, House, Committee on Banking, Finance and Urban Affairs, Subcommittee on Financial Institutions Supervision, Regulation and Insurance; Briefing on the 1970 Currency and Foreign Transaction Reporting Act, Hearings, 99th Congress, First Session, Washington, U.S.G.P.O., 1985.

United States, Congress, House, Committee on Government Operations, Legal and Monetary Affairs Subcommittee; Federal Effort Against Organized Crime: Role of the Private Sector, Hearings, 91st Congress, Second Session, Washington, U.S.G.P.O., 1970.

United States, Congress, House, Committee on Immigration and Naturalization; Europe as an Emigrant-Exporting Continent and the U.S. as an Immigrant-Receiving Nation, Serial 5-A, Hearings, 68th Congress, Second Session, Washington, U.S.G.P.O., 1924.

United States, Congress, House, Committee on the Judiciary; To Provide Punishment by Fine and Imprisonment for Violations of the National Prohibition Act, Subcommittee No.19, Hearings, 68th Congress, Second Session, Washington, U.S.G.P.O., 1924.

– Legislation Relating to Organized Crime, Subcommittee No. 5, Hearings, 87th Congress, First Session, Washington, U.S.G.P.O., 1961.

– Law Enforcement Assistance, Subcommittee No. 3, Hearings, 88th Congress, Second Session, Washington, U.S.G.P.O., 1965.

– Anti-Crime Program, Subcommittee No. 5, Hearings, 90th Congress, First Session, Washington, U.S.G.P.O., 1967.

– Prescription of the Manner in Which a Witness in a Federal Proceeding May be Ordered to Provide Information After Asserting His Privilege Against Self-Incrimination and to Define the Scope of the Immunity to be Provided Such Witness With Respect to Information Provided Under an Order, Subcommittee No. 3, Hearings, 91st Congress, Second Session, on H.R. 11157 and H.R. 12041, Washington, U.S.G.P.O., 1969.

– Organized Crime Control, Subcommittee No. 5, Hearings, 91st Congress, Second Session, Washington, U.S.G.P.O., 1970.

– Law Enforcement Assistance Amendments, Subcommittee No. 5, Hearings, 91st Congress, Second Session, on H.R. 14341, H.R. 15947 and Related Proposals, Washington, U.S.G.P.O., 1970.

–Elimination of Cigarette Racketeering, Subcommittee No 1, Hearings, 92nd. Congress, Second Session, Washington, U.S.G.P.O., 1972.

– Organized Crime Control Act, Subcommittee on Crime, Hearings, 93rd Congress, Second Session on S. 1083, Washington, U.S.G.P.O., 1974.

United States, Congress, House, Committee on the Judiciary; Wiretapping and Electronic Surveillance Curbing Legislation, Subcommittee on Courts, Civil Liberties, and the Administration of Justice, Hearings, 93rd Congress, Second

Session on H.R. 1597, H.R. 7773, H.R. 9781, H.R. 9815, H.R. 9973, H.R. 10008, H.R. 10331, H.R. 11629, H.R. 11863, H.R. 13825, Washington, U.S.G.P.O., 1974.

United States, Congress, House, Subcommittee of the Committee on Government Operations; Federal Effort Against Organized Crime, Hearings, 90th Congress, First Session, Washington, U.S.G.P.O., 1967.

United States, Congress, Joint Legislative Committee on Government Operations; Interim Report on the Gangland Meeting in Apalachin, New York, Washington, U.S.G.P.O., 1958.

United States, Congress, Senate, Committee on Appropriations, Subcommittee on Departments of State, Justice, and Commerce, the Judiciary, and Related Agencies; Organized Crime Drug Enforcement, Hearings, 97th Congress, Second Session, Washington, U.S.G.P.O., 1983.

United States, Congress, Senate, Committee on Banking, Housing, and Urban Affairs; Drug Money Laundering, Hearings, 99st Congress, First Session, Washington, U.S.G.P.O., 1985.

- Committee on Banking, Housing, and Urban Affairs; The Drug Money Seizure Act and the Bank Secrecy Act Amendments, Hearings, 99st Congress, Second Session, Washington, U.S.G.P.O., 1986.

United States, Congress, Senate, Committee of Commerce, Subcommittee to Investigate the Matter of So-Called »Rackets« with a View to Their Suppression, Hearings, 73rd Congress, Second Session, Washington, U.S.G.P.O., 1933.

- Committee of Commerce, Effects of Organized Criminal Activity on Interstate and Foreign Commerce, Hearings, 99st Congress, Second Session, Washington, U.S.G.P.O., 1972.

United States, Congress, Senate, Committee on Governmental Affairs, Permanent Subcommittee on Investigations; Labor Management Racketeering, Hearings, 95th Congress, Second Session, Washington, U.S.G.P.O., 1978.

- Permanent Subcommittee on Investigations; Illegal Narcotics Profits, Report, 96th Congress, Second Session, Washington, U.S.G.P.O., 1980.
- Permanent Subcommittee on Investigations; Emerging Criminal Groups, Hearings, 99th Congress, Second Session, Washington, U.S.G.P.O., 1986.
- Permanent Subcommittee on Investigations; Organized Crime: 25 Years After Valachi, Hearings, 100th Congress, Second Session, Washington, U.S.G.P.O., 1988

United States, Congress, Senate, Committee on Government Operations, Permanent Subcommittee on Investigations; Organized Crime and Illicit Traffic in Narcotics, Hearings, 88th Congress, First and Second Session, Washington, U.S.G.P.O., 1964.

United States, Congress, Senate, Committee on Government Operations, Permanent Subcommittee on Investigations; Report on Organized Crime and Illicit Traffic in Narcotics, Hearings, 89th Congress, First Session, Washington, U.S.G.P.O., 1965.

- Permanent Subcommittee on Investigations; Labor Racketeering Activities of

Jack McCarthy and the National Consultants Associated, Hearings, 89th Congress, Second Session, Washington, U.S.G.P.O., 1967.
– Permanent Subcommittee on Investigations; Organized Crime – Stolen Securities, Hearings, 92nd Congress, First Session, Washington, U.S.G.P.O., 1971.
– Permanent Subcommittee on Investigations; Organized Crime: Securities, Thefts and Frauds, Hearings, 93rd Congress, First Session, Washington, U.S.G.P.O., 1973.
– Permanent Subcommittee on Investigations; Labor Management Racketeering, Hearings, 95th Congress, Second Session, Washington, U.S.G.P.O., 1978.
– Permanent Subcommittee on Investigations; Banking Secrecy Act, 99th Congress, First Session, Washington, U.S.G.P.O., 1986.
United States, Congress, Senate, Committee on Immigrations, Deportation of Aliens Convicted of Violation of Narcotics, Hearings, 70th Congress, First Session, Washington, U.S.G.P.O., 1930.
United States, Congress, Senate, Committee on Interstate Commerce; Federal Communication Commission: a Bill to Provide for the Regulation of Interstate and Foreign Communication by Wire or Radio and for Other Purposes, Hearings, 73rd Congress, Second Session, Washington, U.S.G.P.O., 1934.
United States, Congress, Senate, Committee on the Judiciary; Prohibiting Intoxicating Beverages, Hearings, 66th Congress, First Session, Washington, U.S.G.P.O., 1919.
– Committee on the Judiciary; Organized Crime Control Act of 1969, Report, 91st Congress, First Session, Washington, U.S.G.P.O., 1969.
– Committee on the Judiciary; Organized Crime in America, Hearings, 98th Congress, First Session, Washington, U.S.G.P.O., 1984.
– Committee on the Judiciary; Oversight on Civil RICO Suits, Hearings, 99th Congress, First Session, Washington, U.S.G.P.O., 1985.
– Committee on the Judiciary; Attorneys´ Fees Forfeiture, Hearings, 99th Congress, Second Session, Washington, U.S.G.P.O., 1987.
– Committee on the Judiciary; Proposed RICO Reform Legislation, Hearing on S. 1523 100th Congress, First Session, Washington, U.S.G.P.O., 1989.
United States, Congress, Senate, Committee on the Judiciary; Racketeer Influenced and Corrupt Organizations Reform Act, Hearings, 101st Congress, FirstSession, Washington, U.S.G.P.O., 1990.
– Committee on the Judiciary; U.S. International Drug Policy – Asian Gangs, Heroin, and the Drug Trade, Joint Hearings, 101st Congress, Second Session, Washington, U.S.G.P.O., 1991.
– Subcommittee on Administrative Practice and Procedure; Witness Protection Program, Hearings, 95th Congress, Second Session, Washington, U.S.G.P.O., 1978.
– Subcommittee on the Committee on the Judiciary; State Antigambling Laws, Hearings, 66th Congress, Second Session, Washington, U.S.G.P.O., 1920.

- Subcommittee on the Committee on the Judiciary; Excluding Gambling Informations from the Mails, Hearings, 67th Congress, Second Session, Washington, U.S.G.P.O., 1922.
- The Attorney General's Program to Curb Organized Crime and Racketeering, Hearings, 87th Congress, First and Second Session, Washington, U.S.G.P.O., 1961-1962.
- Subcommittee on Criminal Laws and Procedures; Controlling Crime Through More Effective Law Enforcement, Hearings, 90th Congress, First Session, Washington, U.S.G.P.O., 1967.
- Subcommittee on Criminal Laws and Procedures; Federal Assistance to Law Enforcement, Hearings, 91st Congress, Second Session,Washington, U.S.G.P.O., 1969.
- Subcommittee on Criminal Laws and Procedures; Measures Relating to Organized Crime, Hearings, 91st Congress, First Session, Washington, U.S.G.P.O., 1970.

United States, Congress, Senate; Special Committee to Investigate Organized Crime in Interstate Commerce, 3rd Interim Report, Hearings, 81st Congress, Second Session, 82nd Congress, First Session, Washington, U.S.G.P.O., 1950-1951.

United States, Department of Justice; Attorney General's Conference on Organized Crime, Washington, U.S.G.P.O., 1950.

United States, Department of Justice; Attorney General's Report on Federal Law Enforcement and Criminal Justice Assistance Activities, Washington, U.S.G.P.O., 1971/72.

United States, Department of Justice; Exemplary Projects: A Program of the National Institute of Law Enforcement and Criminal Justice, Washington, U.S.G.P.O., 1976.

United States, Department of Justice; Digest of R.I.C.O. Investigations, Federal Bureau of Investigations, Washington D.C., The Bureau, 1979-1980.

United States, National Commission on Law Observance and Enforcement; Enforcement of the Prohibition Laws, Washington, U.S.G.P.O., 1931.

United States, President's Commission on Law Enforcement and Administration of Justice; Task Force Report: Organized Crime, Annotation and Consultants Papers, Washington, U.S.G.P.O., 1967.

- General Report: The Challenge of Crime in a Free Society, Washington, U.S.G.P.O., 1967.

United States, President's Commission on Organized Crime; Organized Crime: Federal Law Enforcement Perspective, Record of Hearing I, Washington, The Commission, U.S.G.P.O., 1983.

- The Edge: Organized Crime Business and Labor Unions, Report to the President and the Attorney General, Washington, The Commission, U.S.G.P.O., 1985.

– Interim Report, The Cash Connection: Organized Crime, Financial Institutions and Money Laundering, Washington, The Commission, U.S.G.P.O., 1984.
– Organized Crime and Labormanagement Racketeering in the United States, Record of Hearing VI, Chicago, Ill., Washington, The Commission, U.S.G.P.O., 1985.
– The Edge: Organized Crime Business and Labor Unions, Report to the President and the Attorney General, Washington, The Commission, U.S.G.P.O., 1986.
– America´s Habit: Drug Abuse, Drug Trafficking and Organized Crime, Report to the President and the Attorney General, Washington, The Commission, U.S.G.P.O., 1986.

BIOGRAPHIEN

Bashler, William; *The Don: The Life and Death of Sam Giancana*, 1st ed., New York, 1977.
Bonanno, Joseph; *A Man of Honor*, The Autobiography of Joseph Bonanno, New York, 1983.
Cummings, John; *Goombata: The Improbable Rise and Fall of John Gotti*, Boston, 1990.
Eisenberg, Dennis; *Meyer Lansky: Mogul of The Mob*, New York, 1979.
Fontenay, Charles L.; *Estes Kefauver*, Knoxville, University of Tennessee Press, 1980.
Freder, Cid / Joachim Joesten; *The Luciano Story*, New York, 1954.
Giancana, Samuel M./Giancana, Chuck; *Double Cross: The Explosive Inside Story of the Mobster Who Controlled America*, New York, 1992.
Gosch, Martin A./Hammer, Richard; *The Last Testament of Lucky Luciano*, Boston, 1975.
Katz, Leonard; *Uncle Frank: The Biography of Frank Costello*, New York, 1973.
Kobler, John; *Capone: The Life and World of Al Capone*, Greenwich, Conn., 1971.
Lapidus, Edith J.; *Eavesdropping on Trial*, Rochelle Park, New Jersey, 1974.
Mesik, Paul; *Don Carlo: Boss of Bosses*, New York, 1973.
Mustain, Gene; *Mob Star: The Story of John Gotti*, New York, 1988.
O'Brien, Joseph F.; *Boss of Bosses: The Fall of the Godfather, the FBI and Paul Castellano*, New York, 1991.
Pistone, Joseph D.; *Donnie Brasco: My Undercover Life in the Mafia*, New York, 1988.
Reppleye, Charles; *All American Mafioso: the Johnny Roselli Story*, New York, 1991.
Schoenberg, Robert J.; *Al Capone*, Köln, 1994.
Smith, Richard Norton; *Thomas E. Dewey and His Times*, New York, 1982.
Stoddard, Lothrop; *Master of Manhattan: The Life of Richard Crocker*, New York, 1931.

Stuart Mark A.; *A Gangster: Longy Zwillman, the Man Who Invented Organized Crime*, Secaucus, New Jersey, 1985.
Teresa, Vincent Charles; *Mein Leben in der Mafia*, Hamburg, 1973.
Walsh, George; *Gentleman Jimmy Walker*, New York, 1974.
Wolf, George; *Frank Costello: Prime Minister of the Underworld*, New York, 1974.

DISSERTATIONEN:

Anderson, Anneliese Graebner; The Economics of Organized Crime, University of Michigan, Ann Arbor, 1976.
Block, Alan A.; Lepke, Kid Twist and the Combination: Organized Crime in New York City 1930-1944, University of California at Los Angeles, 1975.
Gaspar, Louis Clement; Organized Crime: An Economic Analysis, New York, 1969.
Kunz, Harald J.; Die Ökonomie individueller und organisierter Kriminalität, Köln, 1976.
Trott, Lloyd; Mafia: A Selected Annotated Bibliography, Cambridge: University of Cambridge, Institute of Criminology, 1977.

PUBLIKATIONEN & PAPERS:

Abadinsky, Howard; *Discretionary Justice: An Introduction to Discretion in Criminal Justice*, Springfield, Ill., 1984.
– *The Mafia in America: An Oral History*, New York, 1981.
– *Organized Crime, 2nd ed.*, Chicago 1985.
Albini, Joseph; *The American Mafia: Genesis of a Legend*, New York, 1971.
Allen, Steve; Ripoff: *The Corruption That Plagues America*, Secaucus, New Jersey, 1979.
Anderson, Anneliese Graebner; *The Business of Organized Crime: A Cosa Nostra Family*, Stanford, Calif., 1979.
Asbury, Herbert; *The Great Illusion: An Informal History of Prohibition*, New York, 1968.
– *The Gangs of New York*, New York, 1989.
Baker, John Marshall; *The Saloon Problem and Social Reform*, New York, Rp. 1970.
Balsamo, William; *Under the Clock: The Inside Story of the Mafia's First Hundred Years*, Far Hills, New Jersey, 1988.
Barzini, Luigi; *Italians in New York: The Way We Were in* 1929, New York, 1977.
Block, Alan; *East Side, West Side: Organizing Crime in New York*, 1930-1950, New Brunswick, New Jersey, 1985.
Blumenthal, Ralph; *Last Days of the Sicilians: At War With the Mafia, the FBI Assault on the Pizza Connection*, New York, 1988.
Cashman, Sean Dennis; *Prohibition. The Lie of the Land*, New York, 1981.

Champbell, Rodney; *The Luciano Project: The Secret Wartime Collaboration of the Mafia and the U.S. Navy*, New York, 1977.
Chandler, David; *Brothers in Blood: The Rise of the Criminal Brotherhoods*, New York, 1975.
Coffey, Joseph; *The Vatican Connection*, New York, 1985.
– *The Coffey Files*, New York, 1988.
Coffey, Thomas M.; *The Long Thirst: Prohibition in America* 1920-1933, New York, 1975.
Cook, Fred J.; *Mafia!*, Greenwich, Connecticut, 1973.
– *Mob, Inc.*, New York, 1977.
Crane, Milton, Ed.; *Sins of New York*, New York, 1947.
Cressey, Donald R.; *Theft of the Nation: The Structure and Operations of Organized Crime in America*, New York, 1969.
Davis, John H.; *Mafia Dynasty, The Rise and Fall of the Gambino Crime Family*, New York, 1993.
Dewey, Thomas E.; *Twenty Against the Underworld*, Garden City, New York, 1974.
Diapoulos, Peter; *The Sixth Family*, New York, 1976.
Ford, James; *Slums and Housing*, Cambridge, Ma., Harvard University Press, 1936.
Fowler, Floyd J.; *Gambling and Law Enforcement in Major American Cities*, Washington, 1978.
Fowler, Gene; *Beau James*, New York, 1949.
Fox, Stephen R; *Blood and Power: Organized Crime in Twentieth Century America*, New York 1989.
Fried, Albert; *The Rise and Fall of Jewish Gangsters in America*, New York, 1980.
Gage, Nicholas; *The Mafia is Not an Equal Opportunity Employer*, New York, 1971.
– ed. *Mafia USA*, New York, 1972.
Gambetta, Diego; *La mafia siciliana. Un'industria della protezione privata*, Torino, 1992. (Dt: Die Firma der Paten. Die sizilianische Mafia und ihre Geschäftspraktiken. München, 1994)
Gordon Luis/Alan Gordon; *American Chronicle: Six Decades in American Life*, 1920-1980, New York, 1987.
Hamilton, Charles; *Men of the Underworld: The Professional Criminal's Own Story*, New York, 1952.
Hammer, Richard, Ed.; *History of Organized Crime*, Philadelphia, 1989.
Hess, Henner; *Mafia, and Mafiosi: The Structure of Power*, Lexington, Ma, 1973. (Dt: Zentrale Herrschaft und lokale Gegenmacht, Heidelberg, 1988)
Hindus, Milton; *The Old East Side: An Anthology*, Philadelphia: Jewish Publication Society of America, 1969.
Ianni, Francis A.J./Reuss-Ianni, Elisabeth ; eds. *The Crime Society*, New York, 1976.
– *A Family Business: Kinship and Social Control in Organized Crime*, New York, 1972.
Kefauver, Estes; *Crime in America*, New York, Rp. 1968.
Kwitny, Jonathan; *Vicious Circles: The Mafia in the Marketplace*, New York, 1979.

Kyvig, David E., Ed.; *Law, Alcohol, and Order: Perspective on National Prohibition*, Westport, Conn., 1985.
Lacey, Robert; *Little Man: Meyer Lansky and the Gangster Life*, Boston, 1991.
Laver, Michael; *The Crime Game*, Oxford, 1982.
Levine, Gary; *Anatomy of a Gangster: Jack »Legs« Diamond*, South Brunswick, New Jersey, 1979.
Lowi, Theodore J.; *At the Pleasure of the Mayor, Patronage and Power in New York City*, London, 1964.
Lyman, Michael P.; *Gangland: Drug Trafficking by Organized Criminals*, Springfield, Ill., 1989.
Maas, Peter; *The Valachi Papers*, New York, 1968.
Maclean, Don; *Pictorial History of the Mafia*, New York, 1974.
Manca, John; *Tin for Sale: My Career in Organized Crime and the NYPD*, New York, 1991.
Mangione, Jerre; *La Storia, Five Centuries of the Italian American Experience*, New York, 1988.
McClellan, John L.; *Crime Without Punishment*, New York, 1962.
McIntosch, Mary; *The Organisation of Crime*, London, 1975.
Messick, Hank; *The Silent Syndicate*, New York, 1967.
– *Syndicate Wife: The Story of Ann Drahmann Coppola*, London, 1969.
– *Secret File*, New York, 1969.
Messick, Hank/Goldblatt, Burt; *The Mobs and the Mafia*, New York, 1972.
Mills, James; *The Underground Empire: Where Crime and Government Embrace*, Garden City, N.Y., 1986.
Mitgang, Herbert; *The Man Who Rode the Tiger*, New york, 1963.
Moldea, Dan E.; *The Hoffa Wars: Teamster, Rebels, Politicians and The Mob*, New York, 1978.
Mollenhoff, Clark R.; *Strike Force: Organized Crime and the Government*, Englewood Cliffs, New Jersey, 1972.
Moor, William H.; *The Kefauver Committee and the Politics of Crime* 1950-1952, Columbia: University of Missouri Press, 1974.
Morris, Norval/ Hawkins, Gordon; *The Honest Politican's Guide to Crime Control*, Chicago, 1970.
Myers, Gustavus; *The History of Tammany Hall*, New York, 1971.
Nash, Robert Jay; *World Encyclopedia of Organized Crime*, New York, 1992.
Neff, James; *Mobbed Up*, New York, 1989.
Nelli, Humbert; *The Business of Crime: Italians and Syndicate Crime in the United States*, New York, 1976.
Pantaleone, Michele; *The Mafia and Politics*, London, 1966.
Petacco, Arrigio; *Joe Petrosino*, New York, 1974.
Peterson, Virgil W.; *The Mob: Two Hundred Years of Organized Crime in New York*, Ottawa, Ill., 1983.
– *Barbarians in Our Midst*, Boston, 1952.
Pileggi, Nicholas; *Wiseguy*, New York, 1985.

Pitkin, Thomas M./Cordasco, Francesco; *The Black Hand: A Chapter in Ethnic Crime*, Totowa, New Jersey, 1977.
Powell, Hickman; *Lucky Luciano: His Amazing Trail and Wild Witnesses*, Secaucus, New Jersey, 1975.
Puzo, Mario; *The Godfather*, London, 1972. (Dt.: Der Pate, Reinbek, 1971)
Reid, Ed; *The Shame of New York*, New York, 1953.
– *The Grim Reapers: The Anatomy of Organized Crime in America*, Chicago, 1969.
Reuter, Peter; The Value of a Bad Reputation: Cartels, Criminals, and Barriers to Entry, Paper presented at the Annual Conference of the Association for Public Policy Analysis and Management, Minneapolis, Minnesota, 1992.
– *Disorganized Crime*, London, 1983.
– *Racketeering in Legitimate Industries: Two Case Studies*, Washington, 1983.
Rhodes, Robert P.; *Organized Crime: Crime Control vs Civil Liberties*, New York, 1984.
Riis, Jacob A.; *How the Other Half Lives: Studies Among the Tenements of New York*, New York, 1957.
Roemer, William F.; *Man Against The Mob*, New York, 1989.
Roosevelt, Theodore; *Historic Towns – New York*, New York, 1898.
Rosenwaike, Ira; *Population History of New York City*, Syracuse, N.Y., Syracuse University Press 1972.
Salerno, Ralph/J.S. Tompkins; *The Crime Confederation*, New York, 1969.
Selvaggi, Guiseppe; *Mia tomba e New York: The Rise of the Mafia in New York from* 1896 *Through World War II*, Indianapolis, 1978.
Short, Martin; *Crime, Inc.,: The Story of Organized Crime*, London, 1984.
Sifakis, Carl; *The Mafia Encyclopedia*, New York, 1987.
Smith, Dwight C.; *The Mafia Mystique*, New York, 1975.
Sondern, Frederic; *Brotherhood of Evil: The Mafia*, New York, 1959.
Swanstrom, Edward E.; *The Waterfront Labor Problem*, New York, 1938.
The Gotti Tapes; Including the Testimony of Salvatore (Sammy the Bull) Gravano, Copyright 1992 by Random House, Inc, New York, 1992.
Thompson, C./Raymond, A.; *Gang Rule in New York: The Story of a Lawless Era*, New York, 1940.
Train, Arthur; *Courts, Criminals and the Camorra*, New York, 1912.
Turkus, Burton/Feder, Sid; *Murder, Inc.*, New York, 1951.
Tyler, Gus; *Organized Crime in America*, Ann Arbor, 1962.
Walker, Stanley; *The Night Club Era*, New York, 1933.
Walsh, George; Public Enemies: *The Mayor, the Mob and the Crime that Was*, New York, 1980.
Werner, M.R.; *Tammany Hall*, New York, 1928.
Woodiwiss, Michael; *Crime, Crusade and Corruption: Prohibitions in the United States* 1900-1987, London, 1988.
Yards, Anthony; *Mafia/Syndicate – Organized Crime: The Government Within the Government, a Timeless »Vendetta« in Our Century*, Mnt. View, California, 1976.
Zuckerman, Michael J.; *Vengeance is Mine: Jimmy »the Weasel« Fratiano Tells How He Brought the Kiss of Death to the Mafia*, New York, 1987.

Abrahamson, Alan/Lieberman, Paul; FBI Targeting Lawyers in War on Mob, *Los Angeles Times*, January 21, 1992.

Angelo, Bonnie; Wanted: A New Godfather, *Time International*, No. 15, April 13, 1992.

Bennent, James; Reputed Mobster Shot: Power Struggle Suspected, The *New York Times*, April 5, 1992.

Billard, Mary; A Forthright Manager, an Expletive Trial, The *New York Times*, March 29, 1992.

Blum, Howard; The Cop They Call the Mob´s Mole, The *New York Times Magazine*, May 3, 1992.

Dao, James; Sinister Heir Apparent of America´s Mob, *International Herald Tribune*, April 2, 1992.

Davis, Richard »Dixie«; Things I Couldn´t Tell Till Now, *Collier´s*, August 5, 1939.

Del Giudice, Marguerite; The Mobster Who Could Bring Down the Mob: Phil Leonetti Has Gone From Mafia Hit Man to Government Witness, The *New York Times Magazine*, June 2, 1991.

Fisher, Ian; Experts Say Gotti Faces Tough Road on Appeal, The *New York Times*, April 4, 1992.

Goldman, John J.; Reputed Mafia Chief Pleads Not Guilty in Assault, *Los Angeles Times*, January 25, 1989.

– Gotti Plotted Slayings, Prosecutors Says, *Los Angeles Times*, February 13, 1992.

– Confident Says Gotti Planned Mafia Murder, *Los Angeles Times*, March 3, 1992.

– Murder and Betrayal Had a Front Seat at Gotti Trial (includes a glossary of Mafia jargon), *Los Angeles Times*, March 26, 1992.

Goodstein, Laurie; Mobster turned Witness Says He Wants to Set An Example, *The Washington Post*, March 6, 1992.

– Sister of Mafia Defector is Shot, *The Washington Post*, March 11, 1992.

– The Changing Face of Organized Crime: New York Gangs Profit by Preying on Their Ethnic Communities, *The Washington Post*, April 5, 1992.

Gottlieb, Martin; A Changing of the Guard at the Gambinos, The *New York Times*, May 3, 1992.

Greig, Geordie, Rogue Reporter, *The Sunday Times*, November 8, 1992.

Hammer, Richard; Playboy´s History of Organized Crime, *Playboy*, August 1973 – July 1974.

Hoing, Bernd; Kopf abschneiden, *Der Spiegel*, Nr. 8, 17. Februar 1992.

Kleiman, Mark A.R.; Battling U.S. Organized Crime: A Test of Time and Bureaucracy, *The Los Angeles Times*, April 23, 1989.

Lacayo, Richard; Why is »Sammy the Bull« Singing?, *Time International*, No. 11, March 16, 1992.

Lardner, George; U.S. Italien Law Officers Meet on Crime, *The Washington Post*, February 9, 1992.

LaFranier, Sharon; Hurt By Conviction: Mafia Still a Target, *The Washington Post*, January 20, 1992.

Lubasch, Arnold H.; Judge Disqualifies Gotti´s Lawyer From Representing Him at Trial, *The New York Times*, July 27, 1991.

Lubasch, Arnold H.; Words From the Mouth of John Gotti; The Private Talks of the Inner Circle, *The New York Times*, August 3, 1991.

– Gotti´s New Lawyer Wins Him a Delay, *The New York Times*, August 29, 1991.

– Window Trial Informant Says Mob Had Him Shot, *The New York Times*, September 15, 1991.

– Judge Dismisses Three From Panel of Potential Jurors in Gotti Trail, *The New York Times*, February 5, 1992.

– Jury Hears Gotti Tape: He´s Gonna Die, *The New York Times*, February 21, 1992.

– Gotti Guilty of Murder and Racketeering, *The New York Times*, April 3, 1992.

– Cutler in Contempt Case for Gotti Remarks, *The New York Times*, May 1, 1992.

McFadden, Robert D.; For Gotti Prosecutors, Hard Work and Breaks Pay Off in Conviction, *The New York Times*, April 3, 1992.

Murphy, Kim; Reputed New York Mafia Chief Arrested: John Gotti, *Los Angeles Times*, January 14, 1989.

Raab, Selvyn; John Gotti: Running The Mob, *The New York Times Magazine*, April 2, 1989.

– After Two Gotti Trials Another Unfolds, *The New York Times*, January 20, 1990.

– Gotti Lawyers Attack Tape Recordings, *The New York Times*, January 24, 1990.

– Gotti Prosecutors Play Tape Said to Show Attack Order, *The New York Times*, January 31, 1990.

– Dissension on the Gotti Jury, *The New York Times*, February 8, 1990.

– Gotti is Found Not Guilty on All Six Charges in His Assault Trial, *The New York Times*, February 10, 1990.

– Gotti Or No Gotti, The Mafia Looks Infirm These Days, *The New York Times*, February 18, 1990.

– New Approaches to Mafia Seen in Recent Charges, *The New York Times*, June 1, 1990.

– How Gotti´s Man Turned His Coat, *The New York Times*, November 15, 1991.

– Is Reputed Boss a True Invalid or Just Wily? Court to Decide, *The New York Times*, December 11, 1994.

Sullivan, Joseph F.; A Trail in New Jersey May Shed Light on the Inner Working of the Mafia, *The New York Times*, March 8, 1989.

Sullivan, Rondald; Eight Tied to Gambino Family are Indicted in Racket Case, *The New York Times*, August 2, 1991.

– A Crime Trial Eclipsed By Gotti: A Gambino Heir, *The New York Times*, January 29, 1992.

Tumulty, Karen; U.S. Files Suit to Oust Mob from New York Waterfront, *Los Angeles Times*, February 15, 1990.

Walsh, James; The Triads Go Global, *Time International*, No. 5, February 1, 1993.

Index

Dank

an meine Familie; John Martino, meinen *neighborhood* Freund; Richard Gelbke und Greg Plunges, Archivspezialisten bei den National Archives for the North-Eastern Regions; Kenneth Cobb, Direktor der New York City Municipal Archives, Ralph Salerno, Ex-Mitglied der President's Commission on Organized Crime; Joe Coffey, Spezialist für Wirtschaftskriminalität der New York State Task Force on Organized Crime; Prof. James Jacobs, New York University, Prof. Dr. Christian Pfeiffer, Kriminologisches Forschungsinstitut Niedersachsen, und Univ. Doz. Dr. Reinold Wagnleitner, Universität Salzburg.